财务管理国家一流专业建设点系列教材

资产评估

Valuation

蒋　巍◎主编

中国财经出版传媒集团
经济科学出版社
Economic Science Press

图书在版编目（CIP）数据

资产评估／蒋巍主编．—北京：经济科学出版社，2022.5

财务管理国家一流专业建设点系列教材

ISBN 978－7－5218－3661－5

Ⅰ．①资…　Ⅱ．①蒋…　Ⅲ．①资产评估－高等学校－教材　Ⅳ．①F20

中国版本图书馆 CIP 数据核字（2022）第 074578 号

责任编辑：杜　鹏　常家凤
责任校对：靳玉环
责任印制：邱　天

资产评估
蒋　巍　主编
经济科学出版社出版、发行　新华书店经销
社址：北京市海淀区阜成路甲 28 号　邮编：100142
编辑部电话：010－88191441　发行部电话：010－88191522
网址：www. esp. com. cn
电子邮箱：esp_bj@163. com
天猫网店：经济科学出版社旗舰店
网址：http：//jjkxcbs. tmall. com
固安华明印业有限公司印装
787×1092　16 开　20.75 印张　460000 字
2022 年 6 月第 1 版　2022 年 6 月第 1 次印刷
ISBN 978－7－5218－3661－5　定价：49.00 元
（图书出现印装问题，本社负责调换。电话：010－88191510）

前言

党的十九届五中全会提出要“加快发展现代服务业”。财政部原部长肖捷在中国资产评估协会第五次全国代表大会上指出，资产评估是现代高端服务业，是经济社会发展中的重要专业力量，是财政管理的重要基础工作。新时代下，评估行业要紧紧围绕服务市场经济发展、服务改革开放大局、服务国家治理体系和治理能力现代化，推动建设现代化经济体系，把握评估行业的发展方向，实现评估行业的转型升级。

根据上述精神，我们编写了《资产评估》教材。本教材面向会计学、审计学、财务管理专业的本科生；对于非会计学、财务管理、审计学等专业的本科生和硕士研究生来说，也可以挑选相应的章节作为教材使用。

本教材的特色如下：

1. 2020年5月教育部发布的《高等学校课程思政建设指导纲要》指出，经济学、管理学、法学类专业课程要帮助学生了解相关专业和行业领域的国家战略、法律法规和相关政策，引导学生深入社会实践、关注现实问题，培育学生经世济民、诚信服务、德法兼修的职业素养。本教材在有关章节融入了课程思政案例或者课程思政元素。

2. 本教材采取“简洁的知识点＋案例”的写作模式，严格限制篇幅。

3. 本教材严格按照中国资产评估协会发布的系列《资产评估准则》的内容进行写作。

本教材是国家一流本科专业建设点和2020年度浙江省省级线上线下混合式一流课程认定的阶段性成果之一，同时也是浙江省教育科学规划2022年度一般规划课题（高校）（2022SCG007）和浙江省高等教育学会2022年度高等教育研究课题（KT2022165）的阶段性成果。

杭州电子科技大学信息工程学院蒋巍编写了第一至第四章、第六章和第八至第十章，高卓青编写了第五章；云南财经大学会计学院审计系李正编写了第七章；蒋巍对整个教材进行审阅，提出修改意见，并对教材风格进行统一。童彩君、谢怡、丁丽华和黄若兮完成了部分书稿的校对工作，在此向她们表示感谢！感谢教材中引用和参考的各位专家学者的成果。

教材中如果存在错误和疏漏，恳请广大读者批评指正。

蒋　巍

2022年6月

目　录

理论篇

实务篇

理论篇

第一章　资产评估概述

【引例】

应从三方面推动评估业服务“一带一路”建设

国务院国资委新出台的第34号令为资产评估行业参与“一带一路”建设提供了有效的制度保证。中同华资产评估有限公司自2001年开始从事境外项目的评估工作。初期业务类型主要包括：中地集团、北方工业等中央企业在非洲的施工企业重组业务；中色集团的境外矿产投资业务；中储集团在俄罗斯的商业房地产、物流业务等。

随着境外并购业务逐步增多，近三年，中同华执行的境外评估项目约70项，其中，“一带一路”沿线国家项目25项。

目前来看，鉴于对境外中资企业的评估历史较久，对当地财税政策、翻译、评估参数依据等常见境外评估遇到的问题均能得到委托方和被评估单位的支持。

但是，如果标的企业为纯粹的外国企业，评估情况相对会较为复杂，主要面临的问题包括：标的企业所在国使用的会计准则与我国会计准则差异大；账、表、实核对难度大并存在账实不符现象；委托方提供的价格信息不完善；标的企业所在国使用的语言为小语种；标的企业所在国的政策与国内政策对接困难；境外交易架构复杂；尽职调查时间和内容有限等。

对此，笔者认为应从三个方面加强资产评估服务“一带一路”建设的力度。

一是加强资产评估行业和资产评估准则的宣传和提升。在境外并购评估实践中，经常遇到签证人员拒签资产评估师的情况。这主要源于境外评估业务不像审计业务等那么普遍，签证人员对此不太了解。目前，我国资产评估准则已实现与国际评估准则实质性趋同，并从最初全面跟行到逐步并行，有多项评估准则实现了领行。

应进一步紧跟国内外评估理论和实践发展，加强研发和创新，及时更新中国评估准则的相关内容，为更好地指导境外并购评估业务夯实基础。

同时，加强准则交流，宣传中国评估准则，变单纯借鉴为积极影响，从而提升中国评估准则和评估行业的国际影响力。

二是做好风险评估等事前准备工作。境外评估项目开展前要进行科学的风险评估，并进行可行性研究。中国资产评估的实践要求与境外资产评估有较大不同。境外评估机构各有自己的评估资料版本，外方财务与管理人员对我国资产评估申报表和资料的需求完全陌生。

为此，建议相关部门组织行业专家制定中英对照的标准化、系统化评估申报表和资产评估所需资料清单。

三是提供相关人力资源协助，建立国际评估网络。境外现场评估的成本一般较高，评估团队的人员数量、现场作业时间以及与国内的交流都受到不同程度的限制，这就要求评估人员对被评估单位的业务十分熟悉，同时了解当地财政、税收、统计等多方面信息，能够解决大多数现场问题。但具备胜任能力的境外评估人员相当紧缺，建议加强专业人才的培养，建立相关专家库，提供人力资源的共享服务。

同时，多渠道建立国际评估网络，利用当地评估专业人员熟悉当地政策和价格信息等优势，满足境外评估的相关需要。

资料来源：http：//www. cas. org. cn/xwdt/zhxx/59023. htm

资产评估业务的国际化趋势必然要求我国资产评估专业理论及人才的国际化发展，这也是全球经济一体化发展的必然结果。你认为我国资产评估理论及行业如何适应国际化发展，以便更好地发挥服务社会经济工作的作用?

学习目标

【知识目标】

1. 了解资产评估行业的发展历程。
2. 掌握资产评估相关概念以及资产评估假设、目的、原则和基本程序。
3. 理解资产评估的价值和价值类型。

【能力目标】

1. 培养学生对资产评估产生与发展、内涵与外延、评估假设、目的及原则的认知能力。
2. 培养学生就资产评估作为现代高端服务业对国家经济、企业发展等方面作用的分析判断能力。

第一节　资产评估发展史

一、资产评估发展历程

资产评估是商品经济发展的必然产物。资产评估活动的产生与人类社会的资产交易行为一样久远，资产评估行业作为一个独立的社会中介行业在国外有上百年的发展历史。资产评估经历了长期的发展和完善，已成为当代市场经济中能够发挥基础性作用的现代高端服务行业之一。纵观国内外资产评估发展史，资产评估大体经历了以下三个发展阶段：

（一）原始评估阶段

原始社会后期，剩余财产和私有制的出现，产生了商品的交易，要求交易双方在等价原则的基础上进行剩余财产交换，于是产生了估计剩余财产价值最原始意义上的资产评估活动。这一阶段资产评估的主要特点体现在以下三个方面。

1. 非专业性。在资产评估专业尚未形成的原始评估阶段，整个社会还缺乏独立的评估机构和专业人员，一般由交易双方或一方指定的人员进行评估，通常由那些在一定地域或特定专业领域内德高望重的人员担任，他们往往缺乏评估知识，也不具备专业评估方法与技能。

2. 直观性。评估人员主要依赖主观感觉和主观偏好进行估价，尚未出现系统专业的评估方法。

3. 无偿性。该阶段资产交易双方无须支付评估人员报酬。这一特点与早期资产评估业务的偶然性、方法的简单性和评估过程的非专业性等特征相适应。目前，在经济欠发达的农村地区对偶然发生的资产交易进行评估时，也会采用这种原始评估方法。

（二）经验评估阶段

随着商品经济的发展和资产交易量的增多，资产交易频率也不断提高，社会对资产的评估需求也与日俱增，也为资产评估业务走向专业化道路提供了培育的土壤。伴随着资产评估业务的专业化发展，社会上产生了一批具有一定评估经验的专业评估人员。这些评估人员以其经验为依据，依托自身长期实践中所积累的知识和经验进行评估工作，使其对资产价值的评定更加准确，也比他人更具有权威性，资产交易双方更愿意委托他们进行评估，从而进一步推动了资产评估业务的发展与繁荣。资产评估专业队伍的产生也是区分原始评估阶段和经验评估阶段的重要标志。这一阶段资产评估的特点主要表现在以下三个方面。

1. 经验性。频繁发生的资产评估业务，使得评估人员得以积累丰富的执业经验，这些经验直接决定评估结果的准确性。但由于只停留在经验阶段，没有形成系统化的理论体系，所以导致评估的科学性有待提高。

2. 有偿性。与原始评估不同，经验评估阶段的评估人员对资产评估业务提供有偿服务。

3. 责任性。资产评估机构和人员对评估结果，特别是因欺诈行为和其他违法行为产生的后果承担相关的法律责任。

拓展阅读

“袖里吞金”的估价方式

对于农村交易牛马等大型牲畜的场景，相信每个来自农村的小伙伴都不陌生。不管是出售人将牲畜赶到集市交易，还是购买者亲自上门收购，这当中都少不了一个中间人，有人将这种中间人称为“牛经纪”“马经纪”等（相当于评估人员），而最为奇怪的是他们之间出价喊价并不是通过口头表达，或者明码标价，而是通过在袖筒里、衣服里、腋下等相互捏手来谈判价格。这种谈价方式，在今天的很多农村依然还存在。不过，敢肯定的是，现在很多年轻人都不懂这种被称为“袖里吞金”的谈价方式了。

对于商品交易中的谈价行为，应该是有商品交易的那天起，就存在这种行为，所以讲价这个事至少要追溯到原始社会时期。经过几千年的发展，到今天，“讲价”已经变为一种传统文化了。而在农村的大宗商品、大型牲畜、贵重商品的交易以及一些赌石、古董交易之中依然存在这种古老的讲价方式。

资料来源：杜实．个体经济交易场域的讲价习俗研究［J］．文化学刊，2012（4）：107－110.

（三）科学评估阶段

产业革命促使资本主义经济飞跃发展，生产要素市场日臻发达，资产业务急剧扩大，资产业务的社会分工日益细密，推动了资产评估活动向职业化方向发展。在现代资产评估行业中，评估机构通过为资产交易双方提供评估服务，积累了大量的资产评估资料和丰富的资产评估经验，形成了符合现代企业特点的管理模式，产生了一大批具有丰富资产评估经验的评估人员，公司化的评估机构便应运而生。在科学评估阶段，资产评估的理论研究也得到了极大的发展。新古典经济学派的马歇尔（Alfred Marshall，1842～1924 年）率先将价值理论引入估值工作，并对成本法、市场法、收益法这三种主要的评估方法进行研究；而后，美国经济学家费雪（Irving Fisher，1867～1947 年）对三种主要的评估技术作了进一步探讨，并着重研究了收益的价值理论，发展完善了收益法。这些理论研究促进评估方法的科学化，提高了资产评估的准确性和科学性。同时，随着资产评估工作的日益规范，各国资产评估管理机构或行业自律协会开始制定统一的评估准则，对评估师的职业道德规范和评估工作程序等做出明确具体的规定。该阶段的资产评估特点主要体现在以下五个方面。

1. 评估机构公司化。资产评估机构通常是产权明晰、权责明确、政企分开、管理科学的现代服务型企业，以自主经营、自负盈亏的企业法人形式进行经营管理。其客户就是参与资产业务的交易双方，产品就是以资产评估报告形式提交客户的评估结果。

2. 评估方法科学化。现代科学技术与方法在资产评估中的广泛应用，极大提高了资产评估结果的准确性和科学性。

3. 评估人员专业化。资产评估机构属于知识密集型企业。评估专业人员主要以专业工程师、各科专家（如会计师等）组成，负责完成评估业务的技术性工作，是评估机构的骨干力量。评估机构中的专业评估人员必须了解、掌握资产评估的专业理论与业务知识，资产评估报告只能由评估专业人员或者评估师签发。这些人员将资产评估作为他们的职业。

4. 评估业务多元化。激烈的市场竞争迫使评估机构注重品牌建设和经营，同时不断通过提供优质评估服务来拓展业务范围，实施多元化经营战略。资产评估内容十分丰富，不仅包括对不动产和动产的评估，而且包括对无形资产、金融资产、企业价值、资产损失和其他经济权益的评估。从资产评估行业看，评估业务几乎无所不包。

5. 评估结果法律化。评估专业人员必须在共同完成的评估报告上签字，资产评估机构及其评估专业人员对签章的资产评估报告必须负有相应的法律责任。

总之，现代资产评估脱胎于原始评估阶段、历经经验评估阶段的长期专业积淀，顺利跨入科学评估阶段，成为举世公认的市场经济体系不可或缺的社会中介服务行业。

二、资产评估在国外的发展

在国外，资产评估作为一种自发的专业服务活动，可以追溯到一百多年前，而作为一种有组织、有理论指导的专业服务活动，则始于19世纪中后期，并于20世纪40年代以后在世界各国得到较大发展。20世纪70年代以后，各发达国家的资产评估活动趋于规范化和国际化。相继出现了各类国际化和区域化的资产评估组织，推动了资产评估行业的快速发展，在准则制定、职业能力建设、公众利益维护、信息交流、沟通协调等方面发挥了积极的作用，但主要职能方面各有侧重。国际上部分主要的资产评估组织如表1－1所示。

表1－1　15家国际及区域性评估组织

序号	资产评估组织	官网	总部	主要职能
1	国际评估准则理事会（International Valuation Standards Council，IVSC）	https：//www. ivsc. org	英国伦敦	制定《国际评估准则》
2	世界评估组织联合会（World Association of Valuation Organisations，WAVO）	http：//www. wavoglobal. org	新加坡	理论研究
3	国际财产税学会（International Property TaxInstitute，IPTI）	http：//www. ipti. org	加拿大多伦多	推广财产税及计税评估实务
4	国际企业价值评估学会（International Institute of Business Valuers，IIBV）	http：//www. iibv. org	加拿大多伦多	推广企业价值评估理论与实务发展
5	国际企业价值评估分析师协会（International Association of Consultants，Valuators and Analysts，IACVA）	http：//www. iacva. org	美国芝加哥	推广企业价值评估理论与防欺诈领域实践
6	国际估税官协会（International Association of Assessing Officers，IAAO）	http：//www. iaao. org	美国堪萨斯城	推动世界范围内财产税基评估及评估管理
7	欧洲评估师协会联合会（The European Group of Valuers Associations，TEGoVA）	http：//www. tegova. org	比利时布鲁塞尔	制定欧洲评估准则

续表

序号	资产评估组织	官网	总部	主要职能
8	东盟评估师联合会（ASEAN Valuers Association，AVA）	http：//aseanvaluer. org	印度尼西亚雅加达	促进东盟地区评估行业专业研究
9	英国皇家特许测量师学会（Royal Institution of Chartered Surveyors，RICS）	http：//www. rics. org	英国伦敦	规范并提升评估行业，制定教育和行业准则
10	美国评估师协会（American Society of Appraisers，ASA）	http：//www. appraisers. org	美国特拉华州	制定评估道德标准和专业标准
11	美国评估促进会（The Appraisal Foundation，TAF）	https：//www. appraisalfoundation. org	美国华盛顿	《专业评估执业统一准则》（USPAP）
12	美国评估学会（Appraisal Institute，AI）	http：//www. appraisalinstitute. org	美国	促进评估行业的专业性、职业道德、全球标准、评估方法与实践的提升
13	加拿大评估学会（Appraisal Institute of Canada，AIC）	http：//www. aicanada. ca	加拿大渥太华	提供高质量的不动产咨询服务
14	加拿大特许企业价值评估师协会（Canadian Institute of Chartered Business Valuators，CICBV）	https：//cicbv. ca	加拿大多伦多	引领并推动加拿大企业价值评估行业发展
15	澳大利亚资产协会（Australian Property Institute，API）	https：//www. api. org. au	澳大利亚堪培拉	制定和颁布统一的资产评估准则；考核和培训会员；承担资产评估争议的仲裁等

资料来源：http：//www. cas. org. cn/gjjl/kcbg/54292. htm

三、资产评估在我国的发展

资产评估行业作为一个独立的社会中介行业在国外有上百年的发展历史。而我国资产评估行业是随着社会主义市场经济发展兴起的新兴行业，诞生于20世纪80年代末。尽管才历经30余年的时间，但发展迅速，资产评估行业积极参与改革、服务改革，已经与其他行业（如注册会计师行业、律师行业等）共同成为我国社会主义市场经济中不可或缺的社会中介服务行业，在经济发展和社会进步的历史进程中发挥着日益重要的作用。随着我国市场经济的不断发展和经济全球化进程的不断加快，政府、投资者及其他利益相关者对资产评估的需求越来越多，资产评估作为现代高端服务业得到了长足发展，业务领域边界不断扩张和延伸（如金融不良资产处置、抵押贷款、拍卖底价和诉讼资产价值确定等），在维护国有资本权益、规范资本市场运作、防范金融系统风险、保障社会公共利益和国家经济安全等方面做出了重要贡献。

不同于西方市场经济发达国家资产评估行业的发展，我国资产评估是在经济体制改革和对外开放政策背景下，为满足国有资产管理工作的需要而产生，并走出了一条适合中国特色社会主义市场经济的评估服务专业之路。回顾资产评估行业在我国的发展历程，大致经历了以下四个阶段。

（一）产生与奠定基础阶段（1989～1992 年）

国有企业对外合资合作、承包租赁、兼并破产等产权变动行为日益增多，为了确定合理的产权转让价格，维护所有者的合法权益，防止国有资产流失，在 20 世纪 80 年代末期出现了国有资产评估活动。1989 年 9 月 21 日，国家国有资产管理局（以下简称国资局）颁布了《关于国有资产产权变化时必须进行资产评估的若干暂行规定》。1990 年，国资局批准并组建了资产评估中心，负责全国的国有资产评估工作。1991 年 11 月，国务院发布了《国有资产评估管理办法》，标志着我国国有资产评估制度基本形成，这也是我国第一部对资产评估行业进行政府管理的行政法规。该法规确定了我国资产评估的基本依据方针和政策，系统地规定了我国资产评估工作要求，形成了我国资产评估初步的法律基础。从此标志着我国资产评估行业走上了法制化的道路。

（二）行业自律与初具规模阶段（1993～1995 年）

1993 年 12 月，中国资产评估协会正式成立，开始了资产评估在政府监督指导下的行业自律性管理体制，评估对象扩展到除国有资产以外的其他各类所有制性质的资产。1995 年 3 月，中国资产评估协会代表中国评估行业加入国际评估准则委员会，标志着我国资产评估行业管理组织已经与国际评估组织接轨。同年 5 月，我国发布了《注册资产评估师执业资格制度暂行规定》和《注册资产评估师执业资格考试实施办法》，建立了我国的注册资产评估师制度，组织全国统一考试，并在公平竞争的机制下确认了我国第一批注册资产评估师。

（三）科学化与规范化阶段（1996～2016 年）

1996 年 5 月 7 日，我国国有资产管理局发布实施了《资产评估操作规范意见（试行）》（在资产评估准则出台前，该规范是我国国有资产评估业务的技术规范，并于 2011 年 2 月 21 日废止），标志着资产评估行业从此走上了科学化、规范化操作的新阶段。1998 年 6 月 1 日，开始实行注册资产评估师签字制度，旨在强化注册资产评估师的责任，增强其风险意识。这一制度使评估师的责权利有机结合起来，进一步规范了评估师的行为。1999 年，我国成为国际评估准则委员会常任理事国，2000 年 7 月，中国注册资产评估师赴美国参加世界评估师大会，进一步加强了与国外评估师的联系。2004 年 2 月，财政部正式发布了《资产评估准则——基本准则》和《资产评估职业道德准则——基本准则》，标志着资产评估准则体系初步形成。此后中国资产评估协会、财政部等相关部门陆续颁发了多项政策法规。具体如表 1－2 所示。

表 1－2 本阶段相关法规政策

序号	法规政策	颁发部门	实施时间
1	《注册资产评估师注册管理办法（试行）》	中国资产评估协会	2005 年 7 月 1 日
2	《资产评估机构执业风险基金管理办法》	财政部	2009 年 2 月 24 日
3	《投资性房地产评估指导意见》《资产评估准则——珠宝首饰》	中国资产评估协会	2009 年 12 月 18 日
4	《金融企业国有资产评估报告指南》《著作权资产评估指导意见》	中国资产评估协会	2010 年 12 月 18 日
5	《关于金融企业国有资产评估监督管理有关问题的通知》	财政部	2011 年 6 月 16 日
6	《中国资产评估协会非执业会员管理办法》	中国资产评估协会	2014 年 3 月 5 日
7	《资产评估行业随机抽查工作细则》	财政部	2016 年 9 月 30 日

（四）法制化发展阶段（2016 年至今）

2016 年 7 月 2 日，第十二届全国人大常委会审议通过《中华人民共和国资产评估法》（2016 年 12 月 1 日实施，以下简称《资产评估法》）。《资产评估法》对资产评估机构和资产评估专业人员开展资产评估业务、资产评估行业实施行政管理和行业自律管理、资产评估相关各方的权利义务责任等一系列重大问题作出了明确规定，全面确立了资产评估行业的法律地位，标志着我国资产评估行业进入了法制化发展的新阶段。此后各相关部门颁布了一系列法规、政策。具体如表 1－3 所示。

表 1－3 本阶段相关法规政策

序号	法规政策	颁发部门	实施时间
1	《资产评估师执业资格制度暂行规定》 《资产评估师执业资格考试实施办法》*	财政部和人力资源部	2017 年 5 月 23 日
2	《资产评估行业行政监督管理办法》	财政部	2017 年 6 月 1 日
3	《关于印发〈资产评估基本准则〉的通知》	财政部	2017 年 8 月 23 日
4	《关于做好资产评估机构备案管理工作的通知》	财政部	2017 年 7 月 14 日
5	《关于中央文化企业国有资产评估管理的补充通知》	财政部	2017 年 7 月 19 日
6	《资产评估基本准则》	财政部	2017 年 10 月 1 日
7	印发《实物期权评估指导意见》《投资性房地产评估指导意见》《金融不良资产评估指导意见》《资产评估对象法律权属指导意见》《资产评估机构业务质量控制指南》《以财务报告为目的的评估指南》《资产评估执业准则——森林资源资产》《资产评估执业准则——珠宝首饰》《资产评估执业准则——机器设备》《资产评估执业准则——不动产》《资产评估执业准则——无形资产》《资产评估执业准则——利用专家工作及相关报告》《资产评估执业准则——资产评估委托合同》《资产评估职业道德准则》 修订《商标资产评估指导意见》《著作权资产评估指导意见》《专利资产评估指导意见》《资产评估价值类型指导意见》《知识产权资产评估指南》《金融企业国有资产评估报告指南》《国有企业资产评估报告指南》	中国资产评估协会	2017 年 10 月 1 日

续表

序号	法规政策	颁发部门	实施时间
8	《资产评估执业准则——资产评估报告》《资产评估执业准则——资产评估程序》《资产评估执业准则——资产评估档案》《资产评估执业准则——企业价值》	中国资产评估协会	2019年1月1日

注：* 2014年8月12日，国务院发布关于取消和调整一批行政审批项目等事项的决定，取消了注册资产评估师等十一项职业资格许可和认定事项，2014年8月13日，人力资源和社会保障部印发《关于做好国务院取消部分准入类职业资格相关后续工作的通知》，将资产评估师职业资格调整为水平评价类职业资格。

第二节　资产评估基本概念

一、资产

（一）资产的含义

资产的含义在不同学科领域有不同的界定。从经济学的角度来看，资产泛指一切财产及一定时点的财富总量，由一定数量的物质资料和权力构成；从会计学的角度来看（根据《企业会计准则——基本准则》），资产是指企业过去的交易或者事项形成的、由企业拥有或者控制的、预期会给企业带来经济利益的资源；从资产评估学的角度来看，资产是指特定权利主体拥有或控制的并能给特定权利主体带来未来经济利益的经济资源。

（二）资产的特征

基于资产评估中对资产的概念，可以从以下三个方面对其特征进行归纳。

1. 资产是能够为特定主体带来未来经济利益的经济资源。经济资源既可以是实体，也可以体现为无形的权利。其所具有的能够带来未来经济利益的潜在能力，是特定主体愿意拥有或控制这种资源的主要动因。这种利益可以表现为两个方面：一是使用资产给特定主体带来的利益；二是通过资产所有权或控制权的变动给特定主体带来的利益。资产的价值取决于其能够带来的未来经济利益的能力，资产评估就是通过适当的方法量化这种能力，反映资产的价值。

2. 资产必须是特定主体所拥有或控制的。资产作为一项经济资源，应为特定主体拥有或者控制，例如自然人、法人或其他组织等。主体拥有某项经济资源的所有权，或者虽然不具有某项经济资源的所有权，但该资源能被这些特定主体控制。对资产的拥有或控制主要体现在对资产产权的界定和保护上。依法取得拥有或控制资产的权利是特定主体能够拥有或支配相关资产的前提条件。

资产的产权是与资产所有权相关的“一组权利”，是基于所有权派生的一系列权利，通常包括对资产的占有权、使用权、收益权和处分权等。一方面，这种“一组权利”可以表现为某项资产的完整产权，即包括对其占有、使用、收益和处分的所有权利，例如土地所有权。另一方面，这种“一组权利”还具有可分解性，即可以从中分离设定不同类型的权利。例如，按照我国法律规定，国有建设用地或集体经营性建设用地的所有权人可以通过出让方式实现其土地使用权的让渡，国有建设用地的所有权人还可以通过划拨方式将其土地使用权授予其他主体；建设用地使用权人可以通过设定抵押权实现相关土地资产的融资功能，还可以基于通行、取水或排水等需要，通过在相邻土地合法设定地役权，达到利用他人的不动产提高自己不动产使用效益的目的。① 比如甲工厂与乙工厂相邻，甲工厂工人出行需要绕过乙工厂的北边才能抵达主路（有公交和地铁等公共交通），甲工厂为方便员工出行与乙工厂达成协议，可以穿过乙工厂直接抵达主路，并每年支付一定费用给乙工厂。此时，甲工厂使用了乙工厂的内部道路获得出行便利就是获取了地役权。

相对于完整产权，部分权利受限制的有限产权权利人，行使资产权利会受到权利分设时所承诺义务的限制。例如，已租赁的房地产如果在合同租期内转让，出于履行租赁合同中出租人义务的需要，通常会在房地产转让合同中约定房地产转让后租赁合同继续履行，由房地产受让人承继租赁合同中出租人的权利及义务；如果因转让而提前解除房地产租赁合同，房地产转让人需要按照法律规定与合同约定承担相关责任。因此，不同的权利类型及组合构成了资产的具体权利状况。例如，专利资产具有专利所有权、专利使用权等多种权利类型。资产的权利类型不同，为权利人带来的经济利益通常会存在差异，所对应的资产价值也不同。一般而言，资产的所有权价值会高于其使用权的价值。即使是同样的资产载体，可能会因为所赋予的权利不相同，表现出不同的经济价值。这也是资产评估中要求资产评估专业人员关注被评估资产的权利状况，重视权利状况对资产评估约束和影响的原因。

在判断资产是否存在时，所有权是要考虑的首要因素，但不是决定因素。在有些情况下，特定主体虽然不拥有经济资源，即不享有经济资源的所有权，但是可以控制这些资源，同样表明该特定主体能够从其控制的资源中获取经济利益，该经济资源仍可界定为该特定主体的资产。因此，资产评估中界定资产的边界是资产的控制权而非所有权。例如，我国的城镇土地所有权属于国家，个人和企事业单位只能拥有土地使用权，即依法使用土地，或依法转让、出租、抵押、投资土地使用权的权利。这种依法赋予的国有土地使用权就是相关个人和单位拥有的土地资产。又如，企业对承租的资产拥有使用权，在符合租赁合同约定的情况下将租赁物用于生产，或者进行转租都可以为该企业带来经济利益。由于承租人通过租赁合同控制了预期由租赁物使用权产生的经济利益，该承租资产的使用权就能确认为承租企业的一项资产。再如，企业还可以通过与专利权人订立合同获得对已批准专利的实施许可权，按照合同约定的条件在一定的时间和地域内享有实施专利带来的经济利益，这种权利既可以是只允许被实施人独享的独占许可权，也可以是仅允许专利权人和被实施人享有的排他许可权，还

---

① 《民法典》第三百七十二条第一款规定：“地役权人有权依照合同约定，利用他人的不动产，以提高自己的不动产的效益。”地役权中的“役”就是使用的意思，如通行他人土地、由他人土地引水、禁止他人在其土地上建筑一定的建筑物等。

可以是除专利权人与被实施人之外也能够许可其他人实施的普通许可权。由于企业能够通过许可合同控制预期从实施专利产生的经济利益，这些专利许可权也可以作为企业的资产。

对资产所有权或实施控制的权利的确立使特定主体对资产的相关权利具有了排他性，其他主体要取得相关权利就需付出相应的代价。

3. 资产的价值应当能以货币计量。资产的价值应当能够运用货币计量和反映。能够给特定主体带来可量化的效用或利益的资产才是资产评估中所涉及的资产。资产评估所强调的资产的可计量性是以其能带来的未来利益为基础的，表现为特定主体将资产继续使用或让渡资产的所有（控制）权所能产生的经济收益能力（主要为形成净现金流入的能力）。这与会计对资产计量的要求存在差异。会计对资产的计量也是对资产进行货币性量化的过程，确定资产金额的计量基础（即计量属性）不仅包括反映资产现时价值的重置成本、可变现净值、现值或公允价值，还包括反映其过去价值的历史成本。我国《企业会计准则——基本准则》要求企业对资产等会计要素进行计量时，“一般应当采用历史成本，采用重置成本、可变现净值、现值、公允价值计量的，应当保证所确定的会计要素金额能够取得并可靠计量。”

（三）资产的类型

资产可以按照存在形态、能否独立存在、是否具有综合获利能力等标准进行分类。

1. 有形资产和无形资产。资产按照存在形态可以划分为有形资产和无形资产。有形资产是指那些具有实物形态的资产，如房地产、机器设备、河流、森林、矿产等，一般也可以将有形资产的财产权利归属于有形资产。无形资产是指那些没有实物形态的资产，如专利权、商标权、著作权、土地使用权、商誉等。

2. 可辨认资产和不可辨认资产。资产按照能否独立存在的标准分为可辨认资产和不可辨认资产。可辨认资产是指能够独立存在的资产。在资产评估中，所有的有形资产和除商誉以外的无形资产都是可辨认资产。不可辨认资产是指不能独立于有形资产而单独存在的资产，商誉是唯一的不可辨认资产。商誉的特点是无特定的证据可辨认，依靠其历史背景、管理水平、市场变化等多种因素形成，不能独立存在且与可独立存在的其他各种无形资产和有形资产有着不可分割的相关性，在企业收购与兼并过程中形成，其价格难以用明确的常用方法来计算。所以商誉通常无法单独进行转让。

3. 单项资产和整体资产。资产按照是否具有综合获利能力分为单项资产和整体资产。单项资产是指单台、单件资产，比如一台机器设备、一座建筑物、一项知识产权等。整体资产是由多项单项资产组合而成的，具有综合获利能力的资产综合体，比如一个具有正常经营活动能力或潜在能力的企业的所有资产、一个单独的生产流水线、一个独立的生产车间等。

4. 其他划分。根据会计学对资产的划分，还可以有多种不同的分类，比如流动资产和非流动资产的划分、经营性资产和非经营性资产的划分等。

二、资产评估

（一）资产评估的定义

资产评估是市场经济的产物，其核心是进行价值判断。任何资源在进行交易时，所有的市场参与者大多会依据自己所掌握的知识和信息对交易对象进行价值判断，从而确定交易价格，在此过程中，可能会自觉或不自觉地运用资产评估的理论方法进行相关资产价值的判断，因此，从某种程度上对资源价值形态的评估实际上都是属于资产评估的范畴。资产评估是专业机构和专业人员按照国家法律法规和资产评估准则，根据特定目的，遵循评估原则，按照评估程序，选择适当的价值类型，运用评估方法，对评估对象在评估基准日的特定价值进行分析、估算、判断并发表专业意见的活动。

根据《资产评估法》的规定，资产评估是指资产评估的职业行为。《资产评估法》从资产评估执业角度，将资产评估定义为“评估机构及其评估专业人员，根据委托对不动产、动产、无形资产、企业价值、资产损失或其他经济权益进行评定、估算并出具评估报告的专业服务行为”。

从上述定义可以看出，资产评估的活动主体是专业机构和专业人员；资产评估的标准和准绳是国家的法律法规及资产评估准则；资产价值的判断形式是估计，而不是定价。以上三点是理解资产评估定义的关键。

（二）资产评估的特点

资产评估的特点是由资产评估的本质决定的。理解和掌握资产评估的特点，有利于进一步认识资产评估的实质，对于做好资产评估工作、提高资产评估质量具有重要意义。一般来说资产评估具有以下特点。

1. 市场性。资产评估是适应市场经济要求的专业服务活动，其基本目标就是根据资产业务的不同性质，通过模拟市场条件对资产价值做出经得起市场检验的评定估算和报告，因此资产评估离不开对市场的认识和把握。

2. 公正性。公正性是指资产评估行为要服务于资产业务的需要，而不是服务于资产业务当事人任何一方的需要。公正性的表现有两个方面：一是资产评估是按公允、法定的准则和规程进行的，具有公允的行为规范和业务规范，这是公正性的技术基础；二是评估人员是与资产业务没有利害关系的第三者，既要对资产评估委托人负责，又要对资产评估报告使用者负责，这是资产评估具有特有公信力组织的基础。

3. 专业性。资产评估是一种专业人员的活动，从事资产评估业务的机构应有一定数量和不同类型的专家及专业人士构成。一方面，这些资产评估机构形成专业化分工，使得评估活动专业化；另一方面，评估机构及其评估专业人员对资产价值的估计判断是建立在专业技术知识和经验的基础之上。

4. 咨询性。资产评估为资产业务所提供的评估价值是一种专业化、市场化的咨询服务，评估结果本身并没有强制执行的效力。资产评估专业人员只对结论本身合乎职业规范要求负责，对评估结论的客观性负责，而不进行资产处置定价决策。资产评估的结果与资产交易的最终成交价格内涵并不相同，因此，无须与资产交易的最终成交价格一致。

5. 时点性。时点性是指资产评估是对评估对象在某一时点价值的估算。这一时点也是提供价值评估基础的市场供求条件及资产状况的日期，我们将这一时点称为评估基准日。评估基准日相对于评估日期（评估工作时间）而言，既可以是过去的某一天，也可以是现在的某一天，甚至还可以是将来的某一天。比如某一评估机构受委托人的要求，对其一机器设备进行评估，评估时间从 2020 年 4 月 18 日到 2020 年 5 月 10 日，根据委托人要求，评估基准日为 2020 年 1 月 8 日（委托人也可以将评估基准日确定为 2020 年 4 月 10 日或者 2020 年 10 月 10 日）。具体的评估基准日需要根据客户的资产业务要求与客户协商确定或者由客户指定，由于资产评估结果（评估价值）所反映的是在评估基准日这一时点的资产市场供求状况和资产自身状况下的资产价值，因而评估结果具有较强的时效性，很容易过时，这就有可能需要不断地进行更新，以反映最新的市场信息和资产状况。

（三）资产评估的作用

1. 咨询作用。从某种意义上说，资产评估属于一种专业技术咨询活动，具有咨询的作用。咨询的作用是指资产评估结论为资产业务提供专业化估价意见，该意见本身虽然没有强制执行的效力，但可以作为当事人要价和出价的参考。

2. 鉴证作用。鉴证由鉴别和举证两个部分组成。鉴别是专家依据专业原则对资产交易的现时价格作出的独立判断，而举证则为该判断提供理论和事实支撑，使之做到言之有理、持之有据。

资产评估的鉴证作用是指资产评估结果的合法性、真实性和公平性，可以为资产业务的顺利进行提供一定的可信度，减免法律纠纷，为资产业务当事人提供重要的决策依据。此外，资产评估从事的是资产价值鉴证，而不是资产权属鉴证。资产评估专业人员在执行资产评估业务时，应当关注评估对象的法律权属，并在资产评估报告中对评估对象的法律权属及其证明资料的来源予以必要说明。资产评估人员不得对评估对象的法律权属提供保证。

3. 促进作用。资产评估的促进作用主要表现在三个方面：一是可以促进资源优化配置；二是可以促进产权主体维护自己的合法权益；三是可以促进资产评估工作的国际化和进一步对外开放。

三、资产评估与会计、审计的关系

资产评估与会计、审计都是市场经济赖以正常运行的基础性服务行业，前者提供以价值判断为主要内容的服务，后者提供以事实判断为主要内容的服务。

1. 资产评估与会计的联系和区别。

（1）资产评估与会计的联系。在特定条件下，资产会计计价和财务报表数据需要利用资产评估结论。会计数据和现代会计计价方法是资产评估的重要参考，特别是在企业价值评估中，评估专业人员应当根据会计政策、企业经营等情况，要求被评估单位对资产负债表表内及表外的各项资产、负债进行识别。在资产评估实践中，经常会使用和参考有关的会计数据，并以此为基础测算相关成本和收益。

例如，《企业会计准则》（2006）第一次全面引入了公允价值这一概念，在投资性房地产、长期股权投资、交易性金融资产、资产债务重组、非货币性资产交换、非同一控制下企业合并和资产减值等具体准则中，允许采用公允价值计量这一变化，进一步强化了资产评估与会计之间的紧密联系。

（2）资产评估与会计的区别。这主要体现在以下四个方面。

①两者目的不同。会计主要为企业管理服务。会计中资产计价的目的是给企业投资者、债权人和管理者提供有效的会计信息。资产评估主要为资产交易服务，为资产的交易与投资提供公平的价值尺度，实现企业资产的最优利用。

②两者估价依据和方法不同。会计大部分是以能够可靠计量的历史成本为依据，主要采用核算方法。资产评估价值主要依赖于资产的经济效用及其市场价值，采用多种技术方法进行评估，比如成本法、收益法和市场法等多种技术方法。

③两者职能不同。会计的基本职能是反映和监督企业的生产经营、财务收支及其经营成果。资产评估的基本职能是评价资产（包括企业）内在价值的一种价值判断活动。

④两者对结论的把握不同。会计通常要求精确计量。而资产评估是一种估值行为，不以追求评估结果的准确性为首要目的。

2. 资产评估与审计的联系和区别。

（1）资产评估与审计的联系。在企业价值评估中，经审计后的企业财务报表及其相关数据可以作为企业价值评估的基础数据。在资产评估的资产清查阶段，就其工作方法而言，有相当部分的工作采用了审计的方法，具有“事实判断”的性质。流动资产与负债的价值评估，有相当部分可借鉴审计的方法进行。同时，审计也会借鉴资产评估的技术和方法。

（2）资产评估与审计的区别。审计是在现代企业两权分离的背景下产生的，旨在对企业财务报表所反映的企业财务状况和经营成果的真实性与公允性做出事实判断，具有明显的鉴证性特征，总体上属于对过去事实的判断。资产评估是由资产评估专业人员对被评估资产在评估基准日的价值进行判断，具有明显的咨询性特征，总体上属于对未来收益的预测。

我国的资产评估要与国际惯例接轨，就必然明确评估的专业化地位，认识到资产评估独立于资产的会计计价、注册会计师审计等服务的客观本质。

第三节　资产评估假设、原则与目的

一、资产评估假设

资产评估假设，即前提条件。资产评估和其他学科一样，其理论体系和方法体系也建立在一系列假设基础之上。同一资产在不同用途和不同经营环境下的价值会有所不同，因此，在评估时资产评估人员必须对资产未来的用途和经营环境做出合理的判断，基于这样的原理，对资产价值的评估也必须建立在一定的假设前提之下。其中，交易假设、公开市场假设、持续使用假设和清算假设是资产评估中的基本前提假设。

（一）交易假设

交易假设是资产评估得以进行的一个最基本的前提假设。交易假设是假定所有待评估资产已经处于市场交易过程中，资产评估人员根据待评估资产的交易条件和模拟市场进行评估，资产评估的结果是假设资产进行交换而形成的。

为了发挥资产评估在资产实际交易之前为委托人提供资产交易底价的专业判断的作用，同时又能使资产评估得以进行，利用交易假设将待评估资产置于市场交易当中，再模拟市场进行评估就成为可能。一方面交易假设为资产评估得以进行“创造”了条件；另一方面它明确限定了资产评估的外部环境即资产是被置于市场交易当中的。

（二）公开市场假设

公开市场假设是资产评估最重要的基本假设，因为该假设的核心就是资产的市场价值是由自由竞争的市场参与者自主决定的，其价格高低取决于一定市场供求状况下，独立的交易双方对资产的价值判断。资产交易双方地位平等，彼此都有获取足够市场信息的机会与时间。该假设假定市场是一个充分竞争的市场，资产的价格取决于资产的交换能力，即取决于潜在投资者使用该项资产获利的可能性、获利程度和潜在投资者数量的多少。因此公开市场假设是假定待评估资产是在一个具有众多的买方和卖方的市场上交易，在这个市场上该项资产的交易十分活跃，资产交易没有套利空间，在不考虑交易相关税费的前提下，市场参与者购买资产的价格与卖出资产的价格是一致的。

公开市场假设是市场经济发展的内在要求，是实现资源最优配置的前提条件。在进行资产评估时，只有遵循公开市场假设处理资产业务才能体现出资产的真正市场价值，使资产得到最佳利用。凡是能在公开市场上交易，用途较为广泛和通用性较强的资产，都可以考虑按公开市场假设前提进行评估。

（三）持续使用假设

持续使用假设是假定待评估资产正处于使用状态，包括正在使用中的资产和备用资产，并根据相关数据和信息推断这些处于使用状态的资产还将继续使用下去。这一假设说明了待评估资产所面临的市场条件或市场环境，同时又着重说明了资产的存续状态。该假设要求一般情况下不能按资产拆零出售所得收益之和估价，而应该将资产看成是一种获利能力，而不是物的简单堆积。

待评估资产的使用状态一般分为以下三种情况。

1. 再用续用，即资产按现行用途及使用方式继续使用。比如某一房地产开发商购买一处商业用地并继续作为商业用地使用。

2. 转用续用，即处于使用中的待评估资产在资产业务发生后将改变资产现行用途及方式，调换新的用途及方式继续使用。比如将一处工业厂房改造成商业综合体。

3. 移地续用，即资产的空间位置将发生改变，资产将转移到其他位置继续使用。比如将一条洗烘一体式洗衣机生产流水线从 A 城迁往 B 城安装后，继续生产洗烘一体式洗衣机。

在上述三种不同资产使用状态的情况下，资产价值评估结果也会产生差异。

（四）清算假设

清算假设的使用较为特殊，它是基于待评估资产面临清算或具有潜在被清算的事实或可能性（比如破产、抵押权实施等），根据相应数据资料推定待评估资产处于被迫出售或快速变现的状态，因此，清算假设下的资产评估是对资产处于非公开市场条件下被迫出售或快速变现的价值估算。在这一特殊条件下，资产交易双方的地位不平等，交易时间较短，待评估资产的评估价值通常要低于类似资产在公开市场或持续使用假设前提下的评估价值。

按照寻找购买者时间的长短，可以将清算分为强制清算和有序清算，强制清算是指在公开市场上限时出售。而有序清算则允许在一定的合理时间内寻找购买者。强制清算一般指的是被清算主体在外部力量控制下实施的清算假设，而有序清算通常指的是被清算主体在其所有者有序控制下实施的清算假设。比如某企业无法持续经营（亏损），那么该经营主体的所有者自主控制下，在有计划、有序前提下进行的清算就属于有序清算。如果该经营主体经营不善面临破产，无法偿付相关债务，由债权人向法院申请破产，并在限定的时间内处置变现经营主体资产，这就是属于强制清算。

二、资产评估原则

资产评估原则是规范资产评估行为和业务执行的规则或标准。规定评估原则是为了确保不同的资产评估专业人员在遵循规定的评估程序、采用适宜的评估方法和正确的处理方式的前提下，对同一评估对象的评估结果具有一致性。资产评估原则包括工作原则和经济技术原则两个层面。

（一）工作原则

资产评估的工作原则是指资产评估机构和资产评估专业人员在资产评估工作中应遵循的基本原则，即其应当坚持独立性、客观性和公正性等工作原则。《资产评估法》第四条要求，评估机构及其评估专业人员开展资产评估业务应当遵守法律、行政法规和评估准则，遵循独立、客观、公正的原则。《资产评估基本准则》也将该内容写入资产评估机构及其资产评估专业人员的“基本遵循”中。

1. 独立性原则。独立性是指资产评估机构和资产评估专业人员在执业过程中不受利害关系影响，不受外界干扰的职业原则。独立性原则通常包含两层含义：一是资产评估机构本身应该是一个独立的、不依附于他人的社会公正性法人组织，与资产评估业务各当事人没有任何利益与利害关系；二是资产评估机构及其资产评估专业人员在开展业务过程中应始终保持独立的第三方地位，资产评估工作不受委托人及外界意图及压力的影响，能进行独立公正的评估工作。

影响独立性的情形，通常是评估机构、评估专业人员或者其亲属与委托方或者相关当事人之间存在经济利益关联、人员关联或者业务关联。对此类影响需要加以识别和判断，并采取人员回避、业务回避和消除关联关系、第三方审核、充分披露等相应措施，以消除不利影响。当所采取的措施不能消除对独立性的不利影响时，评估机构和评估专业人员不得承接该评估业务，或者应当终止该评估业务。

2. 客观性原则。客观性原则要求资产评估工作实事求是、尊重客观实际。资产评估机构及其资产评估专业人员在评估工作中必须以评估资料为基础，以确凿的事实和事物发展的内在规律为依据，以求实的态度为指针，实事求是地得出评估结论，而不能添加任何没有事实依据的妄断和臆测，以确保评估结果的公正性。资产评估结论是资产评估专业人员认真调查研究，通过合乎逻辑的分析推理得出的具有客观性的结论。

尽管在评估过程中使用科学的评估模型，但模型中的变量必然带有一定的评估人员的主观判断，导致评估结果受到评估过程中所存在主观偏见的影响，减少评估过程中主观偏见的方法有两种：一是尽量避免受到公众关于资产价值观点的影响；二是在评估之前尽可能少地关心资产是被高估还是低估。

3. 公正性原则。公正性原则要求资产评估机构及其资产评估专业人员在评估工作中必须遵循评估标准，以公正的态度制订评估方案，采用科学的评估方法进行资产评估。因此，资产评估工作必须把主观评价与客观测算、静态分析与动态分析、定性分析与定量分析有机结合起来，做到诚实守信、勤勉尽责、遵守法律法规和准则要求，自觉维护职业形象。

（二）经济技术原则

资产评估的经济技术原则是指在开展资产评估业务过程中的一些技术规范和业务准则，为资产评估专业人员在执行资产评估业务过程中的专业判断提供技术依据。

1. 供求原则。供求原则是经济学中关于供求关系影响商品价格原理的概括假定。在其他条件不变的前提下，商品的价格随着需求的增长而上升，随着供给的增加而下降。尽管商品价格随供求变化并不成固定比例变化，但变化的方向带有规律性。供求规律对商品价格形成的作用同样适用于资产价值的评估。资产评估专业人员在判断资产价值时应充分考虑和依据供求原则。由于均衡价格是需求和供给共同作用的结果，在均衡价格中，生产费用和效用是影响价格的两个均等因素。因此，资产评估既需要考虑资产的构建成本，又需要考虑资产的效用。

2. 最高最佳使用原则。该原则依据价值理论原理，强调商品在交换时应以最佳用途及利用方式实现其价值。最高最佳使用原则是指在法律上允许、技术上可能、经济上可行的前提条件下，能够使评估对象产生最高价值的利用方式。

由于资产的使用会受到市场条件的制约，因此，最高最佳用途的确定一般需要考虑以下三方面因素：

（1）确定该用途法律上是否许可，必须考虑该项资产使用的法律限制；

（2）确定该用途技术上是否可能，必须是市场参与者认为合理的用途；

（3）确定该用途财务上是否可行，必须考虑在法律上允许且技术上可能的情况下使用该资产，能否产生足够的收益或现金流量，从而在补偿资产用于该用途所发生的成本后，仍然能够满足市场参与者所要求的投资回报。

3. 替代原则。根据经济学的替代原理，在同一市场上，效用相同或相似的资产由于市场竞争的影响，价格必然趋于一致。任何理性的投资者对具有相同效用的物品必定选择价格较低的，在价格相同时必定选择效用较大的。替代原则是指价格最低的同质商品对其他同质商品具有替代性，即相同效能的资产，最低价格的资产需求最大。根据这一原理评估资产价值时，可以通过调查近期发生交易的与待评估资产有替代可能的资产的价格与条件，对待评估资产与已交易同类资产进行价格和条件的比较，从而测算资产的价值。替代原理也是市场法估价的理论基础。

4. 预期收益原则。资产之所以具有价值，是因为它能够为其拥有者或控制者带来未来经济利益。预期收益原则是指资产的价值不是取决于其过去的生产成本和销售价格，而是取决于其在评估基准日后能够带来的预期净收益，即预期的获利能力。预期的获利能力越大，资产的价值就越高。预期收益原则是资产评估专业人员判断资产价值的一个最基本的依据。

5. 贡献原则。根据经济学边际收益原理，各生产要素价值的大小，可依据其对总收益的贡献来衡量。从一定意义上来看，贡献原则是预期收益原则在某种情况下的具体应用，它主要是指某一资产或资产某一构成部分的价值，取决于它对所在资产组合或完整资产整体价值的贡献，也可以用缺少它时资产整体价值或资产整体价值的下降程度来衡量确定。贡献原则主要适用于确定构成整体资产的各组成要素资产的贡献，或者当整体资产缺少该要素资产将蒙受的损失。

6. 评估时点原则。市场是变化的，资产的价值会随着市场条件的变化而不断变化。随着时间的流逝，资产本身也可能发生变化，同一资产在不同的时点也可能会有不同的价值。评估时点原则是对交易假设和公开市场假设的一个反映。为使资产评估得以操作，同时又能保证资产评估结果可以被市场检验，在资产评估时，必须假定市场条件固定在某一个时点，这一时点就是评估基准日，它为资产评估提供了一个时间基准。从理论上说，资产评估是对动态资产价格的现实静态反映，这种反映越准确，评估结果越科学。评估基准日为“特定的时间点”，资产评估专业人员的价值意见为该时间点的价值意见，价值标准是该时间点适用的价值标准。

7. 外在性原则。资产评估外在性原则是指“外在性”会对相关权利主体带来自身因素以外的额外收益或损失，从而影响资产的价值，并对资产的交易价格产生直接影响。资产评估工作应关注“外在性”给被评估资产带来的损失或收益，以及这种损失或收益对资产价值的影响。

比如，对某处房产进行评估时，一个重要的价格影响因素就是环境因素。该房产周边开发的程度、环境状况等因素与其本身的所有权无关，但对该房产价格有重要影响。有时环境因素影响的权重甚至不低于其本身的造价。环境因素对房产价值的影响实际上就是“外在性”对其价值影响的表现。优良的环境会对其使用功能产生溢出效益，增加其转让价值或使用收益；恶劣的环境则会对其使用功能产生波及效应，减损其转让价值或持有价值。

三、资产评估目的

资产评估目的实际上就是资产评估业务对应的经济行为对资产评估结果的使用要求或资产评估结论的具体用途，即估价结果的期望用途。资产评估的目的直接或间接地决定和制约着资产评估的条件以及价值类型的选择。不同评估目的可能对评估对象的确定、评估范围的界定、价值类型的选择以及潜在交易市场的确定等方面产生影响，在整个评估过程中具有十分重要的作用。按照经济行为的不同，资产评估的目的通常分为转让，抵押、质押，公司设立、改制、增资，财务报告，税收，司法诉讼等。

1. 转让。转让行为所对应的评估目的是确定转让标的资产的价值，为转让定价提供参考。对一些在市场上无法直接获得交易价格信息的资产交易，交易双方在进行交易时可能需要借助资产评估专业服务，帮助交易双方确定交易价格；或者聘请评估专业机构对交易双方商定的交易价格进行公允性鉴证。转让是最常见的评估目的，这类评估业务有些是国家法律法规规定的法定评估，还有一些是市场参与者自愿委托的非法定评估。

根据国有资产管理法规的规定，国有资产转让、收购非国有资产、资产转让与置换以及以非货币资产偿还债务等都是涉及资产转让定价目的的法定评估。上述涉及国有资产的转让行为中，由国有资产当事主体委托的资产评估需要满足国有资产评估的监管要求，在资产评估报告内容及披露方面除要满足《资产评估执业准则——资产评估报告》等要求外，还应当符合《企业国有资产评估报告指南》或《金融企业国有资产评估报告指南》的规定。

2. 抵押、质押。所谓抵押、质押目的的评估是指企业向金融机构或其他非金融机构进行融资时，金融机构或其他非金融机构要求企业提供其用于抵押或质押资产的评估报告，目的是了解用于抵押或者质押资产的价值。实务中房地产抵押、知识产权抵押、珠宝抵押等是这类评估最常见的形式。通常包括以下三种情形。

（1）贷款发放前设定抵押、质押权的评估。单位或者个人在向金融机构或其他非金融机构进行融资时，金融机构或其他非金融机构需要获得借款人或担保人用于抵押或质押资产的评估报告，作为确定发放贷款的参考依据。

（2）实现抵押、质押权的评估。当借款人到期不能偿还贷款时，贷款提供方作为抵押、质押权人可以依法要求将抵押品拍卖或者折价清偿债务，以实现抵押权。这个环节资产评估的目的是确定抵押、质押品的价值，为抵押、质押品折价或变现提供参考。

（3）贷款存续期对抵押、质押品价值动态管理所要求的评估。通常由金融机构要求评估机构在规定时间以及市场发生不利变化时，对抵押、质押品进行价值评估。评估目的是监控抵押、质押品的价格变化，为贷款风险防范提供参考。

3. 公司设立、改制、增资。根据《中华人民共和国公司法》（以下简称《公司法》）和国家市场监督管理部门相关法规的规定，以下经济行为需要评估。

（1）非货币资产出资行为。《公司法》规定："股东可以用货币出资，也可以用实物、知识产权、土地使用权等可以用货币估价并可以依法转让的非货币财产作价出资。""对作为出资的非货币财产应当估价作价，核实财产，不得高估或者低估作价。"有限责任公司成立后"发现作为设立公司出资的非货币财产的实际价额显著低于公司章程所定价额的，应当由交付该出资的股东补足其差额；公司设立时的其他股东承担连带责任"。根据国家市场监督管理总局的规定，符合要求的股权也可以做出资。

非货币资产出资行为的评估目的是为确定可出资资产的价值提供参考。资产评估的评估结论用于揭示出资财产的市场价值，可以保障企业、股东、债权人以及社会公众的利益。此外，以货币或非货币资产对公司进行增资扩股时，需要对被增资企业的股权价值进行评估，作为确定新老股东股权比例的依据，评估目的是为确定股东出资额和股权比例提供参考。按照国有资产评估管理规定，非上市公司国有股东的股权比例发生变动时，应当对该非上市公司的股东权益进行资产评估。

（2）企业整体或部分改制、改建为有限公司或股份公司。企业进行公司制改建或者由有限责任公司变更为股份有限公司时，需要对改建变更涉及的整体或部分资产实施资产评估。我国国有企业的改制要求通过资产评估合理确定国有资本金的价值。资产评估的目的是为确定国有资本出资额或者股份数额提供参考依据。

企业由有限责任公司变更为股份有限公司时，采用有限责任公司经审计的净资产账面价值折股时，需要对有限责任公司用于折股的净资产进行评估。这个评估的实质是核实有限责任公司按照《公司法》规定可用于出资资产的市场价值扣除负债后的净资产价值，是否不低于其用于折股的审计后的净资产账面价值，其目的是在企业以净资产折股时核实股权或股份的真实性，防止虚折股权或股份的情况发生。

如果有限责任公司改建股份有限公司过程中发生引进战略投资者等导致拟改建公司的国有股东股权比例发生变化的情况，还应根据国有资产监管要求，在上述股权比例变化的环节对拟改建公司的股东权益价值进行评估，其评估的目的是为确定股东出资金额和股权比例提供参考。

（3）发行股份购买资产。发行股份购买资产是指上市公司通过增发股份的方式购买相关资产，这种行为的实质是采用非货币资产对股份公司进行增资评估，目的是评估标的资产的价值，为上市公司确定资产购买价格和股票发行方案提供参考。

（4）企业债权转股权。根据《公司法》的规定，应当对拟转为股权的债权进行评估，被转股企业为国有非上市公司的，还应当按规定对其股权价值进行评估。债权转股权的作价出资金额不得高于该债权的评估值：这种行为实质上是债权人采用非货币资产对其享有债权的公司进行增资。此种经济行为的评估目的是为确定债权转股金额和股份数额提供价值参考。

4. 财务报告。企业在编制财务报告时，可能需要对某些资产进行评估，并且委托资产评估机构承担这类评估工作。这类资产评估属于服务于会计计量和财务报告编制的评估业务。服务于合并对价分摊、资产减值测试、投资性房地产和金融工具等资产的公允价值计量等评估业务，形成了我国资产评估行业为会计计量和财务报告编制服务的主要业务内容。财务报告目的的评估，企业一旦决定委托评估机构承担评估，资产评估机构就需要按照企业会计准则和资产评估准则的规定进行评估操作。在企业会计准则与资产评估准则发生冲突时，还必须遵循企业会计准则优先的原则。如果资产评估机构没有遵循企业会计准则和资产评估准则的相关规定，可能需要承担相应的责任或连带责任。

5. 税收。我国在核定税基、确定计税价格、关联交易转让定价等税收领域都对资产评估产生了需求。税收目的的评估通常是为税务机关计量相关税金提供计税依据，如计算不动产税目的计税评估等税收目的的评估、提供财产转移定价公允性的鉴证评估。如税务机关对某项资产转让价格提出质疑，可能需要委托评估机构对其价值进行评估，以合理确定资产转让的公允价格，进而准确估算该资产交易的流转税和所得税。

同时，资产评估的独立专业地位可以为税收的征管提供公允的价值尺度，为税收征管部门依法治税、提高税基核定权威性和税收征管效率提供专业技术保障。

6. 司法诉讼。资产评估可以为涉案标的提供价值评估服务。评估结论是司法立案、审判执行的重要依据。司法诉讼目的的评估主要有两类：一是司法评估，主要是资产评估机构接受各级法院的直接委托，对涉及诉讼或执行的资产进行价值评估；二是诉讼协助评估，是指评估机构接受诉讼当事人或律师的委托，对涉诉资产进行评估，并为评估委托人提供诉讼协助服务。

第四节 资产评估价值类型

一、价值类型的概念和作用

价值类型就是在不同的假设前提下对价值进行定义。资产评估的价值类型是指资产评估结果的价值属性及其表现形式。不同价值类型从不同角度反映资产评估的属性和特征。不同的价值类型所代表的资产评估价值不仅在性质上是不同的，在数量上也存在着较大的差异。在资产评估中，恰当选择价值类型是所有种类的资产评估和各种目的下的资产评估都必须遵守的基本条件。

价值类型在资产评估中的作用主要体现在以下三个方面。

（1）价值类型是影响和决定资产评估价值的重要因素；

（2）价值类型对资产评估方法的选择具有一定的影响，价值类型实际上是评估价值的一个具体标准；

（3）明确价值类型可以更清楚地表达评估结论，可以避免评估委托人和其他报告使用人误用评估结论。

Tips：2017 年 9 月 8 日，中国资产评估协会发布修订《资产评估价值类型指导意见》，并于 2017 年 10 月 1 日实施。发布并修订该指导意见的目的是规范资产评估专业人员选择、使用和定义价值类型的行为，维护社会公共利益和资产评估各当事人合法权益，并且使资产评估专业人员能够更好地理解、把握和运用价值类型。

二、价值类型的种类

当前国际和国内评估界对价值类型有不同的分类，但是一般认为价值类型主要包括两大部分，即市场价值和市场价值以外的价值。市场价值是在满足公开市场和资产有效使用假设的前提下，相对于整体市场而言的内在价值。市场价值以外的价值则是在不完全满足市场价值定义成立条件但满足各自定义成立条件的前提下，相对于个别市场主体合理或公允的价值。

1. 市场价值类型。市场价值是指自愿买方和自愿卖方，在各自理性行事且未受任何强迫的情况下，评估对象在评估基准日进行公正、公平交易的价值估计数额。市场价值主要受到两个方面因素的影响：一是交易标的因素。交易标的是指不同的资产，其预期可以获得的收益是不同的，不同获利能力的资产自然会有不同的市场价值。二是交易市场因素。交易市场是指该标的资产将要进行交易的市场，不同的市场可能存在不同的供求关系等因素，对交易标的市场价值产生影响。总之，影响市场价值的因素都具有客观性，不会受到个别市场参与者个人因素的影响。

根据上述定义，市场价值应具备以下要素。

（1）买方自愿。一方面指买方具有购买动机，但并没有被强迫进行购买；另一方面指没有特殊情况该购买者会根据现行市场的真实状况和现行市场的期望值进行购买。

（2）卖方自愿。一方面是指卖方不存在急售情况，另一方面是指不以投机为目的，卖方应当在进行必要的市场营销之后，根据市场条件以公开市场所能达到的最佳价格出售资产。

（3）公平交易。即买卖双方是对等的、平等的，是没有特定或特殊关系的当事人之间的交易。

（4）资产在市场上有足够的展示时间。这些资产应当以恰当的方式在市场上展示，以便买卖双方都能够充分的相互了解，把握资产的相关情况。

（5）当事人双方各自精明、谨慎行事。双方都应把握市场，了解市场，并合理知道资产的性质和特征、实际用途、潜在用途以及评估基准日的市场状况，谨慎行事以争取在交易中为自己获得最佳利益。

Tips:《国际评估准则》(2017 年) 对市场价值的以下规定，有助于拓展对市场价值概念的理解：(1) 资产的市场价值将反映其最高最佳用途；(2) 市场价值是以最适当的方式在市场上展示且能合理取得的最佳价格，展示期发生在评估基准日之前；(3) 为出售资产展示的市场是理论上该资产通常被交换的市场，交易双方之间没有特定的或特殊的关系；(4) 市场价值既是卖方能够合理获取的最好售价，也是买方能够合理取得的最有利价格。

2. 市场价值以外的价值类型。市场价值以外的价值是指所有不满足市场价值定义的价值类型，但也是在市场中形成的价值。因此，市场价值以外的价值不是个体概念，而是一个集合概念，指不满足市场价值定义的一系列价值的集合，主要包括投资价值、在用价值、清算价值和残余价值等。

(1) 投资价值。投资价值是指评估对象对于具有明确投资目标的特定投资者或者某一类投资者所具有的价值估计数额，也称特定投资者价值。例如，某投资者欲购买一处厂房用于建设商场，获得商铺出租（或出售）收入，该价值就属于该投资者投资价值。投资价值与市场价值相比，除受到交易标的因素和交易市场因素的影响差异外，其最为重要的差异还在于投资价值会受到特定交易者的投资偏好或所追求协同因素的影响。

Tips:《国际评估准则》对投资价值的定义：投资价值是指用于特定投资或有明确目的的资产对特定投资者或某一类投资者所具有的价值。

《国际评估准则》定义把特定资产和特定投资者以及某一类投资者或具有明确投资目标的投资主体联系起来，其价值合理性的指向是个别市场主体而不是市场整体。

(2) 在用价值。在用价值的实质就是使用资产所能创造的价值，也称为使用价值。根据《资产评估价值类型指导意见》的规定，在用价值是指将评估对象作为企业、资产组组成部分或者要素资产按其正在使用方式和程度及其对所属企业、资产组的贡献的价值估计数额。根据该定义：一是在用价值的评估对象只能是作为企业或整体资产中的资产，而不是独立发挥作用的资产；二是在用价值是由资产按其正在使用的方式和程度及其对企业或整体资产的贡献决定，而不考虑该项资产的最佳用途或变现情形。

(3) 清算价值。清算价值是指在评估对象处于被迫出售或快速变现等非正常市场条件下的价值估计数额。通常情况下，同一资产的清算价值低于市场价值，但并不一定都是如此。清算价值的特点主要有以下两个方面：一是该价值是退出价。清算价值是一个资产拥有者需要变现资产的价值，不是购买资产的进入价。二是这个退出是受外力胁迫情况的退出，而非正常的退出。清算价值的退出变现是在被迫出售、快速变现等非正常市场条件下进行的。

(4) 残余价值。残余价值是指机器设备、房屋建筑或者其他有形资产等的拆零变现价值估计数额。残余价值是针对有形可拆零资产而言的，残余价值等于将资产拆成零部件后，按其零部件变现所能实现的价值估计数额。这种资产从整体角度而言，实际已经没有使用价值，也就是其已经不能再作为企业或业务资产组的有效组成部分发挥在用价值而只能变现，由于其整体使用价值已经没有，因此，整体变现也不可能，只能改变状态变现，也就是拆除零部件变现。

（5）其他价值类型。《资产评估价值类型指导意见》规定，执行资产评估业务应当合理考虑该指导意见与其他相关准则的协调，评估专业人员采用本指导意见规定之外的价值类型时，应当确定其符合该指导意见的基本要求，并在评估报告中披露上述规定。该规定实际上是允许评估专业人员根据特定业务需求而选择其他价值类型，并且需要在评估报告中进行充分披露。评估实务中还存在一些以抵押、质押为目的的评估和以保险赔偿为目的的评估等。这些目的下的资产评估，可能会需要考虑其他价值类型，评估专业人员只要确定其符合价值类型指导意见的基本要求，并在评估报告中披露就可以使用。

三、价值类型的选择

在符合各自含义及相应使用条件的前提下，市场价值、投资价值以及其他价值类型的评估结论都是合理的、公允的。评估专业人员执行资产评估业务选择和使用价值类型应当充分考虑评估目的、市场条件、评估对象自身条件等因素。

1. 当评估专业人员执行的资产评估业务对市场条件和评估对象的使用并无特别限制和要求，特别是不考虑特定市场参与者的自身因素和偏好，评估目的是为正常的交易提供价值参考依据时，一般应当选择市场价值作为评估结论的价值类型。

2. 如果评估专业人员在执行资产评估业务时，评估业务针对的是特定投资者或者某一类投资者，评估中还必须考虑某一类投资者或特定投资者自身的投资偏好或特定目标对交易价值的影响，一般需要考虑选择投资价值类型。

3. 如果评估专业人员在执行资产评估业务时，评估对象是企业或者整体资产组中的要素资产，并且在评估业务执行过程中只需要考虑以这些资产未来经营收益的方式来确定资产价值时，评估专业人员需要选择在用价值类型。

4. 当评估对象面临被迫出售、快速变现或者评估对象具有潜在被迫出售、快速变现等情况时，评估专业人员通常应当选择清算价值作为评估结论的价值类型。抵质押物、抵税财产和涉案财产处置等评估，也可以根据评估对象特点及委托条件选择清算价值类型。

5. 当评估对象无法或者不宜整体使用时，也就是其整体已经不具有使用价值，但是，如果改变其计量单元，将计量单元缩小至零部件后，还可以具有使用价值时，评估专业人员通常应当考虑评估对象的拆零变现，并选择残余价值作为评估结论的价值类型。

资产评估的价值类型并不取决于所采用的具体评估方法，任何价值类型下的评估结论都可以通过一种或者多种评估方法实现。评估方法是估计和判断市场价值和市场价值以外的价值评估结论的技术手段。

第五节　资产评估的基本程序

一、资产评估程序的概念

评估程序是执行资产评估业务所履行的系统性工作步骤，资产评估程序由具体的工作步骤组成。由于不同资产业务的评估对象、评估目的资料收集等相关条件的差异，资产评估专业人员可能需要执行不同的资产评估具体程序和工作步骤。但从共性角度看，资产评估基本程序是相同或相通的，他们可以适用于各种类型的资产评估业务。通过对资产评估基本程序的规范，可以有效地指导资产评估专业人员开展各种类型的资产评估业务。

长期以来由于我国资产评估发展的特殊性，资产评估实务界对资产评估程序问题未能足够重视。资产评估程序应当以资产评估机构及其评估专业人员为主体，反映执行资产评估业务、形成资产评估结论所必须履行的系统性工作步骤，其重要意义主要体现在以下三个方面：

（1）资产评估程序是规范资产评估行为、提高资产评估业务质量和资产评估服务诚信度的重要保证；

（2）资产评估程序是相关当事人评价资产评估服务质量的重要依据；

（3）资产评估程序是资产评估机构及其评估专业人员防范职业风险、维护自身合法权益及据以合理抗辩的重要手段。

二、资产评估基本程序的内容

《资产评估法》《资产评估基本准则》中明确规定资产评估通常包括八大基本评估程序：明确业务基本事项、订立业务委托合同、编制资产评估计划、进行评估现场调查、收集整理评估资料、评定估算形成结论、编制出具评估报告、整理归集评估档案。

（一）明确业务基本事项

明确业务基本事项是资产评估程序的第一个环节，包括在订立业务委托合同以前的一系列基础性工作。明确业务基本事项可以核实评估机构对评估业务的背景、基本情况、委托要求、可能的工作条件等有一个全面充分的了解，进而对资产评估机构和评估专业人员的专业胜任能力、独立性和业务风险进行评价，决定是否承接相关业务，并在决定承接的情况下为洽商签订资产评估委托合同做好准备。

资产评估业务基本事项主要包括以下九个方面。

（1）委托人、资产持有人和委托人以外的其他资产评估报告使用者的基本状况；

（2）评估目的；

（3）评估对象和评估范围；
（4）价值类型；
（5）资产评估基准日；
（6）评估报告的使用范围；
（7）评估报告提交期限及方式；
（8）评估服务费及支付方式；
（9）委托人、其他相关当事人、资产评估机构、资产评估专业人员配合和协助等其他需要明确的重要事项。

（二）订立业务委托合同

资产评估委托合同是指评估机构与委托人签订的明确评估业务基本事项，约定评估机构和委托人权利、义务、违约责任和争议解决等内容的书面合同。评估机构是订立评估委托合同的法律主体之一。根据我国资产评估行业的现行规定，评估专业人员承办资产评估业务，应当由其所在的资产评估机构统一受理，并由评估机构与委托人签订书面形式评估委托合同。资产评估委托合同应当由资产评估机构的法人代表（或首席合伙人）签名并加盖资产评估机构印章。资产评估专业人员不得以个人名义签订资产评估业务约定书。

资产评估委托合同的内容应当符合国家法律法规、资产评估行业的管理规定，通常包括下列内容：

（1）资产评估机构和委托人的名称、住所、联系人及联系方式；
（2）评估目的；
（3）评估对象和评估范围；
（4）评估基准日；
（5）评估报告使用范围；
（6）评估报告提交期限和方式；
（7）评估收费总额或者支付标准、支付时间及支付方式；
（8）资产评估机构和委托人的其他权利和义务；
（9）违约责任和争议解决；
（10）合同当事人签字或者盖章的时间；
（11）合同当事人签字或者盖章的地点。

（三）编制资产评估计划

资产评估计划是指资产评估专业人员为执行资产评估业务拟订的评估工作总体思路和详细的实施方案。由于资产评估项目千差万别，资产评估计划也不尽相同，其详细程度取决于资产评估业务的规模和复杂程度。资产评估计划应当涵盖现场调查、收集评估资料、评定估算、编制和提交评估报告等资产评估工作的全过程。

为高效完成资产评估业务，资产评估专业人员应当编制资产评估计划，对资产评估过程中的每个工作步骤以及时间和人力进行规划和安排。资产评估专业人员应该根据资产评估业务性质和复杂程度等因素，确定资产评估计划的繁简程度。资产评估专业人员在编制资产评估计划前，应当与委托方、资产占有方等相关当事人就资产评估计划的要点和重要环节进行沟通，并报资产评估机构负责人审核批准。

（四）进行评估现场调查

现场调查是资产评估中必不可少的环节。资产评估专业人员执行资产评估业务应当对评估对象进行必要的调查，包括对不动产和其他实物资产进行必要的现场勘测，对企业价值、股权和无形资产等非实物性资产进行评估时，也应当根据评估对象的具体情况进行必要的现场调查。进行资产勘察和现场调查工作，不仅是基于资产评估专业人员勤勉尽责义务的要求，而且是资产评估程序和操作的必经环节，有利于资产评估机构和人员全面客观地了解评估对象，核实委托方和资产持有者所提供资料的可靠性，并通过在资产勘察和现场调查过程中发现问题、线索，以便有针对性地开展资料收集和分析工作。

现场调查通常包括了解评估对象现状和关注评估对象法律权属两项内容。了解评估对象现状需要核实评估对象的存在性、完整性和现实状况。资产的法律权属包括所有权、使用权和其他财产权利，评估专业人员在现场调查时应当取得评估对象的权属证明。现场调查应当在评估对象和评估业务涉及的主要资产所在地进行。但是在评估实务中经常会遇到因客观原因而使得现场调查程序受到限制的情况，这时资产评估专业人员应当在不违背资产评估准则基本要求的前提下采取必要的替代程序，并保证程序和方法的合理性。

（五）收集整理评估资料

资产评估实际上是对被评估资产的信息进行收集、分析、判断并做出披露的过程。在上述几个环节的基础上，资产评估专业人员应当根据资产评估项目具体情况，收集资产评估相关资料。资料收集工作直接关系到评估工作的质量，也是进行分析、判断，进而形成评估结论的基础。对资产评估程序加以严格要求，其目的也是保证评估对信息收集分析的充分性和合理性。此外，资产评估专业人员的执业能力在一定程度上也体现在其收集、占有与所执行项目相关信息资料的能力上。

资产评估专业人员应当通过与委托人、资产占有方的沟通，并指导其对评估对象进行清查等方式，对评估对象或资产占有方的资料进行了解，并对委托人和资产占有方提供的资料进行必要的核查验证。通常核查验证的方式包括观察、询问、书面审查、实地调查、查询函证和复核等。相关法律法规规定，因客观条件限制无法实施核查验证的事项，资产评估专业人员应当在工作底稿中予以说明、分析其对评估结论的影响程度，并在资产评估报告中予以披露。如果上述事项对评估结论产生重大影响，或者无法判断其影响程度，资产评估机构不得出具资产评估报告。

（六）评定估算形成结论

资产评估专业人员在收集整理评估资料的基础上，进入评定估算形成环节。进入评定估算环节，主要包括分析资产评估资料，恰当选择资产评估方法，形成初步资产评估结论，综合分析、确定资产评估结论，资产评估机构内部复核等具体工作步骤。

资产评估专业人员应当根据评估目的、评估对象、价值类型和资料收集等情况，分析市场法、收益法和成本法三种资产评估基本方法的适用性，并选择恰当的评估方法。资产评估专业人员应当根据所采用的评估方法，选取相应的公式和参数进行分析、计算和判断，形成测算结果。资产评估专业人员应当对形成的测算结果进行综合分析，形成合理的评估结论。对同一评估对象采用多种评估方法时，应当对采用各种评估方法评估形成的测算结果进行分析比较、综合考虑，形成合理的评估结论。

（七）编制出具评估报告

资产评估机构及评估专业人员在评定估算形成评估结论后，应当编制审核和出具资产评估报告。资产评估报告是指资产评估专业人员按照相关法律法规和资产评估准则，在实施必要的评估程序对特定评估对象价值进行估算以后，编制并经由评估机构内部审核后，向委托方提交的反映其专业意见的书面文件。资产评估报告的主要内容，包括标题及文号、目录、声明、摘要、正文、附件等。

资产评估机构及其评估专业人员可以根据资产评估业务性质和委托方或其他评估报告使用者的要求，在遵守资产评估报告规范和不引起误导的前提下，选择恰当的资产评估报告详略程度。资产评估机构应当按照法律、行政法规、资产评估准则和资产评估机构内部质量控制制度，对初步资产评估报告进行内部审核。资产评估机构出具资产评估报告前，在不影响对评估结论进行独立判断的前提下，可以与委托人或者委托人同意的其他相关当事人就资产评估报告有关内容进行沟通，对沟通情况进行独立分析，并决定是否对资产评估报告进行调整。资产评估机构及其评估专业人员完成上述评估程序后，由资产评估机构出具并提交正式资产评估报告。

（八）整理归集评估档案

资产评估机构在提交评估报告后，应当按照法律、行政法规和资产评估准则的规定，及时对工作底稿进行整理，并与其他相关资料一起形成评估档案。评估档案是评价考核资产评估专业人员专业胜任能力和工作业绩的依据，是判断评估机构和承办评估业务的资产评估专业人员职业责任的重要证据，也是维护评估机构及评估专业人员合法权益的重要依据。

资产评估专业人员应当整理归集的评估档案，包括工作底稿、评估报告和其他相关资料。资产评估机构应当按照法律、行政法规和资产评估准则的规定，建立健全资产评估档案管理制度，并妥善管理资产评估档案。资产评估工作底稿是指资产评估专业人员在评估过程中形成的评估工作记录和获取的资料，是资产评估专业人员形成评估报告的依据。工作底稿可以是纸质文档、电子文档或者其他介质形式的文档。资产评估专业人员通常应当在资产评估报告日后 90 日内将工作底稿、资产评估报告及其他相关资料归集形成资产评估档案，并在归档目录中注明文档介质形式。重大或者特殊项目的归档时限为评估结论使用有效期届满后 30 日内。

关键概念

资产评估　资产评估专业人员　资产评估准则　资产评估基准日　资产评估假设　交易假设　公开市场假设　持续使用假设　清算假设　资产评估目的　资产评估原则　独立性原则　公正性原则　客观性原则　最高最佳使用原则　供求原则　替代原则　预期收益原则　贡献原则　评估时点原则　外在性原则　资产评估程序　价值　价值类型　市场价值　市场价值以外的价值　投资价值　在用价值　清算价值　残余价值

思考题

1. 什么是资产评估？资产评估与会计、审计有何区别和联系？
2. 资产评估假设有哪些？
3. 资产评估原则有哪些？
4. 如何针对不同的资产评估目的，选择恰当的资产价值类型？
5. 确定资产评估基准日有何意义？
6. 资产评估基本程序包括哪些基本内容？
7. 简述资产评估的特点。
8. 资产评估发展历程通常包括哪几个阶段？

常用网站网址

1. 中国资产评估协会：http：//www. cas. org. cn/
2. 国际评估准则理事会：https：//www. ivsc. org

第二章　资产评估基本方法

【引例】

2019年上市公司并购重组评估情况分析——评估方法

2019年度，证监会重组委审核的124个并购重组案例中，获通过的共103例。其中，无条件通过34例，仅占27%；有条件通过69例；未获通过的有21例，未通过的上市公司中大烨智能、多喜爱、天津磁卡、江苏索普、兰太实业、万邦德被否后均二次上会，证监会再次审核后多喜爱无条件通过，其余五家均有条件通过。就审核通过的案例数量来看（包括无条件通过和有条件通过），近三年呈逐年递减的趋势，而2019年未获通过的案例数量较往年有大幅增加。

从并购重组资产评估情况进行相关分析：

一、评估方法选择

资产评估三种基本方法为资产基础法、收益法和市场法。上市公司重大资产重组项目中，常见的评估方法组合有资产基础法和收益法组合以及收益法和市场法组合。资产基础法和收益法方法组合的适用范围最广，能适用于各种行业类型的企业价值评估，收益法和市场法组合除了在能源、材料和运输服务等寻找可比交易案例难度较大的行业外，在其他行业也得到较广泛使用。2019年度并购重组案例中，主要以资产基础法和收益法、收益法和市场法作为评估方法组合，其应用的分布情况以及最终评估方法选择情况如表2-1所示。

表2-1　　　　最终评估方法选择情况

评估方法	最终选择的方法	数量（例）	占比（%）
资产基础法和收益法	收益法	104	73.76
	资产基础法	37	26.24
收益法和市场法	收益法	3	60
	市场法	2	40
资产基础法和市场法	市场法	2	25
	资产基础法	6	75

二、不同评估方法评估结果差异

根据统计的三年（2017~2019年）上市公司重大资产重组项目评估分析，不同评估方法组合下两种评估方法的评估结果平均差异率为-39.01%，其中：资产基础法和收益法评估结果平均差异率为 -38.07%，收益法和市场法评估结果平均差异率为 -9.69%，资产基础法和市场法平均差异率较大，达到 -217.99%。不同方法组合间评估结果平均差异率如表 2-2 所示。

表 2-2

单位：%

方法组合	资产基础法和收益法	收益法和市场法	资产基础法和市场法	平均值
2017~2019 年	-38.07	-9.69	-217.99	-39.01
2017 年	-50.64	-12.73	-73.71	-45.03
2018 年	-30.79	-10.74	-312.12	-33.23
2019 年	-30.19	-7.48	-208.21	-36.44

注：差异率均是按照前一种方法评估值相对于后一种方法的评估值计算得到的。

资料来源：李文秀，王军辉．2019 年度上市公司重大资产重组资产评估分析报告［J］．中国资产评估，2020（4）：26-34.

资产评估行业作为资本市场重要的中介服务机构之一，在国有资产保值、资本市场并购重组、公允价值计量、提高资本市场财务会计信息质量方面发挥了举足轻重的作用，为资本市场的规范与稳定健康发展作出了积极贡献。评估方法的选择也是评估实务工作中的重要内容之一。如何选择恰当的资产评估方法，为评估标的提供客观科学的价值度量，这也构成了本章的主要内容。

学习目标

【知识目标】

1. 了解成本法、市场法和收益法概念、适用范围和优缺点。
2. 熟知成本法、市场法和收益法的前提条件和基本程序。
3. 掌握成本法、市场法和收益法的基本原理、基本模型和相关参数的主要内容。

【能力目标】

1. 培养学生对成本法、市场法和收益法等资产评估三种基本方法的认知能力。
2. 培养学生对成本法、市场法和收益法等资产评估三种基本方法的实际运用能力。

第一节　成本法

一、成本法的基本原理

（一）成本法的含义

成本法又称重置成本法，是指被评估资产在重置成本的基础上扣减其各项价值损耗来确定资产价值的技术方法。成本法的基本思路是，首先，计算被评估资产的重置成本，即按现时市场条件重新构建与被评估资产功能相同的、处于全新状态下的资产所需要的全部耗费；其次，减去各项损耗价值。由于资产价值是一个变量，影响资产价值变化的因素除了市场价格以外，还有诸如因使用磨损和自然力作用而产生的实体性贬值、因技术进步而产生的功能性贬值、因外部环境变化而产生的经济性贬值等。

成本法的基本模型用公式表述如下：

资产评估价值 = 重置成本 − 实体性贬值 − 功能性贬值 − 经济性贬值

或

资产评估价值 = 重置成本 × 成新率

成本法的理论基础是生产费用价值论，即资产价值取决于其在构建时的成本耗费。由于被评估资产的取得成本的有关数据和信息来源比较广泛，并且资产重置成本与其现行市价及收益现值也存在内在联系和替代关系，因而成本法是一种广泛应用的评估资产价值的方法。

（二）成本法的前提条件

1. 被评估资产处于继续使用状态或假定处于继续使用状态。被评估资产的实体特征、内部结构及其功能必须与假设的重置全新资产具有可比性。

2. 被评估资产必须是可再生、可复制的资产。只有可再生、可复制的资产，才能进行重新生产，其价值才可以通过重置成本来反映。

3. 被评估资产应当具备可利用的历史资料。成本法的应用是建立在历史资料基础上的，许多参数指标需要通过历史资料获得。

4. 形成资产价值的损耗是必需的耗费，是形成资产价值的基础，但耗费包括有效耗费和无效耗费。采用成本法评估资产，要确定这些耗费是必须的，而且应体现社会或行业平均水平，而不应是某项资产的个别成本耗费。

5. 被评估资产必须是随着时间的推移，具有贬值特性的资产。比如古董文物类的资产，随着时间的推移，其价值不降反升，因而不能采用重置成本法对其价值进行评估。

（三）成本法的适用范围

成本法比较充分地反映了资产在购买与建造过程中的必要花费，也体现了资产的有形损耗和无形损耗，因此，对于以资产重置补偿为目的的资产评估业务都是适用的，是资产评估中最基本的方法之一。以下情形普遍运用成本法评估资产的价值：一是通货膨胀造成被评估资产的现行市价与历史成本大幅度提高；二是社会技术进步因素导致被评估资产，尤其是生产设备等固定资产出现较大的无形损耗；三是因对现有资产进行技术更新或改造，使得被评估资产的使用效益大幅度提高；四是因对被评估资产使用年限的估计偏大或偏小，而使被评估资产计提的折旧同资产的自然损耗不相同；五是因被评估企业财务管理混乱，造成被评估资产的账面历史成本失实。

二、成本法的基本程序和基本要素

（一）基本程序

运用成本法评估资产，一般按照下列程序进行：（1）确定待评估资产的范围，并估算重置成本或重建成本。（2）确定待评估资产已使用年限、尚可使用年限和总使用年限。（3）确定待评估资产的损耗或贬值额。（4）从重置成本或重建成本中扣减各种贬值，计算得出资产的评估价值。

（二）基本要素

成本法在运用过程中主要涉及重置成本、实体性贬值、功能性贬值和经济性贬值四个基本要素。在评估实践中，或者说在具体运用成本法评估资产的项目中，不是所有的评估项目一定都存在三种贬值，这需要根据评估项目的具体情形来定。

1. 重置成本。一般意义上资产的重置成本就是资产的现行再取得成本。重置成本的构成要素，一般包括建造或者购置评估对象的直接成本、间接成本、资金成本、税费及合理的利润。重置成本应当是社会一般生产力水平的客观必要成本，而不是个别成本。具体来说重置成本可以分为复原重置成本和更新重置成本。

（1）复原重置成本。复原重置成本是指在评估基准日，采用与评估对象相同的材料、相同的建筑或制造标准、相同的设计、相同的规格及技术等，以现时价格水平重新构建与评估对象相同的全新资产（即复制品）所发生的费用。

（2）更新重置成本。更新重置成本是指在评估基准日，采用新型材料、现代建筑或制造标准、新型设计、新型规格及技术等，以现时价格水平构建与评估对象具有同等功能的全新资产所发生的费用。

（3）两者的区别和联系。复原重置成本和更新重置成本的确定均采用资产的现时价格。两者的区别在于采用的材料、标准、规格及设计等存在的差异。值得注意的是，即便是更新重置成本也没有完全改变被评估资产的原有功能。

（4）具体评估时的选择。在计算重置成本时，如果同时拥有计算复原重置成本和更新重置成本的信息资料，应优先选择计算更新重置成本。主要有以下两方面的原因：一是更新重置成本比复原重置成本便宜，因为新技术提高了劳动生产率，采用新技术生产相同功能的资产所需的必要劳动时间减少，根据资产评估的替代原则，应选择更新重置成本；二是采用新型设计、材料、工艺制造的资产无论从使用性能还是从成本耗费方面都优于旧资产。由此可见，更新重置成本与复原重置成本的差异，主要体现在超额投资成本与超额运营成本两个方面。

2. 实体性贬值。实体性贬值又称有形损耗，是指资产由于使用磨损和自然力作用而导致的物理性能损耗或作用下降引起的资产价值损失。例如，设备使用过程中，各零部件的磨损老化，便会产生实体性贬值。

实体性贬值通常依据新旧程度即表体及内部构件、部件的损耗程度来确定。值得注意的是，由于固定资产在具体使用过程中受到维护保养的好坏、运用时间的长短以及实际负荷的大小等因素的影响，实际的磨损程度和速度不一定与法定的折旧率和折旧年限一致，因此，在进行资产评估时，不能照搬会计账面上的资产净值作为评估值，也不能照搬会计账面上的累计折旧额作为实体性贬值额，而应通过实地勘察，检测固定资产的实际磨损程度来确定实体性贬值。

资产的实体性贬值通常采用相对数据实体性贬值率计算，其公式为：

$$实体性贬值率 = \frac{实体性贬值}{重置成本} \times 100\%$$

3. 功能性贬值。功能性贬值是指由于新技术的推广和使用，使得原有资产在技术上明显落后、性能降低而造成的资产价值损失，包括超额投资成本引起的功能性贬值和超额运营成本引起的功能性贬值。引起功能性贬值的原因很多，如新技术的出现、生产方法的改进及分工日益细密等因素导致劳动生产率的提高，而使原有资产贬值。

估算功能性贬值一般采用两种方法：一是将复原重置成本与更新重置成本相比较，复原重置成本大于更新重置成本的差异即为超额投资引起的功能性贬值；二是被评估资产（技术落后）的生产成本与同类资产（技术先进）生产成本进行比较，比如消耗的能源、原材料以及人力成本等的生产成本大小，进而估算技术落后资产的运营成本比技术先进资产的运营成本的超出部分，即超额运营成本的功能性贬值。

4. 经济性贬值。经济性贬值是指由于外部环境的变化引起资产闲置、收益下降等造成的资产价值损失。比如市场变化导致工厂开工不足或产品价格下降等经济因素使企业收益下降而带来的资产贬值。由于引起经济性贬值的因素复杂且相对难以准确估量，因此，我国在采用重置成本法进行单项资产评估时，一般不考虑资产的经济性贬值。

三、成本法的具体评估方法

（一）重置成本的估算方法

重置成本的估算方法，一般包括重置核算法、价格指数法、功能价值类比法和统计分析法等。

1. 重置核算法。重置核算法又称细节分析法、加和分析法，是利用成本核算的原理，根据重新取得资产所需的费用项目，逐项计算并累加得到资产的重置成本。在实际估算过程中，具体划分为购买型和自建型两种类型。购买型是以购买资产的方式作为资产的重置过程，其重置成本通常由资产的现行购买价格、运杂费、安装调试费以及其他必要费用构成。自建型是把自建资产作为资产重置方式，根据重新建造资产所需的料工费及必要的资金成本和开发者的合理收益等分析和计算出资产的重置成本。无论是购买型还是自建型，其重置成本的计算公式为：

$$重置成本 = 直接成本 + 间接成本$$

其中，直接成本是指构建全新资产时所花费的直接计入构建成本的那部分成本，比如房屋建筑物的基础、墙体、屋面等建设成本项目，机器设备的购买价、安装调试费、运杂费等成本项目。直接成本应当按评估基准日的现时成本逐项累加。间接成本是指构建过程中不能直接计入的成本，但又与资产形成有关的一些支出，比如购置资产所发生的管理费、前期准备费、总体设计制图费、维修费等。对间接成本往往采取一定的标准和方法进行分配，以便使资产成本真实反映构建资产时的实际耗费情况。间接成本一般按照人工成本的一定比例、直接成本的一定比例或单位工作量的间接成本价格等方法进行估算，如果间接成本金额较小，则可以忽略不计。间接成本的计算公式为：

间接成本 = 人工成本额 × 成本分配率

或

间接成本 = 直接成本 × 间接成本占直接成本比率

或

间接成本 = 工作量(工时或工日) × 单位工作量的间接成本

【例 2－1】 某企业现有一台机器设备，其同类产品的市场价格为 80 000 元/台，运杂费为 2 000 元，直接安装成本为 1 100 元（其中包括原材料 300 元、人工成本 800 元）。根据分析，安装成本中的间接成本为人工成本的 70%，在继续使用条件下，该机器设备的重置成本为：

直接成本 = 80 000 + 2 000 + 1 100 = 83 100（元）

间接成本 = 800 × 70% = 560（元）

重置成本 = 83 100 + 560 = 83 660（元）

2. 价格指数法。价格指数法也称物价指数法，是利用与资产有关的价格变动指数，将评估对象的历史成本（账面价值）调整为重置成本的一种方法。既无法获得处于全新状态的评估对象的现行市价，也无法获得与评估对象相类似的参照物的现行市价时，可以利用与资产有关的价格变动指数估算评估对象的重置价值。其计算公式为：

重置成本 = 资产历史成本 × 价格指数

或

重置成本 = 资产历史成本 × (1 + 价格变动指数)

其中，价格指数可以是定基价格指数也可以是环比价格指数。定基价格指数是指一定时期内对比基期固定不变的价格指数。其计算公式为：

$$定基价格指数 = \frac{评估基准日价格指数}{资产购建时价格指数} \times 100\%$$

$$重置成本 = 资产历史成本 \times \frac{评估基准日定基价格指数}{资产购建时定基价格指数}$$

环比价格指数是指本期与上期相比而得出的价格指数。某一期的环比物价指数 = 某期的物价指数/上一期的物价指数。其计算公式为：

$$X = (1 + a_1) \times (1 + a_2) \times (1 + a_3) \times \cdots \times (1 + a_n) \times 100\%$$

其中，X 表示环比价格指数；a_i 表示第 i 年环比价格变动指数，i = 1，2，3，…，n。

【例2-2】某仪器设备为2005年10月1日购进，账面原值120万元，购进时的定基物价指数103%，以2020年10月1日为评估基准日对其进行评估。已知2010年、2015年和2020年各年的定基价格指数分别为110%、125%和120%，则该设备的重置成本为：

$$重置成本 = 120 \times \frac{120\%}{103\%} = 139.8058 \text{（万元）}$$

【例2-3】某被评估设备账面原值为100万元，账面净值为85万元。该设备已购置三年。三年中，同类设备的价格指数每年都比上一年递增3%，则该设备的重置成本为：

$$重置成本 = 100 \times (1+3\%) \times (1+3\%) \times (1+3\%) = 109.2727 \text{（万元）}$$

3. 功能价值类比法。功能价值类比法又称类比估价法，是以参照物的成交价格为基础，考虑参照物与评估对象之间仅存在功能差异或主要的差异特征体现在功能方面，通过调整两者的功能差异来估算评估对象价值的方法。根据资产的功能与其价值之间的关系可以分为线性关系和指数关系两种情况。

（1）生产能力比例法。当资产价值与其功能呈线性关系时，通常采用生产能力比例法。生产能力比例法是寻找一个与被评估资产相同或相类似的资产作为参照物，根据参照物的重置成本及参照物与被评估资产生产能力的比例，估算被评估资产的重置成本。其计算公式为：

$$待评估资产重置成本 = 待评估资产的生产能力 \times \frac{参照物的重置成本}{参照物的生产能力}$$

或

$$待评估资产重置成本 = 参照物的重置成本 \times \frac{待评估资产的生产能力}{参照物的生产能力}$$

【例2-4】某生产流水线年生产能力为110吨，参照资产的年生产能力为150吨，评估基准日参照资产的市场价格为30万元，由此确定该生产流水线的评估价值，即：

$$待评估资产重置成本 = 110 \times \frac{30}{150} = 30 \times \frac{110}{150} = 22 \text{（万元）}$$

（2）规模经济效益指数法。当资产价值与其功能呈指数（非线性）关系时，通常采用规模经济效益指数法。实践证明，大部分资产的生产能力和成本之间虽然呈同方向变化，但不是等比例变化，即并不完全呈线性关系，这也是规模经济效益作用的结果。规模经济效益指数法，假定资产的生产能力与其重置成本之间呈指数关系，其计算公式为：

$$待评估资产重置成本 = 参照物的重置成本 \times \left(\frac{待评估资产的生产能力}{参照物的生产能力}\right)^x$$

其中，x被称为规模经济效益指数。该指数通常依赖于统计分析获得，在实践中一般采用的是一个经验数据。在美国这个经验数据一般为0.4～1.2。规模经济效益指数也会随着社会经济的发展和行业发展的变化而变化，我国到目前为止尚未有统一的经验，数据评估过程要谨慎使用。不同行业的规模经济效益指数也存在着差异，如制造业一般为0.7，房地产行业一般为0.9。该种方法公式中的参照物一般可选择同类资产中的标准资产。

【例2-5】某机器设备的年生产能力为60 000件，参照的同类机器设备的年生产能力为50 000件，重置成本为28 000元，假设该设备的规模经济效益指数为0.8，则该设备的重置成本为：

$$待评估资产重置成本=28\ 000\times\left(\frac{60\ 000}{50\ 000}\right)^{0.8}=32\ 396.87\ （元）$$

功能价值类比法不仅可以选择资产的生产能力这一指标进行比较得出评估结论，还可以通过对参照物与评估对象的其他功能指标的对比，利用参照物成交价格推算出评估对象价值。

4. 统计分析法。在用成本法对企业整体资产及某一相同类型资产进行评估时，为了简化评估业务，节省评估时间，还可以采用统计分析法确定某类资产的重置成本。其计算步骤如下：

（1）在核实资产数量的基础上，将全部资产按照适当标准划分为若干类别，例如，房屋建筑按结构划分为钢结构、钢筋混凝土结构等；机器设备按有关规定划分为专用设备、通用设备、运输设备、仪器仪表等。

（2）在各类资产中抽样选择适量具有代表性的资产，应用重置成本法、价格指数法和功能系数法等估算其重置成本。一般而言，样本量越大评估值越准确，但工作量也会相应增加。

（3）根据分类抽样估算资产的重置成本与历史成本（即账面成本，可以从会计记录中取得）计算出分类资产的调整系数K，其计算公式为：

$$K=\frac{\sum 某类抽样资产重置成本}{\sum 该类抽样资产历史成本}$$

（4）最后确定全部资产重置成本，其计算公式为：

$$被评估资产重置成本=\sum 该类抽样资产历史成本\times K$$

【例2-6】评估某企业某类通用设备，经抽样选择具有代表性的通用设备5台，估计其重置成本之和为45万元，而该5台具有代表性的通用设备的历史成本之和为30万元。该类通用设备账面历史成本之和为700万元。计算该类通用设备的重置成本如下：

$$K=\frac{45}{30}=1.5$$

$$该类设备的重置成本=700\times1.5=1\ 050\ （万元）$$

在运用上述四种方法进行资产的重置成本评估时，应根据具体的评估对象和可以收集到的资料确定采用的评估方法。应用时必须注意分析方法运用的前提条件，否则可能会得出错误的结论。

（二）实体性贬值的估算方法

资产的实体性贬值的决定因素有很多，比如使用时间、使用率（使用强度）、资产本身的质量和维修保养程度等。一般而言，已使用时间越长，资产的有形损耗就越大，剩余的价值就越低；使用率（即开工率）越高，资产在过去年限中的使用就越充分，该情形下其有形损耗也就越大（当然有个别资产闲置时的有形损耗可能更大，这是例外）；资产本身的质量越好，在相同的使用时间和使用强度下有形损耗就越小，资产在日常使用过程中保养越好，其有形损耗也越小，但是要把这种日常维修保养与技术改造区分开来。实体性贬值的测算通常采用观察法、使用年限法和修复费用法。

1. 观察法。观察法是指具有专业知识和丰富经验的工程技术人员，通过对资产实体各主要部位的观察以及仪器测量等方式进行技术鉴定，并综合分析资产的设计、制造、使用磨损、维护修理、大修理改造和物理寿命等因素，将评估对象与其全新状态相比较，考察由于使用磨损和自然损耗对资产的功能、使用效率带来的影响，从而判断被评估资产的成新率，估算其实体性贬值，其计算公式为：

$$资产的实体性贬值=重置成本\times实体性贬值率$$

或

$$资产的实体性贬值=重置成本\times(1-实体性成新率)$$

【例2-7】某一机器设备于2016年3月1日购进，其购置成本为120万元。该设备于评估基准日（2020年3月1日）的全新购置价格为160万元。经过相关专家鉴定，该设备由于使用磨损所造成的贬值率为30%，则在不考虑其他因素的条件下，该设备的实体性贬值为：

$$该设备的实体性贬值=160\times30\%=48（万元）$$

观察法一般有两种形式：一种是总体观察法，即对资产总体进行观察，确定资产总体的实体性贬值，一般适用于单项资产；另一种是加权平均法，将资产总体分解为若干部分，分别进行观察确定其各自的实体性贬值（或各部分的成新率），然后再以各部分成本占总成本的比重为权重，计算出总体资产的实体性贬值。

【例2-8】某一大型生产设备由三部分组成。经专家分析鉴定三部分占总成本的比重分别为25%、35%和40%。评估中，评估专业人员与相关专家一起对该设备进行观察分析并分别对各部分进行了技术鉴定和磨损估计，确定三部分的实体性成新率分别为80%、70%和85%，求该设备的实体性贬值率和实体性成新率。

$$\begin{aligned}该设备的实体性贬值率&=25\%\times(1-80\%)+35\%\times(1-70\%)+40\%\times(1-85\%)\\&=21.5\%\end{aligned}$$

$$该设备的实体性成新率=1-21.5\%=78.5\%$$

2. 使用年限法。使用年限法是利用被评估资产的实际使用年限与其总使用年限的比值来判断其实体性贬值率（程度），进而估算资产的实体性贬值额。对于某些特定固定资产，例如大型机器设备、飞机、车辆等，也可采用工作量、工作时间、里程等方法进行估算。对一些资产（如原材料、在产品和产成品等），则可视其状态估算有形损耗。其计算公式为：

$$资产的实体性贬值=(重置成本-预计残值)\times\frac{实际已使用年限}{总使用年限}\times100\%$$

其中，预计残值是指被评估资产在清理报废时净收回的金额。在资产评估实务中通常只考虑数额较大的残值，如残值数额较小可以忽略不计。总使用年限是指资产的物理寿命，即资产从使用到报废为止经历的时间。总使用年限等于实际已使用年限与尚可使用年限的总和。尚可使用年限是根据资产的有形损耗因素，预计资产的继续使用年限。总使用年限计算公式为：

总使用年限 = 实际已使用年限 + 尚可使用年限

由于资产在使用中受负荷程度的影响，必须将资产的名义已使用年限调整为实际已使用年限。名义已使用年限是指资产从购进到评估时的年限。名义已使用年限可通过会计记录、资产登记簿、登记卡片等查询确定。实际已使用年限是指资产在实际使用中实际损耗的年限，与资产在使用中的负荷程度及日常维修保养有关。实际已使用年限与名义已使用年限的差异，可以通过资产利用率进行调整，其计算公式为：

$$资产利用率 = \frac{截至评估基准日资产累计实际利用时间}{截至评估基准日资产累计法定利用时间} \times 100\%$$

实际已使用年限 = 名义已使用年限 × 资产利用率

当资产利用率 > 100% 时，表示资产超负荷运转，资产实际已使用年限大于名义已使用年限；

当资产利用率 = 100% 时，表示资产满负荷运转，资产实际已使用年限等于名义已使用年限；

当资产利用率 < 100% 时，表示资产负荷不足，资产实际已使用年限小于名义已使用年限。

【例 2-9】 某资产于 2010 年 11 月购进，2020 年 11 月评估时，其名义已使用年限是 10 年。根据该资产技术指标，正常使用情况下每天应工作 8 小时，而实际每天只工作 7.2 小时。则实际已使用年限应为：

$$资产利用率 = \frac{10 \times 360 \times 7.2}{10 \times 360 \times 8} \times 100\% = 90\%$$

实际已使用年限 = 10 × 90% = 9（年）

在实际评估过程中，一些企业基础管理工作较差，再加上资产运转中的复杂性，资产利用率的指标往往较难确定。评估专业人员应综合分析资产的运转状态，比如资产开工情形、大修间隔期、原材料供应情形、电力供应情形、是否为季节性生产等各方面因素来综合进行判断确定。

3. 修复费用法。修复费用法是利用恢复资产功能所支出的费用金额来直接估算资产实体性贬值的一种方法。修复费用包括资产主要零部件的更换或者修复、改造、停工损失等费用支出。若资产可以通过修复以恢复到其全新状态，则可以认为资产的实体性损耗就等于其修复费用。

使用修复费用法，尽可能把实体性贬值的可修复部分与不可修复部分区分开来。其中可修复部分是可以修复且经济上合算；而不可修复部分的实体性贬值则不能通过修复或者即使可以修复但经济上不合算（如过时的建筑设计、无可开发停车空间的商业建筑等）。对可修复部分的实体性贬值以直接支出的修复金额进行估算，对于不可修复的实体性贬值则可以用观察法和使用年限法来确定。可修复部分与不可修复部分的实体性贬值之和构成被评估资产的实体性贬值。

【例 2-10】某公司两年前购置了一台电脑，交易价格为 1 万元。当前该种型号的电脑全新状态下的市场价格为 6 500 元。由于该电脑硬盘损坏无法正常工作，需要更换硬盘。目前该型号的硬盘市场价格为 400 元。假设更换硬盘后该电脑还可以使用三年（不考虑净残值等情况），总使用年限为五年。试估算该电脑当前的评估价值：

可修复部分的贬值额 = 400（元）

不可修复部分的重置成本 = 6 500 - 400 = 6 100（元）

不可修复部分的贬值率 = 2 ÷ 5 × 100% = 40%

不可修复部分的贬值额 = 6 100 × 40% = 2 440（元）

该电脑的实体贬值额 = 400 + 2 440 = 2 840（元）

该电脑的成新率 = 1 - [（400 + 2 440）÷ 6 500] ≈ 56.31%

该电脑的评估值 = 6 500 - 2 840 = 3 660（元）

（三）功能性贬值的估算方法

功能性贬值是指由于技术进步引起的资产功能相对落后而造成的资产价值损失，它包括由于新工艺、新材料和新技术的采用，而使原有资产的建造成本超过现行建造成本的超支额，以及由于技术的进步而使原有资产超过新建资产的运营成本的超支额。它可以体现在两个方面：一是从运营角度来看，产出量相等的情况下，被评估资产的运营成本要高于同类技术先进的资产；二是从产出能力的角度来看，在运营成本相似的条件下，被评估资产的产出能力要低于同类技术先进的资产。主要根据资产的效用、生产加工能力、功耗水平、物耗水平、能耗水平等功能方面的差异造成的成本增加或效益降低，相应确定功能性贬值额。同时还要重视技术进步等因素，注意替代设备、替代技术、替代产品的影响，以及行业技术装备水平现状和资产更新换代的速度等。

1. 超额投资成本的功能性贬值估算，是指由于劳动生产率提高，生产相同资产所需的社会必要劳动时间减少，从而使原有资产的生产成本相对较高，形成超额投资成本，其也可被看作资产的功能性贬值。其计算公式为：

超额投资成本的功能性贬值 = 复原重置成本 - 更新重置成本

在具体评估过程中，通常超额投资成本的功能性贬值应该在扣除实体性贬值的基础上进行计算。

【例 2-11】某一评估资产为一栋层高为 4 米的 10 年前建造的住宅，其复原成本为 2 000 元/建筑平方米。在评估基准日建造具有相同效用的层高为 3 米的住宅，其更新重置成本为 1 600 元/建筑平方米。若在实体性贬值估算时，已确定其实体性贬值率为 20%，就此可以断定其单位建筑面积功能性贬值额为：

该住宅功能性贬值 =（2 000 - 1 600）×（1 - 20%）= 320（元/建造平方米）

注意，如果评估资产时所用的重置成本为更新重置成本，则不必考虑因功能过失而造成的功能性贬值。

2. 超额运营成本的功能性贬值估算。对于超额运营成本所引起的功能性贬值，通常情况下可以按下列步骤进行评估：

①比较年运营成本之间的差异。将被评估资产的年运营成本与功能相同但性能更好的新资产的年运营成本进行比较。这里的年运营成本主要可以体现在材料消耗、能源消耗、工时消耗、废品率等方面。

②根据差异，确定净超额运营成本。由于企业支付的运营成本是在税前扣除的，企业支付的超额运营成本会引起税前利润下降，所得税额降低，从而使得企业实际负担的运营成本降低。因此净超额运营成本是超额运营成本扣除其抵减的企业所得税之后的余额。其计算公式为：

年净超额运营成本 = 年超额运营成本 ×（1 − 企业所得税税率）

③估计待评估资产的剩余使用寿命。

④将净超额运营成本折算为评估基准日的现值，其计算公式为：

被评估资产功能性贬值额 $\sum$（被评估资产年净超额运营成本 × 折现系数）

【例 2 − 12】某设备与目前普遍使用的技术先进的设备相比，在完成同样生产任务的情况下，年能源消耗超支 20 000 元，年人工消耗超支 15 000 元。经评估人员鉴定，该设备尚可使用 5 年，同行业的资产平均收益率为 10%，所得税税率为 25%，估算该设备的功能性贬值。

$$\begin{aligned}\text{功能性贬值} &= (20\,000 + 15\,000) \times (1 - 25\%) \times (P/A, 10\%, 5) \\ &= 26\,250 \times 3.7908 = 99\,508.5\ (\text{元})\end{aligned}$$

在实际评估中也可能存在功能性溢价的情况，即当被评估资产功能明显优于参照资产功能时，评估资产就可能存在功能性溢价。

（四）经济性贬值的估算方法

资产经济性贬值一般表现为两种形式：一是资产利用率的下降，如设备利用率下降、房屋出租率下降等；二是资产年收益额的减少。

1. 资产利用率下降所导致的经济性贬值的估算。

首先计算经济性贬值率，然后再计算经济性贬值额，其计算公式为：

$$\text{经济性贬值率} = \left[1 - \left(\frac{\text{资产预计可被利用的生产能力}}{\text{资产原设计生产能力}}\right)^{x}\right] \times 100\%$$

其中，x 为规模经济效应指数，实践中通常采用经验数据，一般取值为 0.6 ~ 0.7。

经济性贬值额的计算应以被评估对象的重置成本减去实体性贬值和功能性贬值之后的结果为基数，按确定的经济性贬值率来进行估算。其计算公式如下：

经济性贬值额 =（重置成本 − 实体性贬值 − 功能性贬值）× 经济性贬值率

【例 2 − 13】某智能家电生产线的年设计生产能力为 5 万台，因市场需求结构发生变化，预计在未来可使用年限内，每年需要减产 1 万台。假定该行业规模经济效益指数为 0.7。计算该智能家电生产线的贬值率。

$$\text{经济性贬值率} = \left[1 - \left(\frac{50\,000 - 10\,000}{50\,000}\right)^{0.7}\right] \times 100\% = 14.46\%$$

2. 因收益减少导致的经济性贬值的估算。

经济性贬值 = 资产年收益损失额 ×（1 - 所得税税率）×（P/A,r,n）

其中，（P/A，r，n）为年金现值系数。

【例 2 - 14】 根据〖例 2 - 13〗，假设该智能家电生产线每年减产 1 万台，每台损失利润 200 元，该生产线尚可使用 5 年，企业所在行业的资本平均回报率为 10%，企业所得税税率为 25%。计算该智能生产线的经济性贬值。

经济性贬值 = 10 000 × 200 ×（1 - 25%）×（P/A,10%,5）= 7 581 600（元）

在实际评估工作中也存在经济性溢价的情况，即当评估资产及其产品有良好的市场及市场前景或有重大利好政策等，评估资产就可能存在经济性溢价。

（五）综合成新率的确定

综合成新率是指在综合考虑资产的各种贬值后确定的成新率，反映了资产的现行价值与其全新状态下重置价值的比率。通常确定综合成新率有以下三种方法。

1. 观察法。观察法也称经验估算法，是指组织具有专业知识和丰富经验的专家和工程技术人员对资产实体的各主要部位和功能进行技术性和经济性的鉴定，并对资产所提供的产品或服务的市场前景进行分析，在综合考虑资产的实体性贬值、功能性贬值和经济性贬值的基础上，判断确定被评估资产的尚可使用年限或成新率。必要时可以组织以上若干人员独立评价，最后将各自的评价结果平均计算得出最终的结果。

2. 使用年限法。使用年限法，是指根据被评估资产的预计尚可使用年限与其总使用年限的比例确定综合成新率。其中预计尚可使用年限是由经验丰富的专家、工程技术人员在综合考虑资产的各项减值后确定的。其计算公式为：

$$综合成新率 = \frac{预计尚可使用年限}{实际已使用年限 + 预计尚可使用年限} \times 100\%$$

3. 修复费用法。修复费用法，是指通过估算将被评估资产恢复到原有全新功能所需投入的修复费用占该资产重置成本的比率来确定综合成新率。其计算公式为：

$$综合成新率 = 1 - \frac{修复费用}{重置成本} \times 100\%$$

四、成本法的优缺点

（一）成本法的优点

1. 成本法充分考虑了资产的各种贬值，包括实体性贬值、功能性贬值、经济性贬值，使评估结果更趋于公平合理。

2. 成本法适用范围广泛。成本法除了适用于单项资产和具有特定用途的专项资产评估之外，对于那些无法预测资产未来收益、无法重置的特殊资产以及市场交易活动不频繁的资产，成本法给出了比较客观和可行的测算思路和方法。

（二）成本法的缺点

1. 计算复杂，工作量大。采用成本法进行评估时，涉及大量经济参数的计算，比如价格变动指数、成新率规模、经济效益指数等，这些指数的计算难度大，操作困难。

2. 各种贬值，尤其是经济性贬值，不易计算难以把握，往往会影响评估结论的准确性。

需要注意的是，并非所有评估对象都适用成本法，因为成本法注重从成本耗费的角度评估资产价值，而某些资产的价值主要是由效用决定，而非成本耗费。比如使用成本法测算出的企业价值，无法从未来收益角度真实反映企业能为其投资者和所有者所带来的收益。

第二节 市场法

一、市场法的基本原理

（一）市场法的含义

市场法也称市场比较法，是指通过将被评估资产与可比参照物进行比较，以可比参照物的市场价格为基础确定评估对象价值的评估方法。

市场法是根据替代原则，以均衡价值论为理论基础，采用比较和类比的思路及方法判断资产价值的评估技术方法。因为任何一个正常投资者在购置某项资产时，所愿意支付的价格不会高于市场上具有相同效应替代品的现行市价。市场法要求充分利用同类资产成交价格的信息，并以此为基础判断和估测被评估资产的价值。运用市场法评估资产的价值，直观明了，比较容易被资产评估业务各方当事人理解和接受。因此市场法是资产评估中最直接、最具有说服力的评估方法之一。

（二）市场法的应用前提

应用市场法进行资产评估，需要满足以下两个基本条件：

1. 要有一个充分活跃的公开市场。所谓公开市场是指一个充分竞争的市场，市场上有足够数量自愿的买者和卖者，在交易信息充分交换或者交易信息公开的前提下，买卖双方有相对充裕的时间进行平等交易。排除个别交易的偶然性，市场成交价格基本可以反映市场行情。在公开市场中的交易行为越活跃，与被评估资产相同或相类似的资产价格就越容易获得，按市场行情估测评估对象价值，得出的评估结果会更贴近市场，也更容易被资产交易各方所接受。

2. 公开市场上有可比资产及其交易活动，且交易的信息可以获取。参照物与被评估资产的可比性是运用市场法评估资产价值的重要前提。公开市场上存在可比参照物及其交易活动，且可比参照物的一些技术指标、经验数据易于观察和处理。资产及其交易的可比性，是指选择的可比参照物及其交易活动在近期公开市场上已经发生过，且与被评估资产及资产业务相同或相似。这些已经完成交易的资产就可以作为被评估资产的参照物，其交易数据是进行比较分析的主要依据。

资产及其交易的可比性具体体现在以下三个方面。

（1）参照物与被评估资产在功能上具有可比性，包括用途性能上相同或相似；

（2）参照物与被评估资产面临的市场条件具有可比性，包括市场供求关系、竞争状况和交易条件等；

（3）参照物成交时间与被评估资产的评估基准日间隔时间不能过长，应在一个适度的时间范围内。同时，时间对资产价值影响是可以调整的。

因此，在资产市场不活跃和被评估资产为有限市场资产或专用市场资产的情况下，不宜采用市场法。

二、市场法的基本程序

（一）选择参照物

选择参照物时，市场法的基础是整个评估过程的关键，不同的资产业务对参照物的具体要求有所不同，但也存在着共性的要求。

1. 参照物的可比性。可比性主要包括功能、区域、市场条件及成交时间等。运用市场法评估资产价值，被评估资产的评估值高低在很大程度上取决于参照物成交价格水平，而参照物成交价格不仅仅是参照物功能自身的市场体现，它还受买卖双方交易地位、交易动机、交易时间等因素的影响。

2. 参照物的数量。与被评估资产相同或相类似的参照物越多，越能充分和全面地反映资产的市场价值。按市场行情估测被评估资产的价值，其评估结果会越贴近市场。因此，运用市场法进行资产评估时，应尽可能选择多个参照物。在我国，通常参照物的选择应在三个以上，以避免某个参照物在个别交易中因特殊和偶然性因素对成交价格及其评估价值造成影响。国外在正常情况下，要求至少收集 4 ~5 个交易案例，才能有效地运用市场法。

（二）选择比较因素

从理论上讲，影响资产价值的基本因素大致相同，如资产性质、功能、规模、市场条件等。但具体到每一种资产时影响资产价值的因素又各有侧重，比如影响房地产价值的主要因素是地理位置、环境状况等；影响机器设备的主要因素是技术水平等；影响企业价值的主要因素是企业的收入状况、盈利水平等。所以市场法应根据不同种类市场价值形成的特点和影响价值的主要因素，选择对资产价值形成影响较大的因素作为比较因素。通常主要的比较因素包括功能因素、时间因素、区域因素、交易因素和个别因素等。

1. 功能因素。资产的功能是资产使用价值的主体，是影响资产价值的重要因素之一。资产评估强调资产的使用价值或功能，并不是从纯粹抽象意义上讲，而是从资产的功能并结合社会需求、从资产实际发挥效用的角度来考虑。在社会需要的前提下，资产的功能越好，价值越高，反之亦然。

2. 时间因素。由于资产的价格可能随时间不同而变化，因而就需要对资产价值在不同时点上的差异进行调整。时间因素就是指参照物成交日期与被评估资产评估基准日不在同一时点，而在这段时间内参照物价格变动对被评估资产价值产生的影响。时间因素调整的方法可以采取定基物价指数法和环比物价指数法。通常当资产价格处于上升时期，时间因素调整系数大于1，反之则小于1。

3. 区域因素。区域因素是指参照物所处区域与被评估资产所处区域条件差异对被评估资产价值的影响。若参照物所处区域条件比被评估资产所处区域好，则需要将参照物的成交价格下调，即区域因素调整系数小于1；反之则应上调，区域因素调整系数大于1。实务中，区域因素对不动产价格的影响尤为突出。

4. 交易因素。交易因素是指由于参照物的成交价高于或低于市场正常交易价格所需要进行的调整。非正常交易通常无法公允反映市场价格，因此需要将非正常交易的价格调整成正常交易价格。非正常交易一般包括：交易双方有利益关系的交易（如母子公司、关联公司等）、参与交易的一方被迫交易（破产清算、司法拍卖等）、买方急买和卖方急卖情况的交易以及提供了附带融资条件的交易等。

5. 个别因素。个别因素主要包括资产的实体特征和质量。资产的实体特征主要是指资产的外观、结构、规格型号等。资产的质量主要是指资产本身的建造或制造的工艺水平。

（三）量化差异处理

根据前面所选定的比较因素，以被评估资产为标准，将参照物与被评估资产进行比较，并对两者的差异进行量化。运用市场法的一个重要环节就是将参照物与被评估资产对比指标之间的上述差异进行数量化和货币化，比如在机器设备评估中，尽管要求资产功能指标尽可能相同或相似，但在生产能力、产品质量以及资产运营过程中的能耗、料耗、功耗等方面可能存在不同程度的差异；又如在房地产评估过程中，要求参照物与评估对象在同一商圈或相邻相近区域，但其交易情形、交易时间、建筑特征等方面可能存在差异。

（四）得出初评结果

通过上述对各可比因素的差异进行量化、调整，得出以各个参照物交易价格为基础的初评结果。初评结果个数取决于所选参照物的个数。

（五）确定评定结果

对初评结果进行分析，用统计分析或其他方法判断结果的合理性。在初评结果的基础上需要专业评估人员对其进行综合分析，以确定最终的评估值。当然如果参照物与评估对象可比性都很好，评估过程中没有明显的遗漏或疏忽，一般可以考虑采用算术平均法或加权算术平均数确定最终的评估结果。

$$评估对象的评估价值 = \sum 参照物初评值 \div 参照物个数$$

或

$$评估对象的评估价值 = \sum (参照物初评值 \times 权重)$$

其中，权重可以根据各参照物的可比程度进行设定。比如某一参照物相比于其他几个参照物而言与评估对象的可比性更高，则可以设定较高的权重。

三、市场法的具体评估方法

运用市场法进行资产评估主要有两种具体的操作方法，即直接比较法和类比调整法。

1. 直接比较法。直接比较法是指利用参照物交易价格，将评估对象的特征与参照物的同一特征直接进行比较，在参照物交易价格的基础上进行修正，从而得到评估对象价值的方法，其基本计算公式为：

$$评估对象价值 = 参照物交易价格 \times \frac{评估对象某基本特征}{参照物某基本特征}$$

或

$$评估对象价值 = 参照物合理成交价格$$

直接比较法直观简明、便于操作，但通常对参照物与评估对象之间的可比性要求较高，参照物与评估对象要达到相同或基本相同的程度，或参照物与评估对象的差异主要体现在某一明显的因素，如新旧程度或交易时间等。直接比较法具体包括现行市价法、市价折扣法、功能价值类比法、价格指数法和成新率价格调整法等。

（1）现行市价法。当评估人员在市场上找到与评估对象完全相同的参照物时，可以直接利用参照物在评估基准日的现行市场价格作为评估对象的评估值。例如上市流通的股票和债券，可按其在评估基准日的收盘价作为评估值；批量生产的设备、汽车等可按同品种、同型号、同规格、同厂家、同批量的设备、汽车等的现行市场价格作为评估值。在运用现行市场法时，要注意参照物在评估基准日的现行市场价格应与评估对象的价值内涵相同。

（2）市价折扣法。市价折扣法是以参照物成交价格为基础，考虑到评估对象在销售条件、销售时限或销售数量等方面的差异，按照评估专业人员的经验或有关部门的规定，设定一个价格折扣率来估算评估对象价值的方法，其计算公式为：

$$评估对象评估价值 = 参照物交易价格 \times (1 - 价格折扣率)$$

此方法一般只适用于评估对象与参照物之间仅存在交易条件方面差异的情况。

【例2－15】评估某一急需快速变现的资产，在评估基准日与其完全相同的参照物的正常变现价值为8万元，经资产评估师综合分析，认为快速变现的折扣率为30%，确定该拟快速变现资产的评估值。

$$评估对象评估价值 = 8 \times (1 - 30\%) = 5.6（万元）$$

（3）功能价值类比法。功能价值类比法是指利用某些资产的功能（如生产能力）的变化与其价格的变化呈线性关系或指数关系，通过参照物的价格以及功能价值关系估测评估对象价格的技术方法。当资产的功能变化与其价格的变化呈线性关系时，我们称为生产能力比例法；当资产的功能变化与其价格或重置成本的变化呈指数关系时，我们称为规模经济效益指数法。

①生产能力比例法。

$$评估对象评估价值=参照物交易价格\times\frac{评估对象生产能力}{参照物生产能力}$$

【例2-16】某一评估对象年生产能力为1 000吨，同类参照资产的年生产能力为1 500吨，评估基准日参照资产的市场交易价格为90万元。假设该类资产生产能力与其价格呈线性关系，由此确定被评估资产价值为：

$$评估对象评估价值=90\times\frac{1\ 000}{1\ 500}=60\text{（万元）}$$

②规模经济效益指数法。

$$评估对象评估价值=参照物交易价格\times\left(\frac{评估对象生产能力}{参照物生产能力}\right)^{x}$$

其中，x为规模经济效益指数。

【例2-17】依〖例2-16〗，假设该类资产生产能力与其价格呈指数关系，该类资产的功能价格指数为0.6。由此确定该评估对象的评估值为：

$$评估对象评估价值=90\times\left(\frac{1\ 000}{1\ 500}\right)^{0.6}\approx70.56\text{（万元）}$$

（4）价格指数法。价格指数法是指以参照物交易价格为基础，考虑参照物成交日期与被评估资产评估基准日的时间间隔对资产价值的影响，利用价格变动指数调整参照物交易价格，从而得到评估对象评估值的方法。此方法一般适用于评估对象与参照物之间仅存在交易时间差异且时间差异不长的情况。其计算公式为：

$$评估对象评估价值=参照物交易价格\times(1+价格变动指数)$$

【例2-18】与评估对象完全相同的某一参照物的交易价格为20万元，其交易时间与评估对象评估基准日相距7个月，该类资产在这7个月时间里的价格上涨了10%，则该评估对象的评估值为：

$$评估对象评估价值=20\times(1+10\%)=22\text{（万元）}$$

【例2-19】某处房地产在2019年1月初购置，找到一处同区域且各条件均与该房地产相同的参照物于2019年5月底出售，交易价格为500万元。经统计，该地区同类房地产平均价格在2019年1~8月的环比价格指数分别为98%、97%、102%、103%、105%、102%、104%、106%。假定该房地产的评估基准日为8月31日，则其评估值为：

$$评估对象评估价值=500\times102\%\times104\%\times106\%=562.224\text{（万元）}$$

（5）成新率价格调整法。成新率价格调整法是以参照物交易价格为基础，考虑到参照物和评估对象仅存在新旧程度上的差异，通过成新率调整、估算被评估对象价值的一种方法。此方法一般适用于评估对象与参照物之间仅存在新旧程度差异的情况。其计算公式为：

$$评估对象评估价值=参照物交易价格\times\frac{评估对象成新率}{参照物成新率}$$

其中，成新率通常按照使用年限法确定。

2. 类比调整法。类比调整法是市场法中最基本的评估方法，是指一项被评估资产在公开市场上找不到与之完全相同的参照物，但在市场上能找到相类似的资产，并以此作为参照物，通过对比分析参照物和被评估资产之间的差异，在参照物成交价格的基础上，确定评估对象评估值的一种方法。类比调整法具有适用性强、应用广泛的特点，但该方法对信息资料的数量和质量要求较高，而且要求评估专业人员有较丰富的评估经验、市场阅历和评估技巧。在具体操作过程中主要有以下三种技术方法。

（1）市场售价类比法。市场售价类比法是指以参照物交易价格为基础，考虑参照物与被评估资产在功能、市场条件、销售时间和销售区域等方面的差异，通过对比分析和量化差异，调整估算出被评估资产价值的方法。其基本计算公式为：

$$\begin{matrix}评估\\价值\end{matrix}=\begin{matrix}参照物\\交易价格\end{matrix}+\sum\begin{matrix}评估对象优于参照物某\\可比因素引起的价格差额\end{matrix}-\sum\begin{matrix}评估对象劣于参照物某\\可比因素引起的价格差额\end{matrix}$$

或

$$\begin{aligned}评估价值&=参照物交易价格\times修正系数\\&=参照物价格\times交易时间差异修正系数\times区域因素修正系数\\&\quad\times功能差异修正系数\times\cdots\cdots\times交易情况修正系数\end{aligned}$$

其中，修正系数>1，说明评估对象优于参照物而需要调高参照物的交易价格；反之，说明评估对象劣于参照物而需要调低参照物的交易价格。

【例2-20】某商业用房面积900平方米，现因企业联营需要进行评估，评估基准日为2021年5月10日。评估专业人员在房地产交易市场上找到三个成交时间与被评估资产评估基准日非常接近的商业用房交易实例，并作为评估参照物。参照物具体信息数据如表2-3所示。

表2-3　　商业用房交易实例

交易实例（参照物）	A	B	C
交易价格（元/平方米）	8 000	8 500	7 600
交易时间	2021年2月	2021年3月	2021年5月
区域条件	比被评估资产好	比被评估资产好	比被评估资产差
交易情况	正常	高于市价3%	低于市价2%

经专业评估人员调查分析得出：被评估商业用房与三个参照物结构相似、新旧程度接近；被评估商业用房所在区域的综合评分为100，三个参照物所在区域条件的综合评分分别为106分、108分、97分；当时房价月上涨率为5%。因此，对三个参照物交易价格调整过程如表2-4所示。

表 2-4　对参照物交易价格进行差异因素的调整

交易实例（参照物）	A	B	C
交易价格（元/平方米）	8 000	8 500	7 600
时间因素修正	$(1+5\%)^3=1.1576$	$(1+5\%)^2=1.1025$	100/100
区域因素修正	100/106	100/108	100/97
交易因素修正	100/100	100/103	100/98
修正后价格（元/平方米）	8 736.60	8 424.35	7 994.95

被评估资产的单价 =（8 736.6 + 8 424.35 + 7 994.95）÷3 = 8 385.3（元/平方米）

被评估资产的总价 = 8 385.3 × 900 = 7 546 770（元）

（2）成本市价法。成本市价法是指以被评估资产的现行合理成本为基础，利用参照物交易价格比率估算被评估资产价值的方法。其计算公式为：

$$资产评估值 = 评估对象现行合理成本 \times \frac{参照物交易价格}{参照物现行合理成本}$$

其中，参照物交易价格与其合理成本之比可以称之为成本市价率。

【例 2-21】 评估基准日某市商品住宅的成本市价率为 150%，已知被评估全新住宅的现行合理成本为 80 万元，则其评估值为：

资产评估价值 = 80 × 150% = 120（万元）

（3）市盈率倍数法。市盈率倍数法是指以参照物（某企业）的市盈率为倍数（乘数），以此乘数与被评估企业相同口径的收益额相乘估算被评估企业价值的方法。该方法主要适用于企业价值评估和长期股权投资评估。其计算公式为：

资产评估价值 = 被评估企业收益额 × 参照物市盈率

【例 2-22】 某被评估企业年净利润为 1 500 万元，评估基准日资本市场上同类企业平均市盈率为 20 倍，则该企业评估价值为：

企业评估价值 = 1 500 × 20 = 30 000（万元）

四、市场法的优缺点

（一）市场法的优点

1. 市场法直观、简单，能比较准确地反映被评估资产的现时价值，评估结果易被交易双方接受；

2. 市场法充分考虑了市场因素，符合实际情况；

3. 市场法是国际公认的三大基本评估方法之一，适应面广。

（二）市场法的缺点

1. 市场法对市场环境要求比较严格，必须具备一个公开、活跃的交易市场，这使得该方法运用受到一定的限制；

2. 在进行影响因素比较、差异量化时，往往需要评估专业人员的主观经验加以判断，一定程度上影响了评估结果的准确性；

3. 不适用于对专用设备、机器和大部分无形资产以及受到区域、环境等严格限制的一些资产的评估，如教堂、军用生产设备、海港码头、监狱等。

第三节　收益法

一、收益法的基本原理

（一）收益法的含义

收益法是指在评估基准日将被评估资产在未来剩余经济寿命期限内所获取的收益进行折现来判断评估资产价值的一种资产评估方法。收益法的理论基础是经济学的预期收益理论，即对于投资者而言资产的价值在于未来预期所能够产生的收益（如现金流量等）。投资者在取得收益的同时必须承担相应的风险。

根据预期收益的基本原理，任何理性投资者在购买或投资某一资产时，所愿意支付或投资的货币数额必然不会高于所购置或投资资产未来能给其带来的回报的总现值。当然，这里需要考虑风险的因素，因为任何投资都伴随着一定的风险。一般而言，风险与投资收益的规模成正比。因此，根据被评估资产的预期收益评估其价值，较容易被资产各方所接受。从理论上讲，收益法是资产评估中较为科学合理的评估方法之一。

（二）收益法的应用前提

收益法主要涉及被评估资产的预期收益、折现率或资本化率以及被评估资产的预期收益年限等三个基本要素。与此相对应，收益法有三个基本前提。

1. 被评估资产的未来预期收益可以预测并可以用货币来衡量。被评估资产的预期收益必须能被合理估测，这就要求被评估资产与其经营收益之间存在着可预测的关系。同时影响资产预期收益的主要因素（包括主观因素和客观因素）应比较明确，评估人员可以据实分析和测算出评估对象的预期收益。

2. 拥有者获得预期收益所承担的风险可以预测并可用货币进行衡量。被评估资产所具有的行业风险、地区风险及企业风险是可以比较和测算的，这也是测算折现率或资本化率的基本参数之一。被评估资产所处的行业不同、地区不同和企业差别都会不同程度体现在资产拥有者的获利风险上。对于投资者而言，风险大的投资要求的回报率就高，反之要求的回报率就会相应降低。

3. 被评估资产预期收益年限可以预测。被评估资产获利期限的长短及被评估资产的寿命也是影响其价值和评估值的重要因素之一。

（三）收益法的基本程序

1. 收集并验证与被评估资产未来预期收益有关的数据资料，包括经营前景、财务状况、市场情形、行业发展状况以及经营风险等。

2. 分析测算被评估资产未来预期收益。

3. 确定恰当的折现率或资本化率。

4. 分析测算被评估资产产生预期收益持续的时间。

5. 用折现率或资本化率将被评估资产未来预期收益折算成现值。

6. 最后分析确定评估结果。

二、收益法的主要模型公式

（一）基本模型

$$P = \sum_{i=1}^{n} \frac{A_i}{(1+r)^i}$$

其中，P 表示评估价值；A_i表示未来第 i 年的预期收益；r 表示折现率或资本化率；n 表示收益年限；i 表示年度。

（二）常用主要模型

1. 未来预期收益不变且永续的情况下，其计算公式为：

$$P = \frac{A}{r}$$

其成立的基本条件：净收益每年不变且收益年限无限期；资本化率固定且大于零。

【例 2－23】 被评估资产为一未曾公开的药剂秘方。预计未来无限期所产生的年收益额为 50 万元，行业年资本化率为 10%。则该药剂秘方的评估值为：

$$P = \frac{50}{10\%} = 500 \text{（万元）}$$

2. 净收益每年不变且收益年限有限，折现率大于零的情况下，其计算公式为：

$$P = A \times \frac{\left[1 - \frac{1}{(1+r)^n}\right]}{r} = A \times \left[\frac{(1+r)^n - 1}{r \times (1+r)^n}\right] = A \times (P/A, r, n)$$

其中，（P/A，r，n）为年金现值系数。

【例 2－24】 A 公司计划在 2022 年 1 月将其某一产品的注册商标授权给 B 公司使用 5 年。根据该品牌产品的市场状况及未来趋势分析，B 公司授权生产和销售该品牌产品后，在预计未来五年内其年收益将维持在 300 万元。行业年资本化率为 15%，则该品牌商标使用权评估值为：

$$P = 300 \times \left[\frac{(1+15\%)^5 - 1}{15\% \times (1+15\%)^5}\right] = 300 \times (P/A, 15\%, 5)$$

$$= 300 \times 3.3522 = 1\,005.66 \text{（万元）}$$

3. 净收益在若干年后保持不变且有限年期的情况下，其计算公式为：

$$P = \sum_{i=1}^{t} \frac{R_i}{(1+r)^i} + \frac{A}{r \times (1+r)^t}\left[1 - \frac{1}{(1+r)^{n-t}}\right]$$

$$= \sum_{i=1}^{t} \frac{R_i}{(1+r)^i} + A \times (P/A, r, n-t) \times (P/F, r, t)$$

其中，R_i表示未来第 i 年的预期收益（在第 t 年及以前表现为不等额的净收益）；A 表示在第 t 年（不含第 t 年）以后表现为等额的净收益；（P/F，r，n）为复利现值系数。

若净收益在若干年后保持不变且无限年期的情况下，则其计算公式为：

$$P = \sum_{i=1}^{t} \frac{R_i}{(1+r)^i} + \frac{A}{r \times (1+r)^t}$$

【例 2－25】某收益性资产未来 4 年的净收益额分别为 10 万元、12 万元、13 万元和 11 万元。假定从第 5 年开始，以后各年收益均为 13 万元，确定的折现率均为 10%，则该收益性资产在持续经营前提下和 40 年收益的评估值。

①持续经营前提下该收益性资产的评估值计算如下：

$$P = \frac{10}{(1+10\%)^1} + \frac{12}{(1+10\%)^2} + \frac{13}{(1+10\%)^3} + \frac{11}{(1+10\%)^4} + \frac{13}{10\%(1+10\%)^4}$$

$$= 125.068 \text{（万元）}$$

②40 年收益下该收益性资产的评估值计算如下：

$$P = \frac{10}{(1+10\%)^1} + \frac{12}{(1+10\%)^2} + \frac{13}{(1+10\%)^3} + \frac{11}{(1+10\%)^4}$$

$$+ \frac{13}{10\%(1+10\%)^4} \times \left[1 - \frac{1}{(1+10\%)^{36}}\right] = 122.198 \text{（万元）}$$

4. 净收益等额递增且收益期无限的条件下，其计算公式为：

$$P = \frac{A}{r} + \frac{B}{r^2}$$

若净收益等额递增且收益期有限的条件下，其计算公式为：

$$P = \left(\frac{A}{r} + \frac{B}{r^2}\right)\left[1 - \frac{1}{(1+r)^n}\right] - \frac{B}{r} \times \frac{n}{(1+r)^n}$$

其中，B 表示净收益逐年递增额。

5. 净收益等比率递增且收益期有限的条件下，其计算公式为：

$$P = \frac{A_1}{(r-g)}\left[1 - \frac{(1+g)^n}{(1+r)^n}\right]$$

其中，A_1表示预计未来第一年的净收益；g 表示净收益的固定年增长率。

若净收益等比率递增且收益期无限的条件下，其计算公式为：

$$P = \frac{A_1}{(r-g)}$$

其中，必须满足折现率 $r>0$ 且 $r>g>0$。

三、收益法的参数指标的确定

（一）预期收益

1. 预期收益类型的选择。预期收益是收益法评估资产价值的基本参数之一。因资产种类繁多，不同种类资产的收益额表现形式亦不完全相同。一般而言，预计收益有三种可以选择的类型：净利润、净现金流量和利润总额。净利润和净现金流量都是资产持有者的净收益，在收益法中被普遍采用。两者的差异在于确定的原则不同，前者是按权责发生制确定的，后者是按收付实现制确定的。两者之间的关系可以简单表述为：

净现金流量 = 净利润 + 折旧及摊销 - 追加投资(包括资本性支出和营运资金增加额)

从资产评估角度看，净现金流量更适宜作为预期收益的指标，与净利润相比主要有两点优势：一是净现金流量能够更准确地反映资产的预期收益。净现金流量包含了计入净利润时扣除的折旧或摊销等非现金支出，反映了当期企业可自由支配的实际净现金流量。由于存在资本性支出、存货周转和应收应付等情况，净现金流量通常能够反映净利润质量的高低。因此净现金流量对于企业的存续至关重要。二是净现金流量体现了资金的时间价值。净现金流量是动态指标，它不仅是对数量的描述，而且与发生的时间密不可分。而由于净利润没有考虑现金流入流出的时间差异，它并不一定代表在未来某个时点资产持有者可支配的现金流量。由于收益法是通过将资产未来某个时点的预期收益折算为现值来估算资产的价值，因此，净现金流量来表示收益显然比净利润指标更准确，更能体现资金的时间价值。

利润总额由于包含了不属于资产持有者的税收，因而一般不宜作为预期收益指标。

2. 预期收益的测算。预期收益的估算，一般需要考虑资产在社会平均经营管理水平状况下的预期资产净现金流量水平，而不是在资产的某个使用者经营管理下的预期资产净现金流量，或者说需要估算的是资产的客观净现金流量。其基本计算公式为：

预期资产净现金流量 = 资产的潜在毛收入 - 预计经营管理成本

其中，经营管理成本包括维修费、销售及管理费、保险费、税费、销售成本、原材料及工资等成本费用。折旧费、筹资成本等不作为经营管理成本从收入中扣除。因为折旧费是收入的一部分，属于非付现成本。而筹资成本已经包含在对预期资产净现金流量进行折现时的折现率中了，即从货币时间价值的角度考虑了。

收益预测的方法有很多，其根本思路是，参考被评估资产的历史收益状况，结合未来对资产的利用或规划以及行业的发展预期进行预测，随着经济的发展和不同业态的产生，收益预测的难度将日益增加，比如，对处于困境中的企业需要考虑企业未来净现金流量由负转正的时间跨度；对周期性的资产需要分析如何将周期波动涵盖在收益预测中；对涉及并购的公司需要考虑协同效应以及分配问题等。

（二）折现率

从本质上讲，折现率是一种期望报酬率，是投资者在投资风险一定的情形下，对投资所期望的报酬率。一般而言，投资报酬率通常由无风险报酬率和风险报酬率组成。无风险报酬率通常参照同期政府债券收益率，风险报酬率是对风险投资的一种补偿，在数量上是指超过无风险报酬率之上的那部分投资回报率。在资产评估中，因资产的行业分布、种类、市场条件等的不同，其获取回报的风险也不同，因此折现率亦不相同。在收益法的运用中，折现率的确定十分关键。确定折现率的方法主要有加和法、资本资产定价模型法、加权平均资本成本法和市场法。

1. 加和法。加和法是以无风险报酬率和风险报酬率两部分为计算基础，分别求得每一部分的数值，然后相加得到折现率的方法。

通常无风险报酬率以政府债券利率替代。虽然短期政府债券（如3个月期限的国债）是最安全的投资对象，但由于资产评估中通常涉及基于长期收益趋势的资产，因此选择较长期的政府债券利率作为基本收益率更合适。实务中，具体采用的政府债券收益期间，应与被评估资产的预期收益期限相匹配。

折现率的风险报酬率部分一般反映两种风险：一是市场风险；二是与特定的被评估资产或企业相关的风险。表2－5以企业为例列示了风险报酬率确定过程中需要考虑的主要因素。

表2－5　　影响风险报酬率的主要因素

与市场相关的风险	与被评估资产相联系的风险
行业的总体状况	产品或服务类型
宏观经济状况	企业规模
资本市场状况	财务状况
地区经济状况	管理水平
市场竞争状况	资产状况
法律或法规约束	收益数量与质量
国家产业政策	区域

从表2－5中的主要因素可知，风险报酬率的量化实际上是非常困难的，且对于每一个投资者而言都会有所不同，在评估实践中风险报酬率的确定方法有很多，需要根据被评估资产的具体状况进行选择。

2. 资本资产定价模型法。资本资产定价模型（capital asset pricing model，CAPM）是通过比较一项资本投资的回报率与投资于整个资本市场的回报率来衡量该投资的风险补偿。通常，一项投资的风险包括可分散风险和不可分散风险，可分散风险是由于该项投资相关的特殊事件引起的（如新产品研发失败、企业工人罢工等个别事件），它对资产的价值有正面或负面的影响。可分散风险可通过投资多样化（组合）来降低或消除，因此，无须投资市场给予回报。不可分散风险又称市场风险，是由那些对整个市场而不只是对某一项投资产生影响的事件带来的（比如经济增长率变化、通货膨胀率变化、利率变化、经济危机、战争等），它会影响到整个投资市场，不可分散风险无法通过投资多样化来降低或消除，因此，投资市场需要对不可分散风险予以补偿。CAPM 的计算公式为：

$$R = R_f + \beta \times (R_m - R_f)$$

其中，R 表示被评估企业所在行业（或被评估企业自身）的总报酬率；β 表示衡量被评估企业证券的市场风险的指标，β 值越大，该企业市场风险越高；R_f表示无风险报酬率，我国评估实务中，一般以我国中长期国债的到期收益率均值替代；R_m表示市场平均报酬率；$(R_m - R_f)$ 表示市场平均风险报酬率。

上述公式中，市场平均报酬率和无风险报酬率相对比较容易取得，β 值的计算过程则较为复杂。在国外有专门的机构根据上市公司的经营状况和市场表现编制行业和公司的 β 值，在我国也出现了专门的财经咨询服务机构，为国内证券市场及上市公司提供公司 β 值。由此可见，β 值适用于股权频繁交易的上市公司的评估。而对于非上市公司而言，可以参照上市公司中与其情况相似公司的 β 值来确定该公司的 β 值，或者是确定公司所在行业的 β 值，计算行业风险报酬率。

3. 加权平均资本成本法。加权平均资本成本法是以企业各种资本在企业全部资本中所占的比重为权数，对各种长期资金的资本成本加权平均计算出来的资本总成本。加权平均资本成本法既考虑了权益资本的成本，也考虑了债务资本的成本，其计算公式为：

加权平均资本成本（折现率）= 权益资本成本 × 权益比 + 债务资本成本 × 债务比

考虑所得税情况下的计算公式为：

加权平均资本成本（折现率）= 权益资本成本 × 权益比 + 税前债务资本成本
（1 - 所得税税率）× 债务比

4. 市场法。市场法是通过寻找与被评估资产相类似资产的市场价格以及该资产的收益来倒求出折现率，而不像加和法那样由折现率的各个组成部分相加得出。其计算公式为：

$$被评估资产的折现率 = \sum_{i=1}^{n} \frac{样本资产收益_i}{样本资产价格_i} \div n$$

样本资产是指与被评估资产在行业、销售类型、收益水平、风险程度、流动性等方面相类似的资产。同时市场法要求尽可能多的样本，否则不能准确反映市场对某项投资回报的普遍要求，市场法的具体运用需视具体评估对象而定，如对房地产评估可采用租价比法、对企业价值评估可采用市盈率法等。

（三）收益期限

收益期限是指资产具有获利能力并产生资产净收益的持续时间，通常以年为单位。一般由评估专业人员根据被评估资产的自身功效、资产未来的盈利能力、资产损耗情况及其相关条件，以及有关法律、法规、契约、合同等加以确定。收益期限可以分为有限期和无限期。

如无特殊情况，资产使用比较正常且无使用年限的限定，或者这种限定是可以解除的，并可以通过延续方式永续使用，则可以假定收益期限为无限期。若资产的收益期限受到法律、合同等规定的限制，则应以法律或合同规定的年限为收益期限。例如，中外合资经营企业在确定其经营收益时，应以中外合资双方签订的合资合同中规定的期限为企业整体资产收益期限。资产没有规定收益期限的，也可按其正常的经济寿命来确定受益年限，即资产能够给其持有者带来最大收益的年限。当继续使用资产对持有者不再有利时，从经济上讲，该资产的寿命也就结束了。

四、收益法的优缺点

（一）收益法的优点

1. 采用收益法对资产进行评估，充分考虑了资产未来收益和货币时间价值，能较真实准确地反映资产资本化的价值。

2. 收益法的资产评估值即资产未来预期收益的现值，与投资决策紧密结合，使评估结论易为资产各方所接受。

3. 收益法对具有连续性、高效益的资产，特别是整体资产的评估具有独特的优越性。

（二）收益法的缺点

1. 收益法涉及的评估参数（预期收益、折现率或资本化率）的预测难度较大，且受主观判断和未来不可预见因素的影响。

2. 收益法往往受到诸多条件的限制，使它的使用范围受限。通常适用于企业整体资产和可预测未来收益的单项生产经营性资产的评估。对于没有独立盈利能力、无连续性收益或收益达不到一定水平的资产则无法采用收益法。

从理论上讲，不同的资产评估方法不应对评估值产生太大的影响，并且必要时需同时采用几种方法评估某项资产的价值。由于在现实经济活动中市场总是存在一定的缺陷，不同的评估对象各具特点，这也为实际工作中评估专业人员根据不同情况选择资产评估方法提供了可能。在评估方法选择中，应注意因地制宜和因时制宜，并且不论选择何种方法评估，都应保证评估目的、评估时所依据的各种假设条件、评估所使用的各种参数数据及其评估结果在性质上和逻辑上的一致性。

Tips：《资产评估法》第二十六条规定："评估专业人员应当恰当选择评估方法，除依据评估执业标准只能选择一种评估方法的外，应当选择两种以上评估方法，经综合分析，形成评估结论，编制评估报告。"

关键概念

成本法　市场法　收益法　重置成本　更新重置成本　复原重置成本　实体性贬

值 功能性贬值 经济性贬值 重置核算法 价格指数法 定基价格指数 环比价格指数 生产能力比例法 规模经济效益指数法 功能价值类比法 统计分析法 修复费用法 观察法 使用年限法 直接比较法 类比调整法 预期收益 折现率 资本化率 收益期限

思考题

1. 简述成本法、市场法和收益法的理论依据和适用条件。
2. 运用成本法评估资产时应考虑哪些因素？
3. 如何评价成本法？
4. 运用市场法进行评估时，如何选择参照物？通常需要满足哪些条件？
5. 简述市场法的优缺点。
6. 运用收益法评估资产时通常需要考虑哪些主要参数？
7. 收益法运用中存在哪些局限？
8. 什么是复原重置成本？什么是更新重置成本？两者有何区别与联系？

实务篇

第三章　机器设备评估

【引例】

标准为节能降碳提供强力支撑：
倒逼淘汰落后产能，引领行业节能降碳技术进步，8 项节能强制性国家标准发布

近日，国家市场监督管理总局（国家标准委）批准发布一批重要国家标准，旨在进一步推动可持续发展、助推高质量发展。“此次发布的《水泥单位产品能源消耗限额》等 4 项能耗限额强制性国家标准和《数据中心能效限定值及能效等级》等 4 项能效强制性国家标准，旨在通过提升标准指标提高节能准入要求，引领行业节能降碳技术进步。”国家市场监督管理总局标准技术司副司长陈洪俊说。

一、倒逼

“新标准的实施，将倒逼企业淘汰落后低效产能、改造现有水泥生产线。”国家发展改革委环资司副司长刘琼说。

此次发布的能耗限额强制性国家标准中有一项是《水泥单位产品能源消耗限额》。水泥制造业是建材工业中的耗能大户，水泥产品能耗约 2 亿吨标准煤，占建材工业能耗的 60% 左右、全国总能耗的 5% 左右。

刘琼介绍，自 2008 年首次发布 GB 16780《水泥单位产品能源消耗限额》标准以来，它对水泥产业结构调整和节能减排政策实施发挥了重要作用。本次标准修订，细化了对不同类型企业产品能耗限额的要求，并进一步提升了各等级单位产品能耗指标的要求。

据测算，执行新标准后，预计年节能 1 160 万吨标准煤，减排二氧化碳 2 900 万吨。通过进一步提高水泥等重点产品能耗限额标准，必将有效推动高效节能技术研发和推广，引领行业全方位、全领域、全过程提升能源利用效率，减少能源资源消耗，降低二氧化碳排放和污染物排放，助力实现碳达峰碳中和目标。

在此次发布的 8 项节能强制性国家标准中，修订了水泥和码头作业单位产品能源消耗限额，新制定葡萄糖酸钠和硅酸铝纤维及制品单位产品能源消耗限额，共有 4 项能耗限额强制性国家标准。

“能耗限额标准是坚决遏制‘两高’项目盲目发展、淘汰落后产能的重要技术法规，也为固定资产投资项目节能审查、节能监察、实施差别电价和惩罚性电价等节能举措提供了重要工作支撑。”刘琼说。

二、引导

节能标准是国家节能制度的基础，是提升经济质量效益、推动绿色低碳循环发

展、建设生态文明的重要手段，是加强节能减排工作、实现碳达峰碳中和目标的有效支撑。

国家发展改革委、国家市场监督管理总局、工业和信息化部等部门组织相关标准化技术委员会和技术机构，通过政府引导、市场驱动、生产企业广泛参与，及时制修订了一大批节能标准。

“节能标准体系不断完善，节能标准与制度政策的结合更加紧密，节能标准的作用愈加凸显。”刘琼说。

此次还修订了多联式空调（热泵）机组和交流电风扇能效标准，新制定数据中心和商用电磁灶能效标准，共有4项能效强制性国家标准。

“能效标准是节能产品政府采购、节能产品所得税优惠的标准依据，也是能效标识制度、能效‘领跑者’制度等政策实施的重要技术基础，在推广高效节能产品、促进绿色消费等方面产生了显著效益。”刘琼说。

值得一提的是，数据中心作为传输、储存、处理数据资源的新型基础设施，近年来用电量随着业务扩容增长迅猛，首次发布的《数据中心能效限定值及能效等级》建立了规范、统一的数据中心能效评价方法，规定了能效限定值等强制性能效准入要求，将为该领域实现绿色低碳发展提供关键的标准工具。

刘琼介绍，下一步，将开展百项节能降碳标准提升活动，力争在“十四五”期间完成100项覆盖能效、能耗限额、能源基础和管理等方面的节能降碳标准制修订工作，提升节能降碳标准水平，为做好节能降碳工作、助力实现碳达峰碳中和提供有力支撑。

三、变革

自2020年中国向世界作出碳达峰、碳中和的承诺以来，能源、金融、碳交易等不同领域相继出台了与减碳相关的政策，而制定标准是建立政策体系不可或缺的基础。

2021年10月，中共中央、国务院印发的《国家标准化发展纲要》明确，在完善绿色发展标准化保障方面，要建立健全碳达峰、碳中和标准。加快节能标准更新升级，抓紧修订一批能耗限额、产品设备能效强制性国家标准，提升重点产品能耗限额要求，扩大能耗限额标准覆盖范围，完善能源核算、检测认证、评估、审计等配套标准。加快完善地区、行业、企业、产品等碳排放核查核算标准。制定重点行业和产品温室气体排放标准，完善低碳产品标准标识制度。完善可再生能源标准，研究制定生态碳汇、碳捕集利用与封存标准。实施碳达峰、碳中和标准化提升工程。

有业内人士分析，建立健全碳达峰、碳中和标准，一是要“摸清家底”，完善碳排放本身的核查核算标准，包括研究制定生态碳汇、碳捕集利用与封存标准等；二是要促进减碳，在节能标准、能耗限额等方面相关企业将面临更为严格的约束。事实上，制定、修订、完善相关的产品标准，在助力实现双碳目标的同时，也将深刻影响产业链的重组乃至生活方式的重构。正如陈洪俊所言，实现碳达峰、碳中和是一场广泛而深刻的经济社会系统性变革。

资料来源：蒋菡．标准为节能降碳提供强力支撑［N］．工人日报，2021－10－28（008）．

在评估实务中，被评估机器设备倘若属于上述案例涉及的由于与国家产业发展政策调整或环境保护理念等因素（属于机器设备经济性贬值的范畴）而面临减产、停产甚至淘汰的机器设备，该如何进行评估？如何确认其贬值额？

学习目标

【知识目标】

1. 了解机器设备的概念、特征和分类。
2. 熟知机器设备的评估原则、程序、方法和注意事项。
3. 掌握机器设备评估中成本法、市场法及收益法的具体应用。

【能力目标】

1. 培养学生对机器设备评估的概念、程序、方法的认知能力。
2. 培养学生对机器设备评估中的成本法、市场法及收益法的实际运用能力。

第一节 机器设备评估概述

一、机器设备的定义和分类

（一）机器设备的定义

机器设备在不同学科领域有着不同的含义。

1. 自然学科领域。机器设备在自然学科领域强调的是机器设备的自然属性。机器设备是指将机械能或非机械能转换成便于人们利用的机械能，或将机械能转换成某种非机械能，或利用机械能来做一定工作的装备或器具。一般有三个基本特征：（1）由零部件组成；（2）零部件之间有确定的相对运动；（3）有能量转换。

2. 会计领域。机器设备在会计角度的定义更多的是强调其资产属性。在《国际财务报告准则》中将机器设备定义为：可用于生产过程或者提供商品或服务过程中，也可用于租赁给他人，或者管理目的，并且一般可以使用超过一个会计期间的资产。

3. 资产评估领域。资产评估中对机器设备的定义不同于自然学科中的定义和会计学科中的定义。在资产评估领域，从自然属性和资产属性两个方面对机器设备进行定义。根据《资产评估执业准则——机器设备》中的定义：机器设备是指人类利用机械原理以及其他科学原理制造的、特定主体拥有或控制的有形资产，包括机器、仪器、器械、装置、附属的特殊建筑物等。不仅包括利用机械原理制造的装置，也包括利用机械、电子、电工、光学等各种学科原理制造的装置。

（二）机器设备的分类

机器设备种类繁多，分类方法十分复杂。按不同的分类标准，机器设备可以分为不同的类别。不同分类方式满足不同领域或管理的需要。固定资产管理和会计核算中使用的分类方法，经常在资产评估实践中使用。

1. 固定资产管理中机器设备的分类。根据国家质量监督检验检疫总局于2011年1月10日发布的《固定资产分类与代码》（GB/T14885－2010），将机器设备分为通用设备和专用设备。该标准适用范围包括国内的企事业单位、社会团体、军队和武警部队以及各级有关管理部门的固定资产登记、管理、统计、清查等工作。这种分类方法也是资产评估中最基本的分类方法。具体如表3－1所示（节选自《固定资产分类与代码》）。

表3－1　　固定资产分类（机器设备部分）

门类	表号/代码	固定资产分类名称
5.2 通用设备	表4/2010000	计算机设备及软件
	表5/2020000	办公设备
	表6/2030000	车辆
	表7/2040000	图书档案设备
	表8/2100000	机械设备
	表9/2200000	电气设备
	表10/2300000	雷达、无线电和卫星导航设备
	表11/2310000	通信设备
	表12/2320000	广播、电视、电影设备
	表13/2400000	仪器仪表
	表14/2410000	电子和通信测量仪器
	表15/2420000	计量标准器具及量具、衡器
5.3 专用设备	表16/3010000	探矿、采矿、选矿和造块设备
	表17/3020000	石油天然气开采专用设备
	表18/3030000	石油和化学工业专用设备
	表19/3040000	炼焦和金属冶炼轧制设备
	表20/3050000	电力工业专用设备
	表21/3060000	非金属矿物制品工业专用设备
	表22/3070000	核工业专用设备
	表23/3080000	航空航天工业专用设备
	表24/3100000	工程机械

续表

门类	表号/代码	固定资产分类名称
5.3 专用设备	表 25/3110000	农业和林业机械
	表 26/3130000	木材采集和加工设备
	表 27/3140000	食品加工专用设备
	表 28/3150000	饮料加工设备
	表 29/3160000	烟草加工设备
	表 30/3170000	粮油作物和饲料加工设备
	表 31/3180000	纺织设备
	表 32/3190000	缝纫、服饰、制革和毛皮加工设备
	表 33/3200000	造纸和印刷机械
	表 34/3210000	化学药品和中药专用设备
	表 35/3220000	医疗设备
	表 36/3230000	电工、电子专用生产设备
	表 37/3240000	安全生产设备
	表 38/3250000	邮政专用设备
	表 39/3260000	环境污染防治设备
	表 40/3270000	公安专用设备
	表 41/3280000	水工机械
	表 42/3390000	殡葬设备及用品
	表 43/3500000	铁路运输设备
	表 44/3510000	水上交通运输设备
	表 45/3520000	航空器及其配套设备
	表 46/3600000	专用仪器仪表
	表 47/3700000	文艺设备
	表 48/3710000	体育设备
	表 49/3720000	娱乐设备

注：本标准采用4层7位数字代码表示，第1位表示门类，第2、3位表示大类；第4、5位表示中类；第6、7位表示小类。

2. 会计核算中对机器设备的分类。由于在评估实务中，资产评估通常在会计核算的基础上进行，因此，有必要明确我国现行会计制度对机器设备的分类。

根据我国现行会计制度，机器设备按其使用性质分为以下六大类。

（1）生产用机器设备，指直接用于生产经营服务的机器设备，包括生产工艺设备、辅助生产设备、动力能源设备等。

（2）非生产用机器设备，指企业所属的福利部门、教育部门等非生产部门使用的设备。

（3）租出机器设备，指企业出租给其他单位使用的机器设备。

（4）未使用机器设备，指企业尚未投入使用的新设备、库存的正常周转用设备、正在修理改造尚未投入使用的机器设备等。

（5）不需用机器设备，指已不适合本单位使用的待处理机器设备。

（6）融资租入机器设备，指企业以融资租赁方式租入使用的机器设备。

此外，在资产评估领域按机器设备的组合形式又可以分成单台机器设备和机器设备组合；还可以按照适应范围、在企业生产中作用的主次等标准进行分类，如对评估对象进行 ABC 分类法。

二、机器设备的寿命

一般来说，机器设备的使用寿命可分为物理寿命、技术寿命和经济寿命。

（一）物理寿命

机器设备的物理寿命又称自然寿命，是指机器设备从开始使用到由于有形磨损的原因造成不能够继续正常工作而予以报废所经历的时间。设备在存放和使用过程中，由于自然力侵蚀、摩擦、振动和疲劳等因素均会产生有形磨损。机器设备的物理寿命长短取决于机器设备本身的制造质量、使用状况、保养和正常维修情况等因素。

（二）技术寿命

机器设备的技术寿命是指机器设备从开始使用到因技术进步导致其功能落后而被淘汰所经历的时间，其长短在很大程度上取决于社会技术进步及更新的速度和周期。技术寿命由无形磨损所决定，通常比物理寿命要短。技术寿命与技术进步的速度有关。随着科学技术迅速发展，人们对产品质量和精度的要求越来越高，同时也不断涌现出技术上更先进、性能上更完善的设备，导致原有设备虽还能继续使用，但已不能保证产品的精度、质量和技术要求而被淘汰。显然科学技术发展越迅速，竞争越激烈，设备的技术寿命就越短。

（三）经济寿命

设备的经济寿命指设备从开始使用到由于遭受有形磨损和无形磨损（贬值），再继续使用在经济上不合算而被淘汰所经历的时间。关于机器设备经济寿命的基本观点有两种：一是设备的经济寿命是指设备从开始使用到其年均费用最小的年限。使用年限超过设备经济寿命，设备的年均费用将上升，所以设备使用到其经济寿命年限就应该进行更新。二是对生产设备来说，衡量设备经济寿命的长短不能单看年均费用的高低，而是要以使用设备时所获得的总收益的大小来决定。要在经济寿命这段很有限的时间内获得最大的收益。此外，机器设备的经济寿命与其本身的物理性能、技术进步速度、设备的使用情况、维护状况以及外部经济环境的变化等都有直接的联系。

在估算机器设备实体性贬值时应使用机器设备的物理寿命，在估算机器设备的综合成新率（同时考虑三种贬值）时，应使用经济寿命。

三、机器设备评估的定义和特点

（一）机器设备评估的定义

机器设备评估是指资产评估机构及其资产评估专业人员遵守法律、行政法规和资产评估准则前提下，根据委托对评估基准日特定目的下单独的机器设备、资产组合或者作为企业资产组成部分的机器设备价值进行评定和估算，并出具资产评估报告的专业服务行为。

（二）机器设备评估的特点

1. 多种评估方法并用。由于机器设备种类繁多，单位价值量较大，性能用途各不相同，因此，在评估实务中不可能只采用单一的计价方法，而应针对不同的机器设备选用不同的方法进行评估。同时，还需要评估专业人员根据评估目的和要求，分门别类、逐项逐件逐台地进行核实和评估，以保证评估结果的真实性和准确性。

2. 评估应以技术检测为基础。机器设备是一类技术含量高的资产，其评估价值高低很大程度上取决于自身的技术含量，而技术检测是确定机器设备技术含量的重要手段和方式。再加上机器设备分布在各行各业，情况千差万别，为了准确确定机器设备的使用寿命、技术寿命、经济寿命、各项贬值及其损耗程度，必须依赖于技术检测才能客观估测其价值。

3. 价值受机器设备的存在方式影响较大。机器设备按其组合形式分为单台设备和设备组合。机器设备可以以单台设备的形式存在，也可以作为整体组合或某项整体资产的一部分存在。存在方式不同，其价值内涵也不同。单台设备和设备组合分别对应的全部或部分权益作为评估对象。通常，整体的价值不仅仅是单台设备价值的简单相加。

4. 价值受预期用途的影响较大。机器设备除受其自身的制造成本或变现价值以及其构成要素的影响外，还受其预期用途的影响。比如继续使用或者变现、原地使用或者移地使用、现行用途使用或者改变用途使用等。因此，在机器设备评估中需要考虑其不同预期用途可能对价值的影响。

（三）机器设备评估的方法选择

由于机器设备的多样性和市场的多变性，针对不同情况和不同的评估目的，需要采取不同的评估方法。机器设备类资产一般不具备独立的获利能力，在进行机器设备评估时，通常采用成本法和市场法，较少采用收益法。只有一些具有独立盈利能力且盈利能力可以量化的，并能合理确定收益期限、合理量化未来收益的机器设备才可以采用收益法，比如具有独立盈利能力的生产流水线等。

1. 成本法的适用范围。成本法是机器设备评估中最常用的一种方法，适用于继续使用假设前提下对不具备独立获利能力的单台机器设备或其他机器设备的评估。具体有以下三种情形：

（1）对在用续用状态下的机器设备，可以直接运用成本法进行评估，无论是重置成本构成还是其他项目，都无须做较大的调整。

（2）当运用成本法评估转用续用或移地续用状态下的机器设备时，则需对成本构成项目及构成要素做适当的调整，才能得出合理的评估结果。

（3）在非继续使用假设前提下，若待评估机器设备无市场参照物，可按成本法评估思路进行评估。但需要对成本项目及构成做必要的调整，以取得非续用重估价值。

成本法比较充分考虑了资产的重置价值和应计损耗，对于以资产重置、补充为目的的资产评估业务较为适用，也是清产核资中最基本的评估方法。

2. 市场法的适用范围。市场法主要适用于单项机器设备变现价格的评估。运用市场法评估机器设备需具备两个前提条件：市场条件和参照物的可比性。

（1）一个发达活跃的设备交易市场是市场法应用的前提。市场法是通过借助与被评估设备相同或相似的参照物的市场交易价格或变现价格运作的，因此发达活跃的市场条件至关重要。一般包括正常的设备交易市场以及设备拍卖市场。

（2）必须以可比性为前提。运用市场法评估机器设备市场价值的合理性和公允性，在很大程度上取决于被评估机器设备与所选取参照物的可比性。可比性主要包括两方面内容：一是被评估机器设备与参照物之间在规格、型号、用途、性能、新旧程度等方面具有可比性；二是参照物的交易情况（如交易目的、交易条件、交易数量、交易时间及结算方式等）与被评估机器设备将要发生的情况具有可比性。

四、机器设备评估的基本程序

机器设备作为一个重要的专业评估领域，具有情况复杂、工作量大的特征。从资产评估专业人员和评估机构的角度，科学、合理、实用的机器设备评估程序应包括以下六个阶段。

（一）接受委托阶段

客户有意委托资产评估专业人员评估某项机器设备时，资产评估专业人员应向客户明确评估目的、评估假设，了解机器设备的预期用途和评估报告的用途以及该项评估涉及的其他因素。这些因素会影响整个评估过程、结果和质量。

（二）评估准备阶段

资产评估机构及其评估专业人员，在签订资产评估委托协议，明确评估目的、对象和范围后，就应着手做好评估准备工作。具体包括：

1. 要求委托方提供资产评估的基础资料。主要包括填写的待评估机器设备清册及分类明细表（包括机器设备的原价、净值、使用年限、规格型号等），待评估机器设备的自查和盘盈、盘亏事项的调整资料，机器设备产权资料等相关证明文件以及有关经济技术资料等。

2. 收集与评估工作相关的价格资料。包括待评估机器设备的现行市场行情资料、可比资产或参照物的现行价格资料以及国家公布的有关物价指数，评估专业人员自己收集整理的物价指数等，为机器设备价值的评定、估算做好准备。

3. 制订具体评估工作计划。分析研究委托方提供的评估资产清册及有关表格等资料，明确评估重点和清查重点，制订合理的评估工作计划，落实人员安排，并设计主要机器设备的评估技术路线。

（三）现场工作阶段

现场工作是机器设备评估中的一个非常重要的工作步骤。评估专业人员应当根据待评估机器设备的具体情况合理确定现场调查的内容。这个阶段的主要任务是清查核实评估对象，对待评估机器设备进行技术鉴定，了解其使用状况、磨损程度和匹配状况等技术参数。

1. 机器设备的现场核实。评估专业人员应当对机器设备进行现场逐项调查或者抽样调查，确定机器设备是否存在，明确机器设备存在状态并关注其权属，以确保评估对象真实可靠。如果采用抽样的方法进行现场调查，则要充分考虑抽样风险。对于机器设备的权属应当要求委托方或者相关当事方对机器设备的权属做出承诺，并就权属相关资料进行必要的查验。因客观原因等因素限制而无法实施现场调查的，应当采取适当措施加以判断，并予以恰当披露。

2. 对被评估机器设备进行分类。根据评估重点或人员安排以及评估的工程技术特点，对评估对象进行必要的分类。当评估对象种类数量较多时，为了突出重点，更好地发挥评估专业人员的专长，可对评估对象进行必要的分类，以便有效地收集数据资料，合理地配备评估专业人员。一般可以按照机器设备的重要性划分为 ABC 三类，把单位价值大的重要设备作为 A 类；把单位价值小且数量较多的设备作为 C 类；把介于 A 类与 C 类之间的设备作为 B 类。还可以按机器设备性质分为通用设备和专用设备。

3. 机器设备鉴定。对机器设备进行鉴定是现场勘察工作的重点，主要包括以下三个方面。

（1）机器设备的技术鉴定。比如机器设备满足生产工艺的程度、生产精度、废品率以及各种耗费和污染情况的鉴定，判断设备是否技术过时或功能落后等。

（2）使用情况鉴定。比如了解机器设备处于在用状态还是闲置状态，使用中机器设备的运行参数、故障率、零配件保证率，以及设备闲置的原因和维护等情况。

（3）质量鉴定以及磨损鉴定等。比如了解设备的制造质量、有形损耗和无形损耗等。

评估专业人员通常可以通过现场观察，利用机器设备使用单位所提供的技术档案、检测报告、运行记录等历史资料和专业机构的检测结果，对机器设备的技术状态做出判定，必要时可以聘请专业机构对机器设备进行技术鉴定。

现场勘察工作要有完整的记录，特别是机器设备的鉴定工作更要有详细的记录，这些记录将是机器设备评估价值的重要数据，也是工作底稿的重要组成部分。

（四）评定估算阶段

根据评估目的、评估价值类型的要求以及评估时的各种条件，选择适宜的评估途径及方法，运用恰当的技术经济参数对待评估机器设备的价值进行评定估算。在评定估算阶段，还要注意与委托方有关人员进行信息交流、沟通评估中遇到的问题。在保证独立性原则下，听取和吸纳委托方的合理化建议，以保证评估结果的相对合理性。

（五）撰写报告阶段

不论单独出具机器设备评估报告，还是将机器设备评估报告作为评估资产报告的组成部分，都应当在资产评估报告中披露必要信息，使资产评估报告使用人能够正确理解评估结论。在评定估算过程结束后，应对评估结果进行分析评价，及时撰写评估报告及评估说明。

（六）报告审核和报送

在评估报告完成以后，要进行必要的审核，包括复核人审核、项目负责人审核和评估机构审核。在三级审核确认评估报告无重大纰漏后，再将评估报告送达委托方及相关部门。

第二节　机器设备评估的成本法

一、机器设备成本法应用概述

当前，我国机器设备的交易市场尚处于发展阶段，还需进一步规范和完善，这使得运用市场法和收益法评估机器设备的价值受到一定的限制，因此，成本法在机器设备评估中得到较广泛的运用。

机器设备的成本法评估，是指通过估算机器设备的重置成本，再减去机器设备的各种贬值，即实体性贬值、功能性贬值和经济性贬值，以确定机器设备价值的一种方法。其计算公式为：

机器设备评估值 = 重置成本 − 实体性贬值 − 功能性贬值 − 经济性贬值

机器设备评估值 = 重置成本 × 实体成新率 − 功能性贬值 − 经济性贬值

机器设备评估值 = 重置成本 × 综合成新率

因此，在运用成本法评估机器设备时，重置成本、实体性贬值、功能性贬值、经济性贬值和综合成新率是重要的参数。在实务操作中，一般要考虑选用何种方法估算和确定重置成本，并判断评估对象主要存在哪些方面的贬值，以及采用何种方法计算这些贬值或综合成新率。

二、机器设备重置成本估算

（一）重置成本构成

1. 复原重置成本和更新重置成本。设备的复原重置成本是指复制一个与被评估设备一模一样的全新设备所需的现实成本。重置成本一般用于评估机器设备的制造工艺材料等与原来完全相同，评估时设备重置成本的变化主要是由于物价水平变化引起的情况。在这种情况下，只需要将设备历史成本中的人工费、机械费、材料费调整到目前的价格水平。

设备的更新重置成本是指在效用上与被评估设备最接近的类似新设备的现行购置成本。由于技术进步的原因，设备的制造工艺、材料在不断的发展。有时按照复原重置的方式估算复原重置成本是困难的，甚至是不合理的。比如，有些设备原来使用的材料已淘汰而无法确定它的成本；有些设备尽管可以进行复原重置，但其成本要高于更新重置成本，而性能却低于更新重置方式建造的设备，在这种情况下复原重置是没有意义的。因此，在实际评估过程中一般使用更新重置成本。

2. 国产机器重置成本和进口机器重置成本。机器设备的重置成本包括购置或者购建设备所发生的必要的合理的直接成本、间接成本和因资金占用所发生的资本成本。取得机器设备的方式不同，重置成本的构成内容也不尽相同。《资产评估执业准则——机器设备》要求评估专业人员根据评估对象的具体情况、评估目的等条件分析并合理确定重置成本的构成。从国产机器设备（又可分为外购和自制两种）和进口机器设备两种取得方式划分其重置成本，如表3－2所示。

表3－2　　国产机器设备和进口机器设备的重置成本构成

<table>
<tr><td colspan="3">国产机器设备</td><td colspan="2" rowspan="2">进口机器设备</td></tr>
<tr><td></td><td>外购</td><td>自制</td></tr>
<tr><td rowspan="4">直接费用</td><td>设备购买价格</td><td>自制成本和相配比的期间费用</td><td rowspan="3">境外成本</td><td>离岸价</td></tr>
<tr><td>运杂费</td><td>合理的制造利润</td><td>境外运杂费</td></tr>
<tr><td>安装调试费</td><td>安装调试费</td><td>境外保险费</td></tr>
<tr><td>其他费用</td><td>其他费用</td><td rowspan="4">从属费用</td><td>海外运费、海外保险费</td></tr>
<tr><td rowspan="3">间接费用</td><td rowspan="3">管理费用等</td><td>管理费用</td><td>进口关税、消费税、增值税</td></tr>
<tr><td>设计费、保险费</td><td>银行财务费、外贸手续费</td></tr>
<tr><td>工程监理费等</td><td>海外监管手续费等</td></tr>
<tr><td rowspan="2">资金成本</td><td rowspan="2">资金占用费用</td><td rowspan="2">资金占用费用</td><td rowspan="2">境内成本</td><td>境内运杂费</td></tr>
<tr><td>安装调试费等</td></tr>
</table>

（二）重置成本估算

在明确重置成本构成项目的基础上，也可以分别按外购国产机器设备、进口机器设备和自制机器设备进行重置成本的估算。机器设备重置成本估算的方法主要有重置核算法、市场询价法、价格指数调整法、功能价值类比法、综合估价法等。

1. 重置核算法。重置核算法是利用成本核算的原理，根据机器设备建造时所消耗的材料、工时及其他费用，按现行价格或费用标准计算资产现行建造费用及安装调试费用，然后再加上合理的利息、利润，确定被评估机器设备重置成本的方法。一般而言，非标准设备和自制设备都采用该方法。

（1）复原重置成本。如果设备的购建成本资料保存完整，可直接将其直接费用与间接费用调整为现实价格或费用标准来确定其重置成本；如果没有设备的购建成本资料，就要对设备成本项目进行分解，然后按现实价格计算所花的材料及人工费用等来确定其重置成本。

【例3－1】 某公司因对外投资需要对其2015年5月购建的一台机器设备进行评估，账面原值为580 000元。该机器设备的评估基准日为2021年5月20日，评估专业人员通过市场调查询价，得知该机器设备2021年5月的市场销售价格为46万元，运杂费为1 000元，安装调试费为3 000元（包括直接材料2 000元，人工费用1 000元）。按照同类机器设备安装调试的间接费用分配，间接费用为人工成本的65%。试估算该机器设备的重置成本。

重置成本＝重置直接成本＋重置间接成本

该设备重置成本计算如表3－3所示。

表3－3　　机器设备重置成本计算　　单位：元

项目	成本构成	重置成本计算过程
重置直接成本	机器设备市场买价	460 000
	运杂费	1 000
	安装调试费	3 000
重置间接成本	安装调试费的间接费用	1 000×65%＝650
重置成本合计		464 650

根据表3－3计算可知，该机器设备重置成本为464 650元。

（2）更新重置成本。对于经过重大技术改造的设备，或者结合大修理采用新型材料、零部件、元器件，几经更新使设备技术性能得到极大提高，接近或基本接近先进技术水平的设备，应按更新重置成本估算。设备更新重置成本的总额等于将更新重置的各种直接耗费按照现行价格或费用标准计算，加上按现行价格计算的间接费用之和。

【例3－2】 某洗衣机厂的一台设备账面原值45万元，其成本构成为：直接材料费用占总成本的比重为44%，直接人工费用占比为26%，制造费用占比20%，燃料及动力费用占比10%。按照现行技术条件和生产制造工艺更新自制该设备，直接材料可节约15%，人工费用节省12%，制造费用可节约5%，燃料及动力费用可节约8%。现委托某资产评估机构对其进行评估并测算其更新重置成本。通过市场调查及分析，评估专业人员获悉至评估基准日时，直接材料上涨30%，直接人工上涨15%，制造费用上涨9%，燃料及动力费用上涨10%，该类设备的管理费用通常按照人工成本的5%进行分摊，该类设备生产企业的平均利润率为10%。此外，该设备建造周期短且不需安装，因此，无须考虑安装调试成本及资金成本。

该机器设备更新重置成本计算如表3-4所示。

表3-4　　机器设备更新重置成本计算

项目	原始成本构成（%）	成本变动（%）	费用变动（%）	设备更新重置成本（元）
直接材料费用	44	-15	30	218 790
直接人工费用	26	-12	15	118 404
制造费用	20	-5	9	93 195
燃料及动力费用	10	-8	10	45 540
总成本	100			475 929
管理成本				5 920.2
合理利润				47 592.9
合计				529 442.1

根据表3-4计算，可得该设备更新重置成本为529 442.1元。

2. 市场询价法（直接询价法）。市场上如果存在与被评估设备完全相同的设备，是可以通过市场询价法确定被评估机器设备的重置成本。市场询价法是根据市场交易价格资料直接确定设备成本重置成本的方法，这种方法是确定设备购置成本最简单、有效并且可信的途径。运用该方法的关键是获得市场价格资料，对于大部分的通用设备市场价格资料的取得是比较容易的，而非标准专用设备的价格资料往往很难从市场直接获得。该方法一般适用于外购机器设备的重置成本的估算。

市场询价法的具体操作是通过市场调查，从生产厂家或销售部门取得设备购买价格或建造费用，在此基础上加上合理的运杂费、安装调试费及其他费用估测被评估机器设备的重置成本。如果设备安装调试周期较长，则需要考虑设备购置建造及安装调试所占的资金成本。其计算公式如下：

设备重置成本=全新设备评估基准日市场价格+运杂费+安装调试费+其他费用

【例3-3】某公司2016年10月购置一台设备，购置成本（含运杂费）为430 000元。2020年10月对该设备进行评估，经市场调查该设备在评估基准日的市场价格为380 000元，运杂费为4 000元，安装调试费为2 500元。则该设备的重置成本为：

重置成本=380 000+4 000+2 500=386 500（元）

3. 价格指数调整法。价格指数调整法是以设备的原始购置成本（历史成本或账面原值）为基础，根据同类设备的价格上涨指数，确定机器设备重置成本的一种方法。对于一些难以取得市场价格的机器设备，评估时经常采用该方法。价格指数分为定基价格指数和环比价格指数。其计算公式为：

$$重置成本=设备原始购置成本\times\frac{设备评估基准日定基价格指数}{设备购建时定基价格指数}$$

或

$$重置成本=设备原始购置成本\times(a_1)\times(a_2)\times(a_3)\times\cdots\times(a_n)$$

其中，(a_i) 表示第 i 年比上一年的环比价格变动指数，$i=1, 2, 3, \cdots, n$。

【例 3－4】某设备于 2015 年购建，其账面原值为 12 万元，当时该类设备定基价格指数为 125%。2020 年对该设备进行评估，2020 年的定基价格指数为 160%，则该设备的重置成本为：

$$重置成本=12\times\frac{160\%}{125\%}=15.36（万元）$$

【例 3－5】依据〖例 3－4〗，该类设备的环比价格指数如表 3－5 所示。计算 2020 年该设备的重置成本。

表 3－5　　某类设备环比价格指数　　单位：%

年份	环比价格指数
2015	114
2016	110
2017	116
2018	115
2019	118
2020	120

$$\begin{aligned}该设备重置成本&=120\,000\times110\%\times116\%\times115\%\times118\%\times120\%\\&=249\,340.61（元）\end{aligned}$$

价格指数可以从以下两个途径获得：一是国家统计局定期发布的工业生产者出厂价格指数中“通用设备制造业”“专用设备制造业”“交通运输设备制造业”“电气机械及器材制造业”“通信设备计算机及其他电子设备制造业”“仪器仪表及文化、办公用机械制造业”等门类价格指数；二是专业评估数据库，如评估资讯网（www. pingguw. com）提供的中国机器设备出厂价格指数以及美国等主要国家的机器设备出口价格指数等内容。

价格指数法对一些通过市场询价法难以获得购置价的机器设备而言是比较简便易行的，但在使用过程中应关注以下五个方面。

（1）了解和明确所评估的机器设备价格具备与该类机器设备价格变动同向的相关性，否则价格指数法不适用。

（2）选取的价格指数应与评估对象相匹配。一般采用某一类产品的综合价格指数，而非某个设备的价格指数。分类产品价格指数反映的是某一类产品综合的价格变化程度，而不是个别设备的价格变化，因此，使用该方法计算重置成本时，应更多从整体上把握重置成本的水平和适合度，若具体到单台设备结果有可能是不准确的。

(3) 审查历史成本的真实性。很多情况下，企业机器设备的账面原始成本一般包含运杂费、安装费、基础费等其他费用。有的还是经过前次评估以后，根据评估结果重新建账或通过二手交易购买的二手设备价格入账，这样就会使得机器设备的账面价值不能反映其真实的历史购置价值。此外上述费用的价格变化指数与设备价格变化指数往往是不同的，应该分别计算。比如对于锅炉、锻压机械等，运转费、安装费、基础费所占的比重很大，有的可能超过设备本身的价格。这种情况下应该还原设备原始购置价格，并在此基础上进行价格指数的调整。

(4) 对于进口设备，在没有国产设备可以替代或国产设备与进口设备虽功能相同，但在质量、稳定性等方面存在较大差异的情况下，一般采用设备进口国的分类价格指数。

(5) 价格指数法适用于确定设备的复原重置成本，不适用于确定设备的更新重置成本。一般而言，价格指数不反映技术先进性。因此在使用价格指数法时应注意考虑设备的功能性贬值，特别是对于已经使用较长时间的设备，由于技术进步的原因，复原重置成本和更新重置成本的差异会较大。

4. 功能价值类比法。对于某些行业特定的机器设备，其功能（产能、产量等）与设备价值之间存在某种关联关系（比如线性关系或指数关系），如化工设备、石油设备、挖掘设备、起重设备等。功能价值类比法是指根据同类设备的价格和功能与被评估设备的功能对比确定重置成本的方法。其计算公式为：

$$\text{重置成本}=\text{参照物的购置成本}\times\left(\frac{\text{被评估设备的产能}}{\text{参照物的产能}}\right)^{x}$$

其中，x 为规模经济效益指数。当 x = 1 时，机器设备的产能与价格呈线性关系；当 x < 1 时，机器设备的产能与价格呈非线性关系，此时 x 为规模经济效益指数。规模经济效益指数 x 是通过功能价值类比法估算机器设备评估价值的一个重要参数。目前我国比较缺乏这方面的统计数据。根据国外的一些参考资料，x 取值范围通常在 0.4 ~ 1.2。评估专业人员也可以根据某些行业的技术经济计算指标等相关资料测算获取。

【例 3 - 6】 某饮料生产企业 2018 年购建一套全自动饮料生产设备，账面原值为 2 000 万元，年产量为 600 万吨，于 2021 年进行评估。由于市场上没有与该饮料生产设备完全相同的设备，选择了与该设备具有相同性质和用途的全新设备作为参照物，该参照物年产同类饮料 500 万吨，现行成本（包括设备价格、运杂费及安装调试费）为 1 600 万元。经评估专业人员分析该类设备的功能与价值呈线性关系，则该饮料生产设备的重置成本为：

$$\text{重置成本}=1\ 600\times\left(\frac{600}{500}\right)=1\ 920\text{（万元）}$$

【例 3 - 7】 依据〖例 3 - 6〗，若评估专业人员分析该类设备的功能与价值呈非线性关系，根据所在行业的经验数据，该类设备的规模经济效益指数为 0.7。则该饮料生产设备的重置成本为：

$$\text{重置成本}=1\ 600\times\left(\frac{600}{500}\right)^{0.7}=1\ 817.8\text{（万元）}$$

5. 综合估价法。在实际工作中，综合估价法是估算自制设备重置成本常用的方法。综合估价法根据设备的主材费用和主要外购件费用与设备成本费用存在一定的比例关系，通过确定设备的主材费用和主要外购件费用，计算出设备的完全制造成本，并考虑企业利润、税费和设计的费用，确定重置成本。该方法也是机械工业概算在估算通用非标准设备时经常使用的方法。其计算公式为：

$$设备重置成本=\left(\frac{主材费用}{不含外购件的成本主材费率}+主要外购件费用\right)\times（1+成本利润率）\times（1+销售税费率）\times\left(1+\frac{非标设备设计费率}{非标设备生产数量}\right)$$

或

$$S=\left(\frac{C_{m1}}{K_m}+C_{m2}\right)\times(1+K_p)\times(1+K_t)\times\left(1+\frac{K_d}{n}\right)$$

其中，S 表示非标设备价格；C_{m1}表示主材费（不含主要外购件）；C_{m2}表示主要外购件费；K_m表示不含主要外购件费的成本主材费率；K_p表示成本利润率；K_t表示销售税金率；K_d表示非标准设备设计费率；n 表示非标准设备生产数量。

（1）主材费用。主材是指在设备中所占重量或价值比较大的一种或几种材料。可按图纸分别计算出各种主材的净消耗量，再根据各种主材的利用率求出它们的总耗用量，并按材料的市场价格计算每种主材的费用。其计算公式如下：

$$C_{m1}=\sum\frac{某主材净耗用量}{该主材利用率}\times\frac{含税市场价格}{1+增值税税率}$$

（2）主要外购件费用。若主要外购件价值比重很小，可以综合在成本主材费率中考虑，而不再单独列为主要外购件。主要外购件的价格按不含税市场价格计算，其计算公式如下：

$$C_{m2}=\sum某主要外购件的数量\times\frac{含税市场价格}{1+增值税税率}$$

销售税费一般包括增值税及相应的城市维护建设税和教育费附加。

【例 3-8】某非标准自制设备购建日期为 2017 年 6 月，评估基准日为 2021 年 6 月。根据图纸设计，该设备主材为钢材，主材的净消耗量为 4.6 吨，该主材评估基准日的不含税市场价格为 3 700 元/吨，设备所需的主要外购件的不含税费用为 23 000 元。主材利用率为 95%，成本主材费率为 56%，成本利润率为 18%，设计费率为 16%，产量为 2 台。现行增值税税率为 13%，城市维护建设税税率为 7%，教育费附加费率为 3%。估算该设备的重置成本。

$$销售税率（综合税率）=13\%\times(1+7\%+3\%)=14.3\%$$

$$主材费用=\frac{4.6\times3\ 700}{95\%}=17\ 915.79（元）$$

$$重置成本=\left(\frac{17\ 915.79}{56\%}+23\ 000\right)\times(1+18\%)\times(1+14.3\%)\times\left(1+\frac{16\%}{2}\right)$$
$$=80\ 104.21（元）$$

（三）进口机器设备重置成本的估算

进口机器设备重置成本的估算与外购机器设备重置成本的估算原理是相同的。但由于进口机器设备的生产商不在我国，直接向国外生产厂家询价有一定难度。另外由于进口机器设备进口渠道比较多，国际市场价格变化快，税收制度及汇率变动频繁等因素的影响，进口机器设备重置成本的估算比外购机器设备更为困难和复杂。

（1）可查询获得进口机器设备的现行离岸价（FOB）或到岸价（CIF），其进口机器设备的重置成本计算公式如下：

进口机器设备重置成本 =（FOB 价 + 境外保险费 + 境外运杂费）× 外汇汇率 + 关税 + 银行及其他手续费 + 国内运杂费 + 安装调试费

或

进口机器设备重置成本 = CIF 价 × 外汇汇率 + 关税 + 银行及其他手续费 + 国内运杂费 + 安装调试费

相关税费计算公式如下。

①境外运杂费，可按设备的重量、体积及海运公司的收费标准计算，也可按一定的比例计算，其计算公式为：

境外运杂费 = FOB 价 × 海运费率

其中，海运费率远洋一般为 5% ~8%，近洋一般为 3% ~4%。

②境外保险费，其计算公式为：

境外保险费 =（FOB 价 + 海运费）× 保险费率

其中，保险费率可根据保险公司费率表确定，一般在 0.4% 左右。

③关税，其计算公式为：

关税 = 进口机器设备完税价格 × 进口关税税率

其中，完税价格一般采用 CIF 价，关税税率按国家税务总局发布的进口关税税率表确定。

④如果进口机器设备消费税的征收范围，还需计算消费税。其计算公式为：

$$消费税 = \frac{进口机器设备完税价格 + 关税}{1 - 消费税税率} \times 消费税税率$$

消费税税率一般按国家税务总局发布的《消费税税目税率表》确定。

⑤银行财务费，其计算公式为：

银行财务费 = FOB 价 × 银行财务费率

银行财务费率一般为 4‰ ~ 5‰。

⑥外贸手续费，其计算公式为：

外贸手续费 = CIF 价 × 外贸手续费率

外贸手续费率一般为 1% ~1.5%。

⑦车辆购置税，其计算公式为：

车辆购置税 =［到岸价（人民币计价）+ 关税 + 消费税］× 车辆购置税率

根据《中华人民共和国车辆购置税法》（2019 年 7 月 1 日开始实施），车辆购置税采用10%的比例税率。

⑧国内运杂费，是指进口机器设备从境外运抵我国后，从所到达的港口、车站、机场等地，将设备运至使用目的地所发生的港口费、装卸费、运输费、保管费、保险费等各项运杂费。不包括在运输超限设备时发生的特殊措施费。其计算公式为：

国内运杂费 = 进口机器设备 CIF 价 × 国内运杂费率

其中，国内运杂费率分为海运方式和陆运方式两种，国家有相应的规定。

⑨安装调试费，其计算公式为：

安装调试费 = 相似国产机器设备 × 国产机器设备安装调试费率

或

安装调试费 = 进口机器设备 CIF 价 × 安装调试费率

进口机器设备安装调试费率一般低于国产机器设备安装调试费率。如机械行业建设项目概算指标中规定，进口机器设备安装调试费率可按同类型国产设备的30% ~ 70%选取。进口机器设备的机械化、自动化程度高，取值较低，反之取值较高。

⑩进口设备基础费，其计算公式为：

进口设备基础费 = 进口设备到岸价 × 进口设备基础费率

或

进口设备基础费 = 相似国产设备原价 × 国产设备基础费率

进口设备基础费率一般低于国产设备基础费率。如机械行业建设项目概算指标中规定，进口设备基础费率可按同类型国产设备的30% ~ 70%选取。进口机器设备的机械化、自动化程度高，取值较低，反之取值较高。

（2）无法获得进口机器设备的现行离岸价（FOB）或到岸价（CIF），若可以取得境外替代产品的现行 FOB 价或 CIF 价，则可以采用功能价值类比法估测被评估进口设备的重置成本；若没法取得境外替代产品的现行 FOB 价或 CIF 价，可以利用国内替代机器设备的现行市价或重置成本推算被评估机器设备的重置成本。如果前述情况都不符合，则可以考虑用价格指数估算进口机器设备的重置成本。该方法以被评估进口设备的账面原值为基础，通过对汇率、价格、关税税率及其他税率等变化因素的调整，确定被评估进口设备的重置成本。

【例3-9】某进口设备 FOB 价为180万美元，发生的相关费用及费率如表3-6所示。

表3-6　　进口设备相关费用表　　单位：%

费用项目	费率	费用项目	费率
境外运杂费	5	公司代理费	1
境外保险费	0.4	国内运杂费	1
关税	10	安装调试费	0.6
银行财务费	0.3	基础费	1.7

该进口设备从订货到安装完毕投入使用需要2年时间，第一年投入的资金比例为

40%，第二年投入的资金比例为60%，假定每年的资金投入是均匀的，银行年贷款利率为5%，假定评估基准日美元兑人民币的汇率为6.4。计算该进口设备的重置成本。

该进口设备重置成本包括设备货价、境外运杂费、境外保险费、关税、银行财务费、公司代理费、国内运杂费、安装调试费、基础费及资金成本等。计算过程如表3-7所示。

表3-7　进口设备重置成本计算表

费用项目	计费基数	费率	计算过程	金额（元）
FOB				1 800 000.00
境外运杂费	FOB	5%	1 800 000×5%	90 000.00
境外保险费	FOB+海运费	0.4%	（1 800 000+90 000）×0.4%	7 560.00
CIF（US $）				1 897 560.00
CIF（¥）	外币	6.4	1 897 560×6.4	12 144 384.00
关税	CIF（¥）	10%	12 144 384×10%	1 214 438.40
银行财务费	FOB（¥）	0.3%	1 800 000×6.4×0.3%	34 560.00
公司代理费	CIF（¥）	1%	12 144 384×1%	121 443.84
国内运杂费	CIF（¥）	1%	12 144 384×1%	121 443.84
安装调试费	CIF（¥）	0.6%	12 144 384×0.6%	72 866.30
基础费	CIF（¥）	1.7%	12 144 384×1.7%	206 454.53
合计1				13 915 590.91
资金成本	合计1	5%	13 915 590.91×40%×5%×1.5+13 915 590.91×60%×5%×0.5（按单利计息）	626 201.59
合计2				14 541 792.50

三、机器设备实体性贬值的估算

机器设备实体性贬值也称为有形损耗，是由于使用磨损和自然损耗所造成的贬值。设备在使用过程中产生的损耗通常与其工作强度、工作条件及维修保养状况等有关。比如由于零部件受到摩擦、冲击、振动或交变载荷的作用，零部件产生磨损、破裂、疲劳等破坏，其结果是零部件的几何尺寸发生变化，精度降低，使用寿命缩短等。即使机器设备没有投入使用，在闲置和存放过程中也会产生损耗，这种损耗与闲置存放的时间、环境、条件相关。比如受自然界中的空气、雨水、射线、高温、低温等的影响和侵蚀，也会出现腐蚀、老化、生锈、变质等现象，从而引起损耗。

设备实体性贬值的程度可以利用设备的价值损失与重置成本之比来反映，称为实体性贬值率。全新设备的实体性贬值率为零，完全报废设备的实体性贬值率为

100%，在不考虑设备残值的条件下，其计算公式为：

$$机器设备实体性贬值率=\frac{被评估设备实体性贬值额}{设备重置成本}\times 100\%$$

$$机器设备实体性成新率=\frac{(设备重置成本-被评估设备实体性贬值额)}{设备重置成本}\times 100\%$$

因而有：设备实体性贬值率+设备实体性成新率=100%

设备实体性贬值常用的确定方法主要包括观察分析法、使用年限法和修复费用法等。

(一) 观察法

观察法就是资产评估专业人员通过现场观察设备的运转状况和整体状态，查阅机器设备的历史资料，了解设备使用状况、磨损情况、维修保养情况、工作负荷及工作进度等，并向操作人员询问设备的使用情况、使用精度、故障率，对所获得的有关设备状况的信息进行分析、归纳、综合，依据经验判断设备的磨损程度及贬值率的一种方法。

运用观察法应观测的主要指标包括设备的现时技术状况、设备的实际使用时间、设备的正常负荷率及原始制造质量、设备的维修保养及技改情况、设备重大故障（事故）经历、设备的工作环境和条件、设备的外观和完整性等。表3-8是美国评估师协会使用的实体性贬值率参考表。评估专业人员进行评估时，还可以通过咨询行业和设备专家，广泛听取他们的意见和判断，进行综合分析后判断机器设备的实体贬值率。

表3-8　　机器设备实体性贬值率评估参考表（美国评估师协会）

设备状况	设备状态	贬值率（%）
全新	全新资产，刚刚安装，尚未使用，资产状态极佳	0
		5
很好	很新资产，只轻微使用过，无须更换任何部件或进行任何修理	10
		15
良好	半新资产，但经过维修或更新，处于极佳状态	20
		25
		30
		35
一般	旧资产，需要进行某些修理或更换一些零件，如轴承之类	40
		45
		50
		55
		60

续表

设备状况	设备状态	贬值率（%）
尚可使用	处于可运行状态的旧资产，需要大量维修或更换零部件，如电机等	65
		70
		75
		80
不良	需要进行大修理的旧资产，如更换运动机件或主要构件	85
		90
报废	除了基本材料的废品回收价值外，没有希望以其他方式出售	97.5
		100

（二）使用年限法

使用年限法是从使用寿命角度来估算贬值，又称寿命比率法。该方法假设机器设备在整个使用寿命期内，设备实体性贬值额与使用寿命呈线性递增关系。设备在使用过程中物理磨损使得设备的使用寿命逐步消耗，直至寿命耗尽退出使用，因此设备的贬值可以用使用寿命的消耗量表示，实体性贬值率也可以用使用寿命消耗量与总使用寿命之比来表示。如果不考虑设备的残值，其计算公式为：

$$实体性贬值率 = \frac{机器设备已使用年限}{机器设备总使用年限}$$

$$= \frac{机器设备已使用年限}{机器设备已使用年限 + 机器设备尚可使用年限}$$

或

$$实体性成新率 = \frac{机器设备尚可使用年限}{机器设备总使用年限}$$

1. 机器设备的总使用年限。机器设备的总使用年限是指机器设备的使用寿命，机器设备的使用寿命通常可分为物理寿命、技术寿命和经济寿命。通常情况下实体性贬值所反映的使用年限主要是机器设备的物理寿命。但国际上资产评估行业大多以机器设备的经济寿命作为其总使用年限，然而我国目前还缺乏机器设备经济寿命的相关数据资料，因而在现实评估操作过程中，符合机器设备设计规定的使用强度和技术要求的情况下，一般以设计使用年限作为其经济寿命的替代。

2. 机器设备已使用年限。机器设备已使用年限是指机器设备从开始使用到评估基准日所经历的时间（名义使用年限）。一般而言，机器设备已使用年限应根据设备运行的资料记录，结合考虑设备实际负荷、维修、保养水平等据实估测。考虑机器设备在使用过程中负荷程度的影响，可分为名义使用年限和实际（有效）使用年限。在设备实体性贬值估算中，已使用年限通常指实际（有效）已使用年限。可根据设备（资产）利用率来将名义已使用年限调整为实际（有效）已使用年限。

3. 机器设备的尚可使用年限。机器设备的尚可使用年限也称机器设备的剩余使用寿命，应该通过技术检测和专业技术鉴定来加以确定。但在实际评估中往往难以对每一台机器设备进行技术检测和专业技术鉴定，所以一般采用替代法，即“总使用年限－实际已使用年限”来确定。这种方法适合对较新设备的评估，具有简单易行、前后易于统一的优点。对于使用时间过长或超期服役的老设备则不适用，应根据设备的实际状态和评估人员的专业经验直接估算其尚可使用年限。此外，对国家明文规定限期淘汰、禁止超期使用的设备，不论设备现时技术状态如何，其尚可使用年限不能超过规定的禁止使用日期。

设备使用年限根据不同设备的年限特征有多种表达形式。加热炉、柴油机、机加工设备、电子设备等一般用工作小时或年限表示使用寿命；模具等一般用使用次数表示使用寿命；汽车的使用寿命可以用行驶里程表示。表3－9列出了部分常用设备的使用年限。

表3－9　　部分常用设备的使用年限

设备类型		使用年限范围（年）
机械设备	普通金属切削机	10～18
	锻压设备	10～16
	试验设备	14～18
	起重设备	12～18
	工程机械	10～15
	铸造设备	10～14
	电镀设备	8～12
	其他机械设备	10～14
通信设备	电话通信设备、通信线路	8～10
	交换机	8～10
	手机	3～5
	其他通信设备	5～8
	固定电话、传呼机、对讲机	3～5
	电池（包括镍氢、镍铬、锂充电电池、太阳能电池、铅酸电池等）	2～4
管理部门设备及器具	电视机	4～8
	窗式分体式空调	4～6
	柜式空调	6～8
	中央空调系统设备	8～10
	传真机	4～5
	复印机及文字处理机	4～6
	编程器	4～8
	打印机	4～5
	激光打印机	6～8
	摄录相机及照相机	6～8

【例 3－10】某农用自卸工程车行驶里程设计的总使用寿命为 60 万公里，已运行了 15 万公里，计算该农用自卸工程车的实体贬值率（假定不考虑残值）。

$$该农用工程车实体贬值率 = \frac{15}{60} \times 100\% = 25\%$$

使用年限法估算机器设备成新率的假设前提是机器设备的投资是一次性完成的，没有更新改造和追加投资等情况的发生，这个假设对于多数机器设备的特定时期来说是符合实际情况的。然而对于经过大修理、技术更新改造或追加投资等情况的机器设备，则应考虑其加权投资年限来确定其实体性贬值率。其计算公式为：

$$实体性贬值率 = \frac{机器设备加权投资年限}{机器设备加权投资年限 + 机器设备尚可使用年限}$$

$$加权投资年限 = \sum (已投资年限 \times 权重)$$

$$= \sum \left[已投资年限 \times \frac{原始投资的更新成本}{\sum 更新成本} \right]$$

其中，已投资年限是指机器设备购入时点或追加投资时点距离评估基准日的年限。

【例 3－11】某企业 2010 年购入一台机器设备，账面原值为 36 万元。于 2014 年和 2018 年进行了两次更新改造，分别投资 6 万元和 4 万元。2020 年对该机器设备进行评估，假定 2010～2020 年通货膨胀率为 10%，经检测和技术鉴定该机器设备尚可使用年限为 8 年。试估算该机器设备的实体性贬值率。

①调整计算更新成本（如表 3－10 所示）。

表 3－10 设备更新成本计算表

投资年份	已投资年限（年）	原始投资额（万元）	价格变动指数	更新成本（万元）
2010	10	36	$(1+10\%)^{10}=2.59$	$36\times2.59=93.24$
2014	6	6	$(1+10\%)^{6}=1.77$	$6\times1.77=10.62$
2018	2	4	$(1+10\%)^{2}=1.21$	$4\times1.21=4.84$
$\sum$更新成本				108.70

②计算加权投资年限。

$$加权投资年限 = 10 \times \frac{93.24}{108.7} + 6 \times \frac{10.62}{108.7} + 2 \times \frac{4.84}{108.7} \approx 9.25（年）$$

③计算实体性贬值率。

$$设备实体性贬值率 = \frac{9.25}{9.25 + 8} \times 100\% = 53.62\%$$

（三）修复费用法

修复费用法是假设设备所发生的实体性损耗是可以通过修理或更换损坏部件得到补偿，则设备的实体性贬值就应该等于补偿实体性损耗所发生的费用。使用修复费用法，要注意区分可修复损耗和不可修复损耗。可修复损耗是指可以用经济上可行的方法修复的损耗，即指这类损耗从经济上是合理的，而不是单从技术角度考虑是否可修复。不可修复损耗不适合使用修复费用法计算贬值。对于大多数情况，设备的可修复性损耗和不可修复性损耗是并存的，一般应该分别计算，即可修复损耗用修复费用法计算其贬值，不可修复损耗用实体性贬值的其他方法计算，比如用使用年限法计算不可修复损耗带来的贬值。

【例3-12】 一台数控机床的重置成本是500万元，已使用4年，其经济使用寿命约15年，现该设备的数控系统损坏（其他部分正常工作），需要更新升级数控系统才能正常使用，这种修理在经济上是合算的，其修理费用为20万元。试计算该设备的实体性贬值及贬值率。

可修复损耗引起的贬值(修复费用)=20（万元）

不可修复损耗引起的贬值=(500-20)×(4÷15)=128（万元）

该数控机床的实体性贬值=15+128=143（万元）

实体性贬值率=143÷500=28.6%

修复费用法有着比较广泛的应用领域，尤其适用于需定期更换易损零件的机器设备的成新率评估。但在运用修复费用法估算机器设备的成新率时必须考虑该修复费用是否包括了对被评估机器设备的技术更新和改造支出，以便在考虑设备的功能性贬值时避免重复计算或漏评。

四、机器设备功能性贬值的估算

设备的功能性贬值主要是科学技术进步的结果。技术进步是新技术、新工艺、新材料替代原有的加工手段和运转方式，不仅使购建新的机器设备的成本比复原重置成本低，而且新设备的运行和使用效率更高，运营费用更低。机器设备的功能性贬值主要体现为反映在设备生产中的超额投资成本和反映在设备使用过程中的超额运营成本两方面。

（一）超额投资成本引起的功能性贬值

超额投资成本的产生是因为技术进步引起劳动生产率的提高，制造与原功能相同的设备的社会必要劳动时间减少，从而使设备的制造成本下降，而造成原有设备的价值贬值，具体表现为原有设备价值中存在不被社会承认的超额投资成本。从理论上讲，设备的超额投资成本是该设备的复原重置成本与其更新重置成本之间的差额，即：

设备超额投资成本=设备复原重置成本-设备更新重置成本

设备由于超额投资成本引起的功能性贬值的计算公式为：

$$\text{设备超额投资功能性贬值}=\left(\text{设备复原重置成本}-\text{设备更新重置成本}\right)\times\left(1-\text{实体性贬值率}\right)$$

在评估的实务中，设备的复原重置成本往往难以直接获取。如果评估中使用的是更新重置成本，实际上就已经将被评估设备价值中所包含的超额投资成本部分剔除了，因而不必刻意的按照公式计算，这也是强调应尽可能计算设备的更新重置成本的原因。此外，对于现已停产的机器设备评估时，只能参照其替代设备，而这些替代设备的性能通常要优于被评估设备，其价格也会高于被评估设备的复原重置成本，对此也不应机械地套用上述公式估算设备的超额投资成本，而应利用参照物设备的价格，采用功能价值类比法估测被评估设备的更新重置成本。

（二）超额运营成本引起的功能性贬值

超额运营成本的产生是由于技术进步，出现了新的性能更优的设备，使原设备的功能、性能相对于新设备而言已经落后而导致的价值贬值。具体表现为完成相同任务原有设备的消耗（如在能源、动力、人力、原材料等方面）相对增加，形成超额运营成本。

评估专业人员可借助折现原理，将未来有效使用期的超额运营成本折现并累加作为机器设备的贬值额，其计算公式为：

$$\text{超额运营成本功能性贬值} = \sum_{t=1}^{n} \frac{\text{年超额运营成本} \times (1 - \text{所得税税率})}{(1+r)^t}$$

若每年超额运营成本相同，且每年所得税税率保持不变，则计算公式为：

超额运营成本功能性贬值 = 年超额运营成本 ×（1 - 所得税税率）×（P/A，r，n）

其中，r 为折现率；（P/A，r，n）为年金现值系数；n 为尚可使用年限。

测算超额运营成本引起的功能性贬值有以下四个步骤：

（1）选择参照物并将被评估机器设备的年运营成本与参照机器设备的年运营成本进行比较，计算两者之间的差额（即年超额运营成本）；

（2）估测被评估机器设备的剩余寿命；

（3）计算被评估机器设备因超额运营成本而抵减的所得税，从而得到被评估机器设备的年超额运营成本净额；

（4）确定折现率，将被评估机器设备在剩余使用年限内的年超额运营成本净额折现累加，从而求得被评估机器设备的超额运营成本功能性贬值额。

在将被评估机器设备与参照机器设备进行年运营成本比较时，应考虑生产效率是否提高，维修费用是否降低，材料消耗和能源消耗是否降低，操作工人数量是否降低等方面的因素。

【例 3 - 13】 某被评估对象是一台 N95 口罩机，其正常运行需要 6 名操作工人，目前市场上出现同类新式 N95 口罩机（产能相同）只需 3 名操作工人。假定被评估口罩机与新式口罩机在运营成本的其他项目支出方面大致相同。每名操作人员平均年工资福利费约为 7 万元，被评估口罩机尚可使用 5 年，企业所得税税率为 25%，适用的折现率为 10%，根据上述资料试估算被评估口罩机的功能性贬值。

①被评估口罩机的年超额运营成本 =（6 - 3）×7 = 21（万元）

②被评估口罩机的年超额运营成本净额 = 21 ×（1 - 25%）= 15.75（万元）

③被评估口罩机的超额运营功能性贬值 = 15.75 ×（P/A，10%，5）

= 15.75 × 3.791 ≈ 59.71（万元）

五、机器设备经济性贬值的估算

机器设备的经济性贬值是由于设备自身以外的外部因素的影响而造成的设备在价

值上的贬值。引起经济性贬值的因素有很多，通常包括：市场竞争加剧、产品市场需求量减少导致设备开工不足、生产能力相对过剩；原材料供应方式改变、生产成本增加而生产的产品售价没有相应提高；国家有关能源、环保等法律法规使产品生产成本提高或设备强制报废，而缩短了设备的正常使用寿命；等等。

（一）使用寿命缩短引起的经济性贬值

引起机器设备使用寿命缩短的外部因素主要是国家有关能源、环境保护等方面的法律法规，例如近年来由于环境污染问题日益严重，国家对机器设备的环保要求越来越高，对落后的、高能耗的机电产品强行实施强制淘汰制度，缩短了机器设备的正常使用寿命。

【例3-14】因近年国家部署构建清洁低碳、安全高效的能源体系，限期各省淘汰高能耗、高污染的落后产能。某省一煤电发电企业的某台发电机组于2021年开始减产直至关停淘汰。2021年3月对该发电机组设备进行评估，原发电机组设计年产能90万千瓦，已发电35万千瓦，按当前减产、停产、淘汰计划，到年底还可以发电30万千瓦。试估算该发电机组设备的经济性贬值。

发电机组设备的实体性贬值率 $=\frac{35}{90}=38.9\%$

按照正常情况，至评估基准日该发电机组设备还可发电55万千瓦（90－35）。但由于国家政策限定，只能发电30万千瓦，减少了25万千瓦。则：

发电机组设备的经济性贬值率 $=\frac{25}{90}=27.8\%$

> Tips：2021年7月23日，国家发改委、国家能源局发布《关于加快推动新型储能发展的指导意见》（以下简称《指导意见》）。《指导意见》提出主要目标是，到2025年，实现新型储能从商业化初期向规模化发展转变。新型储能技术创新能力显著提高，核心技术装备自主可控水平大幅提升，在高安全、低成本、高可靠、长寿命等方面取得长足进步，标准体系基本完善，产业体系日趋完备，市场环境和商业模式基本成熟，装机规模达3 000万千瓦以上。新型储能在推动能源领域碳达峰碳中和过程中发挥显著作用。到2030年，实现新型储能全面市场化发展。新型储能核心技术装备自主可控，技术创新和产业水平稳居全球前列，标准体系、市场机制、商业模式成熟健全，与电力系统各环节深度融合发展，装机规模基本满足新型电力系统相应需求。新型储能成为能源领域碳达峰碳中和的关键支撑之一。

（二）设备收益减少引起的经济性贬值

如果由于外界因素变化造成设备收益额减少，比如原材料价格上涨、人工成本增加等导致产品成本上涨而相应的产品价格并未提升引起收益额的减少。在收益额减少可测算的前提下，可按机器设备继续使用期间年收益损失额的折现累加，其计算公式为：

经济性贬值 = 机器设备年收益损失额 ×（1 − 所得税税率）×（P/A，r，n）

其中，r 为折现率；（P/A，r，n）为年金现值系数；n 为尚可使用年限。

【例 3－15】 某汽车生产企业生产家庭用小型汽车（燃油），市场销售价格为 12 万元/辆，汽车生产线年产销量达 5 万辆。由于国家大力鼓励和发展电动汽车，并推出一系列惠及厂商和消费者的优惠措施，2020 年企业为继续保持年产销 5 万辆的销售，不得不实施降价措施，每辆市场销售价格调低至 11.2 万元。2020 年对该汽车生产线进行评估，经估测该生产线还可继续使用 3 年，假定企业所得税税率为 25%，所在行业的资金回报率为 10%。试估算该汽车生产线的经济性贬值。

该汽车生产线年损失额 =（12 − 11.2）× 50 000 = 40 000（万元）

经济性贬值 = 40 000 ×（1 − 25%）×（P/A，10%，3）

= 30 000 × 2.487 = 74 610（万元）

（三）设备利用率下降引起的经济性贬值

当机器设备因外部因素影响出现开工不足，导致设备的实际生产能力显著低于其设计生产能力时，使得设备相对闲置而产生的最终受益减少，由此导致经济性贬值。其计算公式为：

$$经济性贬值率 = \left[1 - \left(\frac{机器设备预计可被利用的生产能力}{机器设备设计生产能力}\right)^{x} \times 100\%\right]$$

其中，x 为规模经济效益指数，一般取值 0.6～0.7。

【例 3－16】 依〖例 3－15〗假定该汽车生产企业的生产线年设计产能为 5 万辆。在当前国家政策环境下，消费者对新能源汽车的需求明显增加，而对传统燃油汽车需求日渐下降。该企业不得不将生产量降低至年产 3 万辆（假设销售价格和其他条件都不变）。经评估，该生产线重置成本为 2 000 万元，实体性贬值额为 400 万元，功能性贬值额为 300 万元，规模经济效益指数为 0.7。试估算该生产线的经济性贬值额。

①扣除实体性贬值和功能性贬值后的价值 = 2 000 − 400 − 300 = 1 300（万元）

②经济性贬值率 $= \left[1 - \left(\frac{30\ 000}{50\ 000}\right)^{0.7} \times 100\%\right] \approx 30\%$

③经济性贬值额 = 1 300 × 30% = 390（万元）

六、机器设备经济寿命的估算

在采用使用年限法估算机器设备的成新率或贬值率时，机器设备的成新率等于设备尚可使用年限与总使用年限（经济寿命）的比值。机器设备经济寿命的确定主要采取最小年均费用法和低劣化数值法。

（一）最小年均费用法

机器设备的经济寿命指机器设备在经济上的可用时间，也就是从费用成本的角度来研究机器设备更新的最佳周期。经济寿命一般比物理寿命短。在设备物理寿命的后期，因设备故障频繁而引起的损失急剧增加。购置设备后，使用的年数越多，每年分摊的投资越少，设备的保养和维修费用却越多。

年均费用法是指在设备使用期内选择设备年均费用最低的年限作为设备的经济寿命。年均费用由年平均运行的维护费和年均折旧费组成。其计算公式为：

$$C_i = \frac{(\sum V + \sum B)}{T}$$

其中，C_i表示第 i 年的平均费用；$\sum V$ 表示设备累积运行维护费用；$\sum B$ 表示设备累积折旧费用；T 表示设备的使用年份。

【例 3－17】 某台机器设备原值为 50 000 元，假设不考虑残值，预计设备的使用寿命 5 年，按双倍余额递减法计提折旧。设备每年的运行维护费如表 3－11 所示。

表 3－11　　设备运行维护费资料　　单位：元

项目	1	2	3	4	5
运行维护费 V	5 000	6 000	8 000	10 000	15 000

年均费用的计算如表 3－12 所示。

表 3－12　　设备年均费用的计算　　单位：元

项目	1	2	3	4	5
$\sum V$	5 000	11 000	19 000	29 000	44 000
年折旧 B	20 000	12 000	7 200	5 400	5 400
$\sum B$	20 000	32 000	39 200	44 600	50 000
$\sum V + \sum B$	25 000	43 000	58 200	73 600	94 000
C_i	25 000	21 500	19 400	18 400	18 800

注：年折旧率＝2/5＝40%。

从表 3－12 中的计算结果可知，最小年平均费用为 18 400 元，其年份为第 4 年。因此，该设备的经济寿命为 4 年。

（二）低劣化数值法

低劣化数值法假定设备的原始价格为 K_0，低劣化值即由于设备性能逐年降低而使得运转费用增加的年平均值为 λ。低劣化数值法的目标是保证设备一次性投资和各年经营费用总和为最小。其计算公式为：

$$经济寿命 = \sqrt{\frac{2K_0}{\lambda}}$$

其中，λ 表示低劣化数值；K_0表示设备的原始价格。

【例 3－18】 某设备原始成本为 60 000 万元，根据测算其低劣化值为 1 200 元，则该设备的最佳使用年限即经济寿命为：

$$经济寿命=\sqrt{\frac{2\times 60\ 000}{1\ 200}}=10（年）$$

七、机器设备成本法评估综合案例

【例 3－19】某设备购置于2016年12月，历史成本为200万元；2017年12月进行了技术改造，投入费用15万元，2020年12月评估，评估人员获得以下资料：

①2016～2020年，该类设备定基价格指数分别为105%、120%、125%、130%、140%；

②该设备技术领先于同类设备，在同样产量情况下，每年节约人工成本6万元，节约原材料10万元；

③该设备过去的利用率为80%，经技术检测该设备尚可使用5年，评估基准日后，利用率可达100%；

④该设备生产的产品年设计年产能为30万件，预期未来该产品市场需求发生改变，未来5年年产能只能利用70%，即21万件。

⑤折现率为10%，企业所得税税率为25%，规模经济效益指数为0.6。

根据上述条件，试采用成本法估算该设备的评估价值。

①估算设备的重置成本。

$$设备的重置成本=200\times\frac{140\%}{105\%}+15\times\frac{140\%}{120\%}$$

$$=266.67+17.5=284.17（万元）$$

②计算加权投资年限。

$$加权投资年限(名义)=4\times\frac{266.67}{284.17}+3\times\frac{17.5}{284.17}\approx 3.94（年）$$

$$加权投资年限(实际)=3.94\times 80\%\approx 3.15（年）$$

③计算设备的实体成新率。

$$成新率=\frac{尚可使用年限}{尚可使用年限+加权投资年限(实际)}\times 100\%$$

$$=\frac{5}{5+3.15}\times 100\%=61.35\%$$

④计算功能性溢价（因为设备比同类设备先进，由此存在功能性溢价）。

$$设备功能性贬值=年运营成本节约额\times(1-所得税税率)\times(P/A,r,n)$$

$$=(6+10)\times(1-25\%)\times(P/A,10\%,5)$$

$$=12\times 3.791=45.49（万元）$$

⑤计算设备经济性贬值。

$$经济性贬值率=\left[1-\left(\frac{21}{30}\right)^{0.6}\times 100\%\right]\approx 19.27\%$$

⑥计算设备评估价值。

$$设备评估价值=(重置成本\times成新率+功能性溢价)\times(1-经济性贬值率)$$

$$=(284.17\times61.35\%+45.49)\times(1-19.27\%)$$
$$=177.47\text{（万元）}$$

根据经济性贬值率计算经济性贬值额的过程中涉及经济性贬值计算基数的问题，目前理论界没有完全统一的说法。比如，2010 年全国注册资产评估师考试教材《资产评估》中是直接以重置成本作为计算基数的；全国高等教育自学考试教材《资产评估》中则是以重置成本扣除实体性贬值和功能性贬值后的余额为计算基数的。实务中，对经济性贬值计算基础通常有三种做法：一是以重置成本为计算基数；二是以（重置成本－实体性贬值）为计算基数；三是以（重置成本－实体性贬值－功能性贬值）为计算基数。本教材采用第三种做法，即经济性贬值额是在实体贬值和功能贬值扣除的基础上进行计算，也能避免重复计算的问题。

第三节　机器设备评估的市场法

一、机器设备评估运用市场法的基本概述

（一）基本概念

市场法是指在市场上选择若干相同或近似的机器设备作为参照物，根据各项价值影响因素，将被评估机器设备分别与参照物逐个进行价值影响因素的比较和调整，再综合分析各项调整结果，确定被评估机器设备评估价值的一种资产评估方法。使用市场法的前提条件包括符合公开市场条件、市场有效和足够的具有可比性的参照物交易数据等。需要注意的是，被评估机器设备参照物的价格必须是实际交易价格，而不能是报价或者预测价格。此外，参照物作为估价基础的前提是必须符合公平市场原则，如果这个价格受到买卖双方特殊关系的影响，则不能作为估价基础。

二手设备市场是机器设备评估的重要参照物市场，如果能够确定市场所提供的信息资料真实可信并且该类资产的交易活跃，那么使用市场法将是最为有效可靠的，比如汽车、普通机械加工设备、建筑机械和工程机械等设备，均存在发育比较完善的交易市场。

Tips：根据《资产评估执业准则——机器设备》的规定，关于运用市场法评估机器设备应当明确和了解的情况包括如下四个方面：（1）明确活跃的市场是采用市场法评估机器设备的前提条件，应当考虑市场是否能够提供足够数量的可比资产的交易数据以及数据的可靠性；（2）明确参照物与评估对象具有相似性和可比性是采用市场法的基础，应当对参照物与评估对象的差异进行调整；（3）了解不同交易市场的价格水平可能存在差异，应当根据评估目的和评估对象的具体情况确定可以作为评估依据的合适的交易市场，或者对市场差异做出调整；（4）明确拆除、运输、安装、调试等因素对评估结论的影响。

（二）市场法应用的基本程序

1. 对评估对象进行勘查，获取评估对象的基本资料。评估专业人员通过鉴定被评估机器设备，了解机器设备的类别、名称、规格型号、生产厂家、生产日期、设备性能、现时技术状况及有效役龄等基本资料，从而为市场数据资料的收集及参照物的选择提供依据。

2. 进行市场调查，选取参照物。根据机器设备评估目的、被评估机器设备的有关经济数据参数，遵循可比性原则选取两个或两个以上的参照物。选择参照物时，应选择市场上已成交的交易案例中的机器设备；若市场上没有与被评估设备相同或相类似的成交设备，也可以考虑选择有标价或报价的相同或相近的机器设备作为参照物。

3. 确定适当的比较因素进行差异调整。通过对被评估机器设备与参照物之间的各种可比因素方面的差异分析，判断其对价值影响程度，确定价值差异的调整数。差异调整因素主要体现在销售时间、结构及性能、品牌差异、新旧程度及付款方式等方面。此外还需要明确拆除、运输、安装、调试等因素对评估结论的影响。

4. 计算评估价值。在分析比较差异的基础上，对参照物的市场交易价格进行调整，确定评估价值。评估时选择的参照物个数决定了得出初评结果的个数。这需要评估专业人员结合每个初评结果及其对应参照物的情况，分析给出最终的评估结论。

二、运用市场法的可比因素

可比因素是指影响机器设备市场价值的因素。一般而言，机器设备的比较因素通常分为四大类：时间因素、交易因素、区域因素和个别因素。

（一）时间因素

价格是具有时间性的。不同交易时间的市场供求关系、物价水平等都会有所不同。评估专业人员应尽可能选择评估基准日或与其接近的成交案例，并对影响参照物的时间因素做出量化调整。

（二）交易因素

交易因素是指交易动机、交易条件等因素对价格的影响，不同交易动机和交易条件都会对机器设备的成交价格产生影响。例如，在清偿、快速变现、附带其他交易条件或亲情关系等的交易中，其交易价格往往偏离正常的市场价格。此外，交易数量、结算方式和可能形成的较长期业务关系等也是影响设备价格的重要因素。例如大批量采购、一次性现金结算方式和长期业务关系的客户的交易价格一般要低于少量的、信用结算方式下的和零星采购的交易价格。

（三）区域因素

市场具有区域特征。不同地区市场供求条件等因素不同，机器设备的交易价格就会受到影响。选择参照物应尽可能与被评估机器设备在同一区域，否则要对这种差异进行调整。

（四）个别因素

机器设备的个别因素主要包括机器设备在结构、性能、尺寸、形状、生产能力、安装、新旧程度、质量、经济性等方面差异的因素。不同的机器设备，差异因素也不尽相同。在实际评估中，使用市场法评估的设备一般为标准设备，按照标准化、系列化的原则设计生产的。评估实务中常用于描述机器设备的指标一般包括名称、型号、规格、生产能力、制造厂家、技术指标、附件、出厂日期、役龄、安装方式和实体状态等。

三、运用市场法评估机器设备的具体方法

（一）直接匹配法

直接匹配法是根据与被评估机器设备基本相同的市场参照物，通过直接对比确定被评估设备的价值。例如，评估一辆汽车，若二手车交易市场能够找到与被评估汽车基本相同的参照物，它们的制造商、型号、出厂日期、附件等都相同，只有行驶里程和实体状态方面存在差异。在这种情况下，评估专业人员一般直接将评估对象与市场上正在销售的汽车做比较，确定评估对象的价值。

直接匹配法可以看成是因素调整法的一种极端形式。当所选参照物与评估对象具有高度相似性，其差异因素较为集中时，因素调整法就演变成直接匹配法。因此，使用直接匹配法的前提是评估对象与市场参照物基本相同，需要调整的项目较少，差异不大，并且差异对价值的影响可以直接确定。如果差异较大，则无法采用直接匹配法。

（二）因素调整法

因素调整法是指通过比较分析市场参照物与被评估机器设备的可比因素差异，并对这些因素逐项做出调整来确定被评估机器设备价值的一种方法。这种方法是无法获得基本相同市场参照物的情况下，以相似的参照物作为分析调整的基础。与直接匹配法相比，这种方法可比因素多、差异大，在对可比因素分析的基础上，需要做更多的调整。

为了减少调整时因主观因素产生的误差，所选择的参照物应尽可能与被评估机器设备相似。从时间上考虑，参照物的交易时间应尽可能接近评估基准日；从区域上考虑，参照物应尽可能与评估对象在同一区域；从数量上考虑，一般应选择三个或三个以上适用的参照物进行比较。

（三）比率估价法

比率估价法是在市场上无法找到基本相同或相似的参照物时，利用从大量市场交

易中，统计分析同类型设备使用年限与售价的关系，确定评估对象价值的评估方法。这种情况在工程机械的评估中较为常见，比如某大型工程吊装设备为30吨可移动吊车，但是市场上没有相同或相似的参照物，只有其他厂家生产的25吨和40吨吊车。统计数据表明，与评估对象使用年限相同的设备的售价是重置成本的30%～40%，那么可以认为评估对象的售价也应该是其重置价值的30%～40%。

这种方法基于同类型设备的贬值程度与使用年限之间存在基本相同的函数关系的统计规律，但不同类型设备的这种函数关系是不同的。采用比率估价时，需要判断相关比率数据是否适合评估对象。

四、机器设备市场法评估案例

【例3－20】被评估对象是一工业污水处理一体化设备，评估专业人员通过对该设备的市场调查，了解到市场上同类设备交易的情况，决定采用市场法进行评估。选择了与评估对象的评估基准日接近的3个成交案例作为参照物。参照物与被评估设备的有关资料如表3－13所示。

表3－13　参照物与被评估设备的有关资料

项目	评估对象	参照物A	参照物B	参照物C
交易价格（元）		36 000	28 000	30 000
交易条件	公开市场	公开市场	公开市场	公开市场
交易时间	评估基准日	3个月前	6个月前	同一个月
支付方式	一次性付清	一次性付清	一次性付清	一次性付清
污水处理量（平方米/小时）	6	5	3.6	4
年运营费用（元）	10 000	9 000	8 000	8 800
尚可使用年限（年）	6	6	8	6
成新率（%）	70	90	60	80

其他相关资料：该类设备的规模经济效益指数为0.7；行业平均资金成本率为10%；企业所得税税率为25%；该类资产月上涨率为1%。

试用市场法评估该设备的评估价值。

①交易时间因素调整。

参照物A的时间因素调整系数 $=(1+1\%)^3=1.0303$

参照物B的时间因素调整系数 $=(1+1\%)^6=1.0615$

参照物C的时间因素调整系数 $=1$

②生产能力因素调整。

参照物A的生产能力因素调整系数 $=1-\left(\frac{5}{6}\right)^{0.7}\approx 0.12$

参照物B的生产能力因素调整系数 $=1-\left(\frac{3.6}{6}\right)^{0.7}\approx 0.30$

参照物 C 的生产能力因素调整系数 $=1-\left(\frac{4}{6}\right)^{0.7}\approx 0.25$

③运营费用因素调整。

参照物 A 运营费用的差异额 $=(10\ 000-9\ 000)\times(1-25\%)\times(P/A,10\%,6)$
$=750\times 4.3553=3\ 266.46$（元）

参照物 B 运营费用的差异额 $=(10\ 000-8\ 000)\times(1-25\%)\times(P/A,10\%,6)$
$=1\ 500\times 4.3553=6\ 532.95$（元）

参照物 C 运营费用的差异额 $=(10\ 000-8\ 800)\times(1-25\%)\times(P/A,10\%,6)$
$=900\times 4.3553=3\ 919.77$（元）

④成新率因素调整。

参照物 A 成新率因素调整系数 $=\frac{70\%}{90\%}=0.778$

参照物 B 成新率因素调整系数 $=\frac{70\%}{60\%}=1.167$

参照物 C 成新率因素调整系数 $=\frac{70\%}{80\%}=0.875$

⑤分析调整差异得出初评结果及确定被评估设备的评估价值，计算如表 3－14 所示。

表 3－14　参照物价格调整计算表

项目	参照物 A	参照物 B	参照物 C
交易价格（元）	36 000	28 000	30 000
交易时间因素	$(1+1\%)^3=1.0303$	$(1+1\%)^6=1.0615$	1
生产能力因素系数	1.12	1.3	1.25
成新率因素系数	0.778	1.167	0.875
运营费用因素额（元）	3 266.46	6 532.95	3 919.77
初评结果（元）	36 000 × 1.0303 × 1.12 × 0.778 − 3 266.46 = 29 052.98	28 000 × 1.0615 × 1.3 × 1.167 − 6 532.95 = 38 558.30	30 000 × 1 × 1.25 × 0.875 − 3 919.77 = 28 892.73
评估价值（元）	(29 052.98 + 38 558.30 + 28 892.73) ÷ 3 = 32 168.00（元）（按简单算术平均法计算）		

第四节　机器设备评估的收益法

一、机器设备运用收益法的基本原理

收益法评估机器设备，是通过预测机器设备的盈利能力和估算机器设备未来带来

的预期收益，并采用适宜的折现率将预期收益折算成现值，然后累加求和，获得机器设备的评估价值。其计算公式为：

$$P = \sum_{i=1}^{n} \frac{F_i}{(1+r)^i}$$

其中，P 表示评估价值；F_i表示机器设备未来第 i 年的预期收益；当收益年限无限时，i 为无穷大；当收益年限有限时，F_i中还包括期末机器设备剩余净值；r 表示折现率或资本化率；n 表示收益年限。

根据我国《资产评估执业准则——机器设备》第二十二条的规定，采用收益法评估机器设备时应当：

（1）明确收益法一般适用于具有独立获利能力或者获利能力可以量化的机器设备；

（2）合理确定收益期限、合理量化机器设备的未来收益；

（3）合理确定折现率。

因此，使用收益法进行机器设备评估的前提条件是：

（1）确定机器设备的盈利能力与预期收益（净利润或净现金流量来反映）；

（2）能够确定合理的折现率。

在机器设备评估实务中，较少采用收益法，主要有以下三个方面的原因。

（1）大多数的单项机器设备，一般都不具有独立的盈利能力。单项机器设备通常不采用也很难采用收益法。

（2）大部分机器设备尤其是通用设备，一般都存在市场交易的价格，可以较方便地采用以市场的方式确定其价值。

（3）除了以机器设备租赁业务为主要业务内容的企业，多数企业的机器设备以自用为主，机器设备的收益一般体现在其所生产的产品或提供的加工能力上，所带来的收益并不是机器设备独立生产的。因此，在收益量化方面存在操作上的难度。从机器设备自身的独立盈利能力角度看，生产线、成套装置、完整加工功能等具有独立盈利能力的机器设备可以使用收益法进行评估。

在实务中，用于租赁的机器设备（如大型工程机械、大型运输工具等）是较典型的适宜采用收益法进行评估的类型。

二、收益法评估租赁设备

（一）收益法评估租赁设备的基本公式

对于租赁的设备，其预期的租金收入就是设备的预期收益。若预期租金收入和折现率是不变的，则租赁设备的评估值计算公式为：

$$P = \sum_{i=1}^{n} \frac{A}{(1+r)^i}$$

$$= \frac{A}{(1+r)^1} + \frac{A}{(1+r)^2} + \frac{A}{(1+r)^3} + \cdots + \frac{A}{(1+r)^n}$$

$$= A \times \frac{(1+r)^n - 1}{r \times (1+r)^n} = A \times (P/A,r,n)$$

或

$$P = \sum_{i=1}^{n} \frac{A}{(1+r)^i} = \frac{A}{r_A}$$

其中，P 表示评估价值；A 表示预期收益年金（等额租金）；n 表示收益年限；r 表示折现率（资本化率）；（P/A，r，n）表示年金现值系数；r_A表示投资回收系数，是年金现值系数的倒数。

（二）收益法评估租赁设备的基本程序

用收益法评估租赁机器设备的价值，其评估步骤和程序主要有以下四个方面。

（1）确定租赁设备的收益。租赁设备的净收益一般等于租金收入扣减掉设备租赁过程中发生的各项费用支出后的净额。租赁费用一般包括设备的维护、保养、管理费用和手续费等。在采用收益法对租赁设备进行评估时，必须要估测合理的租金收入和各项费用支出。不同的租赁设备，其相关的费用支出存在差异。

（2）确定市场化的租赁设备收益。租赁设备租金收入应更多体现其客观的收益水平。但各个不同企业，其自身的设备租赁价格并不一定反映市场价值状况。因此，需要对租赁市场上类似设备的租金水平进行市场调查，分析市场参照物设备的租金收入，经过比较调整后确定被评估租赁设备的预期租金收益水平。其中调整的因素包括租赁期限、租赁方式、租赁地点、规格和役龄等。对于在评估时有租赁合约的出租设备，一般需考虑其租赁合同。

（3）确定收益期限。根据被评估租赁设备的状况，估计其剩余使用寿命，作为确定收益年限的依据。

（4）确定租赁设备的评估价值。根据类似租赁设备的租金及市场售价确定其折现率，并根据被评估租赁设备的收益年限，运用上述公式计算其评估价值。

三、收益法评估机器设备的应用实例

【例 3－21】采用收益法评估某租赁机器设备的评估价值。有关资料如下：

①评估专业人员根据市场调查，确定被评估机器设备的年租金收入为 32 000 元，为租赁设备而支出的相关费用总额为 5 000 元。

②评估专业人员根据被评估租赁设备的现状，确定该租赁设备的收益期为 10 年。

③评估专业人员通过对同类设备交易市场和租赁市场的调查研究，找到与被评估租赁设备可比性较高的甲、乙和丙三台设备作为参照物，并得到相关市场数据，如表 3－15 所示。

①根据公式计算折现率。

$$P = \sum_{i=1}^{n} \frac{A}{(1+r)^i} = A \times (P/A,r,n)$$

表 3-15　　同类设备市场调查数据

市场参照物	设备使用寿命（年）	市场售价（元）	年租金净收入（元）
甲	10	138 500	31 000
乙	8	125 500	30 000
丙	9	131 600	28 000

可得三个参照物的年金现值系数。

甲 $(P/A, r, 10) = 138\ 500 \div 31\ 000 = 4.4677$

根据查找年金现值系数表，可得甲的折现率 $r \approx 18.17\%$。

乙 $(P/A, r, 8) = 125\ 500 \div 30\ 000 = 4.1833$

根据查找年金现值系数表，可得乙的折现率 $r \approx 17.18\%$。

丙 $(P/A, r, 9) = 131\ 600 \div 28\ 000 = 4.7$

根据查找年金现值系数表，可得丙的折现率 $r \approx 15.43\%$。

对三个参照物的折现率进行简单平均，求得平均值为 16.93%。并以 16.93% 作为被评估租赁设备的折现率。

②根据收益法公式求得被评估租赁设备评估价值。

$$评估价值 = (32\ 000 - 5\ 000) \times \frac{(1 + 16.93\%)^{10} - 1}{16.93\% \times (1 + 16.93\%)^{10}}$$

$$\approx 126\ 103\ (元)$$

关键概念

机器设备　经济寿命　物理寿命　技术寿命　加权投资年限　超额投资成本　超额运营成本　最小年均费用法　低劣化数值法　离岸价（FOB）　到岸价（CIF）　直接匹配法　因素调整法　可比因素　比率估价法　收益法　租赁设备

思考题

1. 评估机器设备的成新率有哪些方法？
2. 机器设备评估有哪些特征？
3. 在机器设备评估中，成本法适用的条件是什么？
4. 在运用市场法中，需要对参照物进行哪些方面的调整？
5. 机器设备的经济寿命估算方法有哪些？
6. 在机器设备评估中，市场法适用的条件是什么？
7. 什么是机器设备的物理寿命？
8. 什么是机器设备的经济寿命？
9. 什么是机器设备的技术寿命？
10. 哪些机器设备适合采用收益法进行评估？

常用网站网址

1. 中国资产评估协会：http：//www. cas. org. cn/
2. 国际评估准则理事会：https：//www. ivsc. org
3. 评估资讯网：www. pingguw. com

第四章　房地产评估

【引例】

房地产税改革试点将对房价起到“定海神针”作用

备受社会关注的房地产税靴子终于落地。据新华社报道，为积极稳妥推进房地产税立法与改革，引导住房合理消费和土地资源节约集约利用，促进房地产市场平稳健康发展，第十三届全国人民代表大会常务委员会第三十一次会议决定：授权国务院在部分地区开展房地产税改革试点工作。

接受中国经济时报记者采访的业内人士认为，房地产税试点改革工作将会对房价起到“定海神针”的稳定作用，同时，也将促进中国经济结构转型升级和高质量发展。

一、有利于稳定房地产市场

国务院发展研究中心公共管理与人力资源研究所副研究员张晓欢告诉中国经济时报记者，世界大部分国家与地区对房地产税都非常重视。征收房地产税，是保证国家稳定的资本积累、财政收入，为城市建设积累资金，促进房地产经济快速稳定健康发展的重要手段。

张晓欢对本报记者表示，我国启动房地产税改革试点，除了财政收入考虑外，重要的目的是强化“房住不炒”，促进房地产市场健康发展。在推进共同富裕的背景下，通过房地产税调节过高收入，保护低收入群体，以利于打造健康和谐的社会发展局面。同时，我国采取启动试点先行，这在一定程度上会减缓对房地产市场的冲击，并最终促进房地产市场的稳定健康发展。

房地产高级经济师章林晓告诉本报记者，房地产税改革试点，对稳定房地产市场价格，能起到“定海神针”的作用。近年来，我国部分地区房价之所以屡调屡涨，关键在于房地产成了货币宣泄口。但是，章林晓强调，当前的情况和背景已经不一样了。一是全球货币政策转向，总体正由宽松转向紧缩；二是我国城市人均住房面积已达部分发达国家水平；三是我国人口出生率连年下滑。

在这样的背景下，房地产税对稳定房价，应该能起到“定海神针”的作用。在个别炒作严重的城市，房价从投资、投机性需求为主的价格，稳定到自住性需求为主的价格水平，这个修正幅度应该不会太小。

二、进一步促使回归居住功能

张晓欢对本报记者表示，房地产税改革试点工作对房地产市场的影响从短期看，对二手房市场价格的冲击大于对新房市场的冲击，这是因为目前房地产税征收的重点预计是持有多套房产的人群，对农村住房和刚需房持有者影响不大。长期看，房地产税的征收，不仅不会造成房价的大起大落，还会进一步促使房地产弱化金融投资功能、回归居住功能，并形成稳定健康的市场。

"从租赁市场来看，无论是短期还是长期影响，房地产税对房屋租赁市场都将会起到较好的稳定作用，因为多套房屋持有者会通过出租房屋来对冲房地产税，导致房屋租赁市场供给增大，推动租赁市场的价格回落。"张晓欢说。

中泰证券研究所首席分析师杨畅在接受本报记者采访时则认为，房地产税对于市场的影响，一定要把短期与长期分开。短期来看，理论上，开征房地产税有可能在短期对房价形成压力：房地产税将增加存量住宅的持有成本，在短期刺激房源释放，而需求在短期难以扩张，供大于需的格局将在短期推动房价回落；另外，有可能导致土地需求走弱、新开工意愿转冷，土地购置费和建安支出增速均可能出现减缓，导致房地产开发投资增速回落。但长期来看，需要把房地产税放在共同富裕的视角下来观察对市场的影响。房地产税针对"存量"财富进行调节，由于房产的不可转移性，能够避免税基流动性问题，使得住房持有者难以规避征税；房地产税在直接调节收入分配的同时，还能支持保障性租赁住房和共有产权房建设，搭建完善住房保障体系，对优化收入分配发挥作用。

杨畅表示，需要注意的是，房地产税对于促进中国经济结构转型升级和高质量发展，都具有极为重要的意义。

不过，章林晓提醒说，房地产税征收要把握好度。以房地产作为抵押物或作为信用的评判指标，是金融机构的偏爱，房地产价格的暴涨暴跌，极易演变为货币和信用的急剧扩张和急剧收缩。这是当前房地产税征收需要未雨绸缪把握好的度。张晓欢表示，从根本上看，房地产税的征收是"取之于民，用之于民"，政府的房地产税收入，会更多地投向民生领域，包括住房、医疗、教育、卫生等方面，这会增强政府建立满足广大人民美好生活需要的能力，为政府推动建立更加和谐幸福的社会提供更多的资金支持，加快我国共同富裕进程。

资料来源：王松才．房地产税改革试点将对房价起到"定海神针"作用［N］．中国经济时报，2021－10－27（001）．

房地产税的开征会对城市房地产价格将产生哪些影响？进而对房地产的评估发生哪些变化？等等问题都值得我们思考和探讨。

学习目标

【知识目标】

1. 了解房地产的概念、特点和分类。
2. 熟知房地产的价格体系和影响房地产价格的相关因素。
3. 掌握房地产评估中的成本法、市场法及其他相关方法的具体运用。

【能力目标】

1. 培养学生对房地产评估中的基本原理、概念、方法的认知能力。

2. 培养学生对成本法、市场比较法、收益法及其他相关方法在房地产评估中的实际运用能力。

第一节 房地产评估概述

一、土地相关概念及特性

（一）土地相关概念

1. 土地的定义。原国家土地管理局1992年出版的《土地管理基础知识》中这样定义土地："土地是地球表面上由土壤、岩石、气候、水文、地貌、植被等组成的自然综合体，它包括人类过去和现在的活动结果"。在我国古书《说文解字》中对"土"的述释："土者，是地之吐生物者也。'二'，像地之上、地之中；'1'，物出形也"。意思是"土"是"吐"生物的，凡是有植物生长的地方就有"土"。"土"字的二横（"二"）、一竖（"1"）形象化地表明了"土"与植物二者依存的关系。说明自古以来，土地对人类社会、文明发展的重要意义。

2. 土地的分类。土地分类是土地科学的基本任务和重要内容之一，也是土地资源评价、土地资产评估和土地利用规划研究的基础和前期性工作。

根据《中华人民共和国土地管理法》的规定，我国的土地分类主要按土地的用途和利益性质两个标准进行。（1）按照用途，土地被分为农用地、建设用地和未利用土地。（2）按照土地利益的性质，土地被分为公益性用地和经营性用地。（3）按照土地所有权，土地被分为国家所有和集体所有两类。城市市区的土地属于国家所有。农村和城市郊区的土地，除由法律规定属于国家所有的以外，属于农民集体所有；宅基地和自留地、自留山，属于农民集体所有。

2017年11月1日，国土资源部修订了国家标准《土地利用现状分类》（GB/T21010－2017）。新版标准规定了土地利用的类型、含义，将土地利用类型分为耕地、园地、林地、草地、商服用地、工矿仓储用地、住宅用地、公共管理与公共服务用地、特殊用地、交通运输用地、水域及水利设施用地、其他用地等12个一级类、72个二级类。

（二）土地的特性

土地资源是自然本身的产物，具有不可再生性。土地又具有双重性，不仅是资源还是资产。土地的特性一般分为自然特性和经济特性。

1. 自然特性。土地的自然特性是指不以人的意志为转移的自然属性。

（1）土地的不可替代性。地表上绝对找不出两块完全相同的土地。任何一块土地都是独一无二的，故又称土地性能的独特性或差异性。其原因在于土地位置的固定性及自然、人文环境条件的差异性。即使是位于同一位置相互毗邻的两块土地，由于地形、植被及风景等因素的影响，也不可能完全相互替代。

（2）土地面积的有限性。土地不能像其他物品一样可以从工厂里不断制造出来。由于受到地球表面陆地部分的空间限制，土地的面积是有限的。正像马克思所说的那样，它不能像工业生产中那样随意增加效率相同的生产工具的数量，即肥沃程度相同的土地数量。列宁曾指出：土地有限是一个普遍现象。人类可以围湖或填海造地，但这只是对地球表层土地形态的改变。从总体看，人类只能改变土地的形态，改善或改良土地的生产性能，但不能增加土地的总量。因此，人类必须充分、合理地利用全部土地，不断提高集约化经营程度。在不合理利用的情况下，土地将出现退化，甚至无法利用，从而使可利用的土地面积减少。

（3）土地位置的固定性。土地位置的固定性，也称不可移动性，是土地区别于其他各种资源或商品的重要标志。我们可以把可移动的商品如汽车、食品、服装以及可移动的资源如人力、矿产等，由产地或过剩地区运送到供给相对稀缺或需求相对旺盛因而售价较高的地区，但我们还无法对土地进行如此移动。

（4）土地质量的差异性。土地的特性和质量特征，是土地各构成要素（地质、地貌、气候、水文、土壤、植被等）相互联系、相互作用、相互制约的总体效应和综合反映。地理位置不同，地表的气候、水热对比条件不一样，地质、地貌对其具有再分配的功能，使得地表的土壤、植被类型也随之发生变化，因而造成土地的巨大自然差异性。这种差异性不仅存在于一个国家或一个地区的范围之内，即使在一个基层生产单位内也同样存在着。随着生产力水平的提高和人类对土地利用范围的扩大，这种差异性会逐步扩大，而不是趋于缩小。土地的空间差异性，要求人们因地制宜地合理利用各类土地资源，确定土地利用的合理结构与方式，以取得土地利用的最佳综合效益。

（5）土地永续利用的相对性。土地利用永续性有两层含义：作为自然的产物，它与地球共存亡，具有永不消失性；作为人类的活动场所和生产资料，可以永续利用。但土地的这种永续利用是相对的，只有在利用中维持了土地的功能，才能实现永续利用。

2. 经济特性。

（1）土地经济供给的稀缺性。主要体现两层含义：一是给人们从事各种活动的土地面积是有限的；二是特定地区、不同用途的土地面积也是有限的，往往不能完全满足人们对各类用地的需求。

（2）土地用途的多样性。对一种土地的利用，常常产生两个以上用途的竞争，并可能从一种用途转换到另一种用途。这种竞争常使土地趋于最佳用途和最大经济效益，并使地价达到最高。这就要求人们在利用土地时，考虑土地的最有效利用原则，使土地的用途和规模等均为最佳。

（3）土地保值增值性。一般商品的使用随着时间的推移总是不断地折旧直至报废，而土地则不同，在土地上追加投资的效益具有持续性，而且随着人口增加和社会经济的发展，对土地的投资具有显著的增值性。土地保值增值性还与其产权属性有关，不同的权力附加意味着土地价值巨大的差异，土地的价值更多地取决于土地上附加的权益。

（4）土地用途变更的困难性。土地用途的变更一般要经过国土资源管理部门和城市规划部门的同意，经过一定的审查程序才能完成。

（三）我国土地相关制度

《中华人民共和国土地管理法》（简称《土地管理法》）是我国土地管理的基本大法。我国实行土地所有权二元体制，即国家土地所有权和集体土地所有权。国家土地所有权是指国家对全民所有的土地拥有的财产权和管理权，国务院代表国家行使国家土地所有权。集体土地所有权是指农村集体组织对其所有的土地拥有的财产权和管理权。

根据《土地管理法》的规定，国家所有的土地和集体所有的土地划分为以下内容。

1. 国家所有的土地。

（1）城市市区的土地；

（2）农村和城市郊区中经国家依法没收、征收、征购为国有的土地；

（3）国家依法征收的原集体所有的土地；

（4）依法不属于集体所有的林地、草地、荒地、滩涂及其他土地；

（5）农村集体经济组织全部成员转为城镇居民的，原属于其成员集体所有的土地；

（6）因国家组织移民、自然灾害等原因，农民集体迁移后不再使用的原属于迁移农民集体所有的土地。

2. 集体所有土地。

（1）农村和城市郊区的土地，除法律规定属于国家所有的以外，属于农民集体所有；

（2）宅基地和自留地、自留山，属于农民集体所有。

国家对集体土地所有权的权能进行严格的限制，农民集体所有土地的使用权不得出让、转让或者出租用于非农业建设。

我国实行国有土地有偿使用制度，国有土地所有权和使用权相分离，国有土地所有权不得进入市场流转，国有土地使用权可以转让和出让。因此，资产评估中的地价一般指国有土地使用权。国有土地使用权最高年限由国务院确定，如表 4－1 所示。

表 4－1 国有土地使用权年限表 单位：年

类型	年限
居住用地	70
工业用地	50
教育、科技、文化、卫生、体育用地	50
商业、旅游、娱乐用地	40
综合或其他用地	50

二、房地产的概念及特征

（一）房地产的相关概念

房地产（real estate）是一个综合的较为复杂的概念，从实物现象看，它是由建筑物与土地共同构成。房地产的概念与地产、不动产概念有着紧密的关联。

1. 地产。地产（estate in land）是土地财产或土地资产的简称，是指在一定的土地所有制关系下作为财产的土地。简单地说，就是在法律上有明确的权属关系的土地财产。地产包含地面及其上下空间，地产与土地的根本区别在于是否有权属关系。在实务中，地产一词也被广泛用于房地产。

2. 房地产。房地产既是一种客观存在的物质形态也是一项法律权利。前者是指房产和地产的总称，包括土地和土地上永久建筑物及其所衍生的权利；后者，法律意义上的房地产本质是一种财产权利，这种财产权利是指寓含于房地产实体中的各种经济利益以及由此而形成的各种权利，如所有权、使用权、抵押权、典当权、租赁权等。

3. 不动产。根据《中华人民共和国民法典》的规定，将财产分为动产和不动产。不动产，是指依自然性质或者法律的规定在空间上占有固定位置，移动后会影响其经济价值的物，包括土地、土地定着物、与土地尚未脱离的土地生成物、因自然或者人力添附于土地并且不能分离的其他物。不动产也是“动产”的对称。不动产的范围包括：（1）土地；（2）建筑物，如各种房屋、道路、矿场、水利设施、桥梁、隧道等；（3）添附于土地和建筑物的“物”。

从以上定义可以看出，土地、地产、房地产和不动产之间的关系如图4－1所示①。

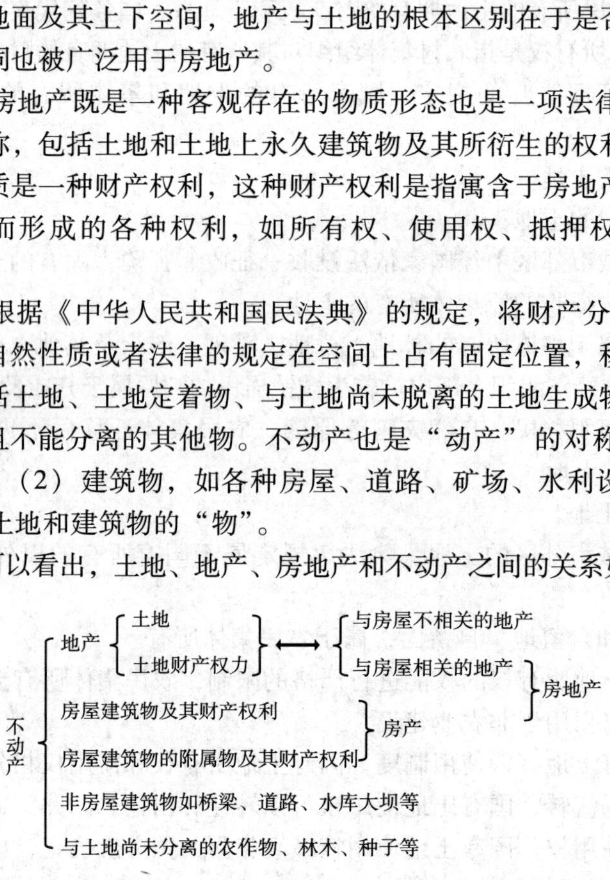

图4－1　土地、地产、房地产、不动产之间的关系

（二）房地产的特征

房地产一般具有以下特性。

1. 位置固定性、区域性和异质性。土地的不可移动性使附着于其上的房屋等建筑物往往也不可移动。因此，房地产的相对位置是固定不变的。可以认为，不可能存

① 乔志敏．资产评估学教程（第六版）．北京：中国人民大学出版社，2018．

在完全相同的房地产，即使有两宗房地产的建筑物设计、功能、结构和占地面积等方面都完全相同，也会因地理位置上的差异而造成价格的差异。由于房地产位置的固定性，房地产还具有区域性和异质性的特点。

区域性体现在一个城市的房地产供给过剩无法解决其他城市房地产供给不足的问题。这种房地产供求关系的区域差异又造成了房地产区域之间的价格差异。比如我国北上广等一线城市的平均房价远高于三四线其他城市的平均房价。

房地产异质性体现在两宗房地产可能会因为位置、建筑面积、建造结构风格、建造年代、产权性质、周边环境等方面的不同而不同。因此，现实中的房地产价格千差万别。

2. 长期实用性。通常认为土地具有不可毁灭性，可以永久使用。建筑物也是耐用品，一经建成，可以使用数十年甚至上百年。因此，房地产可以认为是耐用品，具有长期实用性的特征。即便在使用过程中房屋建筑物变旧或毁损，也可以通过修缮恢复延长其使用寿命。

3. 高价值性。土地供给的有限性，使得土地资源相对稀缺程度较高以及其具有不可替代性。导致房地产开发取得的土地使用权价格和土地的开发成本都相对较高。同时房屋的建筑安装成本，通常也高于一般产品的生产成本，这是由于房屋的建筑安装要耗费大量的建筑材料和物资，需要有大批技术熟练的劳动力、工程技术人员和施工管理人员，要使用许多大型施工机械。此外，由于建筑施工周期一般较长，占用资金量较大，需要支付大量的利息成本。再加上在房地产成交时，由于普遍采用分期付款、抵押付款的方式，使房地产的投入资金回收缓慢，因此，也增加了房屋建筑物的资金成本。

上述土地取得开发成本和建造、购置成本的高额支出决定了房地产的高价值性。从世界范围来看，各国的房地产价格一般都高于普通商品或财产的价格。在市场经济条件下，一套面积适中、位置适中的住房合理价格大约是一个中等家庭年收入的3～6倍，有些高房价城市甚至更高。哪怕是发达国家的多数家庭也需要靠长期贷款来购买住房。房地产通常也是普通家庭中价值比重最高的资产。

4. 保值增值性。一般物品在使用过程中由于老化、变旧、损耗、毁坏等原因，其价值会逐渐减少。而从长期来看，土地的价值呈上升趋势，这在一定程度上取决于土地资源的供给有限性和固定性。随着社会的进步、人口的增长，人们对生活空间的更高要求，必然对房地产需求不断增长，特别是对良好地段物业的需求，导致价格不断上涨。同时，土地的改良和城市基础设施的不断完善，使土地原有的区位条件改善，导致土地增值。

5. 投资消费双重性。房地产既可以用来居住、消费，也可以用于投资以达到保值增值目的。房地产兼具金融属性和消费品属性，几个世纪以来，房地产一直被视为极佳的投资品之一。房地产的投资性和消费性往往不易绝对区分，在房地产价格持续上涨的情况下，常常具有投资性；反之，则更具有消费性。房地产由于土地资源的稀缺性和居民对基本生活的需求性，使得房地产投资成为投资收益率较高的行业，伴随着带有较高的投资风险。

6. 政策限制性。房地产受国家和地区政策影响较大。任何国家和地区对房地产的使用、交易等都存在一定的限制，主要体现在以下三个方面：一是政府基于公共利益，限制某些房地产的使用，比如城市规划对土地用途、建筑容积率、建筑覆盖率、建筑高度及绿地率等的规定。二是政府为满足社会公共利益的需要，有权对任何房地产实行强制征收和购买。三是政府制定的与房地产相关的政策，如住房政策、房地产贷款政策、房地产税收政策等都会对房地产价格产生影响。

（三）房地产的类型

根据《城市用地分类与规划建设用地标准的规定》，可做如下分类。

1. 城市用地可以分为九类：（1）居住用地。（2）公用设施用地（含商业用地）。（3）工业用地。（4）仓储用地。（5）对外交通用地。（6）道路广场用地。（7）市政公用设施用地。（8）绿化用地。（9）特殊用地。

2. 按照房屋的使用功能（用途）可做如下分类。

（1）住宅用途的住房。这类住房主要指专供人们居住的房地产，包括普通住宅、高级公寓、排屋别墅等。

（2）工业用途的住房。这类住房主要指生产活动用房地产，包括生产用工业厂房、仓库等。

（3）商业用途的住房。这类住房主要指用于商业经营活动的房地产，包括写字楼、商店、旅店及酒店等。写字楼可以根据规模大小、内部装修及服务设施档次等因素分为高档写字楼和普通写字楼；商店可分为专卖店、超级市场、购物中心、批发市场、商场、地下商业街、展览中心等；旅店及酒店可分为饭店、宾馆、招待所、酒店、会务中心等。

（4）娱乐和体育设施。这类房地产主要指用于娱乐、健身类活动用房地产，包括体育馆、娱乐中心、游乐场等。

（5）政府和公用事业。这类房地产主要指文教卫生、行政、社会福利、交通、邮政等用途的房地产，包括校舍、教堂、医院、博物馆、公园及风景区管理用建筑物、政府办公楼、养老院、客货运站及邮局用建筑物等。

（6）多用途建筑（复合建筑，也称为城市综合建筑）。

三、房地产的价格及其影响因素

（一）房地产价格构成

房地产价格是一个复杂的经济范畴，既包括土地的价格，又包括房屋建筑物的价格，房与地是不可分割的统一体，房地产价格是这个统一物的价格。房地产价格可以根据不同分类标准划分。

1. 按物质实体形态划分的价格类型为土地价格、建筑物价格和房地产价格。

（1）土地价格。土地价格是由土地原始价值、公共投资与环境改良价值、私人投资改良价值、未来价值四项因素在地理空间上通过组合而表现出来的土地交易货币额。土地价格的本质是地租的资本化。土地价格高低取决于可以获取的预期土地收益（地租）的高低和利息率的大小。我国土地价格的含义不同于一般土地私有制国家：第一，它是取得一定年期土地使用权时支付的代价，而不是土地所有权的价格。第二，土地使用权价格是一定年限的地租收入资本化，土地所有权价格是无限期的地租收入资本化。从理论上讲，土地使用权价格低于土地所有权价格；土地使用权年限长的，其价格要高于土地使用权年限短的。第三，由于土地使用年期较长，按法律规定，最长可达70年，而且在使用期间也有转让、出租、抵押等权利，又类似于所有权。

土地价格包括基准地价、标定地价和土地交易价格等。基准地价是指按照城市土地级别或均质地域分别评估的商业、住宅、工业等各类用地和综合用地级别的土地使用权的平均价格；标定地价可以以基准地价为依据，根据土地使用年限、地块大小、土地性质、容积率、微观区位等条件，通过系数修正得到，也可以通过市场交易资料直接进行评估得到。

（2）建筑物价格。建筑物价格指纯建筑部分的价格，不包含其占用土地的价格，对房地产来讲，建筑价格主要是指房屋建筑及其附属物的价格。建筑物的价格和一般产品价格一样，是由建筑生产费用加一定的利润形成的。主要由以下三个部分构成：第一，建筑工程费用，包括一般土建工程、给排水工程、采暖通风工程、电气照明工程费用；第二，设备及安装工程费用，包括机械设备及安装工程、电气设备及安装工程费用；第三，其他费用，包括设计费、监理费、概预算编制费、招标费、管理费、财务费用、销售费用、合同预算审查费、不可预见费、有关税费及利润等。

（3）房地产价格。房地产价格是建筑连同其所占用土地的价格，对于一宗房地产来讲房地产价格等于建筑物价格加上土地价格。房地产价格是房地产市场供求相互作用形成的。

2. 根据权益的不同分为所有权价格、使用权价格和其他权利价格。房地产发生交易时所针对的权益有所有权、使用权、抵押权、租赁权等。针对的房地产权益不同，其价格就不同，如房地产使用权价格、房地产抵押权价格、房地产租赁权价格等。房地产的使用权价格是指房地产使用权的交易价格，一般情况下房地产的所有权交易价格高于房地产的使用权价格；抵押权价格是为房地产抵押而评估的房地产价格，抵押权价格由于要考虑抵押贷款清偿的安全性，一般要比市场交易价格低。租赁价格是承租方为取得房地产租赁权而向出租方支付的价格。

3. 按照房地产价格表示单位分为总价格、单位价格和楼面价格。房地产总价格是一宗房地产的整体价格。房地产单位价格有三种情况：对土地而言是指单位土地面积的土地价格；对建筑而言是指单位建筑面积的建筑物价格；对房地产而言是指单位建筑面积的房地产价格。房地产单位价格能反映房地产价格水平的高低，而房地产总价格一般不能说明房地产价格水平的高低。具体房地产价格表示如表4－2所示。

表 4 - 2　　相关房地产价格表示单位公式

价格类型	公式
总价格	土地（建筑物/房地产）总价格
单位价格（元/平方米）	土地单价 = 土地总价格 ÷ 土地总面积
楼面价格（元/平方米）	= 土地总价格 ÷ 建筑总面积 = 土地单价 ÷ 容积率
容积率	= 建筑总面积 ÷ 土地总面积
建筑密度（%）	= 建筑物的基底面积总和 ÷ 总占用地面积

容积率一般是由政府规定的。现行城市规划法规体系下编制的各类居住用地的控制性详细规划下的容积率如表 4 - 3 所示。

表 4 - 3　　居住用地容积率

居住用地类型	容积率
独立别墅	0.2 ~ 0.5
联排别墅	0.4 ~ 0.7
6 层以下多层住宅	0.8 ~ 1.2
11 层小高层住宅	1.5 ~ 2.0
18 层高层住宅	1.8 ~ 2.5
19 层以上住宅	2.4 ~ 4.5
住宅小区容积率小于 1.0 的，为非普通住宅	

4. 其他类型价格：公告地价和申报地价。公告地价是政府定期公布的土地价格，在有些国家和地区一般作为征收土地增值税和对征收土地进行补偿的依据。申报价格是房地产权利人向政府申报的房地产交易成交价格。《中华人民共和国城市房地产管理法》第三十五条规定："国家实行房地产成交价格申报制度。房地产权利人转让房地产应当向县级以上地方人民政府规定的部门如实申报成交价，不得瞒报或者作不实的申报。"

（二）房地产价格的影响因素

房地产价格的影响因素多种多样，它们对房地产价格的影响纷繁复杂。随着时间的不同、地区不同、房地产用途的不同，这些因素的影响作用也不尽相同。

1. 一般因素。一般因素是指影响一定区域范围内所有房地产价格的一般、普遍、共同的因素。通常对整个社会和地区的房地产价格水平具有决定性影响的宏观因素。不同国家、地区、城市之间的房地产价格差异，主要是由于一般因素的差异导致的。主要包括经济因素、社会因素、政治因素、制度及政策因素等。

（1）经济因素。

①宏观经济状况。国民经济增长速度、国民生产总值、居民收入水平、物价指数等经济因素都会对房地产价格产生影响。国民经济发展处于繁荣时期，对土地的总需

求也不断增加，导致土地价格不断的上涨。用于生产性、投资性和消费性等方面的房地产支出也相应增加，从而促进房地产产业的繁荣，带动房地产价格的上涨。有关研究表明房地产产业发展周期与国民经济发展周期总体趋势基本一致。

②财政金融因素。存贷款利率、物价上升指数、税率、贷款比例和土地资本化率等财政金融因素与房地产的价格有着密切的联系。比如利率和税率的变化将会影响房地产的供给和需求，进而对房地产价格产生影响。一般利率水平与房地产价格成反比，利率较低时人们容易放弃储蓄而投资于房地产以求更大的增值，从而引起需求增加而带动房地产价格的上涨。

③产业结构因素。产业结构通常指第一产业、第二产业和第三产业在国民经济及国民生产总值中的比例关系以及房地产业在其中所占的比重。一般来说第三产业的比重增大，房地产价格会相应的上升。

（2）社会因素。

①人口状况。房地产需求的主体是人，因此，人的数量和素质直接决定了对房地产的需求程度，进而对房地产价格有着较大的影响。人口因素对房地产价格的影响表现为人口数量、人口密度和人口素质三个方面。人口数量与房地产价格成正相关关系，人口总量增长，对房地产的需求就会增大，房地产价格一般也就会上升；反之，房地产价格则下降。人口密度是人口数量的相对指标，人口密度高的地区，一般房地产的供给相对缺乏，供不应求，导致房地产价格水平趋高。再者，人口密度高有可能刺激商业、服务业等产业的发展，因而也会提高房地产价格。但是人口密度过高可能会导致生活环境的舒适度受到影响，也可能在一定程度上抑制房地产价格。人口素质较高的地区，居民环境维护得较好，房地产价格水平一般趋高；反之，在居民素质较低的地区，秩序欠佳，居住复杂，房地产价格则会低落。

拓展阅读

人口因素对房地产价格的影响

人口是社会发展的核心力量，也是房地产市场中长期变化的决定因素。

一、人口持续净流入城市总体供需平衡

人口净流入会带动区域的消费、生产等各个维度的经济增长，促进就业、医疗、教育等优质资源的增加，并进一步吸引人口的流入，形成正向循环。中国指数研究院数据显示25~44岁年龄段人口占购房人口总数的比例高达75%，这个年龄段的人群正是人口流动的主要群体。近年来，部分城市通过加大人才引入力度，支撑了本地新经济产业的快速发展，经济增速和房价增长明显加快，房价涨幅甚至超过了北京、上海等一线城市，如合肥、成都、西安等，见表4-4。

除北京、上海外，本次选取的典型城市的常住人口在两次人口普查期间均保持持续净流入，长三角区域和重庆的房价对人口流入更敏感，房价增长接近人口增长的5.9倍；其他内地城市的房价增长与人口增长的比值则接近2.6倍。市场供需比保持在0.97~1.09的区间，供求关系较为平衡，市场良好。

表4-4　　部分城市商品住宅供需情况与人口复合增长情况

城市	2010年城镇化率（%）	2020年城镇化率（%）	城镇化率变动（%）	年均成交套数（万套）
上海	89.29	89.30	0.01	7.81
北京	86.00	87.50	1.50	6.20
广州	83.78	86.19	2.41	9.04
南京	77.94	86.80	8.86	8.15
武汉	77.07	84.31	7.24	16.36
无锡	70.31	82.79	12.48	4.99
苏州	70.07	81.72	11.65	6.31
西安	69.00	79.20	10.20	10.81
成都	63.51	78.77	15.26	18.60
郑州	63.49	78.40	14.91	8.85
常州	63.17	77.07	13.90	5.00
合肥	62.76	82.28	19.52	8.48
重庆	53.03	69.46	16.43	19.53

二、刚性购房需求增长与城镇化率提升呈正相关

人口城镇化率30%～70%时是城镇化发展的高速发展阶段，快速新增的城镇人口对于住房有着巨大的刚性购买需求，人口城镇化率的提升对中西部城市的购房需求增长有着显著的拉动效果。

三、人均GDP侧面反映房价的健康水平

城市房价与人均GDP有着高度相关性，人均GDP的增加通常会伴随着人均收入的增加，提升购买力，对住房消费需求具有正向的促进作用，间接推动房价的上涨。

房价增长率与人均GDP增长率的比值R一定程度上可以反映城市房价的健康水平。当R值在0.9~1.1范围内时，表明房价处于健康范围；当R值>1.1时，需要警惕房价被高估的风险；当R值<0.9时，则说明该地区的房价被低估，可能存在继续向上发展空间。

对比来看，过半数城市的房价增长率是高于人均GDP增长率的，合肥的R值为1.78倍，需警惕房价可能存在虚位；常州、成都的房价增速与人均GDP增速基本持平，市场较为健康；重庆的R值为0.65，房价存在被低估的可能。

四、总结

房地产行业的发展短期看金融政策，中期看土地供应，长期看人口增长。人口对房地产发展形成支撑的本质原因在于人口流动带来的劳动力可以长期支撑当地的经济实力增长。人口流动往往体现出“用脚投票”的特征，拥有更好就业机会和公共服务资源的城市具有更大的吸引力，如何促进适龄人口净流入并留住人口以及如何控制房地产市场良性发展，将是各个地区不得不面对并需要大力解决的问题。

资料来源：鼎信长城投资集团．典型城市人口及人均GDP对房地产的影响［J］．中国房地产，2021（9）：45-46.

②教育科研水平和治安因素。一个地区的教育、科研水平高，则意味着接受优质教育的程度高，科学技术转换为生产力的可能性大，房地产价格水平也会上升。治安因素也是间接影响房地产价格的一个重要因素。治安好的地区相对于治安不好的地区，房地产的需求更高，价格也更高；反之，治安不好的地区会导致房地产的需求降低，价格下跌。

③社会福利因素。社会福利的状况会影响社会文化水平，从而间接影响该地区的房地产价格水平。

（3）政治因素。政治因素包括国内局势和对外局势两个方面。毫无疑问，动荡的局势将阻碍房地产这种长期投资的发展。一般来说，一个地区如果政治局势比较稳定，显然能够吸引房地产投资，房地产价格也会比较高；反之，政局动荡甚至发生战争，显然对房地产投资是不利的，投资效果也不大，土地或房地产价格就会下跌。国内政局的稳定依赖于经济、社会的稳定；国外局势的稳定则依赖于外交的稳定，包括外交政策、边界问题等。

（4）制度及政策因素。制度及政策因素主要包括土地住房相关制度、城市规划、交通管制、特殊政策和行政隶属的变更等。

①土地住房相关制度。《中华人民共和国宪法》规定任何单位和个人只能依法受让土地使用权而不具有土地所有权。这决定了我国二级房地产市场的地价只能是使用权价格，而非所有权价格；在我国实行商品房制度改革后，房地产价格开始走向市场化。通过相关制度，有利于政府引导房地产市场健康有序发展，有利于土地资源的合理配置。市场有其与生俱来的盲目性和滞后性，在房地产市场泡沫高涨时期，需要政府出台相关政策进行宏观调控，使房地产价格回归到市场理性的价格区间。

②城市规划。城市规划中对土地利用方向、容积率、建筑密度等的规定，对房地产价格有重大的影响。土地利用方向的设定促进了城市土地的功能区分，造成各类用地的地价差异；容积率是指建筑用地中总建筑面积与总占地面积之比，容积率越大，土地利用率越高，地价越高；建筑密度是指底层建筑面积与总用地面积的比例，建筑密度可强制改善环境条件，从而间接地提高了地价。此外，土地被规划为住宅区、商业区、工业区、农业区等不同区域对房地产的价格影响也极大。

③交通管制。交通管制包括禁止通行、实行单行道及限制通行时间等规定。一般而言，由于交通管制，该地区道路的通达性及便捷程度受到影响，使房地产价格降低，但在住宅区内禁止货车通行，则可减少噪音、保持环境清静和行人安全，又使房地产价格提高。

④特殊政策和行政隶属的变更。特殊政策如税收制度、投资政策及优惠政策等国家宏观调控政策，对某地区的倾斜会诱发该地区房地产价格的上涨；行政隶属的变更也会对房地产的价格产生影响。行政隶属关系变更包括级别升格和管辖权变更。比如非建制镇升级为建制镇或建制镇升级为市等，都会促进该地区房地产价格的上涨。同样将原属于较落后地区的地方划归另一发达地区管辖，也会促进这一地区的房地产价格上升；反之，则会导致房地产价格的下降。

2. 区域因素。区域因素是指某一特定区域内的自然条件与社会经济、政策制度等因素相结合所产生的区域特性，进而对该区域内各地块的价格水平产生影响。主要包括以下五个方面。

（1）商业、服务业繁华因素，是指所在地区的商业、服务业繁华状况及各级商业、服务业中心的位置关系。一般而言，如商服繁华程度较高，该地区的房地产价格水平也较高。

（2）道路通达因素，是指所在地区道路系统的通畅程度、道路的级别（主干道、次干道、支路等）。道路通达状况良好，则该地区的房地产价格水平也较高。

（3）交通便捷因素，是指交通的便捷程度，包括公共交通系统的完善程度和公共交通的便利程度。一般交通便捷程度越高，房地产价格水平也越高。

（4）城市设施状况因素。城市设施主要包括基础设施、生活设施和文体娱乐设施。基础设施主要包括供水、排水、供电、供气、供热、通信等；生活设施主要包括学校、医院，农贸市场、银行、储蓄所、邮局等；文体娱乐设施主要包括电影院、博物馆、俱乐部、图书馆、文化馆等。城市设施越完善，房地产价格水平也越高。

（5）环境状况因素。随着人们生活条件的不断改良改善，对居住的环境和环境质量的要求也越来越高。一方面，环境质量的改善与提升需要投入，从而加大了房地产开发的成本，导致房地产价格的上涨；另一方面，环境质量高的房地产越能吸引投资者和消费者，拉动房地产价格的上涨。

不同用途的土地影响房地产价格的因素也不尽相同。比如商业用地，商业繁华程度、交通便捷程度、环境优劣程度及规划限制等都会对其价格产生重大影响；对于住宅用地，应考虑位置、交通便捷程度、基础设施完备程度、公共设施保证度、环境质量、规划限制等；而影响工业用地价格的主要因素包括交通便捷程度、基础设施完备程度、产业聚集规模、环境质量及规划限制等。

3. 个别因素。个别因素可分为土地个别因素和建筑物个别因素两个方面。

（1）土地个别因素。土地个别因素也叫宗地因素，是宗地自身的条件和特征对该地块价格产生影响的因素。

①区位因素。区位（通常称宗地位置）是影响地价非常重要的一个因素。区位分为自然地理区位和经济地理区位。自然地理区位是固定不变的，经济地理区位会随着交通建设和市政设施的变化而变化。当区位因素变优时，地价会上涨；反之，地价会下降。

②面积、形状、地质地形等因素。一般而言，宗地面积必须适宜，过大过小都会影响土地效用的发挥，从而影响地价水平；土地形状可以多种，一般不规则的土地其利用率会降低。而通常规则的、矩形地块往往价格会略高，地质条件的优劣和地形，比如平整度等都会影响地价的水平。

③土地利用控制状况。这主要指对建筑高度和容积率的控制。地价对容积率特别敏感。容积率在一定程度上影响和制约着城市地价[①]。虽然容积率越高代表土地利用程度越高，但并非容积率越高就说明土地利用越合理，如果突破了一定地区的合理环

---

① 於忠祥，马存明．容积率与土地估价的相关性研究［J］．安徽农业大学学报，2007（3）：400－404．

境容量，就会影响环境质量。因此，在理论研究上，一个地区的容积率存在一个最佳值，能够使得区域范围内的经济效益、社会效益以及环境效益达到最优，此时地价也应该是最高值。

④土地用途规划因素。土地的用途规划对地价影响特别大。同一块土地，规划为不同的用途，其地价也不相同。通常，对于同一宗地而言，商业用地、居住用地、工业用地的地价是递减的。

⑤土地使用年限。出让土地使用权的最高年限因用途不同而不同。在年地租不变的前提下，土地使用年限越长，地价越高。以转让方式取得的出让土地使用权的使用年限，为土地使用权出让合同规定的使用年限减去原土地使用者已使用年限后的剩余年限；划拨土地使用权是指以政府行政划拨方式取得的土地使用权，是以支付征地拆迁补偿费为代价或无偿取得的，没有使用年限的限制。

（2）建筑物个别因素。

①建筑面积、建筑结构、材料等。建筑物的建筑面积、居住（使用）面积、高度等不同，则建造成本也不相同。建筑物的结构、所用材料都会对建筑成本产生影响，从而影响其价格。

②建筑质量、设计、装修、装备等。建筑质量、设计、装修、装备的投入不仅直接影响建筑物的投资成本，更重要的是影响建筑物的耐用年限和使用安全性、方便性及舒适性。因此，对建筑物的价格有很大影响。

③用途。建筑物的用途可能是单一的，也可能是综合的。不同物业其价格也不同。通常单一用途的房地产价格比多用途的房地产价格低。

④法律限制。建筑物方面的具体法律限制主要是城市规划及相关建筑法规。例如建筑物高度限制、消防限制、环境保护等。这些法律限制因素都可能会影响到房地产的运营成本或收益，也会影响其价格。

四、房地产评估的基本原则和基本程序

（一）房地产评估的基本原则

在进行房地产评估时，除了需要遵循供求原则、预期原则、替代原则、贡献原则等，还需要特别注意遵循合法原则和最有效使用原则。

1. 合法原则。合法原则是指房地产评估应以评估对象的合法产权、合法使用和合法处分等为前提进行。房地产评估之前必须收集房地产的合法产权证明文件，并以此为依据。房地产的合法使用一般以国家的法律、法规或城市规划为准绳，在进行房地产评估时，必须考虑这些限制条件并在此限制条件的前提和范围之内进行。

在分析房地产的最有效使用时，必须根据城市规划及有关法律法规的规定，依据规定用途、容积率、建筑高度与建筑风格等要素确定该房地产的最有效使用；测算房地产净收益时，其经营用途应为合法用途，比如，不能用作赌场；城市规划为居住用地时，评估该地块价值必须以居住用地作为其用途，不能用作工业用地或商业用地，

同时不能以临时建筑或违章建筑的净收益作为测算依据。

2. 最有效使用原则。土地及其建筑物可以有商业、居住、工业等多种用途，但同一房地产在不同用途下其收益并不相同。房地产权利人为了获得最大收益，总是希望房地产达到最有效使用状态，但是房地产的最有效使用必须在法律法规允许的范围内，其受城市规划的制约。

在市场经济条件下，房地产用途可以通过竞争决定，使房地产达到最佳有效使用状态，因此，评估房地产价值时不能仅仅考虑房地产现实的用途和利用方式，而是要结合预期原则考虑何种情况下房地产才能达到最有效使用状态以及实现的可能性，以最有效使用所能带来的收益来评估房地产的价值。

（二）房地产评估的基本程序

1. 明确评估基本事项。在对房地产进行评估时，必须了解被评估对象的基本情况，并根据这些基本情况衡量评估风险、明确评估收费、规定违约责任等。

（1）明确评估目的。不同的评估目的，其所评估价值的内涵也不完全相同。在受理评估业务时，通常由委托方提出评估目的，并将评估目的明确写在评估报告上。按照评估目的的不同，房地产评估可以分为土地使用权出让评估、房地产转让价值评估、房地产租赁价值评估、房地产抵押评估、房地产保险评估等。明确房地产评估目的，也有助于评估专业人员选择恰当的价值类型和确定适用的评估技术方法。

（2）明确评估对象。明确评估对象，需要对被评估房地产的权益和实体进行了解。房地产评估对象可以是房地产对应的全部权益，也可以是房地产对应的部分权益。对房地产权益状态的了解包括土地权利性质、权属、土地使用权的年限、建筑物的权属、评估对象设定的其他权利状况等；对房地产实体的了解主要包括土地面积、坐落位置、用途、土地形状、临路状态、土地开发程度、地质、地形及水文状况、建筑物的类型、结构面积、层数朝向、平面布局、工程质量、新旧程度、装修和室内外的设施及维修保养状况等。

（3）明确评估基准日。确定评估基准日就是确定评估对象的评估时点，通常以年月日表示。由于房地产价格处于不断变化之中，而且房地产价格随其价格影响因素的变化而变化，所以必须事先确定评估某一具体时点上的价值。这个评估基准日的时点，既可以是现在，也可以是过去或未来。

2. 签订评估委托合同。在明确评估基本事项的基础上，双方可以签订合同，以法律的形式保护双方的权益。评估委托合同是委托方和资产评估机构就评估过程中双方的权利和义务达成的协议，包括对评估对象、评估目的、评估基准日、评估收费、双方责任、评估报告等事宜的约定。评估日期一般也要写在评估项目委托合同中，一旦确定，评估专业人员必须保证按期完成。

3. 制订工作计划。制定工作计划就是对评估工作日程、人员组织等作出安排。在对评估对象有基本了解之后，就可以对资料的收集分析和价值的测算等工作的程序和组织作出合理、科学的安排。制订合理的工作计划有利于提高工作效率和评估质量。

4. 实地调查和收集资料。实地调查是房地产评估工作的一个重要步骤。房地产实地调查的内容包括房地产坐落的位置、利用现状、完整程度以及内外装修状况、外观形象以及与周边景观的协调程度、地区的交通情况、繁华程度、发展前景等；对房地产进行现场调查时，除明确房地产存在的状态还必须关注其权属状况；对于房地产处于隐蔽状态或因客观原因无法进行实地调查的部分，应当采取适当措施加以判断并予以披露。

资产评估资料的收集在评估过程中是一项耗时较长且艰苦细致的工作。为了确保资产评估结果的合法性和准确性，资产评估专业人员在正式实施资产评估前可以要求委托方提供以下资料：法定代表人身份证明书、项目立项报告或政府主管部门批复、房屋所有权证、土地使用权证、房屋拆迁许可证、建设工程规划许可证、规划图及建筑图等。除委托方提供的上述资料外，评估专业人员还应收集各种影响房地产价格的相关资料，比如国家宏观经济状况、产业政策变化、货币政策的松紧、社会购买力的构成变化等。此外，对使用不同的评估技术方法和有着不同用途的房地产，还要针对各自价格影响因素收集相关的信息和资料。

5. 测算被评估房地产的价值。在实地调查研究和资料分析的基础上，可以确定选定的评估技术方法进行价值估算。由于房地产评估的性质差异，并非每一种评估方法都适用于各类具体条件下的房地产。为了求得一个公平合理的价格，一般以某种评估技术方法为主，同时以另一种或几种评估技术方法为辅，以相互对照和检验修正。无论采用哪种方法评估，专业人员都要对收集到的资料数据参数进行认真的分析检验，最后根据自己的判断进行选择。

6. 综合分析，确定评估结果。综合分析是对所选用的评估方法、资料及评估程序的各个阶段客观的分析和检查。此时应注意所选用的资料是否恰当、评估原则的运用是否合理、对资料的分析是否准确，特别是对影响因素权重的赋值是否客观等。对于用几种不同评估技术方法计算出来的多种评估结果，可采用简单平均法、加权平均法等方法确定一个最终结果，也可以以某一个评估结果为主，其他评估结果作为参考。

7. 撰写评估报告。房地产评估报告是对评估过程和结果的综合反映，表明了评估机构对于该房地产评估业务的专业性意见。通过房地产评估报告，不仅应该能够得到房地产评估的最终结果，而且还能了解到整个评估过程的技术思路、评估方法和评估依据。

第二节　房地产评估的成本法

一、成本法的基本原理和适用范围

（一）成本法的基本原理

成本法又称承包商法、成本逼近法或重置成本法等，是房地产评估的基本方法之一。成本法的基本原理是建立在重置成本的基础上，即在条件允许的前提下，任何投资者所愿意支付的价格不会超过购建该资产的现行重置成本。如果投资对象并非全新，投资者所愿意支付的价格会在投资对象全新的购置成本的基础上扣除各种贬值。

其计算公式为：

资产评估价值 = 重置成本 - 实体性贬值 - 功能性贬值 - 经济性贬值

该方法认为生产成本与价格（价值）之间存在紧密的联系。即重置一宗与被评估房地产可以产生同等效用的房地产所需投入的各项费用之和为依据，再加上一定的利润和应交税费来确定被评估房地产的价值。

由于房屋建筑物与其所依附的土地具有不同的自然属性及经济属性，在采用成本法评估时，两者具有不同的评估方式。比如土地因稀缺性而具有保值增值的特征，随着时间的推移，其价值不但没有减损（不考虑各种贬值），反而可能不断上涨；而房屋建筑物是人类劳动的产物，一般会随时间的推移而发生各种贬值。

（二）适用范围

成本法一般适用于房地产市场发育不成熟、成交案例不多以及无法利用市场法或收益法等方法进行评估的情况。比如既无收益又缺乏交易实例的政府办公楼、医院、学校、图书馆、机场、军队营房、公园等房地产的评估；成本法最适用于折旧较少和建筑成本易于评估的新建筑物评估，也适用于折旧额能够准确估计的旧建筑物评估，比如工业房地产以及特殊用途房地产比较适宜采用成本法。

二、成本法在土地价值评估中的具体应用

用成本法评估土地价值必须分析土地价值的成本因素。土地作为一种稀缺的自然物，即便未经开发，由于土地所有权的垄断，使用土地也必须支付相应的地租。同时，由于开发土地所投入的资金及资金成本（比如利息）也构成地价的一部分，再加上一定的利润、税金和土地增值收益，就构成了土地价格。其计算公式为：

土地价格 = 土地取得费 + 土地开发费 + 利息 + 利润 + 土地增值收益

我国土地管理制度决定了只有土地使用权可以交易。因此，在实际评估业务中只涉及土地使用权价格的评估。在土地价值成本法中涉及的成本既可能是一般意义的土地价格，也可能是包括了场地范围内基础设施建设费的土地价格，具体构成内容视具体情况而定，避免漏估或重复估算。就土地使用权评估而言，成本法一般适用于新开发土地的评估，特别适用于土地市场不完善、土地成交实例较少或无法计算收益等而导致无法采用市场法、收益法等方法进行评估的情况，比如学校、教堂、图书馆等用地的评估。

由于土地的价格大部分取决于其效用，而非其所支出的成本。即土地成本的增加并不一定增加其使用价值。因此，成本法在土地价值评估中受到一定的限制。

（一）计算土地取得费

土地取得费是为取得土地而向原土地使用者支付的费用和向国家支付的相关税费。具体可以分为两种情况。

1. 国家征用集体土地而支付给集体土地所有者的费用，包括土地补偿费、地上附着物和青苗补偿费及安置补助费。通常认为，土地补偿费中包含一定的级差地租；

地上附着物和青苗补偿费是对被征地单位已投入土地而未收回的资金的补偿，类似租金中包含的投资补偿部分；安置补助费是保证被征地农业人口在失去其生产资料后的生活水平不致降低而设立的，也可以看成是具有从被征土地未来产生的增值收益中提取部分作为补偿的含义。

关于征地费用各项标准，《中华人民共和国土地管理法》有明确规定，整理见表4－5。

表4－5　《中华人民共和国土地管理法》对土地取得费各项费用的标准规定

<table>
<tr><th colspan="2">征地费用类型</th><th>费用标准</th></tr>
<tr><td rowspan="4">征收耕地</td><td>土地补偿费</td><td>该耕地被征收前3年平均年产值的6～10倍</td></tr>
<tr><td rowspan="3">安置补助费</td><td>按照需要安置的农业人口数计算
需安置的农业人口数按照被征收的耕地数量除以征地前被征收单位平均每人占有耕地的数量计算</td></tr>
<tr><td>人均农业人口安置补助费为该耕地被征收前3年平均年产值的4～6倍</td></tr>
<tr><td>每公顷被征收耕地的安置补助费最高不得超过被征收前3年平均年产值的15倍</td></tr>
<tr><td>征收其他土地</td><td>土地补偿费、安置补助费</td><td>由各省、自治区、直辖市参照征收耕地的土地补偿费、安置补助费的标准规定</td></tr>
<tr><td colspan="2">地上附着物和青苗补偿费</td><td>由各省、自治区、直辖市规定</td></tr>
<tr><td colspan="2">征收城市郊区菜地</td><td>用地单位按照国家有关规定缴纳新菜地开发建设基金</td></tr>
<tr><td colspan="3">按照以上规定土地补偿费、安置补助费，尚不能使需要安置的农民保持原有生活水平的，经省、自治区、直辖市人民政府批准，可以增加安置补助费。但是土地补偿费和安置补助费标准的总和不得超过土地被征收前3年平均年产值的30倍</td></tr>
<tr><td colspan="3">在特殊情况下，国务院根据社会经济发展水平，可以提高被征收耕地的土地补偿费和安置补助费标准</td></tr>
</table>

2. 为取得已利用城市土地而向原土地使用者支付的拆迁补偿费用，是对原有城市土地使用者在经济上的补偿，补偿标准各地均有具体规定。

（二）计算土地开发费

一般来说，土地开发费中涉及基础设施配套费、公共事业建设配套费、小区开发配套费及与土地开发相关的税费。

1. 基础设施配套费。基础设施配套费通常概况为“三通一平”和“七通一平”。为达到“三通一平”或“七通一平”所花费的费用都可以列入土地开发费范畴。其中，“三通一平”是指通水、通路、通电和平整地面；“七通一平”是指通上水、通下水、通路、通电、通信、通气、通热和平整地面。“三通一平”是最基本的条件，还不能立即上工业项目，只有搞好“七通一平”，项目才能正常运行。因此，基础设施配套费一般应以“七通一平”标准计算。基础设施配套费没有统一的计价标准，各地根据具体情况有所不同。

2. 公共事业建设配套费。这主要指邮电、学校、公园、图书馆、绿地等设施的费用。该费用与项目大小、用地规模有关，各地情况不一，应视具体情况而定。

3. 小区开发配套费。同公共事业建设配套费类似，各地根据用地情况确定合理的项目标准。

（三）计算资金成本（利息）

投资利息的实质是投入土地取得费和投入开发费所占用资金的成本。如果土地取得是投资者贷款进行的投资，则支付给贷款银行的利息就应计入成本；如果投资者利用自有资金进行投资，则其资金应投资占用而丧失的利息（或潜在收益）视作资金成本，其实质是投资的机会成本，也应计入成本。

在采用成本法评估土地价格时，投资资金包括土地取得费和土地开发费。但两部分资金投入时间和占用时间不同，因此，在计算资金成本（或应计利息）时应视具体情况而定。

（1）土地取得费的应计利息。土地取得费一般在土地开发动工前即要全部付清，在开发完成并销售后方能收回。因此，土地取得费的应计利息周期应为整个开发期和销售期。

（2）土地开发费的应计利息。土地开发费在开发过程中可能逐步投入，直到完成开发及销售后收回，所以具体资金的计息周期应视投入情况来确定。如果在开发初期（即土地取得时）即投入全部开发成本，则其应计利息周期应为整个开发期和销售期；如果在整个开发期均匀投入，则其应计利息周期视同整个开发期的1/2；如果在整个开发期分阶段均匀投入（比如分两个阶段分别投入40%和60%），其应计利息周期为各段时间的1/2附加剩余占用期间。应计利息的计算一般采用复利形式。

（四）计算利润和税费

投资的目的是获取相应的利润。作为投资的回报，在重新购置土地时需要给予的补偿中必然要包含利润因素。利润的确定关键是确定投资利润率或投资回报率。投资利润率的计算基数可以是土地取得费和土地开发费的合计数，也可以是开发后的土地地价。

税费是土地在取得和开发后所必须支付的税金和费用。比如土地取得时向政府交纳的耕地占用税、耕地开垦费、新菜地开发建设基金、征地管理费、教育费附加等。

（五）计算土地增值收益

土地增值收益是由于土地的用途改变或土地的功能变化所引起的。比如由于农地转变为建设用地，新用途的土地收益将远高于原用途土地，必然会带来土地增值收益，这种增值收益是国家允许改变土地用途为前提带来的。如果土地性能发生变化，提高了土地的经济价值，也使土地获利能力增加。这种增加的收益总体上是由土地发展权带来的，应该在土地所有者、土地投资者、土地使用者之间进行合理分配。目前，土地增值收益率一般为10%～25%。其计算公式为：

土地增值收益 =（土地取得费 + 土地开发费 + 利息 + 利润）× 土地增值收益率

【例4－1】 某市经济技术开发区内有一块土地面积为15 000平方米，该地块的土地征地费用（含安置、拆迁、青苗补偿费和耕地占用税等）为每亩 10 万元，土地开发费为每平方公里 2 亿元。土地开发周期为两年，第一年投入资金占总开发费用的 35%，第二年投入资金占总开发费用的 65%，土地开发费为分段均匀投入。开发商要求的投资回报率为 10%，当地土地增值收益率为 15%，银行贷款年利率为 6%，假定该土地的各项投入成本均已知，可采用成本法评估。试评估该土地的价值。

①计算土地取得费。

土地取得费 = 10 万元/亩 = 150 元/平方米（1 亩≈667 平方米）

②计算土地开发费。

土地开发费 = 2 亿元/平方公里 = 200 元/平方米

③土地取得费的计息期为 2 年，土地开发费为分段均匀投入，则有：

土地取得费利息 $= 150 \times [(1+6\%)^{2}-1] = 18.54$（元/平方米）

土地开发费利息 $= 200 \times 35\% \times [(1+6\%)^{1.5}-1] + 200 \times 65\% \times [(1+6\%)^{0.5}-1]$

$= 6.39 + 3.84 = 10.23$（元/平方米）

应计利息 = 土地取得费利息 + 土地开发费利息

$= 18.54 + 10.23 = 28.77$（元/平方米）

④计算开发利润。

开发利润 =（① + ②）× 10% =（150 + 200）× 10% = 35（元/平方米）

⑤计算土地增值收益。

土地增值收益 =（① + ② + ③ + ④）× 15%

=（150 + 200 + 28.77 + 35）× 15% = 62.07（元/平方米）

土地单价 = 150 + 200 + 28.77 + 35 + 62.07 = 475.84（元/平方米）

土地总价 = 475.84 × 15 000 = 7 137 600（元）

因此，该宗地单价为 475.84 元/平方米，总价为 7 137 600 元。

拓展阅读

农民日报评论员：把土地增值收益更多用于乡村振兴

又一改革里程碑，新的支农增长点！近日，中办、国办印发《关于调整完善土地出让收入使用范围优先支持乡村振兴的意见》（以下简称《意见》），对稳步提高土地出让收入用于农业农村比例，集中支持乡村振兴重点任务作出了安排部署。这是促进乡村全面振兴、引导资源要素向乡村流动的重大制度安排，是土地出让收益城乡分配格局的重大改革调整，是落实农业农村优先发展、“取之于农，主要用之于农”要求的具体体现，必将为乡村振兴提供有力资金支撑。

作为地方财政的重要来源，土地出让收入的历史要追溯到 20 世纪 80 年代末。此前，我国建设用地使用大多是无偿划拨的方式。1987 年 12 月 1 日，深圳首次公开拍卖一宗面积为 8 588 平方米地块 50 年使用权，这场新中国成立后的第一场土地拍卖会，为国有建设用地有偿出让开了先河，并逐步在全国推广。此后，各地新增建设用地主要来自农村集体土地，但土地出让收入却主要用于城市建设。这种“取之于农、用之于城”的做法，为工业化、城镇化快速发展提供了重要财力支持。但与此同时，对“三农”发展的支持却严重不足。乡村振兴战略实施后，需要大量真金白银的投入，仅靠财政一般公共预算远不能满足需求，如何拓宽资金筹措渠道？

习近平总书记明确指出，要解决土地增值收益长期“取之于农、用之于城”的问题，现在到了该把土地增值收益更多用于“三农”的时候了。近几年，中央一号文件多次提出，要按照“取之于农，主要用之于农”的要求，调整完善土地出让收入使用范围，提高农业农村投入比例。此次发布的《意见》，正是贯彻习近平总书记重要指示精神，落实党中央和国务院决策部署之举，各地区各有关部门要深刻认识其重要意义和深远影响，确保各项举措落地见效。

立足“实”，补短板强弱项，提高资金整体效益。《意见》指出，资金要重点用于高标准农田建设、农田水利建设、农村人居环境整治等12个方面，这为资金高效使用指明了方向。各地在资金使用上，必须聚焦乡村振兴，与最突出的短板、最薄弱的环节、最紧要的任务紧密结合和衔接。同时，由于目前土地出让收入计提资金在使用方向上规定得过细、过死，造成支出“碎片化、聚焦难”“打酱油的钱不能买醋”等情况普遍存在，难以发挥资金整体效益。为此，《意见》增加了改革弹性，允许各地根据乡村振兴实际需要，打破分项计提、分散使用的管理方式，整合高效使用资金。必须指出的是，各地不能因为增加了土地出让收入的资金，就减少了一般公共预算支农投入，必须持续加大各级财政通过原有渠道用于农业农村的支出力度，避免产生挤出效应。

着眼“稳”，科学统筹实施，合理把握改革节奏。要提高用于农业农村的比例，到底是按照“毛收入”土地出让收入计提，还是按照“净收益”土地出让收益计提？各地财政实力、土地出让收入规模、农业农村发展需求等情况各不相同，土地出让收入在地区间分布很不均衡，如何实施才更加科学、更具实效？《意见》既强调普遍适用，又兼顾各地实情，既有硬要求，又给自主权，具有很强的针对性和操作性。时间上，允许地方分5年改革到位，到2025年达到目标要求，各地确定分年度目标和实施步骤；空间上，以省（区、市）为单位进行核算和考核；方式上，省里可自主设定不同地区的资金计提比例和方式，这些都具有更大的灵活性。同时，又强调原则性，明确规定了哪些是严禁的，明确要求无论哪种方式、什么情况，最终都要在“十四五”末将土地出让收益用于农业农村的比例提高到50%以上，清晰划出了红线和底线。要特别强调的是，各省要充分用好自主权，科学制定好怎么统筹、统筹多大比例等具体措施，并严格执行实施。

落于“严”，堵漏洞重规范，强化考核审计监督。应该说，这些年来，土地出让收入的使用管理逐步走向规范化、制度化，自2007年1月1日起，土地出让收支全额纳入地方基金预算管理，在地方国库中设立专账，实行彻底的“收支两条线”。然而，由于土地出让成本性支出的标准很难统一规定，这就带来了“上有政策、下有对策”的空间。如何防止一些地方钻政策空子，搞“数字计提”、弄虚作假，确保改革落到实处？这就要求，必须对土地出让收入用于农业农村情况加强核算、考核、审计、监督，着力压实地方责任；要进一步完善土地出让收支核算办法，加强监督管理；要尽快建立全国统一的土地出让收支信息平台，实现实时监管；要适时开展土地出让收入专项审计，将落实情况纳入实施乡村振兴战略实绩考核。

取之于农，用之于农。现在到了必须把土地增值收益更多用于“三农”的时候了！各地各有关部门要切实提高政治站位，深刻认识这项改革的重要性、必要性、紧迫性，以高度的政治自觉，落实好各项举措，强化保障措施，把中央的决策部署落到实处，切实强化实施乡村振兴战略的资金保障。

资料来源：本报评论员．把土地增值收益更多用于乡村振兴［N］．农民日报，2020－9－24（001）．

三、成本法在房地产评估中的具体应用

（一）成本法在新建房地产评估中的应用

新建房地产项目以房地产开发建成日为基准日的，则无须考虑折旧因素，可直接根据开发成本计算，开发成本是房地产开发过程中所发生的各种费用，包括土地征用及房地产价值拆迁补偿费、前期工程费、基础设施费、建筑安装工程费、配套设施费等，同时考虑房地产开发建设过程中合理的营业费用和开发利润及投入资金的资金成本。其计算公式为：

新建房地产价值＝土地取得费＋开发成本＋管理费用＋投资利息＋销售税费＋开发利润

新建房地产价值具体的成本费用构成如表4－6所示。

表4－6　新建房地产成本构成

<table>
<tr><td colspan="2">土地取得费</td><td>根据土地取得的不同途径（如征收、拆迁改造、购买等），分别测算取得土地的费用，包括有关土地取得的手续费和税费</td></tr>
<tr><td rowspan="8">开发成本</td><td>（1）勘察设计和前期工程费</td><td>包括临时用水、用地、电、路、场地平整、工程勘察测量以及工程设计费，城市规划设计、咨询、可行性研究费，建设工程许可证照费等</td></tr>
<tr><td>（2）基础设施建设费</td><td>包括由开发商承担的自来水、雨水、污水、煤气、热力、供电、电信、道路、绿化、环境卫生、照明等建设费用</td></tr>
<tr><td>（3）房屋建筑安装工程费</td><td>包括建筑安装工程费、招投标费、预算审查费、质量监督费、竣工图费等</td></tr>
<tr><td rowspan="4">（4）公共设施配套建设费</td><td>包括由开发商支付的非营业用房，如居委会、派出所、托幼所、自行车棚、信报箱、公厕等地建设费</td></tr>
<tr><td>附属工程费用，如锅炉房、热力站、变电室、开闭所、煤气调压站的费用和电梯费等</td></tr>
<tr><td>文教卫系统所用住房的建设费用，如中小学、文化站、门诊部、卫生所用房的建设费等</td></tr>
<tr><td>注意：商业网点如粮店、菜店、小卖部等经营性用房的建设费应由经营者负担，按规定不计入商品房价格</td></tr>
<tr><td colspan="2">（5）开发过程中的税费和其他费用。如工程招标管理费、城市道路占用费、市容环保费、建筑工程规划许可证费等</td></tr>
</table>

续表

管理费用	开办费和开发过程中管理人员的工资、办公费和差旅费等。可按土地取得费和建筑物开发成本之和一定比例计算	
投资利息	以土地取得费、建筑物开发成本、管理费用和销售费用之和作为计算利息的基础	
销售费用	销售广告宣传费、销售人员工资、委托销售代理费等	
销售税费	（1）税金及附加	增值税、城市维护建设税、教育费附加
	（2）其他销售税费	卖方负担的印花税、交易手续费、产权转移登记费等
开发利润	以土地取得费、建筑物开发成本、管理费用和销售费用之和作为计算开发利润的基础。利润率可根据开发类似房地产的平均利润率来确定	

（二）成本法在旧建筑物评估中的应用

采用成本法对旧建筑物进行评估时，应以评估基准日的建筑物重置成本为基础，考虑评估对象的磨损，扣除建筑物的各种贬值。其计算公式为：

建筑物评估值＝重置成本－年贬值额×已使用年限

1. 重置成本的估算。建筑物重置成本的估算主要有工料测算法、分部分项法、单位比较法和指数调整法等。

（1）工料测算法。工料测算法又称承包商法（与建筑施工图预算法类似），是假设被评估建筑物还原为建筑材料、建筑构配件和建筑设备，并测算重新建造该建筑物所需的建造材料、建造构配件、建造设备的种类、数量和人工时数等，然后调查了解评估基准日时相应的建筑材料、建造构配件、建造设备的单价和人工费用标准，再将各种建筑材料、建造构配件、建造设备的数量和人工时数乘以相应的单价和人工费标准后相加，最后还需加上相应的专业费用、管理费用、销售费用、投资利息、销售税费和开发利润。

工料测算法的优点是详细、准确，也是四种方法中最费时也最详细的方法，且需要相关专家（建造师、造价工程师等）的协助。该方法一般主要用于求取具有历史价值的建筑物的重置成本。

（2）分部分项法。分部分项法又称面积比较法，是将被评估建筑物先分成各个分部分项工程，如基础、地面、墙壁、楼板、门窗、屋面、装修等，然后利用建筑工程综合预算定额查出各分部分项工程的单位成本，分别乘以被评估建筑物各分部分项工程的数量单位，再累加得到被评估建筑物的总成本。必须注意，虽然这种方法的中文名称为“面积比较法”，但并非完全以面积单位来计算，各分部分项工程的单位是根据各分部分项工程的特点来选用的，比如基础用立方米；墙壁、楼板用平方米；电气工程用千瓦或千伏安等。

分部分项法将建筑物分成各个分部分项工程，就消除了相同结构、相同用途的建筑物之间因规模、形状不同而产生的成本差异，故其精度较高，是评估专业人员乐于采用的一种成本估算方法。尤其是在对工业厂房进行成本估算时，这种方法能较好地适应工业厂房尺寸、形状个性强的特点，因而常成为首选的方法。

（3）单位比较法。单位比较法是以建筑物整体与价格、成本密切有关的单位为比较基础来估算建筑物重置成本的方法，可分为单位面积法和单位体积法。单位面积法又称平方法，是根据当地近期建成的类似建筑物的单位面积重置价，对其存在的差异做适当的调整修正，然后乘以估价对象建筑物的面积来估算建筑物的重新购建价格；单位体积法与单位面积法相似，是根据当地近期建成的类似建筑物的单位体积重置价，对其做适当的调整修正，然后乘以估价对象建筑物的体积来估算建筑物的重置成本，这种方法适用于成本与体积关系较大的建筑物，如仓库、厂房等。

单位比较法的优点是简便、迅速；缺点是比较粗略，不如工料测算法和分部分项法准确。其准确性的关键取决于单位建造成本的确定是否准确。

（4）指数调整法。指数调整法是按照建筑物账面原值（历史成本）乘以建筑成本指数去估算建筑物重置成本的一种方法。它一般适用于群体建筑的评估，也可用于单体建筑的评估，但评估的可靠性较差。运用该方法进行建筑物重置成本估算有两个关键因素，即账面原值和采用的建筑成本指数。只有在账面原值正确，采用的建筑成本指数准确的前提下，其计算的结果才能准确可靠。指数调整法可以用来印证其他成本估算法得到的结论，比较适用于建成不久的房地产的评估。

2. 建筑物贬值的估算。

（1）建筑物贬值的类型。房屋建筑物的价值减损与会计上的折旧内涵是不同的。中国资产评估协会印发的《资产评估执业准则——不动产》规定，资产评估专业人员应当综合考虑可能引起不动产贬值的主要因素，估算各种贬值。建筑物的贬值包括实体性贬值、功能性贬值和经济性贬值。

①实体性贬值。实体性贬值是指由于磨损或自然力等作用造成的价值损失。确定建筑物实体性贬值时，通常应综合考虑建筑物实际已使用年限、经济寿命年限和土地使用权剩余年限（对三种年限的界定如表 4－7 所示）的影响。在确定住宅用途建筑物实体性贬值时还需考虑土地使用权自动续期的影响。当土地使用权自动续期时，可以根据建筑物的经济寿命确定其贬值。

表 4－7　　建筑物各种年限

实际已使用年限	在评估时建筑物的状况和效用所反映的已使用年限。实际已使用年限比房龄或长或短，取决于建筑物的维修、保养情况
经济寿命年限	又称经济耐用年限，是从市场价值角度考虑建筑物本身的价值的年限。一般在成本法评估时，评估中采用经济寿命年限作为总耐用年限
土地使用权剩余年限	根据土地类型确定的最高年限扣减掉已使用年限。通常从开发商拿地开始计算
房龄	房地产的名义已使用年限

②功能性贬值。功能性贬值又称功能性衰退，是指由于需求、设计、工艺技术的改变，使建筑物所应该具有的功能在评估时已经丧失而导致的经济损失。比如住宅中过时的厨房设备、冷暖设备的不足、不符合现代居住需求的卫生间个数等；商业建筑

中悬置过低的管道、缺乏通风设备、地下停车空间不足等；功能性贬值又分为可修复的功能性贬值和不可修复的功能性贬值。

③经济性贬值。经济性贬值也称区位衰退或外在衰退，由于房地产的外在因素导致效用或价值降低而造成的经济损失。经济性贬值通常是由于市场发生变化或政府行为导致房地产最佳用途改变引起的。比如，新设立的垃圾焚烧场就会引起周边房地产价格和收益的下降。

(2) 贬值的估算。估算贬值的方法有很多种，我国房地产估价规范中只规定了经济耐用年限法，具体又可分为直线贬值法、双倍余额递减贬值法和成新折扣法。

①直线贬值法。直线贬值法假设建筑物的价值损耗是均匀的，即在耐用年限内每年的贬值额相等。建筑物贬值额的计算公式为：

$$建筑物贬值额=\frac{(C-S)\times t}{N}=\frac{C\times(1-R)\times t}{N}$$

其中，C 表示建筑物的重置价格或重建价格；S 表示预计建筑物在经济耐用年限末的净残值；t 表示建筑物实际已使用年限；N 表示建筑物的总经济耐用年限；R 表示建筑物的残值率，即建筑物净残值与其重建价格的比率。

②双倍余额递减贬值法。双倍余额递减贬值法是一种加速贬值的方法。其计算公式为：

$$建筑物贬值额=C-C\left(1-\frac{2}{N}\right)^t$$

其中，参数含义同直线贬值法公式的参数含义。

③成新折扣法。成新折扣法是根据建筑物的建成年代、新旧程度、功能损耗、维修保养及使用情况等确定其成新率进而求得贬值的方法。其计算公式为：

$$建筑物贬值额=C(1-q)$$

$$q=\frac{(N-t)}{N}$$

其中，q 表示建筑物成新率。其他参数含义同直线贬值法公式的参数含义。

【例 4-2】评估某一住宅，其总经济耐用年限为 50 年，至评估基准日该住宅已建成 15 年。经过评估专业人员的现场勘查和调研，该住宅维修保养得比较好，可以确定其实际使用年限为 12 年，从而得出剩余经济年限为 38 年。评估时，该住宅重置成本为 500 万元，假定残值率为 2%。采用直线贬值法估算该住宅的评估价值。

$$住宅贬值额=\frac{500\times(1-2\%)\times 12}{50}=117.6\ （万元）$$

$$住宅的评估价值=500-117.6=382.4\ （万元）$$

【例 4-3】依〚例 4-2〛，采用成新折扣法估算该住宅的评估价值。

$$住宅评估价值=C\times q=C\times\frac{N-t}{N}=500\times\frac{38}{50}=380\ （万元）$$

(3) 建筑物经济耐用年限的确定。建筑物经济耐用年限的确定原则：一是建筑物的经济耐用年限从建筑物竣工验收合格之日起计算（其建设期不计算在内）；二是在计算贬值时，采用建筑物经济耐用年限与土地使用权剩余年限按照孰短的原则，比如住宅用地的使用权年限为70年（从开发商拿地开始算），住宅设计年限为50年作为其经济耐用年限，则在评估时应按照经济耐用年限确定贬值。

我国现行《房地产估价规范》对各类建筑物经济耐用年限和残值率的相关规定如表4-8所示。

表4-8 建筑物的经济耐用年限和残值率参考

结构类型	经济耐用年限（年）			残值率（%）
	生产用房	受腐蚀生产用房	非生产用房	
钢结构	70	50	80	—
钢筋混凝土结构（框架、剪力墙、筒体结构）	50	35	60	0
砖混一等	40	30	50	2
砖混二等	40	30	50	2
砖木一等	30	20	40	6
砖木二等	30	20	40	4
砖木三等	30	20	40	3
简易	10			0

Tips：在确定建筑物经济耐用年限时还可参考现行国家标准《建筑结构可靠度设计统一标准》（GB50068－2018）的规定：（1）临时性结构，设计使用年限为5年；（2）易于替换的结构构件，设计使用年限为25年；（3）普通房屋和构筑物，设计使用年限为50年；（4）纪念性建筑和特别重要的建筑结构，设计使用年限为100年。

住宅设计使用年限根据国家颁布的《住宅建筑规范》（GB50368－2005）。

3.1.5 住宅结构在规定的设计使用年限内必须具有足够的可靠性。

3.3.1 住宅的设计使用年限一般为50年。当住宅达到设计使用年限并需要继续使用时，应对其进行鉴定，并根据鉴定结论作相应处理。重大灾害（如火灾、风灾、地震等）对住宅的结构安全和使用安全造成严重影响或潜在危害的。遭遇重大灾害后的住宅需要继续使用时，也应进行鉴定，并做相应处理。

6.1.1 住宅结构的设计使用年限不应少于50年，其安全等级不应低于二级。

6.1.4 住宅结构应能承受在正常建造和正常使用过程中可能发生的各种作用和环境影响。在结构设计使用年限内，住宅结构和结构构件必须满足安全性、适用性和耐久性要求。

6.1.6 邻近住宅的永久性边坡的设计使用年限，不应低于受其影响的住宅结构的设计使用年限。

第三节　房地产评估的市场法

一、市场法的基本原理和适用范围

（一）市场法的基本原理

市场法是房地产评估中最常用的基本方法之一，也是国内外在不动产评估中广泛采用的方法。市场法又称实例比较法、市场比较法等。它是在同一市场条件下，根据替代原则，以条件类似或功能相同的房地产交易实例为参照物，与被评估房地产进行对照比较，对两者之间的交易日期、交易情况、区域因素及个别因素等的差异进行修正，进而确定被评估房地产在评估基准日评估价值的方法。

（二）适用范围

市场法适用于房地产市场比较发达、交易实例比较丰富易得的地区。在同一区域或同一供求范围内的类似区域中，与被评估房地产相类似的交易实例越多，市场法的应用效用越好。但是在以下四种情况下往往很难使用市场法：

（1）没有房地产交易或房地产交易较少的地区；

（2）特殊类型的房地产，比如古建筑、文物遗址的土地、风景名胜土地等；

（3）很难成为交易对象的房地产，比如教堂、寺庙等；

（4）很少发生交易的房地产，比如体育馆、学校用地、图书馆、邮局等。

二、市场法的计算公式

市场法是通过可比参照物价格的一系列修正，得到被评估房地产在评估基准日的市场状况下的评估价值。主要包括交易情况、交易日期、区域因素和个别因素等方面的修正。其计算公式为：

$$P = P' \times A \times B \times C \times D$$

其中，P 表示被评估房地产的评估价值；P′表示参照物交易价格；A 表示交易情况修正系数；B 表示交易日期修正系数；C 表示区域因素修正系数；D 表示个别因素修正系数。

在评估实务中，也可采用下列计算公式：

$$P = P' \times \frac{100}{(\quad)} \times \frac{(\quad)}{100} \times \frac{100}{(\quad)} \times \frac{100}{(\quad)}$$

其中，参数含义同前公式。具体内容为：

$$A = \frac{100}{(\quad)} = \frac{\text{正常交易情况指数}}{\text{参照物交易情况指数}}$$

$$B = \frac{(\quad)}{100} = \frac{\text{评估基准日价格指数}}{\text{参照物交易时价格指数}}$$

$$C=\frac{100}{(\quad)}=\frac{\text{被评估房地产区域因素指数}}{\text{参照物区域因素指数}}$$

$$D=\frac{100}{(\quad)}=\frac{\text{被评估房地产个别因素指数}}{\text{参照物个别因素指数}}$$

在上述各式中，交易情况修正系数A中的分子100表示以正常交易情况下的价格为基准而确定的参照物交易情况的价格修正系数；交易日期修正系数B中的分母100表示以参照物交易时的价格指数为基准而确定评估基准日的价格指数；区域因素修正系数C中的分子100表示以被评估房地产为基准而确定的参照物区域修正系数；个别因素修正系数D中的分子100表示以被评估房地产为基准而确定的参照物个别修正系数。

需要说明的是，修正因素根据具体房地产评估状况选择，不仅仅局限于上述四种。组成房地产修正因素的各个因子都可以独立扩展出来进行单独修正。

三、市场法的操作步骤

运用市场法对房地产进行评估，主要经过以下五个方面的程序：（1）收集交易资料；（2）确定参照物（选择可比交易实例）；（3）建立比较基础；（4）对参照物价格进行因素修正；（5）确定房地产评估价值。

（一）收集交易资料

运用市场法评估房地产价值时，应当收集充裕的交易资料，并且有足够多的交易实例作为可供选择的参照物，这也是市场法运用的基础和前提条件。资产评估专业人员可以通过查阅政府有关部门关于房地产交易的申报登记资料、各种报刊网络媒体关于房地产租售信息，也可以通过各类房地产交易展示会获取资料信息以及向同行获取有关咨询等途径掌握房地产交易的相关信息，并对所获得的交易实例资料进行查验核实，以确保评估结果的可信性。

具体收集交易实例的信息内容包括：

（1）交易双方的情况及交易目的。比如交易目的、交易方式、交易双方之间有无特殊利益关系、交易动机、税费负担方式等。

（2）交易实例的基本状况。比如坐落位置、形状、面积、用途、建筑物建成时间、结构、产权状况、土地使用期限等。

（3）成交价格及成交日期。成交价格包括总价、单价及计价方式等。

（4）付款方式。包括一次性付清、分期付清、抵押贷款、租金支付等方式。

（二）确定参照物（选择可比交易实例）

从搜集到的众多的房地产交易实例和已积累的大量交易实例中，选取与被评估房地产条件相同或相似的、成交日期与评估时点相近的、成交价格为正常价格或可修正为正常价格的交易实例作为参照物。可比参照物选择的恰当与否，将直接影响市场评估的结果，因此，对参照物的选择应特别慎重。在市场法评估实际工作中，一般应选取3个及以上交易实例作为参照物。参照物少于3个，则其代表性较差，难以客观反映市场状况，可能造成评估结果出现偏差。

可作为参照物的交易实例一般应符合以下四个条件：

（1）与被评估房地产相类似。比如在用途、区位、规模、建筑结构、权利性质等方面与被评估房地产相类似。

（2）交易日期与被评估房地产评估基准日相近。

（3）交易价格为正常价格或可修正为正常价格。

（4）交易类型与评估目的相适合。

（三）建立比较基础

选择好参照物后，应对其成交价格的表达方式和内涵进行统一，以便后续各项因素的修正。主要从以下五个方面进行统一：

（1）统一面积内涵和面积单位。如面积内涵有建筑面积或使用面积，面积单位有平方米、平方公里等，需要对其进行统一并折算为一致。

（2）统一货币计量单位。币种一般采用人民币。若存在外币交易类型，对不同货币种类之间的换算，按照成交时中国人民银行公布的市场汇率中间价进行折算。

（3）统一计价单位。确定采用总价还是单价。

（4）统一付款方式。明确是否存在分期付款方式，一般以一次性全额付款为标准进行折算。

（5）统一税费负担。交易税费应由双方承担，将实际一方承担税费统一折算成双方承担。

（四）对参照物价格进行因素修正

1. 交易情况修正。房地产的自然特性和经济特性决定了房地产市场是一个不完全竞争的市场，房地产市场的交易情况千差万别。因此，在运用市场法对房地产进行评估时，需要对参照物的交易情况进行修正，将交易中由于个体情况产生的交易价格偏差进行剔除后修正为正常价格。

房地产交易中的特殊情况主要有以下五种。

（1）有利害关系人之间的交易。如亲友之间、有利害关系的公司之间、公司与其员工之间等，通常会低于市价的价格进行交易。

（2）急于出售或急于购买的交易。比如急售情况下可能导致交易价格偏低，急买情况下可能导致交易价格偏高。再如按照政府相关政策，限期处置低效闲置的不动产，往往交易价格也会偏低。

（3）买方或卖方获取的市场信息不全。比如卖方不了解市场行情，盲目出售，可能导致交易价格偏低；而买方不了解市场行情，盲目购买，可能导致交易价格偏高。

（4）采取挂牌、拍卖、协议等不同交易形式，往往也会表现出不同的交易价格。

（5）交易税费非正常负担的交易。比如契税等相关本应由卖方负担的税费，却转嫁给了买方，就会造成交易价格的不正常（现实中很多二手房交易实际都是买方承担全部的税费）。

通过交易情况的修正，将参照物交易价格修正为正常交易情况下的价格。根据如下公式：

$$交易情况修正后的正常价格 = 参照物交易价格 \times \frac{正常交易情况指数}{参照物交易情况指数}$$

$$= 参照物交易价格 \times \frac{100}{(\quad)} = 参照物交易价格 \times A$$

如果参照物交易时的价格低于正常情况下的价格，$A>1$；反之，则 $A<1$。

2. 交易日期修正。参照物的交易日期与被评估房地产的评估基准日往往有一段时间差。在此期间，房地产市场可能不断发生变化，房地产的价格可能上涨或下跌。因此，根据房地产价格的变动率，将参照物交易价格修正为评估基准日时的房地产价格。

房地产价格的变动率一般用房地产价格变动指数来表示。其修正公式如下：

评估基准日价格 = 参照物交易价格 × 评估基准日价格指数

【例 4-4】 现对某一普通住宅进行评估，评估基准日为 2021 年 7 月。选取某一类似住宅的成交实例作为参照物，该参照物交易价格为 12 000 元/平方米，交易日期为 2021 年 1 月。经资产评估专业人员对市场交易行情的了解和判断，该类房地产月上涨率为 2%，对该参照物进行交易日期修正到评估基准日的市场价格为：

$$参照物修正交易日期的市场价格 = 12\,000 \times (1+2\%)^6$$

$$= 12\,000 \times 1.1262 = 13\,514.4\ (元/平方米)$$

3. 区域因素修正。将参照物在其区域环境状态下的价格调整为被评估房地产的区域环境下的价格，即将参照物与评估对象的区域因素进行比较，找出由于区域因素的优劣造成的价格差异，进行调整。区域因素修正方面主要包括商业繁华程度、交通便捷程度、环境及景观、公共设施配套完备程度、城市规划、产业聚集程度等。影响不同用途房地产的区域因素不同，比较修正时需要根据具体情况选择对其价格有影响的主要因素。

区域因素对价格影响程度的判断比较困难，一定程度上依赖于评估专业人员的经验与判断。区域因素修正公式为：

区域因素修正后的参照物价格 = 参照物价格 × 区域因素修正系数

区域因素修正的方法主要有以下两种：（1）直接比较修正法。直接比较修正法是以被评估房地产的各项区域因素状况为基准，与参照物相对应的区域因素进行逐项比较并打分，最后确定修正比率。通常将被评估房地产的基准分值设为 100，若参照物的某项区域因素优于被评估对象，则得分高于 100；反之，得分低于 100。（2）间接比较修正法。间接比较修正法是以设定的某标准房地产的各项区域因素为基准，将被评估房地产与参照物的区域因素与标准房地产的区域因素进行比较，并逐项打分，然后将分值转换成修正比率。通常将标准房地产的基准分值设为 100，若被评估房地产与参照物的某项区域因素优于该标准时，则得分高于 100；反之，得分低于 100。

4. 个别因素修正。个别因素修正是将参照物的个别因素状况下的价格调整为被评估房地产的个别因素状况下的价格。个别因素修正的主要内容包括：（1）土地个别因素修正，如面积、形状、临路状况、土地平整程度、基础设施完备程度、地势地形、规划管制等。（2）建筑物个别因素修正，如新旧程度、装修、设施设备、平面布局、建筑结构、工程质量、楼层、朝向等。

个别因素修正方法与区域因素修正方法一样，也可以采用直接比较修正法和间接比较修正法。个别因素修正计算公式为：

个别因素修正后的参照物价格 = 参照物价格 × 个别因素修正系数

5. 容积率修正。容积率修正是消除由于容积率不同而造成的地价水平的差异。容积率对地价影响体现在以下四个方面：（1）同一块宗地在不同容积率下的价格是不同的；（2）在一定开发强度内，宗地价格与容积率成正比，但并非线性关系；（3）不同土地用途下的容积率对宗地价格的影响也不同；（4）不同区域内容积率对宗地价格的影响程度也不同。因此，容积率的修正需要根据区域的情况做具体分析。容积率修正的计算公式为：

$$\text{容积率修正后的参照物价格} = \text{参照物交易价格} \times \frac{\text{被评估宗地容积率修正系数}}{\text{参照物容积率修正系数}}$$

【例 4－5】某城市某用途土地的容积率修正系数如表 4－9 所示。

表 4－9　容积率修正系数

容积率	0.1	0.4	0.7	1.0	1.1	1.3	1.7	2.0	2.1	2.5
修正系数	0.5	0.6	0.8	1.0	1.1	1.2	1.6	1.8	1.9	2.0

如果某参照物的宗地地价为 8 000 元/平方米，容积率为 2.1，被评估宗地规划容积率为 1.7。则经容积率修正后的参照物价格为：

$$\text{容积率修正后的参照物价格} = 8\,000 \times \frac{1.6}{1.9} = 6\,738.84\ （\text{元/平方米}）$$

6. 年期修正。年期修正是消除由于土地使用年期不同而造成的房地产价格水平的差异，即将各参照物的不同使用年期修正到被评估房地产土地使用年期，以消除因土地使用年期不同而对价格带来的影响。一般来说，土地使用年限越长，总收益越高，土地的价格也越高。年期修正的计算公式为：

$$\text{年期修正系数} = \frac{1 - \frac{1}{(1+r)^m}}{1 - \frac{1}{(1+r)^n}} = \frac{(P/A, r, m)}{(P/A, r, n)}$$

年期修正后的参照物价格 = 参照物交易价格 × 年期修正系数

其中，m 为被评估房地产剩余使用年限；n 为参照物在交易日时的剩余使用年限；r 为折现率；（P/A，r，m）和（P/A，r，n）为年金现值系数。

【例 4－6】某被评估宗地的出让年限为 20 年，选择的参照物成交地价为 3 000 元/平方米，其对应的土地使用年限为 30 年，假设土地资本化率为 10%。则土地使用年限修正如下：

$$\text{年期修正后的地价} = 3\,000 \times \frac{1 - \frac{1}{(1+10\%)^{20}}}{1 - \frac{1}{(1+10\%)^{30}}} = 2\,709.45\ （\text{元/平方米}）$$

（五）确定房地产评估价值

通过上述各因素的修正得到各个参照物的修正价格，即初评结果。参照物个数决定了初评结果的个数，再采用简单算术平均法或加权算术平均法等统计方法求得最终的评估价值。

四、市场法的应用实例

【例4－7】被评估房地产为某城市一空地，面积为800平方米，评估基准日为2020年5月，其用途为商业用地。评估专业人员通过市场调查，发现该类房地产在该市交易较为频繁，且相类似的房地产交易实例较多，因此，可以采用市场法对该宗地进行价值评估。评估专业人员通过进一步的市场调查和相关数据资料的收集，选择了同一区域的三个比较相似的交易实例为参照物（A、B、C）。比较实例的有关资料如表4－10所示。

表4－10　　参照物的相关资料

<table>
<tr><th colspan="2">项目</th><th>A</th><th>B</th><th>C</th><th>被评估空地</th></tr>
<tr><td colspan="2">位置</td><td>繁华中心</td><td>临近中心</td><td>次临近中心</td><td>繁华中心</td></tr>
<tr><td colspan="2">用途</td><td>商业</td><td>商业</td><td>商业</td><td>商业</td></tr>
<tr><td colspan="2">土地类型</td><td>空地</td><td>空地</td><td>空地</td><td>空地</td></tr>
<tr><td colspan="2">单价（元/平方米）</td><td>3 200</td><td>2 700</td><td>2 800</td><td></td></tr>
<tr><td colspan="2">交易日期</td><td>2020年1月</td><td>2020年3月</td><td>2020年5月</td><td>2020年5月</td></tr>
<tr><td colspan="2">交易情况</td><td>正常</td><td>拍卖出让</td><td>正常</td><td>正常</td></tr>
<tr><td rowspan="4">区域因素</td><td>基础设施完备度</td><td>完备</td><td>较完备</td><td>完备</td><td>完备</td></tr>
<tr><td>交通便捷度</td><td>很好</td><td>一般</td><td>一般</td><td>较好</td></tr>
<tr><td>距离大商业网点</td><td>1公里</td><td>3公里</td><td>2.5公里</td><td>2.5公里</td></tr>
<tr><td>环境质量</td><td>较好</td><td>较好</td><td>较好</td><td>较好</td></tr>
<tr><td rowspan="4">个别因素</td><td>面积（平方米）</td><td>500</td><td>600</td><td>850</td><td>800</td></tr>
<tr><td>地质水文</td><td>普通</td><td>普通</td><td>普通</td><td>普通</td></tr>
<tr><td>形状</td><td>规则矩形</td><td>不规则长方形</td><td>规则矩形</td><td>规则矩形</td></tr>
<tr><td>地势</td><td>平坦</td><td>略低洼</td><td>平坦</td><td>平坦</td></tr>
<tr><td colspan="2">规划（容积率）</td><td>1.3</td><td>1.1</td><td>1.7</td><td>1.1</td></tr>
<tr><td colspan="2">剩余使用年限（年）</td><td>35</td><td>30</td><td>35</td><td>40</td></tr>
</table>

根据调查，该市该区域的土地价格自2019年开始每月上涨1%。该城市商业用地的容积率修正系数如表4－11所示。

表 4－11　　部分容积率修正系数

容积率	1.0	1.1	1.2	1.3	1.4	1.5	1.6	1.7	1.8	1.9
修正系数	0.922	0.962	1.000	1.037	1.073	1.108	1.141	1.173	1.205	1.234

假设该市该类土地资本化率为10%。

要求：根据上述资料，采用市场法对该空地进行价值评估。

根据上述相关资料，先进行各种因素的修正，再计算被评估空地的价格。

1. 因素修正。

（1）交易情况修正。根据调查资料，参照物A和参照物C与被评估房地产都属于正常交易，不用修正。只需对参照物B进行修正。由于参照物B属于拍卖出让交易方式，经进一步调查可知，参照物B的成交价格比其成交时的正常市场价格偏低3%。则有：

$$参照物B的交易情况修正系数=\frac{100}{100-3}\approx 1.03$$

（2）交易日期修正。由于该城商业用地地价每月上涨1%，因此，根据三个参照物的交易日期进行修正。其中，参照物A交易时间至评估基准日上涨了4%，参照物B交易时间至评估基准日上涨了2%，参照物C交易时间与被评估房地产评估基准日同一月份。

$$参照物A的交易日期修正系数=\frac{104}{100}\approx 1.04$$

$$参照物B的交易日期修正系数=\frac{102}{100}\approx 1.02$$

$$参照物C的交易日期修正系数=\frac{100}{100}=1$$

（3）区域因素修正。根据上述资料，对区域因素的修正采用直接比较修正法，以被评估房地产为基准，并设定为100分。参照物根据区域因素与基准比较进行打分，具体分值计算如表4－12所示。

表 4－12　　参照物区域因素修正分值

项目		A	B	C	被评估空地
区域因素	基础设施完备度	100	96	100	100
	交通便捷度	105	95	95	100
	距离大商业网点	105	102	100	100
	环境质量	100	100	100	100
分值合计		410	393	395	400
修正系数		1.025	0.9825	0.9875	1

参照物区域因素修正系数＝参照物分值合计÷被评估空地分值合计

（4）个别因素修正。根据上述资料，对个别因素的修正也采用直接比较修正法，以被评估房地产为基准，并设定为100分。参照物根据个别因素与基准比较进行打分，具体分值计算如表4－13所示。

表4－13　　参照物个别因素修正分值

项目		A	B	C	被评估空地
个别因素	面积（平方米）	94	96	101	100
	地质水文	100	100	100	100
	形状	100	95	100	100
	地势	100	95	100	100
分值合计		394	386	401	400
修正系数		0.985	0.965	1.0025	1

一般就商业用地而言，面积较大便于充分利用。因此，被评估房地产面积与参照物C优于参照物A和参照物B；形状规则矩形为最佳。

参照物个别因素修正系数＝参照物分值合计÷被评估空地分值合计

（5）容积率修正。

$$参照物A容积率修正系数=\frac{被评估宗地容积率修正系数}{参照物容积率修正系数}=\frac{0.962}{1.037}\approx 0.9277$$

$$参照物B容积率修正系数=\frac{被评估宗地容积率修正系数}{参照物容积率修正系数}=\frac{0.962}{0.962}=1$$

$$参照物C容积率修正系数=\frac{被评估宗地容积率修正系数}{参照物容积率修正系数}=\frac{0.962}{1.173}\approx 0.8201$$

（6）土地剩余使用年限修正。

$$参照物A年期修正系数=\frac{(P/A,10\%,40)}{(P/A,10\%,35)}=\frac{9.779}{9.644}\approx 1.014$$

$$参照物B年期修正系数=\frac{(P/A,10\%,40)}{(P/A,10\%,30)}=\frac{9.779}{9.427}\approx 1.037$$

$$参照物C年期修正系数=\frac{(P/A,10\%,40)}{(P/A,10\%,35)}=\frac{9.779}{9.644}\approx 1.014$$

2. 计算参照物的初评结果（修正价格）。

$P_A=3\,200\times 1\times 1.04\times 1.025\times 0.985\times 0.9277\times 1.014=3\,160.74$（元/平方米）

$P_B=2\,700\times 1.03\times 1.02\times 0.9825\times 0.965\times 1\times 1.037=2\,788.94$（元/平方米）

$P_C=2\,800\times 1\times 1\times 0.9875\times 1.0025\times 0.8201\times 1.014=2\,305.07$（元/平方米）

3. 计算被评估房地产的评估价值。根据对参照物的调查研究，评估专业人员认为三个参照物与被评估房地产的可比性各有优劣，因此，采用简单算术平均法对初评结果进行处理得到被评估房地产的评估价值。

被评估房地产的评估价值（单价）＝（3 160.74＋2 788.94＋2 305.07）÷3
＝2 751.58（元/平方米）

被评估房地产的评估价值（总价）＝2 751.58×800＝2 201 264（元）

第四节 房地产评估的收益法

一、收益法的基本原理和适用范围

（一）收益法的基本原理

收益法又称收益现值法、收益资本化法、投资法。收益法也是我国房地产评估中最常用的方法之一，在国外经常被用于收益性房地产的评估。根据预期收益原理，某项资产当前的价值等于该资产未来收益年限内各期净收益现值的总和。收益法将被评估房地产的未来各期预期的净收益，用适当的折现率（或资本化率）折现累加获得评估基准日价值的方法。其计算公式为：

$$\text{房地产评估价值} = \sum_{t=1}^{n} \frac{\text{被评估房地产预计第 } t \text{ 年净收益}}{(1+\text{折现率})^t}$$

根据上述公式可知，运用收益法的关键是能够准确估算被评估房地产的预期净收益及收益年限，以及确定恰当的折现率。因此，运用收益法的前提条件主要有以下三个方面：

（1）房地产的未来收益可以预测并能用货币来衡量；

（2）收益期内，房地产拥有者获得未来预期收益所承担的不确定性（风险）可以预测，并能够用货币衡量；

（3）房地产预期的收益年限可以预测。

（二）适用范围

收益法通常适用于经营性且有稳定收益的房地产价值评估，比如商场、写字楼、酒店、旅馆等。对于学校、政府办公楼、公园等非营利性房地产评估一般不适宜用此方法。

二、收益法的计算公式

采用收益法既可以单独评估土地的价值，也可以单独评估地上建筑物的价值，还可以评估房地合一的房地产的价值。具体计算公式如下。

（一）单独评估土地的价值

1. 通常土地出租的情况并不多见，如果是空地出租，则可用以下计算公式：

$$\text{土地价值} = \frac{\text{土地净收益}}{\text{土地资本化率}}$$

其中：土地净收益 = 土地总收益 - 土地总费用

土地总费用 = 管理费用 + 维护费用 + 税金

2. 由房地产收益评估土地价值。

(1) 土地价值 = 房地产收益 - 建筑物现值

建筑物现值 = 建筑物重置价值 - 年贬值额 × 已使用年限

$$年贬值额 = \frac{建筑物重置价值 - 残值}{使用年限} = \frac{建筑物重置价值 \times (1 - 残值率)}{使用年限}$$

(2)

$$土地价值 = \frac{房地产净收益 - 建筑物净收益}{土地折现率}$$

(二) 单独评估地上建筑物的价值

建筑物价值 = 房地产价值 - 土地价值

= (房地产净收益 - 土地净收益) ÷ 建筑物资本化率

(三) 评估房地合一的房地产的价值

$$房地产价值 = \frac{房地产净收益}{综合折现率}$$

房地产净收益 = 房地产总收益 - 房地产总费用

房地产总费用 = 管理费用 + 维护费用 + 保险费 + 税金

需注意，房地产总费用中并不包括房地产的折旧费用。

上述所列公式均假定土地使用年期为无限期。

三、收益法的模型中各参数的确定

(一) 净收益

在房地产评估中的净收益通常是指客观净收益，即房地产在正常的市场条件下、在法律允许的最佳用途下获取的净收益值，其中还包含了对未来收益和风险的合理预期。实际净收益是指在具体的房地产权益持有人实际获取的房地产净收益，由于实际净收益会受到多种因素的影响，通常不能直接用于评估。因此，只有客观净收益才能作为评估的依据。

客观净收益 = 客观总收益 - 客观总费用

1. 客观总收益。(年) 总收益是指以收益为目的的房地产和与之有关的各种设施、劳动力及经营管理者等因素相结合产生的收益，也是被评估房地产一年内所获得的所有收益。在用收益法评估房地产时，应以客观收益（即正常使用）为基础，而不能以实际收益为基础。在计算以客观收益为基础的总收益时，房地产所产生的正常收益必须是其处于最有效使用状态下的结果，即该房地产在法律允许前提下处于最有效使用方向和最有效使用程度。

由于现实经济过程的复杂性，房地产的收益状况也错综复杂，因此，评估专业人员较难确定正常收益。例如，某种经营带来的收益虽丰厚，但在未来可能由于市场条件的变化、竞争态势的变化等因素导致收益存在下降的风险，则不能用现时收益来估价，而必须对其加以修正。为此，在确定收益时，需要考虑以下三个方面：

（1）需以类似房地产的收益作比较；

（2）需对市场走势作准确的预测；

（3）必须考虑收益的风险性和现时性。

运用收益法评估房地产时，有租约限制的，租约期内的租金宜采用租约所确定的租金；超过租约期的租金（预计收益）应采用正常客观的租金，并在资产评估报告中披露租约情况。

2. 客观总费用。总费用是指取得该收益所必需的各项支出，即为创造收益所必须投入的正常支出，如维修费、管理费等。与客观总收益相对应，总费用也应是客观总费用。总费用所包含的项目随被评估房地产的状态不同而有所不同。费用支出中，有正常支出和非正常支出。在计算净收益时，要对总费用做认真分析，剔除非正常支出，选择正常支出作为总费用。

用来计算房地产净收益中的总费用一般不包含折旧费，通常包括管理费、维修费、保险费、税费等。

（二）折现率（资本化率）

收益法中的折现率实质上是投资报酬率，折现率的高低在一定程度上反映了投资报酬率的大小。遵循投资风险、报酬率的一般规律，投资风险越高，投资报酬率就越高；反之，投资风险越小，投资报酬率就越低。处于不同用途、不同区域、不同交易时间的房地产，其投资风险不尽相同，因此，折现率也各不相同。

1. 折现率的估算。折现率的估算通常有以下三种方法。

（1）净收益与市价比率法。净收益与市价比率法又称市场提取法，是指评估专业人员在市场上搜集3个以上近期交易的类似房地产的成交价格、净收益等资料，运用相应公式计算出它们各自的折现率，然后再根据具体情况，采用简单算术平均法或加权算术平均法求得折现率。

该方法运用的基础是房地产商品的可替代性。所选案例均来自市场，能直接反映市场供求状况。因此，按照此方法计算出来的折现率基本能反映投资该房地产的报酬率。

【例4-8】在采用收益法进行某类房地产的价值评估，在近期市场上找到相类似的房地产交易实例4个，计算该被评估房地产的折现率。假定采用简单算术平均法计算被评估房地产折现率。交易实例相关资料及折现率计算如表4-14所示。

表4-14　交易实例相关资料及折现率计算

项目	交易实例1	交易实例2	交易实例3	交易实例4
（年）客观总收益（元）	30 000	35 000	28 000	32 000
（年）客观总费用（元）	15 800	16 000	14 200	17 400
净收益（元）	14 200	19 000	13 800	14 600

续表

项目	交易实例1	交易实例2	交易实例3	交易实例4
成交价格（元）	90 000	110 000	85 000	88 000
年限（年）	30	40	25	30
可比交易实例折现率（%）	15.46	17.25	15.83	16.43
被评估房地产折现率（%）	（15.46 + 17.25 + 15.83 + 16.43）÷4≈16.24			

根据公式：成交价格 = 年净收益 ×（P/A，r，n），求出折现率 r。

以交易实例 1 为例计算折现率：

①90 000 = 14 200 ×（P/A，r，30），得（P/A，r，30）= 90 000 ÷ 14 200 = 6.338

②查年金现值系数表，可得 r = 16% 时，（P/A，r，30）= 6.177；r = 15% 时，（P/A，r，30）= 6.566。利用插值法：

$$\frac{r-15\%}{16\%-15\%}=\frac{6.388-6.566}{6.177-6.566}$$

③求得折现率 r = 15.46%。

同理也可求得交易实例 2、交易实例 3 和交易实例 4 的折现率，分别为 17.25%、15.83%、16.43%。

（2）安全利率加风险调整值法。根据公式：折现率 = 安全利率 + 风险调整值。其中，安全利率即无风险报酬率，一般选择银行中长期利率或中长期国债的利率。根据影响被评估房地产的社会经济环境状况、投资风险程度，确定一个风险调整值。该方法简便易行，对市场要求不高，应用相对广泛，但是风险调整值的确定带有一定的主观性，难以准确把握。

（3）各种投资收益排序插入法。评估专业人员收集市场上各种投资收益率的资料，然后将各项投资收益率大小进行排序，再估计被评估房地产投资风险在该风险排序中的位置，最后确定其折现率的大小。

2. 折现率的种类。

（1）综合折现率。综合折现率是将土地和附着于其上的建筑物看作一个整体进行评估所采用的折现率。此时，评估的是房地产整体的价值，采用的净收益也是房地合一的净收益。

（2）建筑物折现率。建筑物折现率用于评估建筑物的价值。对应的净收益是建筑物自身产生的净收益，把房地产整体收益中的土地净收益扣除在外。

（3）土地折现率。土地折现率用于评估土地自身的价值。对应的净收益是土地自身的净收益，把房地产整体收益中的建筑物净收益扣除在外。

综合折现率、建筑物折现率和土地折现率的关系，可以用以下公式表示：

$$r=\frac{r_1\times L+r_2\times B}{L+B}$$

其中，r 为综合折现率；r_1 为土地折现率；r_2 为建筑物折现率；L 为土地价值；B 为建筑物价值。

根据上式可以推导出土地折现率：

$$r_1 = \frac{r \times (L+B) - r_2 \times B}{L}$$

（三）收益年限

房地产收益年限应根据具体的被评估房地产的寿命和评估时采用的假设条件等来确定。建筑物的剩余经济寿命和土地使用权的剩余年限是必须要考虑的参数，同时还应根据法律、行政法规的规定确定。

1. 采用收益法评估房地产时，有合同约定的（比如租约），以合同限制的期限为收益年限。

2. 对于单独的土地和单纯的建筑物作为评估对象的，应分别根据土地使用权剩余年限和建筑物剩余经济寿命，确定未来可获收益的年限。

3. 对于房地合一的房地产评估时，根据建筑物剩余经济寿命与土地使用权剩余年限孰短的原则确定收益年限。当建筑物剩余经济寿命短于土地使用权剩余年限时，在计算未来预期净收益时还需再加上土地使用权年限超过建筑物经济寿命的土地使用权年限价值的折现值。

四、收益法的应用实例

【例4-9】被评估房地产为一钢筋混凝土结构的写字楼，该写字楼占用的土地于2015年10月由其开发商以有偿出让的方式取得，该土地使用权的最高年期为50年。写字楼于2017年10月建成竣工并投入使用，当时建造成本为3 000元/平方米，经专家鉴定估测写字楼的经济耐用年限为55年，残值率为2%。该写字楼占地1 000平方米，建筑面积为2 500平方米。目前该类建筑物重置成本为3 500元/平方米。根据市场调查，获知当地同类写字楼的出租资金平均为每月100元/平方米，同类物业的市场平均空置率保持在10%左右。每年需支付的管理费为年租金的3.5%，年维修费为建筑重置成本的1.5%，土地使用税及房产税合计为20元/平方米，保险费为建筑重置成本的0.2%。假定土地资本化率为7%，建筑物资本化率为8%，土地使用权年限届满，土地使用权及地上建筑物由国家无偿收回。

要求：根据上述相关资料评估该宗地在2020年10月的土地使用权价值。

①该房地产有经济收益，且可以较可靠的预测，可以采用收益法进行评估。

②计算总收益（客观总收益）。按照评估基准日市场状况来估测的总收益是客观总收益，而非实际总收益。

年总收益 = 100 × 2 500 × 12 × (1 - 10%) = 2 700 000（元）

③计算年总费用（客观总费用）。

年管理费 = 2 700 000 × 3.5% = 94 500（元）

年维修费 = 3 500 × 2 500 × 1.5% = 131 250（元）

年土地使用税及房产税 = 20 × 2 500 = 50 000（元）

年保险费 = 3 500 × 2 500 × 0.2% = 17 500（元）

年总费用 = 94 500 + 131 250 + 50 000 + 17 500 = 293 250（元）

④计算房地产净收益。

年房地产净收益 = 年总收益 − 年总费用 = 2 700 000 − 387 750 = 2 406 750（元）

⑤计算建筑物净收益。根据资料可知，建筑物的经济耐用年限为55年，建筑物可使用年限为48年（土地使用权年限50年 − 建设期2年）。因此，建筑物还没到经济耐用年限，就因土地使用权年限到期而被国家无偿收回，也不存在残值回收的问题。

建筑物年贬值 = 建筑物重置成本 ÷ 48

= (3 500 × 2 500) ÷ 48 ≈ 182 292（元）

建筑物现值 = 建筑物重置成本 − 年贬值 × 已使用年限

= (3 500 × 2 500) − 182 292 × 3 = 8 203 124（元）

年建筑物净收益 = 建筑物现值 × 建筑物资本化率（假定建筑物收益年期无限）

= 8 203 124 × 8% ≈ 656 250（元）

⑥计算土地净收益。

年土地净收益 = 年房地产净收益 − 年建筑物净收益

= 2 406 750 − 656 250 = 1 750 500（元）

⑦计算土地使用权价值。土地使用权在评估基准日的剩余年限为45年（50 − 5）。则：

土地使用权价值 = 土地年净收益 × (P/A, 7%, 45)

= 1 750 500 × 13.6055 = 23 816 427.75（元）

土地单价 = 23 816 427.25 ÷ 1 000 ≈ 23 816（元/平方米）

第五节 房地产评估的其他方法

一、假设开发法

（一）假设开发法的基本概念及适用范围

1. 基本概念。假设开发法又称剩余法、预期开发法和倒算法，是将被评估房地产开发后的预期价值扣除正常投入费用、正常税费及合理利润后，根据剩余价值测算被评估房地产价值的方法。对于房地产开发商而言，在房地产方面的投资主要是为了获取利润。不同的开发商，由于其对房地产的利用不同，其投入的成本和要求的利润可能也不相同。假设房地产以最合理的利用并获得最大的收益，再扣除为达到最好用途所需花费的各种成本，余下就是房地产投资商目前可以接受的最高价格。假设开发法的可行性主要取决于最佳开发利用方式的选择和未来开发完成的房地产价格的预测，只要这两项具有一定的准确性，该方法的可靠性也就有了一定的保证。

2. 适用范围。假设开发法主要适用于具有开发和再开发潜力且其开发完成后的价值可以确定的房地产的评估。主要有下列四种房地产的评估可以采用该方法。

（1）待开发土地的评估（假设开发）。

（2）将生地开发成熟地的土地评估。用开发完成后的熟地价减去土地开发费用。

（3）待拆迁改造的再开发地产的评估。此时的建造安装费用还应包括拆迁费用。

（4）对已建成房地产中的房屋或土地的评估。

采用假设开发法还必须具备以下前提条件：

（1）房地产开发必须有明确的规划，且规划应得到相关规划部门的批准，并在有效期内。

（2）假设土地或房地产的利用方式为最高最佳开发利用方式，包括用途、使用强度、建筑物的设计等。

（3）售价和成本的预测必须符合合法原则，在正确分析房地产市场行情，掌握房地产市场中的有关数据信息的情况下，与当地房地产市场的实际相符合。

（二）假设开发法的计算公式

假设开发法的基本计算公式为：

$$P=A-(B+C+D+E)$$

其中，P表示土地价值；A表示开发完成后的房地产价值；B表示项目开发成本；C表示投资利息；D表示开发商合理利润；E表示正常税费。

在评估实践中，较常用的假设开发法的计算公式为：

$$\text{被评估土地价值}=\text{开发完成后房地产的价值}-\text{开发成本}-\text{投资利息}-\text{投资利润}-\text{销售税费}$$

（三）假设开发法的具体步骤

1. 调查被评估房地产的基本情况。基本情况主要包括以下五个方面。

（1）土地的限制条件，如土地政策的限制，城市规划、土地利用规划的制约等。

（2）土地位置，掌握土地所在城市的性质及在城市中的具体位置，以及周围土地的条件和利用现状。

（3）土地面积的大小及形状、地质状况、地形地貌、基础设施状况、生活设施状况以及公共设施状况等。

（4）房地产利用要求，掌握城市规划，对宗地的规划用途、容积率、覆盖率、建筑高度限制等要求。

（5）地块的权利状况，包括权利性质、使用年限、能否续期、是否已设定抵押权等。这些权利状况与开发完成后的房地产价值、售价与租金水平有着非常密切的关系。

2. 确定被评估房地产的最佳利用方式。根据调查的土地状况和房地产市场条件等，在城市规划及法律法规等允许的范围内，确定地块的最佳开发利用方式，包括明确用途、建筑容积率、土地覆盖率、建筑高度、建筑装修档次等。在选择最佳开发利用方式时，最重要的是选择最佳的土地用途。

3. 预测房地产售价。根据开发商地产的类型，开发完成后的房地产总价可以通过两个途径估计。

（1）对出售的房地产，如居住用商品房、工业厂房等可采用市场法确定开发完成后的房地产售价。

（2）对出租的房地产，如写字楼和商业楼宇等，其开发完成后房地产总售价的确定，首先采用市场法确定所开发房地产出租的净收益，其次采用收益法将租金收益转换为房地产总价。

4. 估算各项成本费用。估算的成本费用主要包括：（1）开发建筑成本费用。包括直接工程费用、间接工程费用和建筑承包商利润等。（2）专业费用。包括开发建筑成本费用、建筑设计费和工程概预算费用等，一般按建筑费用的一定比例估算。（3）投资利息。一般根据地价款、开发费、专业费等的投资资金额，依据各自在开发过程中所占用的时间长短和当时的贷款利率进行计算。（4）销售税费和取得待开发房地产的税费。根据当地政府的税收政策规定估算。（5）开发完成后的房地产租售费用。包括中介代理费、市场营销广告费、买卖手续费等，一般以房地产总价或租金的一定比例计算。

5. 确定开发商的合理利润。开发商的合理利润，一般以房地产总价或预付总成本的一定比例来计算。投资利润率的计算基数一般为地价、开发费和专业费三项，销售利润率的计算基数一般为房地产售价。

6. 估算待评估房地产的价值。

（四）应用举例

【例 4-10】有一宗已完成“七通一平”的待开发建筑用地，土地面积为 1 000 平方米，建筑容积率规划为 3，拟开发建设商务楼，建设周期为 2 年，建筑费用为 4 000 元/平方米，专业费用为建筑费用的 10%，建筑费用和专业费用在建设期内均匀投入。该商务楼建成后将立即出售，根据当前该类型房地产的市场状况，预计售价为 11 000 元/平方米，销售费用为楼价的 2.5%，销售税费为楼价的 6.5%。当地银行贷款年利率为 6%，开发商要求的投资报酬率为 10%。假定建筑费增值税税率为 10%，专业费、销售费用的增值税税率为 6%。试估算该宗地目前的单位地价和楼面地价。

①已知商务楼预计售价和各项开发建设成本及费用，可采用假设开发法进行评估。可用的计算公式为：

地价 = 楼价 - 建筑费用 - 专业费用 - 投资利息 - 销售费用 - 销售税费 - 利润

②计算楼价。

楼价 = 1 000 × 3 × 11 000 = 33 000 000（元）

③计算建筑费用和专业费用。

建筑费用 = 1 000 × 3 × 4 000 = 12 000 000（元）

专业费用 = 12 000 000 × 10% = 1 200 000（元）

④计算销售费用和税费。

销售费用 = 33 000 000 × 2.5% = 825 000（元）

销售税费 = 33 000 000 × 6.5% = 2 145 000（元）

⑤计算投资利息。

利息 = 地价 × [(1 + 6%)^2 − 1] + (12 000 000 + 1 200 000) × [(1 + 6%)^1 − 1]

= 0.1236 × 地价 + 792 000

⑥计算利润。

利润 = (地价 + 建筑费用 + 专业费用) × 10% = (地价 + 13 200 000) × 10%

= 地价 × 10% + 1 320 000

⑦计算地价。

地价 = 33 000 000 − 12 000 000 − 1 200 000 − (0.1236 × 地价 + 792 000) − 825 000 − 2 145 000 − (地价 × 10% + 1 320 000)

求得：地价 ≈ 12 028 441（元）

⑧评估结果。

单位地价 = 12 028 441 ÷ 1 000 ≈ 12 028（元/平方米）

楼面地价 = 12 028 ÷ 3 ≈ 4 009（元/平方米）

二、基准地价修正法

（一）基准地价修正法的基本概念及适用范围

1. 基本概念。

（1）基准地价。基准地价是按照城市土地级别或均质地域分别评估的商业、住宅、工业等各类用地和综合土地级别的土地使用权的平均价格。基准地价是某特定区域的平均价格。

基准地价的特点和作用如表 4 − 15 所示。

表 4 − 15　基准地价的特点和作用

基准地价的特点	①区域性价格。表现形式为区片价和路段价，或两者结合
	②土地使用权价格
	③平均价格
	④一般覆盖整个城市建成区
	⑤单位土地面积的地价
	⑥具有现时性，是特定时点的价格
基准地价的作用	①具有政府公告作用
	②宏观调控地价水平的依据
	③国家征收城镇土地税收的依据
	④政府参与土地有偿使用收益分配的依据
	⑤进一步评估宗地地价的基础
	⑥能够引导土地资源在行业、部门间进行合理配置

（2）基准地价修正法。基准地价修正法的基本原理是替代原理，即在正常的市场条件下，具有相似土地条件和使用功能的土地，在正常的房地产市场中应当具有相似的价格。基准地价修正法是指通过被评估宗地条件与级别或区域内同类用地平均条件的比较，并根据二者在区域条件、个别条件、使用年期、容积率和交易日期等方面的差异，对照因素修正系数，选取适宜的修正系数对基准地价进行修正，从而确定被评估宗地在评估基准日价值的方法。

2. 适用范围。

（1）适用于完成基准地价评估的城镇的土地评估，即该城市具备基准地价成果图和相应修正体系成果。当前我国许多市/县的国土资源部门都会定期发布本市/县基准地价的相关信息，但基准地价修正体系却很少发布。

（2）基准地价修正法可在较短时间内进行大批量宗地地价评估，可以快速方便地进行大面积数量众多的土地价值评估。

（3）基准地价修正法估价的精确度取决于基准地价及其修正系数的精确度，因此该方法一般在宗地地价评估中作为一种辅助方法，而不是主要评估方法。

（二）基准地价修正法的计算公式

基准地价修正法的计算公式为：

$$\text{被评估宗地地价}=\text{被评估宗地所处级别（地段）的基准地价}\times\text{年期修正系数}\times\text{交易日期修正系数}\times\text{容积率修正系数}\times\text{其他因素修正系数}$$

（三）基准地价修正法的具体步骤

1. 收集整理土地定级估价成果资料。定级估价资料是采用基准地价系数修正法评估宗地地价必不可少的基础性资料。在评估前必须收集当地定级估价的成果资料，包括土地级别图、基准地价图、样点地价分布图、基准地价表、基准地价修正系数表和相应的因素条件说明表等，并进行归纳、整理和分析，作为宗地评估的基础资料。

2. 确定修正系数表。根据被评估宗地的位置、用途、所处土地级别、所对应基准地价，确定相应的因素条件说明表和修正系数表，以确定地价修正的基础和需要调查的影响因素项目。

3. 调查宗地地价影响因素的指标条件。按照与被评估宗地所处级别和用途相对应的基准地价修正系数表和因素条件说明表中所要求的因素条件，确定宗地条件的调查项目，调查项目应与修正系数表中的因素一致。

宗地因素指标的调查应充分利用已收集的资料和土地登记资料及有关图件，不能满足需要的，应进行实地调查采样，在调查的基础上，整理归纳宗地地价因素指标数据。

4. 制定被评估宗地的因素修正系数。根据每个因素的指标值查阅相对应用途土地的基准地价影响因素指标说明表，确定因素指标对应的优劣状况；按优劣状况再查阅基准地价修正系数表，得到该因素的修正系数。对所有影响宗地地价的因素都同样处理，即可得到宗地的全部因素修正系数。

5. 确定被评估宗地的使用年限修正系数。基准地价对应的使用年限是各用途土地使用权的最高出让年限。具体宗地的使用年限可能各不相同，因此，必须进行年期的修正，其计算公式为：

$$年期修正系数=\frac{1-\frac{1}{(1+r)^{m}}}{1-\frac{1}{(1+r)^{n}}}=\frac{(P/A,r,m)}{(P/A,r,n)}$$

其中，m 为被评估宗地可使用年限；n 为该用途土地使用权的最高出让年限；r 为土地资本化率，(P/A，r，m) 和 (P/A，r，n) 为年金现值系数。

6. 确定交易日期因素修正系数。宗地地价对应的是基准地价评估基准日的地价水平。随着时间的推移，土地市场的地价水平会发生变化，因此，需要进行交易日期的修正。把基准地价对应的地价水平修正到宗地地价评估基准日的地价水平，交易日期修正一般可以根据地价指数的变动幅度进行。

7. 确定容积率因素修正系数。容积率修正系数是一个非常重要的修正系数。基准地价对应的是该用途土地在该级别或均质地域内的平均容积率，各宗地的容积率可能各不相同，同时容积率对地价的影响也非常大。在同一个级别区域内，各宗地的容积率差异甚至很大，因此，一定要重视容积率的修正，即必须将区域平均容积率下的地价水平修正到宗地实际容积率下的地价水平。

8. 评估宗地地价。依据前面的分析和计算得到的修正系数，按被评估宗地的地价公式计算出被评估宗地的地价水平。

关键概念

土地　不动产　房地产　土地使用权　容积率　工料测算法　分部分项法　单位比较法和指数调整法　直线贬值法　双倍余额递减贬值法　成新折扣法　经济耐用年限　直接比较修正法　间接比较修正法　净收益与市价比率法　安全利率加风险调整值法　各种投资收益排序插入法　综合折现率　建筑物折现率　土地折现率　假设开发法　基准地价修正法　基准地价　标定地价　楼面地价

思考题

1. 什么是房地产？房地产评估有哪些特征？
2. 简述土地资产的特征。
3. 房地产评估的基本原则有哪些？
4. 影响房地产评估价值的因素有哪些？
5. 运用市场法进行房地产评估时，涉及哪些修正因素？
6. 在评估房地产价值时，成本法的适用范围是什么？
7. 什么是假设开发法？

8. 什么是基准地价修正法？

常用网站网址

1. 中国资产评估协会：http：//www. cas. org. cn/
2. 国际评估准则理事会：https：//www. ivsc. org
3. 中房网：http：//www. fangchan. com/

第五章　无形资产评估

【引例】

企业品牌价值评估

品牌，无论代表国家经济发展实力和企业国际竞争能力，还是作为企业财富和身价的象征，都占据着非常重要的地位。为了提高企业在市场中的地位，许多大企业选择并购方式实现企业的快速扩张。在并购过程中，许多企业价值远远超过其有形资产的价值，引起了人们对品牌价值的研究。

企业并购中出现过高的品牌价值，引发专家学者的重视，同时对品牌价值评估提出更高的要求。国外学者通过品牌内涵的研究、品牌价值的界定，提出品牌价值评估方法，带动了品牌价值评估的发展。

一、国外品牌价值评估方法的研究

英国英特品牌咨询公司（1987）提出Interbrand品牌价值评估法，是国际上比较权威的品牌价值评价方法。《金融世界》杂志（1992）提出的Financial World模型与Interbrand模型基本接近，主要不同之处是Financial World更多地强调企业财务收益确定时的专家意见。美国学者艾克（Aaker，1992）提出消费者评价法，认为消费者对品牌的认知影响品牌的未来，对品牌价值有重要的影响，并且提出，品牌价值应该由品牌知名度、品牌忠诚度、品质认知、品牌联想和其他专项资产五个方面共同决定。此后（1996）又将模型扩充为10个要素，除了品牌知名度以外，将品质认知扩充为领导性和受欢迎程度及品质认知，将品牌联想扩充为价值认知、品牌个性和企业联想，将品牌忠诚度扩充为价差效应和品牌满意度，将其他资产限定为市场占有率和市场价格。美国学者凯文·莱恩·凯勒（Kevin Lane Keller，1993）提出著名的CBBE模型是以消费者为研究基础的，重点研究消费者营销方面。他对于不同品牌战略和广告战略通过和消费者行为相关的概念与行为进行了深入的研究分析。Young & Rubican广告公司开发BAV模型和Millward Brown提出的Brandz（2011）都是基于消费者调研完成品牌估值的。加拿大经济学家罗伯特·蒙代尔（Robert A. Mundell，1999）创立了世界品牌实验室。具体计算公式为品牌价值＝业务收益额×品牌附加值指数×品牌强度系数，其中业务收益额和品牌强度分别从财务视角和市场角度的一系列指标确定。

二、国内品牌价值评估方法的研究

相比于国外，国内对品牌价值评估的相关研究起步较晚。20世纪90年代，由于国内企业对商标、品牌、驰名商标的热衷，迎来中国市场的第一次品牌热潮。此后，国内学者在国外研究的基础上对品牌价值进行了研究以及对评估方法的改进。

南开大学国际商学院教授范秀成（2000）提出品牌价值评估的忠诚因子法。其中忠诚因子是核心要素，反映了市场对品牌的忠诚度和品牌的吸引力，是体现消费者群体行为的指标。北京名牌资产评估事务所（2001）参照英特品牌公司的评价体系，结合中国的实际情况，建立起了中国品牌的评价体系。这一评价体系所考虑的主要因素有品牌的市场占有能力、品牌的超值创利能力和品牌的发展潜力。王成荣（2005）提出“Sinobrand 品牌价值评价法”，基本公式为品牌价值 = 品牌优势值 × 品牌强度乘数。此法以《金融世界》评价法为创新的参照框架，引入“品牌优势值”（BAV）的概念，考察品牌强度，对品牌价值作出科学比较和评价。中南财经政法大学教授汪海粟（2013）提出，品牌权益的评估大多还是采用成本法、收益法和市场法，但在运用这些方法的同时要更多关注分析工具的优化。上海市质量和标准化研究院高级工程师戴宇欣（2017）借鉴品牌价值发展“五要素”理论，从三种基本的品牌价值评估途径入手，基于标准化原理重新构建了增量收益法、成本剩余法、市场比较法品牌价值评估模型，分别讨论了适用于不同主体的品牌价值评估方法。

资料来源：周丽俭，冯椿．企业品牌价值评估研究综述［J］．经济研究导刊，2021（2）：7-9.

对于商业企业来说，企业的品牌作为重要的无形资产，对消费者具有直接影响。它是决定企业是否盈利的重要因素，在市场运转过程中具有不可替代的作用。你认为哪些因素会影响到一个企业的品牌价值，这个品牌价值又应当使用怎样的方法进行评估？

学习目标

【知识目标】

1. 了解无形资产的概念、特征与分类；
2. 了解无形资产的价值影响因素以及评估思路与流程；
3. 掌握专利权、非专利技术、商标权、著作权等无形资产的评估方法。

【能力目标】

1. 培养学生熟练应用收益法、成本法、市场法进行无形资产评估的能力；
2. 培养学生熟练对专利权、非专利技术、商标权、著作权进行实际价值评估的能力。

第一节　无形资产评估概述

一、无形资产

（一）无形资产的概念

“无形资产”一词在西方已有百年历史，是一个在会计学、金融学、管理学、资产评估等学科和专业领域里被广泛使用的概念。不同专业领域对无形资产有不同的界定。我国中评协2017年发布的《资产评估执业准则——无形资产》中关于无形资产的定义是“特定主体拥有或者控制的，不具有实物形态，能持续发挥作用并且能带来经济利益的资源”，包括专利权、商标权、著作权、专有技术、销售网络、客户关系、特许经营权、合同权益、域名等可辨认无形资产和商誉这一不可辨认无形资产。《国际评估准则》中关于无形资产定义是“一种能通过经济属性来证明其自身价值的非货币性资产。它不具有实物形态，但能为所有者产生经济利益”，包括营销相关类、客户或供应商相关类、技术相关类、艺术相关类等可辨认无形资产和商誉这一不可辨认无形资产。

根据上述定义，二者均强调了无形资产不具实物形态（非实体性）和能给其拥有者带来经济利益（效益性），且该经济效益具有不确定性。这是无形资产在形式上所体现出来的基本特征。

无形资产不仅在形式上与有形资产不同，在功能性方面也有明显的区别。主要体现在以下四个方面。

（1）无形资产具有相对依附性。它往往需要附着于有形资产而发挥其功能，不能单独获得收益。

（2）无形资产具有共益性。通过合法的程序，一项无形资产可以为不同的权利主体共同享有，也可以在其所有者继续使用的前提下多次转让其使用权。因此，无形资产的评估既需要评估其所有权价值，还需要评估其使用权价值。

（3）无形资产具有积累性。无形资产的形成基于其他无形资产的发展，同时，其自身的发展也是不断积累和演进的过程。

（4）无形资产具有替代性。技术的进步与发展，一项无形资产总会被另一项更新后的无形资产所取代，因此，对无形资产的评估需要考虑它的作用期间，尤其是剩余使用年限。

（二）无形资产的分类

无形资产根据不同的标准分类，可以被分为不同类别，主要有如下几种形式。

1. 按无形资产取得的渠道分类。按企业取得无形资产的渠道可分为自创型无形资产和外购型无形资产。前者是由企业自己研制创造获得的或者由于历史客观原因形成的，如自创专利、非专利技术、商标权、商誉等；后者则是企业以一定代价从其他单位购入的如外购专利权、商标等。

2. 按无形资产的属性分类。按无形资产的属性分类，可将其分为四种，即知识型无形资产、权利型无形资产、关系型无形资产和组合型无形资产。

（1）知识型无形资产。知识型无形资产通常是指通过人类智力劳动创造形成的成果，以及包含、凝结和体现人类智力劳动成果的无形资产。主要包括专利权、非专利技术、计算机软件、著作权、商标权等。

（2）权利型无形资产。权利型无形资产是指特定方为了取得超额收益，通过政府、企业或其他方的授权订立书面（或非书面）合同而获得的权利。一般需要特定方付费（也有不付费的情况）。该类无形资产主要包括土地使用权、租赁权、特许经营权、专卖权、开采权、优惠融资条款等。

（3）关系型无形资产。关系型无形资产是指特定主体通过提高企业经营管理水平、商品质量、服务质量和商业信誉等，逐渐建立起来且能够持续给特定权利主体带来经济利益的非契约型商业信任关系。与权利型无形资产不同，关系型无形资产主要依赖于与相关业务当事人建立非合同性的信任关系。例如销售网络、顾客关系、客户名单和专家网络等。

（4）组合型无形资产。组合型无形资产指由多种因素共同作用形成的无形资产。这类资产的价值来源无法和具体的因素对应起来，不能一一区分各种因素的综合结果，因此通常被称为组合型无形资产。组合型无形资产是各种难以独立存在和辨识的无形资产的总和，例如商誉、企业文化等。

3. 按无形资产可辨认程度分类。按无形资产可辨认程度分为可辨认无形资产（可确指无形资产）和不可辨认无形资产（不可确指无形资产）。如果一项无形资产可以与实体分离或分割，能够单独地或者与相关合同、确定的资产或负债一起捆绑用来进行销售、转让、出租、交换即为可辨认无形资产。除商誉外，大部分无形资产均可辨认，包括技术类无形资产、客户关系类无形资产、市场关系类无形资产等。反过来说，如果一项无形资产不能单独取得，离开企业实体就不复存在，即为不可辨认无形资产。通常商誉是不可辨认无形资产，它不能从企业中单独分离出来进行买卖、抵押。

4. 按无形资产有无专门法律保护分类。按无形资产是否有专门法律保护，可将其分为法定无形资产和收益性无形资产，前者主要依托于法律得以保护，如专利权、商标权；而后者主要依赖企业自身保密原则的保护，如一些非专利技术、经营秘密。

二、无形资产评估

（一）无形资产评估的概念

无形资产评估一般是指由专门机构依据一定的程序和方法对评估基准日特定主体所拥有的无形资产价值进行评定估算，并出具资产评估报告的专业服务行为。正确理解无形资产评估的概念，需关注以下两个要点。第一，无形资产本身具有多重属性，而对其进行资产评估必须基于无形资产的经济属性，特别是价值属性。第二，确定无形资产的价值量必须基于特定时间点。资产评估是在特定评估基准日的条件下对某项资产进行评估。不同的时间节点，无形资产的价值不同，也没有比较可言，对评估报告使用者来说，也没有实用性。

（二）无形资产评估的影响因素

无形资产的非实体性、效益不确定性等特点决定了对其进行价值评估具有复杂性与动态性。在对无形资产评估之前应先明确对其价值产生影响的各类因素，以更好地提高无形资产价值评估的准确度。一般影响无形资产价值评估的主要因素如下。

1. 无形资产本身的情况。

（1）无形资产的成本。无形资产与有形资产一样也具有成本。对于外购无形资产，其成本主要是使用或者购买成本，由于购买价款一般有原始记录，其成本确认相对方便。对于自创无形资产，其成本主要涉及开发成本、推广成本、法律保护成本等。由于其形成过程中与投入、失败等密切结合，同时所耗费的人力成本也不具有横向可比性，因此这类无形资产的成本确认相对较难。一般来说，无形资产的研发成本应该是其评估价值的下限。

另外，无形资产的成本还包括将该项无形资产转让、投资、出售后失去市场和损失收益的大小，即无形资产所具有的机会成本。

（2）可能产生的效益。无形资产的取得需要付出成本，而取得之后又会带来相应的经济效益和社会效益。所谓经济效益，即为该项无形资产的获利能力，获利能力越强，其评估价值越高，反之亦然。有的无形资产即便研发成本或者取得成本很高，但是获利能力低下，评估价值也就很低。所谓社会效益，是指一项无形资产的使用会对社会产生积极影响，那么评估价值就会较高，若是对社会产生消极影响，那么评估价值自然也会较低。

（3）剩余可使用的期限。无形资产的剩余可使用年限越长，其价值相对就越高。无形资产的剩余可使用期限的长短取决于该无形资产在评估基准日的先进程度、无形损耗的程度、剩余法律保护期的长短等因素。一般来说，该项无形资产先进程度越高、损耗程度越低、剩余法律保护期限越长，剩余可使用期限越长，评估价值越高。

（4）技术成熟程度。一般科技成果遵循产品生命周期模型都会经历从导入到发展成熟再到衰退的过程。一项科技成果的成熟程度如何会直接影响其评估值高低。科技成果开发程度越高，技术越成熟，运用该技术成果的风险性越小，评估值就会越高。一项成熟程度不是很高的无形资产，在评估时应分析预计其可能的成熟程度，正确估计风险，合理确定评估值。

（5）技术保密程度。对于某些专业技术类无形资产，其保密性是保证其自身具有交换价值的重要先决条件。这类无形资产保密程度越高，其评估价值越高。

2. 转让的内容与条件。无形资产的转让内容分为所有权转让和使用权转让，一般情况下，所有权转让的评估值会高于使用权转让的评估值。另外，即便同是使用权的转让，许可程度对其也有影响，许可程度越高的无形资产评估价值会越大。例如，一项无形资产使用权采用独家许可和采用普通许可，其评估值相差会很大。

无形资产的转让条件包括转让的方式、转让的价格、转让地区范围、已转让的次数、转让时其他附带的条件、转让费支付方式等，这些也都会影响无形资产的评估价值。

3. 无形资产转让时的外部环境。

（1）市场供求关系。无形资产市场供求关系会影响其评估价值。对于可出售、可转让的无形资产来说，当供大于求时，其评估价值越低；当供不应求时，其评估价值越高。除此以外，无形资产的适用程度也会影响其评估价值。适用性越高说明普适性越强，使用范围越广，需求者就会越多，评估价值也会越高。

（2）技术发展水平。对于技术类无形资产来说，无形资产更新换代的情况与速度，对其评估价值有较大影响。国内外的技术发展水平越先进，技术类无形资产更新速度越快，无形损耗越大，其评估价值越低。

（三）无形资产评估的程序

无形资产的评估一般按照如下程序开展，以确保该项工作科学有序进行。

1. 明确评估目的。评估目的是无形资产评估过程中的关键评估要素。明确评估目的，既可以规范无形资产评估报告的使用，避免无形资产评估报告被误用，又能够直接决定和制约无形资产评估的价值类型与评估方法的选择。大多数无形资产的评估主要涉及以下九种原因：

（1）以无形资产出资的方式投资；

（2）无形资产所有权或使用权的转让；

（3）利用无形资产抵押贷款；

（4）涉及无形资产的诉讼；

（5）编制财务报告时无形资产的作价；

（6）纳税需要；

（7）投保需要；

（8）政府部门及企业管理者管理需要；

（9）涉及无形资产的租赁。

2. 鉴定无形资产。无形资产的鉴定是进行无形资产评估的基础工作，直接影响评估范围和评估价值的科学性。通过无形资产的鉴定，主要解决以下三个问题。

（1）证明无形资产的存在。该项工作需要资产评估专业人员从以下三个方面进行：

第一，查询其技术的内容、国家有关规定技术人员评价情况、法律文书（如技术鉴定书、专利证书等），查证有关资料的真实性、可靠性。

第二，分析无形资产运用所要求的与之相适应的特定技术条件和经济条件以鉴定其应用能力。

第三，确定无形资产是否为委托者所拥有。对于剽窃、仿造的无形资产要加以鉴别。对于某些特殊无形资产，要分析其历史渊源，看其是否符合国家的有关规定。

（2）鉴别无形资产的种类。该项工作要求资产评估专业人员确定无形资产的种类、具体名称、存在形式。有一些无形资产是由若干无形资产共同构成的，资产评估专业人员应确定合并或者分离的各个部分的无形资产，避免在评估过程中遗漏或重复评估。

（3）确定无形资产的有效期限。无形资产的有效期限是其存在的前提。例如某项专利权如果超过其法律保护期限，就不能再作为专利权进行评估。有效期限对无形资产的评估同样有重要的影响。

无形资产清查核实的主要方法包括查验资料、访谈、现场查勘。这些方法本身与其他资产没有差别，只是在方法的具体应用过程中要符合无形资产的特征。

3. 搜集相关资料。需要搜集的无形资产相关资料具体包括：

（1）无形资产的法律文件或其他证明材料；

（2）无形资产的性质特点、目前和历史发展状况；

（3）无形资产给受益主体能否带来显著、持续的可辨识经济利益；
（4）无形资产的存续期、法定期限、受益年限、技术寿命期等；
（5）无形资产实施的地域范围、领域范围、获利能力与获利方式；
（6）无形资产以往的评估和交易情况；
（7）无形资产在实施过程中所受的国家法律法规或其他资产的限制；
（8）无形资产转让、出资、质押等的可行性；
（9）类似无形资产的市场价格信息；
（10）宏观经济环境；
（11）行业状况及发展前景；
（12）企业状况及发展前景；
（13）其他相关信息。

4. 确定评估方法。无形资产评估应根据所评估无形资产的具体类型、特点、评估目的及外部市场环境等具体情况选择不同的评估方法。

（1）采用收益法时，要注意分析超额获利能力和预期收益。注意收益额的计算口径与被评估无形资产相对应，不要将其他资产带来的收益误算到无形资产收益中。要充分考虑法律法规、宏观经济环境、技术进步、行业发展变化、企业经营管理、产品更新和替代等因素对无形资产收益期、收益率和折现率的影响。

（2）采用市场法时，要特别注意被评估无形资产必须确实适合运用市场法，充分重视被评估无形资产的特点。当类似无形资产之间具有可比性时，可根据它们的交易条件、市场交易价格和价值影响因素的差异，调整确定评估值。当被评估无形资产曾向多个使用者转让使用权时，可结合受让者的具体情况调整确定评估值。

（3）采用成本法时，要注意根据现行条件下重新形成或取得该项无形资产所需的全部费用（含资金成本）确定评估值，要注意扣除实际存在的功能性贬值和经济性贬值。

5. 撰写评估报告。无形资产评估最终需要出具无形资产评估报告。这是无形资产评估过程的总结，也是评估者承担法律责任的依据。评估报告书要符合资产评估准则的要求，力求简洁明了，避免误导。

无形资产评估报告需要说明以下内容：
（1）无形资产的性质、权利状况、限制条件；
（2）无形资产实施的法律限制、地域限制、领域限制等；
（3）无形资产的历史、现状、发展前景；
（4）与无形资产相关的宏观环境及行业情况；
（5）评估依据的信息来源；
（6）其他信息。

除了以上对评估资产的说明外，还应对有关评估方法做出说明，主要内容如下：
（1）评估方法的选择及其理由；
（2）各项重要参数的取值、来源、测算过程；
（3）对测算结果进行分析，形成评估结论的过程；
（4）评估结论成立的假设和限制条件。

第二节 无形资产评估方法

一、收益法

购建或者购买无形资产的目的是使企业获得超额收益，该超额收益即为无形资产收益。那么采用收益法对无形资产进行评估符合大部分无形资产评估目的。收益法的基本思路从无形资产可能获得的超额收益入手，将其按一定的折现率折现计算现值作为无形资产当下的评估价值。其基本计算公式为：

$$\text{无形资产评估价值} = \sum_{t=1}^{n} \frac{k \times R_t}{(1 + r)^t}$$

其中，k 表示无形资产第 t 年的收益分成率；R_t表示第 t 年分成基数（有形资产和无形资产总收益额）；t 表示收益期限序号（年号）；n 表示收益期限；r 表示折现率。

基于以上基本公式需要确定未来收益、折现率、收益期限三大基本变量。

（一）无形资产未来收益的确定

1. 直接估算法。直接估算法使通过未使用无形资产和使用无形资产进行收益对比，以此估算无形资产带来的收益额。按无形资产带来的收益方式不同，可分为收入增长型无形资产和成本费用节约型无形资产。

（1）收入增长型无形资产收益额计算。所谓收入增长型无形资产是指无形资产应用于生产经营过程，能够使得产品的销售收入大幅度增加。具体包括两种情形：

①生产的产品能够提高单位产品价格。在销售量不变、单位成本不变的情况下，无形资产收益额计算如下：

$$R = (P_2 - P_1) \times Q \times (1 - T)$$

其中，R 表示无形资产收益额；P 表示单位产品价格（P_1使用无形资产前，P_2使用无形资产后）；Q 表示产品销售量；T 表示所得税税率。

②生产的产品能够提高销量。在单位价格和单位成本不变的情况下，无形资产收益额计算如下：

$$R = (Q_2 - Q_1) \times (P - C) \times (1 - T)$$

其中，R 表示无形资产收益额；P 表示单位产品价格；Q 表示产品销售量（Q_1使用无形资产前，Q_2使用无形资产后）；C 表示产品单位成本；T 表示所得税税率。

【例 5－1】Z 公司主要生产某种电子产品 A，2020 年公司通过使用一项专有技术，使得 A 电子产品的销售量增加到 100 000 件。已知未使用该技术时，A 产品的销售量为 80 000 件，并假设 A 产品在使用该技术前后的单位销售价格和单位成本保持不变。A 产品销售价格为 120 元/件，成本为 50 元/件。假设所得税税率 25%，试计算 Z 公司因使用该专有技术形成的收益额。

该专有技术的收益额 =（100 000 - 80 000）×（120 - 50）×（1 - 25%）

=1 050 000（元）

由此确定 Z 公司因使用此专有技术形成的收益额为 105 万元。

（2）成本费用节约型无形资产收益额计算。成本费用节约型无形资产是指无形资产的应用使得生产产品中的成本费用降低，从而形成增量收益。当假定销售量不变、价格不变时，无形资产收益额计算如下：

$$R = (C_1 - C_2) \times Q \times (1 - T)$$

其中，R 表示无形资产收益额；Q 表示产品销售量；C 表示产品单位成本（C_1使用无形资产前，C_2使用无形资产后）；T 表示所得税税率。

【例 5 - 2】 Y 企业通过购买一项专利技术，使其生产产品的平均单位成本从 50 元降低至 30 元。假设该企业产品的销售量常年保持在 500 000 件的水平，所得税税率 25%。试估算由该专利技术带来的收益额。

该专利技术的收益额 =（50 - 30）×500 000 ×（1 - 25%）=7 500 000（元）

由此确定 Y 企业因使用此专利技术形成的收益额为 750 万元。

2. 行业比较差值法。当无法将使用无形资产前后的收益情况进行对比时，采用无形资产和其他类型资产在经济活动中的综合收益与行业平均水平进行比较，也可以得到无形资产的收益额。

在这种情况下，第一，需要收集有关使用无形资产的产品生产经营活动的财务资料，进行盈利分析，得到经营利润和销售利润率等基本数据；第二，分析上述生产经营活动中的各种资金占用情况，对企业总收益和净资产总额等进行统计；第三，需要收集行业平均收益率等指标；第四，计算无形资产带来的收益额。上述步骤可以用公式表示为：

无形资产收益额 = 企业收益额 - 净资产总额 × 行业平均收益率

【例 5 - 3】 W 企业欲购买一项专利技术，预测购入该专利后年收益额为 150 万元。该企业净资产总额为 500 万元，企业所在行业的平均收益率为 20%，试估算该专利带来的超额收益。

该专利的超额收益 =150 - 500 ×20% =50（万元）

3. 分成率法。分成率法是目前国际和国内常用且实用的一种方法。它是通过分成率来计算无形资产收益额。其基本理念是基于无形资产本身具有的附着性，使其必须附着于有形资产才能产生收益，换言之，该收益是一项有形资产与无形资产的共同收益。因此，需要通过分成来估算无形资产所贡献的收益额。即：

无形资产收益额 = 销售收入（利润）× 无形资产分成率 ×（1 - 所得税税率）

既然分成对象是销售收入或销售利润，那么就有两种不同的分成率。而实际上，由于销售收入与销售利润有内在的联系，可以根据销售利润分成率推算出销售收入分成率，反之亦然。

因为：

收益额 = 销售收入 × 销售收入分成率 = 销售利润 × 销售利润分成率

所以：

销售收入分成率 = 销售利润分成率 × 销售利润率

销售利润分成率 = 销售收入分成率 ÷ 销售利润率

在无形资产转让实务中，一般是确定一定的销售收入分成率，俗称“抽头”。例如，在国际市场上一般技术转让费不超过销售收入的 1% ~10%，如果按社会平均销售利润率 10% 推算，当技术转让费为销售收入的 3% 时，则相当于销售利润分成率为 30%。从销售收入分成率一般很难看出转让价格是否合理，换算成销售利润分成率则相对容易判断。转让实务中因利润不够稳定也不容易控制和核实，因而按销售收入分成是切实可行的。但在评估中则应以评估利润分成率为基础，至于换算成销售收入分成率，只需要掌握销售利润率及各年度利润的变化情况即可。

利润分成率是以无形资产带来的追加利润在利润总额中的比重为基础确定的。在不容易区别追加利润的情况下，往往要经过一定的测算。主要有如下三种方法。

（1）要素贡献法。我国通常将企业生产经营活动分成资金、技术和管理三大贡献要素，企业总收益由资金收益、技术收益以及管理收益组成。一般认为技术收益是由企业无形资产的运用所产生。在不同行业，这三种要素的贡献程度也有差别。三者对利润的贡献程度一般可参考表 5 – 1，并且应根据企业实际再进行调整。

表 5 – 1　　不同行业三种要素贡献程度　　单位:%

行业	资金	技术	管理
资金密集型	50	30	20
技术密集型	40	40	20
一般企业	30	40	30
高科技企业	30	50	20

（2）约当投资分成法。在大部分情况下，有形资产与无形资产互为条件相互作用，很难单独衡量无形资产所产生贡献，因此，考虑使用约当投资分成法确定无形资产利润分成率。这种方法依据等量资本获得等量报酬的原则，将共同发挥作用的无形资产及有形资产换算为相应的投资额，将无形资产的折合约当投资与总约当投资的比例作为利润分成率。

具体步骤为：

①确定无形资产的约当投资量。计算时使用的成本利润率按照转让方无形资产带来的利润与其成本之比计算。当无法获取企业实际数时按社会平均水平确定。其计算公式为：

无形资产的约当投资量 = 无形资产的重置成本 ×（1 + 适用成本利润率）

②计算无形资产购买方的约当投资量。其适用的成本利润率按购买方的现有水平测算。其计算公式为：

购买方的约当投资量 = 购买方投入总资产的重置成本 ×（1 + 适用成本利润率）

③计算无形资产利润分成率。其计算公式为：

无形资产利润分成率 = 无形资产约当投资量 ÷（购买方约当投资量 + 无形资产约

当投资量）

【例5-4】W公司将一项专利使用权转让给Y公司，拟采用对利润分成的方法，该专利系三年前从外部购入，账面成本100万元，两年间物价累计上升5%，该专利法律保护期10年，已过4年，尚可保护6年。经专业人员测算，该专利成本利润率为500%。Y公司资产重置成本为5 000万元，成本利润率为12.5%。则利润分成率计算如下：

专利重置成本＝100×（1＋5%）＝105（万元）

专利约当投资量＝105×（1＋500%）＝630（万元）

Y公司资产约当投资量＝5 000×（1＋12.5%）＝5 625（万元）

利润分成率＝630÷（5 625＋630）×100%＝10.07%

（3）边际分析法。边际分析法是以使用无形资产前后企业实现的利润差额即新增利润占无形资产使用后企业总利润的比例来确定利润分成率的方法。使用这种方法的关键是科学分析追加无形资产投入所带来的新增利润，这也是购买或者购建无形资产所必须进行分析决策的内容。具体计算公式如下：

$$K=\frac{\sum \text{无形资产使用后新增利润现值之和}}{\sum \text{无形资产使用后利润总额现值之和}}\times 100\%$$

【例5-5】A企业转让一项技术，购买方用于改选现有生产线可大大节约原材料，经估算专利技术剩余经济寿命5年，各年可分别带来的追加利润为80万元、100万元、100万元、60万元、70万元，分别占当年利润总额的30%、25%、20%、20%、15%。确定折现率为10%，试评估该项专利技术的利润分成率（各年贴现率根据复利现值系数表查找所得）。

①计算各年度总利润现值之和：

80/30%×(P/F,10%,1)＋100/25%×(P/F,10%,2)＋100/20%×(P/F,10%,3)＋60/20%×(P/F,10%,4)＋70/15%×(P/F,10%,5)＝1 443（万元）

②计算各年新增利润现值之和：

80×(P/F,10%,1)＋100×(P/F,10%,2)＋100×(P/F,10%,3)＋60×(P/F,10%,4)＋70×(P/F,10%,5)＝314.87（万元）

③计算利润分成率：

314.87÷1 443×100%＝21.82%

（二）折现率的确定

无形资产评估的折现率实质上是无形资产投资的期望收益率。一般需要考虑无风险报酬率、通货膨胀补偿率以及风险报酬率。由于无形资产的使用能给所有者或使用者带来超额收益。因此，无形资产评估的折现率也往往高于有形资产评估的折现率。这里特别要注意，风险报酬率的估算既要考虑宏观风险也要考虑微观风险，只有对未来预期收益的风险影响因素及收益获得的其他外部因素进行全面分析，才能科学地测算其风险报酬率，进而合理测算无形资产折现率。

另外，折现率口径应与收益额口径保持一致。若无形资产收益额预测口径为利润口径，则折现率也应该是利润口径；若无形资产收益额预测口径为现金流量口径，则折现率也应该是现金流量口径；若无形资产收益额预测口径为税前收益口径，则折现率也应该是税前收益口径。

（三）收益期限的确定

第一种情况，如果法律或合同、企业申请书分别规定有法定有效期限和受益年限的，可按照法定有效期限与受益年限孰短的原则确定；

第二种情况，如果法律没有规定有效期，但是企业合同或企业申请书中规定了受益年限的，可按照受益年限确定；

第三种情况，如果法律和企业合同或申请书均未规定有效期限和受益年限的，按预计受益期限确定。预计受益期限可以采用统计分析或与同类资产比较得出。

值得注意的是，无形资产收益期限要受许多因素的影响，如爱好的转变以及经济形势变化等，特别是科学技术发达的今天，无形资产更新周期加快，使得其有效期限越来越短，因此，无形资产的有效期限要比它们的法定保护期短得多，在评估时应给予重视。

二、市场法

从理论上讲，市场法是资产评估的首选方法。但是，由于无形资产的个别性、垄断性、保密性等特点决定了无形资产的市场透明度较低，同时，我国无形资产市场不发达，交易不频繁，运用市场法评估无形资产存在一定困难，因此，从我国目前的实际情况看，运用市场法的情况并不普遍。当然，如果条件具备，也可以采用市场法评估。其基本程序和方法与有形资产评估的市场法基本相同。评估人员在评估时还应注意以下四点：

（1）所选的参照物应与被评估无形资产在功能、性质、适用范围等方面相同或基本相同；

（2）参照物的成交时间应尽可能接近评估基准日，或其价格可调整为评估基准日的价格；

（3）参照物的价格类型要与被评估无形资产要求的价格类型相同或接近；

（4）由于无形资产个别性强，每项无形资产之间的差别较大，所以至少要寻找三个参照物进行比较。

三、成本法

当被评估的无形资产具有超额获利能力，但不适合使用市场法和收益法时，可采用成本法进行估值，但前提是应详尽了解无形资产成本的特殊属性。无形资产的成本与有形资产明显不同，它具有其独特的属性。

（1）无形资产成本是不完整的。企业自行研发的无形资产通常没有完整的成本记录。与购建无形资产相对应的各项费用是否计入无形资产的成本，是以费用支出资本化为条件的，在企业生产经营过程中，科研费用一般都比较均衡地发生，并且比较稳定地为生产经营服务，所以一般现行财务制度把科研费用从当期生产经营费用中列支，而不是先对科研成果进行费用资本化处理，再按无形资产折旧或摊销的办法从生产经营费用中补偿。因此，企业账簿上反映的无形资产成本是不完整的，大量账外无形资产的存在是不可忽视的事实。

（2）无形资产成本对应性弱。技术型无形资产的创建会经历基础研究、应用研究和工艺生产开发等漫长过程，成果的出现带有较大的随机性、偶然性和关联性。有时在一系列的研究失败之后偶尔出现一些成果，由其承担所有的研究费用显然不够合理。而在大量的先行研究（无论是成功还是失败）成果的积累之上，往往可能产生一系列的无形资产，然而，这些研究成果是否应该以及如何承担先行研究的费用是很难判断的，因而开发无形资产的费用测算比较困难。

（3）无形资产成本是虚拟的（象征的）。无形资产的成本具有不完整性、弱对应性的特征，因而无形资产的成本往往是相对的，特别是一些无形资产的内涵已经远远超出了其外在形式的含义，这种无形资产的成本只具有象征意义。例如商标，其成本核算的是商标设计费、登记注册费、广告费等。而商标的价值内涵是标示商品的质量信誉，这种无形资产的价值是很难用商标设计费、登记注册费、广告费度量的，商标形式本身所耗费的成本只具有象征性。

采用成本法对无形资产进行估计的基本思路是将无形资产的重置成本减去各项贬值，具体计算公式如下：

$$\begin{aligned}\text{被评估资产的评估值} &= \text{重置成本} - \text{实体性贬值} - \text{功能性贬值} - \text{经济性贬值}\\ &= \text{重置成本} \times (1 - \text{贬值率})\\ &= \text{重置成本} \times \text{成新率}\end{aligned}$$

（一）无形资产重置成本的测算

1. 自创型无形资产重置成本测算。自创无形资产的重置成本由创制该无形资产所消耗的物化劳动和活劳动费用构成，实务中往往无账面价值，具体采用两种方法进行估算。

（1）重置核算法。将无形资产开发的各项支出按现行价格和费用标准逐项累加核算，将资金使用成本和合理利润均考虑在内。其计算公式为：

$$\text{重置成本} = \text{直接成本} + \text{间接成本} + \text{资金成本} + \text{合理利润}$$

其中，直接成本按无形资产发明创造过程中实际发生的材料、工时消耗量的现行价格和费用标准进行测算，即：

$$\begin{aligned}\text{无形资产直接成本} &= \sum(\text{物质资料实际消耗量} \times \text{现行价格})\\ &\quad + \sum(\text{实耗工时} \times \text{现行费用标准})\end{aligned}$$

这里的直接成本不能按现行消耗量计算，而是应按实际消耗量计算，因为无形资产是发明创造，无法模拟现有条件的成本费用。从实务的角度来说，由于无形资产开发的各项支出均有原始会计记录，往往按照国家规定的范围计算消耗量并按现行价格和费用标准计价即可。

（2）倍加系数法。对于投入智力比较多的技术型无形资产，考虑到科研劳动的复杂性和风险，可以利用以下公式测算无形资产的重置成本：

$$无形资产重置成本 = \frac{C + \beta_1 V}{1 - \beta_2} \times (1 + r)$$

其中，C 表示无形资产研发中的物化劳动消耗；V 表示无形资产研发中的活劳动消耗；β_1表示科研人员创造性劳动倍加系数；β_2表示科研的平均风险系数；r 表示无形资产投资报酬率。

【例 5 -6】评估 W 公司一项专有技术，在该项技术的研制过程中消耗材料 10 万元，动力消耗 20 万元，支付科研人员工资 20 万元。评估专业人员经过市场调查论证，确定科研人员创造性劳动倍加系数为 1.5，科研的平均风险系数为 0.5，该项无形资产投资报酬率为 25%，行业基准收益率为 30%，试采用倍加系数法测算该项专有技术的重置成本。

$$无形资产重置成本 = \frac{(10 + 20) + 1.5 \times 20}{1 - 0.5} \times (1 + 25\%) = 150 \text{（万元）}$$

2. 外购型无形资产重置成本测算。外购无形资产一般费用都有原始的记录，也有可参照的先行交易价格，评估起来相对比较容易。其重置成本主要包括无形资产的购买价和购置费用。具体可以采用以下两种方法计算。

（1）市价类比法。在无形资产交易市场中选择类似的参照物，再根据功能和技术先进性、适用性对参照物的价格进行适当调整，从而确定其现行购买价格的一种方法。

（2）价格指数法。以无形资产的账面历史成本为依据，用价格指数进行调整，进而测算其重置成本。计算公式如下：

$$无形资产重置成本 = 无形资产账面价值 \times \frac{评估时物价指数}{购置时物价指数}$$

无形资产涉及两类费用：一类是物质消耗费用；另一类是人工消耗费用。前者与生产资料价格指数相关度较高，后者与生活资料价格指数相关度较高，并且最终通过工资、福利标准体现出来。不同无形资产两类费用的比重可能有较大差别，在生产资料价格指数与生活资料价格指数差别较大的情况下，应按两类费用的大致比例分别适用生产资料、生活资料价格指数测算。两种价格指数比较接近，且两类费用比重有较大倾斜时，可按比重较大的费用适用的价格指数测算。

价格指数法测算的重置成本仅仅考虑了价格变动因素，对于更新速度比较快的无形资产采用价格指数法测算的重置成本往往会偏高一些。

【例 5 -7】Y 公司 2019 年外购的一项专利技术账面价值为 1 000 万元，2020 年经鉴定，该专利技术是运用现代先进的实验仪器经反复试验研制而成的，物化劳动耗费的比重较大，可适用生产资料价格指数。根据资料，此项专利技术 2019 年 3 月 31

日购置时和评估基准日 2020 年 3 月 31 日时相同基期的定基价格指数分别为 120% 和 140%，故该项专利技术的重置成本为：

$$无形资产重置成本 = 1\ 000 \times \frac{140\%}{120\%} = 1\ 166.7（万元）$$

（二）无形资产成新率的测算

一项或者一组无形资产其数量和功能会随着时间的推移发生损耗或贬值，其主要表现为功能性损耗（贬值）和经济性损耗（贬值）。功能性损耗是由于科学技术的进步或该无形资产的普及等原因，使得拥有该项无形资产获取超额利润的能力减弱，从而造成其价值降低；经济性损耗是由于无形资产外部环境的变化，导致使用该无形资产的产品价值或需求下降，以致其经济价值降低。但也存在一些特定的无形资产在评估时可能不需要考虑贬值因素，例如商标。商标随着使用年度的增加，其“知名度”可能越来越高，知名度的提高不但不会使得商标贬值，反而可能提高商标的价值。因此，对于这类商标在采用成本法评估时可能不需要考虑贬值因素。

无形资产成新率是与贬值率相对应的一个概念，两者相加等于 1。对它的估算多数采用专家鉴定法和使用年限法。

专家鉴定法是通过有关技术领域专家对评估标的无形资产的先进性和适用性进行分析判断，从而确定其成新率。

使用年限法是根据无形资产的特征，分析判断其剩余经济使用寿命。具体计算公式如下：

$$成新率 = \frac{剩余使用年限}{已使用年限 + 剩余使用年限} \times 100\%$$

公式中的已使用年限比较容易取得，剩余使用年限需要评估专业人员通过专家访谈调查了解，特别是关注可替代标的无形资产的替代资产出现的时间等因素分析、判断获得。

【例 5-8】 Z 公司由于经营管理不善，企业经济效益不佳，亏损严重，将要被同行的 Y 公司兼并，现在需要对 Z 公司资产进行评估。该公司有一项专利技术（属于实用新型），两年前自行研制开发并获得专利证书，法律保护期限为 10 年，但根据专家鉴定分析和预测，该项专利技术的剩余使用期限仅为 6 年，由此可以计算成新率为：

$$成新率 = 6 \div (2 + 6) \times 100\% = 75\%$$

四、人工智能技术在各无形资产评估方法中的应用

（一）人工智能在收益法中的运用

在传统评估过程中，折现率通常是由资产评估专业人员根据市场上待评估资产的实际情况而确定的，所获得的数据虽然及时可行，但数据来源非常狭窄，操作复杂；无形资产未来收益和收益期的确定，通常通过收集历史数据及同行业类似资产的收益进行比较分析，主观总结收益的历史趋势经验来估计，不能提供客观的数据。

在人工智能时代，对于所使用的折现率，资产评估专业人员可以基于大量的数据和智能数据分析系统，根据其历史数据做出预测；对于未来收益和收益期的确定，资产评估专业人员可以使用智能设备对资产的历史收益数据进行自我分析，以得出最客观、最合理的未来收益预测值，并通过对历史收益状况的分析，得出最优的、符合实际情况的获益年限的预测值。在收益法的应用中，人工智能包含的大数据可以及时准确预测未来收益和风险趋势，避免了许多人为错误或失误，使得评估结果更加准确合理。

（二）人工智能在市场法中的应用

传统获取资产交易案例的方法主要从报纸、网站、评估机构共享数据中获取。虽然获得的数据满足了真实性要求，但数据滞后，无法实时更新以满足评估的需求。此外，在一般情况下，选择与待评估资产相似的交易案例约十个，然后选择其中最符合条件的三个作为可比实例。然而，交易案例的数量远远不能满足实际需求。这就会使得评估结果失去准确性、客观性、实时性。

人工智能技术的应用改变了评估机构传统的信息获取方式，也改变了数据处理的思维模式。如今评估机构可以使用传感器、物联网及其他技术来动态监测待评估资产并通过无线网络及时传输最新数据。同时，资产评估专业人员可以在数据库中输入待评估资产的信息。智能设备会自动过滤相似资产的交易信息，从而发现更多相似的交易案例，而不是基于分布理论的统计推断。所选交易案例信息在很大程度上避免了统计中的样本统计原则导致的所选交易案例代表性不足的缺陷。

（三）人工智能在成本法中的应用

获取待评估资产重置成本的过程是一个广泛收集数据和信息的过程。需要收集评估基准日的市场数据和财务信息以及不同资产的相关参数。然而，数据多样化、复杂的数据源及较长的时间跨度等问题，增加了资产评估专业人员搜集和处理数据的难度，因此，难以获得待评估资产的重置成本。

人工智能建立在大数据基础上，计算机可以自行分析待评估资产的基本信息以得出其重置成本，降低了获取其重置成本的难度。

第三节　专利权与非专利技术的评估

一、专利权评估

（一）专利权的概念及特点

专利是一个法律概念，一般情况下是专利权的简称。专利是指由国家专利局或代表几个国家的地区机构认定，根据法律批准授予专利所有人在一定期限内对其发明创造享有的独占使用权、转让权、许可权等权利。在我国，专利权由申请人向国家知识产权局提出申请，经国家知识产权局依法定程序审查批准后获得。任何组织及个人要利用该项专利进行生产经营活动或者出售使用该项专利制造的产品，必须事先取得专利所有者的许可。根据《专利法》的规定，专利可分为发明专利、实用新型专利和外观设计专利。专利权具有以下特点：

（1）排他性（垄断性）。专利权是一种法定的垄断权，其他企业及个人未经专利权人的许可，不能使用该专利技术，这是该专利获得超额经济收益的保证，专利权人因此享有相应的垄断收益权。

（2）地域性。专利权的地域性是指一项技术仅在其获得专利权的国家或地区依当地专利法的规定获得保护。这主要是由于专利法是一个国内法，专利资产的地域性特征对国外专利技术及国内专利技术在国际市场的价值具有决定性作用。

（3）时效性。专利权的时效性是指其权利的时限是由法律规定的。《专利法》对三种专利的保护期限都有明确的规定。发明专利权的法律保护期限为 20 年，实用新型专利权的期限为 10 年，外观设计专利权的期限为 15 年，均自申请日起计算。保护期满后，法律将不再提供保护，专利将不再为其权利所有者带来超额经济收益，也就是不具有无形资产价值。

（4）可转让性。专利权可以转让，由当事人订立合同，并经原专利登记机关或相应机构登记和公告后生效。专利权已经转让，原发明者不再拥有专利权，专利权由受让者所有。

（二）专利权评估的程序

1. 明确评估目的。对专利权的评估主要出于以下三种目的。

（1）专利权转让及对外维权。在涉及专利权转让时需要对专利权进行价值评估。这为专利权人的研发成果兑现提供了有力的价值依据，清晰了解到专利成果在市场上的资本化价值。同时，为专利权人及企业在对外维权上提供了专业的索赔价值的保障。

值得注意的是，专利权的转让一般分成所有权转让与使用权转让。所有权的转让即将专利的所有权通过合同转让给受让方；使用权的转让则往往通过技术许可贸易的方式进行，在许可合同中需要对使用权限、地域范围、时间期限、处理纠纷的法律及仲裁程序做出说明。

（2）专利出资。在涉及以专利进行投资入股的情况下，需要对专利权进行价值评估。这解决了企业以全部货币资金出资的难度，可以腾出部分货币资金进行企业日常运转或继续研发新技术，解决企业进行项目招投标时市场对注册资本金的要求，也是企业进行知识产权资本化的必要途径。

（3）专利融资、质押贷款。在涉及将专利作为抵押物获得融资的情况下，需要对专利权进行价值评估。在以技术为主的企业中，可以把专利等无形资产作价进行知识产权完全的资本化，以其技术在行业领域中所拥有的先进性与独立性作为招商引资的重要依据。而我国的相关法律中也规定了专利、商标权等无形资产可作为质押物在银行及其他金融服务机构进行质押贷款，为了解抵押标的的价值，需要对其进行价值评估。

2. 确认专利资产的存在。作为被评估的专利权，应具有其明确的、核心的、区别于其他已有技术的实质性内容。证明和鉴定专利权的存在，首先应由企业提供有关专利权的详细说明，特别是关于该专利权先进性和实质性内容的资料、专利权的产权界定资料，这些资料包括权利要求书、专利证书、有关法律文件等；其次应由有关专家鉴定该项专利权的有效性和可用性。专利检索也是实施鉴定的重要环节。

3. 收集资料并确定评估方法。专利权最常用的评估方法是收益法，运用收益法的重要任务是搜集相关资料。分析确定评估方法中各项技术参数指标，主要应做以下分析。

（1）技术状况分析。包括对技术先进性确认、技术成熟度与寿命周期的分析等。

（2）收益能力分析。包括是否有获利能力，获利表现为收入增长型还是费用降低型等分析。

（3）市场分析。包括应用该专利技术的产品市场需求总量分析、市场占有率分析、风险分析等。

（4）投资可行性分析。通过分析确定各有关技术参数、指标，最后进行评定估算，确定评估价值。

4. 撰写并完成评估报告。技术型无形资产的评估结果一般是建立在各种分析假设基础之上。为了说明评估结果的有效性和适用性，评估报告中应该详尽说明评估方法的选择及其理由，评估中的专利技术成熟度，各重要参数的来源、分析、比较与测算过程等相关内容。

（三）影响专利权评估的因素

1. 专利权的法律状态。

（1）申请专利的权利、专利申请权和专利权。申请专利的权利、专利申请权和专利权这三种权利既有关联，也存在明显的区别，它们是对专利的法律状态处于不同阶段的称谓。在发明创造提出专利申请前，称之为申请专利的权利；在发明创造提出申请后获得授权前，称之为专利申请权；在发明创造获得授权后，称之为专利权。我们评估的专利可能是已经确权的专利权资产，也可能是尚在申请阶段的专利，因此，在评估对象中应该明确说明被评估对象的专利权是已经确权的专利权还是正在申请阶段的专利申请权，或者是需要进一步批准才可以实施的专利。专利处于哪一阶段是决定该专利价值的首要因素。对于发明创造正处于申请阶段的专利，其专利的授权具有较大的不确定性，也就是具有较高的风险，因此，对于正处于申请阶段的专利，其价值一般要低于已经授权的专利。

（2）专利权的无效宣告、终止与恢复。专利的无效宣告是指自国务院专利行政部门公告授予专利权之日起，任何单位或者个人认为该专利权的授予不符合《专利法》及其实施细则有关规定的，可以请求国务院专利行政部门宣告该专利权无效；专利权的终止包括期限届满依法终止、专利权人没有按照规定缴纳年费而终止、专利权人以书面声明放弃其专利权而终止这样三种情况；专利权的恢复是指专利因某些特定因素导致权利终止后，专利权人可以按照规定程序申请恢复权利的情况。

从上面对专利不同法律状态的分析可以看出，一项专利技术可能因未通过实质性审查而根本得不到《专利法》的保护，也就不能成为专利资产评估对象。无效请求的审查结果可以是全部无效、部分无效或维持专利权，在对某项专利权进行价值评估的时候，应该事先了解该项专利是否经过无效请求等程序的审查、审查的结果是什么，据此对评估对象的内容进行相应的修正和调整。

（3）专利权的对外许可。实施许可权指权利人许可他人实施其专利并收取专利使用费的权利。任何单位或者个人实施他人专利的，应当与专利权人订立实施许可合同，向专利权人支付专利使用费。专利权人与他人订立专利实施许可合同的，必须采用书面形式，并在合同生效之日起3个月内向国务院专利行政部门备案。

许可实施合同的备案经常容易被忽略，但也是十分重要的，一项专利如果已经有有效的对外许可合同，则这项专利原则上与没有对外许可合同的专利是不一样的，在进行专利评估时，评估对象的确定是不一样的。这些有效的对外许可合同可能会对专利价值产生正面影响，也可能会产生负面影响。

2. 专利的权利要求内容与保护。专利的权利要求是指该项专利要求法律保护的核心内容，如果一项专利的权利要求恰当，则可以有效避免被竞争者轻易“绕”过去的可能，也就是可以有效保护专利的核心，避免出现侵权的可能，因而增加专利应有的价值。

另外，权利的稳定性也是十分重要的因素，权利稳定性一般是指专利权授权后对抗无效请求的能力。因为任何专利都是经政府审查后授权的，但是审查的力度和条件有限，有可能使一些实际上不符合专利要求的申请得到授权，这样的专利稳定性就差。

例如，发明专利由于经过实质审查，其稳定性就高；而实用新型和外观设计专利有可能没有进行实质性审查，因此稳定性就低。一般来说，稳定性高的专利的价值要高于稳定性低的专利的价值。

3. 专利的创新性与实用性。如果一项专利，其竞争对手通过成本差不多的其他技术途径或方法也可实现与该专利一样的效果，因为其创新性不够，这样的专利经济价值是不高的；但是，如果一项专利其竞争对手无法采用其他方式轻易地达到同样的效果，这样的专利其创新较高，价值也会较高。

另外，专利的实用性也会对价值产生影响。实用性表现为两个方面：一是可靠；二是实施成本尽可能低。

4. 专利的发展前景。专利的价值是需要通过专利实施，也就是使用专利生产专利产品或者提供专利服务来实现，因此，专利的价值与可以生产的专利产品或提供的专利服务是否具有良好的市场前景密切相关。具有良好市场前景的专利产品其价值一定要高于不具有市场前景的专利。

5. 专利的应用领域与保护力度。专利的保护期被称为专利的“长度”，专利的应用领域和专利的保护力度被称为专利的“宽度”，专利宽度就是专利的应用和保护范围，也是对侵权行为的惩罚力度，专利的宽度可以用侵权惩罚金或者在专利保护范围内专利权人获得的超额垄断利润来代表。专利宽度越大，对侵权的惩罚额越高，这样竞争者就会越少，专利权人获得的超额垄断利润就越大，因此，专利的价值也越高。

（四）专利权评估的方法应用

专利权主要采用的评估方法是收益法，特殊情况下也可采用成本法。

1. 收益法。收益法应用于专利权评估，其计算技巧在前面有详细介绍，应用的根本问题是如何寻找、判断、选择和测算评估中的各项技术指标和参数，即专利权的收益额、折现率和获利期限。

专利权的收益额是指直接由专利权带来的预期收益。对于收益额的测算，通常可以通过直接测算超额收益或通过分成率的方式进行测算。

（1）利用直接估算法确认专利权超额收益。专利权之所以有价值，关键在于它能够获得超额收益。如果一项专利权的应用根本无法产生超额收益，它很可能就不能形成无形资产，也就无法采用收益法估算其价值。超额收益的来源，在于收入的增加和成本费用的节约。因此，根据无形资产相关内容，可以将专利权分为收入增长型专利和成本费用节约型专利。

所谓收入增长型专利是指专利应用于生产经营过程，能够使得产品的销售收入大幅度增加。具体包括两种情形。

一种情形是利用专利生产的产品能够提高单位产品价格，在销售量不变、单位成本不变的情况下，专利收益额计算如下：

$$R = (P_2 - P_1) \times Q \times (1 - T)$$

其中，R 表示专利资产收益额；P 表示单位产品价格（P_1使用专利前，P_2使用专利后）；Q 表示产品销售量；T 表示所得税税率。

另一种情形是利用专利生产的产品能够提高销量，在单位价格和单位成本不变的情况下，专利收益额计算如下：

$$R = (Q_2 - Q_1) \times (P - C) \times (1 - T)$$

其中，R 表示专利资产收益额；P 表示单位产品价格；Q 表示产品销售量（Q_1使用专利前，Q_2使用专利后）；C 表示产品单位成本；T 表示所得税税率。

所谓成本费用节约型专利是指专利的应用使得生产产品中的成本费用降低，从而形成增量收益。假定销售量不变、价格不变时，专利收益额计算如下：

$$R = (C_1 - C_2) \times Q \times (1 - T)$$

其中，R 表示专利收益额；Q 表示产品销售量；C 表示产品单位成本（C_1使用专利前，C_2使用专利后）；T 表示所得税税率。

（2）利用分成率法确认专利超额收益。采用利润分成率测算专利技术收益额，即以专利技术投资产生的收益为基础按一定比例（如利润分成率）分成确定专利技术的收益。关于分成率的计算前文已做详细介绍，这里不再赘述。利润分成率反映专利技术对整个利润额的贡献程度。据联合国工业发展组织对印度等发展中国家引进技术价格的分析，认为利润分成率在16%～27%是合理的；美国资产评估界一般认为，利润分成率在10%～30%是合理的；我国实务界多数认为利润分成率为25%～33%较为合理。

专利权评估中的折现率与使用期限在本章前文已做出说明，这里不再赘述，下面通过案例说明专利权评估过程。

【例5-9】杭州未来科技城发展有限公司于5年前自行开发了一项数字化人脸识别技术并获得发明专利证书，专利保护期为20年。2019年12月，该公司准备将该专利技术出售给临安青山湖科技城某企业。现需要对该项专利技术进行评估。评估分析和计算过程如下。

①评估对象和评估目的。杭州未来科技城发展有限公司系出售该项专利，因此，转让的是专利技术的所有权。

②专利技术鉴定。该项技术已申请专利，该技术所具备的基本功能可以从专利说明书以及有关专家鉴定书中得到。此外，该项技术已在杭州未来科技城发展有限公司使用了5年，产品已进入市场，深受消费者欢迎，市场潜力较大。因此，该项专利技术的有效功能较好。

③评估方法选择。该项专利技术具有较强的获利能力。同类型技术在市场上被授权使用情况较多，分成率容易获得，从而为测算收益额提供了保证。因此，适合采用收益法进行评估。

④判断确定评估参数。根据对该类专利技术的更新周期以及市场上产品更新周期的分析，确定该专利技术的剩余使用期限为3年。根据对该类技术的交易实例的分析，以及该技术对产品生产的贡献性分析，确定对销售收入的分成率为3%。

根据过去经营绩效以及对未来市场需求的分析，评估人员对未来三年的销售收入进行了预测，如表5-2所示。

表5-2　未来三年于其销售收入测算表　单位：万元

未来年份	销售收入
第1年	1 000
第2年	1 200
第3年	1 500

根据目前的市场投资收益率，确认该专利技术评估的折现率为10%。假定企业所得税税率为25%。

⑤计算评估值，得出结论。如表5-3所示。

表5-3　未来三年评估值测算表　单位：万元

未来年份	销售收入①	销售收入分成额 ②=①×3%	税后净额 ③=②×(1-25%)	收益总额（r=10%）
第1年	1 000	30	22.5	22.5×(P/A，10%，1)=20.453
第2年	1 200	36	27	27×(P/A，10%，2)=22.302
第3年	1 500	45	33.75	33.75×(P/A，10%，3)=25.346
合计				68.101

根据上述测算表，该项专利的评估价值为 68.101 万元。

2. 成本法。运用成本法的关键在于分析计算专利技术的重置成本构成及其成新率。对于外购专利技术重置成本的确定比较容易。自创的专利技术的成本构成如图 5－1 所示。

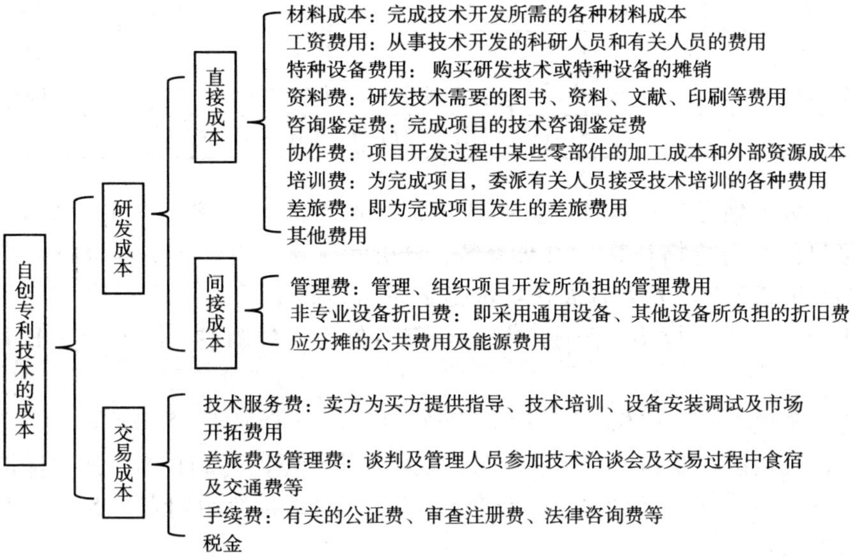

图 5－1　自创的专利技术的成本构成

专利技术评估中成新率的估算方法，详见本章第二节的内容。下面举例说明成本法用于专利技术评估的过程。

【例 5－10】 和达实业股份有限公司由于经营管理不善，企业经济效益不佳，亏损严重，将要被同行业的之江股份有限公司兼并，需要对和达实业股份有限公司全部资产进行评估。该公司有一项实用新型专利，3 年前自行研制开发并获得专利证书。现需要对该专利技术进行评估。评估分析和计算过程如下：

①确定评估对象。该项专利技术系和达实业股份有限公司自行研制开发并申请的专利权，该公司对其拥有所有权。被兼并企业资产中包括该项专利技术。因此，确定的评估对象是专利技术所有权。

②技术功能鉴定。该专利技术的专利权证书、技术检验报告书均齐全。根据专家鉴定和现场勘查，表明该项专利技术应用中对于提高产品质量、降低产品成本均有很大作用，效果良好，与同行业同类技术相比，处于领先水平。企业经济效益不佳、产品滞销是企业管理人员素质较低、管理混乱所致。

③评估方法选择。由于该公司经济效益欠佳，很难确切地预计该项专利技术的超额收益。而同类技术在市场上尚未发现有交易案例，因此，决定选用成本法。

④各项评估参数的估算。

首先，分析测算其重置完全成本。该项专利技术系自创形成，其开发形成过程中的成本资料可从企业中获得。具体如表 5－4 所示。

表 5-4　　开发成本费用表

费用	金额（元）	费用	金额（元）
材料费	80 000	专利申请费	5 000
工资费	20 000	培训费	3 000
专业设备费	10 000	差旅费	3 000
资料费	6 000	管理费分摊	3 000
咨询鉴定费	8 000	非专用设备折旧费分摊	9 000
合计	147 000（所有费用加总）		

其次，考虑到专利技术难以复制的特征，各类消耗仍按过去实际发生额计算，对其价格可按现行价格计算。根据考察、分析和测算，近三年生产资料价格上涨指数分别为5%和7%。因生活资料物价指数资料难以获得，该专利技术开发中工资费用所占份额很少，故将全部成本按生产资料价格指数调整，即可估算出重置完全成本。

重置完全成本 = 147 000 × (1 + 5%) × (1 + 7%) = 165 154.5（元）

最后，确定该项专利技术的成新率。该项实用新型的专利技术，法律保护期限为10年。根据专家鉴定分析和预测，该项专利技术的剩余使用期限为5年，由此可以计算成新率为：

成新率 = 5 ÷ (3 + 5) = 62.5%

⑤计算评估价值，得出评估结论。

该项专利权评估值 = 165 154.5 × 62.5% = 103 221.56（元）

由此确认该项专利权转让价值为103 221.56元。

二、非专利技术评估

非专利技术又称为专有技术、技术秘密，是指未公开或未申请专利，但为拥有者带来超额经济利益或竞争优势的技术信息和知识。从法律角度讲，非专利技术不是一种法定权利，而仅仅是一种自然的权利。没有法定的保护期限，所有者只能通过保密手段进行自我保护。专有技术的持有人不享有该技术的所有权，一旦该技术泄密和公开，该非专利技术即不具有价值。因此，从这一角度来讲，进行非专利技术的评估，首先应当对其客观存在做出鉴定与分析，而这一鉴定要比专利权的鉴定略显复杂。

非专利技术具体包括设计资料、工艺流程、材料配方、经营管理诀窍、图纸数据等，这类无形资产之所以可以作为非专利技术存在，是它们一般具有实用性、新颖性、保密性、价值性等特征。

专利权与非专利技术的区别往往在以下四个方面。

第一，两者公开程度不同。非专利技术具有保密性，而专利技术则是在《专利法》规定范围内公开的。一项技术一经公开，获取它所耗费的时间与投资远远小于研制它所耗费的时间和投资，因此，必须要有法律手段保护发明者的所有权。而没有专利权又不公开的技术，所有者只有通过保密手段进行自我保护。

第二，两者范围不同。非专利技术的内容范围很广，包括设计资料、技术规范、工艺流程、材料配方、经营诀窍和图纸等。专利技术通常包括三种，即发明、外观设计和实用新型。

第三，两者的期限不同。专利技术有明确的法律保护期限，非专利技术没有法律保护期限，只要不泄露就一直存在。

第四，两者受保护的法律不同。对专利技术的保护通常按《专利法》条文进行，对非专利技术保护的法律主要有《中华人民共和国民法典》《中华人民共和国反不正当竞争法》等。

（一）影响非专利技术评估的因素

1. 非专利技术的使用期限。非专利技术依靠保密手段进行自我保护，没有法定保护期限。但是，非专利技术会随着技术进步、市场变化等原因，被先进技术所替代。作为非专利技术本身，一旦成为一项公认的使用技术，它特有的价值也就不复存在了。因此，非专利技术的使用期限应由资产评估专业人员根据本领域的技术发展情况、市场需求情况及技术保密情况进行估算，也可以根据双方合同的规定期限、协议情况估算。

2. 非专利技术的开发成本。非专利技术取得的成本也是影响非专利技术价值的因素。评估中应根据不同技术特点研究非专利技术的开发成本与其获利能力的关系。

3. 非专利技术的获利能力。非专利技术具有使用价值和价值。使用价值是非专利技术本身应具有的，而非专利技术的价值则在于非专利技术的使用所能产生的超额获利能力。因此，评估时应充分研究分析非专利技术的直接和间接获利能力，这是确定非专利技术评估值的关键和难点所在。

4. 非专利技术的市场情况。技术商品的价格取决于市场供求情况。市场需求越大，供不应求，其价格越高，反之则低。从非专利技术本身来说，一项非专利技术的价值高低取决于其技术水平在同类技术中的领先程度。在科学技术高速发展的情况下，技术的更新换代速度加快，无形损耗加大，一项非专利技术很难长期处于领先水平。另外，非专利技术的成熟程度和可靠程度对其价值量也有很大的影响。技术越成熟、可靠，其获利能力越强，风险也就越小，卖价就越高。

5. 保密措施。保密措施是否严谨也会影响非专利技术的评估价值。非专利技术一旦公开，其特有的价值也将不复存在，因此，评估时对于非专利技术保密措施需要进行核查。一般评估专业人员可以通过核心技术人员流动情况、保密协议、保密制度等核查该项非专利技术是否处于保密状态或者是否处于易于公开的环节。

（二）非专利技术评估方法的应用

非专利技术的评估方法与专利技术评估方法基本相同，大部分采用收益法和成本法。

1. 收益法。

【例 5 – 11】 某评估公司 2020 年 12 月对和达实业有限公司准备投入中外合资企业的一项非专利技术进行评估。据双方协议，确定该非专利技术收益期限为 5 年，试根据有关资料确定该非专利技术评估值。按 25% 的所得税税率缴纳所得税。

评估过程如下：

首先，假定该项非专利技术分成率为 40%，预测计算未来五年的收益（评估基准日为 2020 年 12 月 31 日）。预测结果如表 5 – 5 所示。

表 5 – 5　　　　未来五年该项非专利性技术收益测算表

项目	2021 年	2022 年	2023 年	2024 年	2025 年
销量（件）①	30	40	45	50	45
单价（万元）②	2	2	2	2	2
销售收入（万元）③ = ① × ②	60	80	90	100	90
成本费用（万元）④	20	25	28	31	28
利润总额（万元）⑤ = ④ – ③	40	55	62	69	62
净利润（万元）⑥ = ⑤ ×（1 – 25%）	30	41. 25	46. 5	51. 75	46. 5
非专利技术分成率（%）⑦	40	40	40	40	40
非专利技术收益（万元）⑧ = ⑥ × ⑦	12	16. 5	18. 6	20. 7	18. 6

其次，测定折现率。根据 2020 年 5 年期国库券利率 4% 作为无风险报酬率，根据该技术所属行业及市场情况确认市场平均风险报酬率为 15%，由此确定该项非专利技术折现率为 19%（即 4% + 15%）。

最后，计算确定评估值。

非专利技术评估值 = 12 ×（P/F, 19%, 1）+ 16. 5 ×（P/F, 19%, 2）+ 18. 6 ×（P/F, 19%, 3）+ 20. 7 ×（P/F, 19%, 4）+ 18. 6 ×（P/F, 19%, 5）= 50. 8815（万元）

2. 成本法。

【例 5 – 12】 某机械加工企业有 5 000 张机械零部件工艺设计图纸，已经使用了 3 年。经专家从工艺设计图纸的设计先进性和保密性等方面鉴定，认为有 4 000 张图纸仍然可以作为有效的非专利技术资产。预计剩余经济使用年限为 4 年。根据该类图纸的设计、制作耗费估算，当前每张图纸的重置成本为 300 元。该批图纸的价值估算过程如下。

该批图纸的重置成本 = 4 000 × 300 = 1 200 000（元）

该批图纸的成新率 = 4 ÷（3 + 4）≈ 57. 14%

该批图纸的价值 = 1 200 000 × 57. 14% ≈ 685 714. 29（元）

第四节　商标权资产评估

一、商标权资产概述

（一）商标的概念及作用

商标是商品或服务的标记，是生产者或经营者为了把自己的商品或服务区别于他人的同类商品或服务，在商品上或服务中使用的一种特殊标记。根据《商标法》的规定，任何能够将自然人、法人或者其他组织的商品与他人的商品区别开的标志，包括文字、图形、字母、数字、三维标志、颜色组合和声音等，以及上述要素的组合，均可以作为商标申请注册。

商标的作用表现在：表明商品的来源，说明该商品或劳务来自何企业；把一个企业提供的商品或劳务与其他企业的同一类商品或劳务相区别；一定程度上标志着商品的质量，反映特定企业的声誉。消费者通过商标可以了解这个企业的形象，企业也可以通过商标宣传自己的商品。提高企业的知名度。从经济学角度来说，商标的这些作用最终能为企业带来客观的超额收益。从法律角度来说，保护商标就是保护企业拥有商标获取超额收益的权利。

（二）商标权的概念

商标权是指商标经注册或被认定为驰名商标而获得法律保护，形成了排他权、转让权、许可使用权、继承权等权利。绝大部分的商标权是通过商标注册获得的。商标经注册后，商标所有者依法享有商标权权益，并受到法律保护。但是驰名商标是个例外，因《驰名商标认定和保护规定》的存在，注册和非注册的驰名商标都会受到法律保护。从某种意义上讲，驰名商标本身就是一种商标权。

（三）商标权资产的特点

商标权资产是商标权利人控制或者拥有的，能持续发挥作用并带来经济效益流入的专有注册商标权益。它具有如下特征。

1. 从形式上看，商标权资产一般分为商品商标权和服务商标权。它是自然人、法人或其他经济组织对其生产经营的商品或提供的服务项目申请注册的商标，具有专有性和排他性的特征。当商品商标和服务商标得到消费者的认可，并在经济上有所体现时，商品商标和服务商标就能转化为商标资产。不论是商品商标，还是服务商标，如果它们仅仅具有区别商品或服务提供者的功能，并不能自然而然地成为商标资产。另外，商标资产可以是独立的商标权或以商标权为核心的资产组合。

2. 从价值上看，商标权资产的价值是由商标所带来的效益决定的。带来的效益越大，商标价值就越高，反之则低。商标权资产价值的提升需要依附于商标代表的企业的产品质量、信誉、经营状况的提高，而这些要素的提高需要相关技术和管理作为支撑。除此以外，商标价值的形成也来自设计和广告宣传的助推，但为此需支付很高的费用，因此，它不是起决定性作用。

3. 从法律上看，商标权资产具有地域性、时效性和其他一些使用约束性。

（1）商标权资产具有时效性。我国注册商标的有效期为 10 年。有效期满需要继续使用的，商标注册人应当在期满前 12 个月内按照规定办理续展手续；在此期间未能办理的，可以给予 6 个月的宽展期。

（2）商标资产具有严格的地域性。由于不同国家存在着不同的商标保护原则，商标权并不是在任何地方都能受到保护。如果需要得到其他国家的法律保护，必须按照该国的法律规定，在该国申请注册，或向世界知识产权组织国际局申请商标国际注册。

（3）商标资产具有使用约束性。注册商标的专用权以核准注册的商标和核定使用的商品为限。因此，评估商标资产价值时，要注意商标注册的商品种类及范围，要考虑商品使用范围是否与注册范围相符合，商标权只有在核定的商品上使用时才受法律保护，对超出注册范围部分所带来的收益不应计入商标资产的预期收益中。

二、商标权资产评估的程序

（一）明确评估目的

根据引起商标资产评估的经济事项，分析评估结果的期望用途和评估报告的使用者以及与该经济事项有关的法律法规对评估客体和评估过程的总体约束。一般商标资产评估的经济事项包括但并不限于以下各项：转让、投资、质押融资、侵权赔偿、财务核算等。

（二）向委托人收集有关资料

这些资料包括：（1）委托人概况，包括经营历史、现状、经营业绩（包括前 3 ~ 5 年财务报表）；（2）商标概况，包括与商标注册有关的法律性证件、注册时间、注册地点、注册证书号、保护内容、商标的适用范围、商标的种类、商标的法律诉讼情况、商标的知名度、商标有无其他协议等；（3）商标产品的历史、现状与展望，包括市场环境、同行业情况、商标产品的信誉、市场占有率情况等；（4）商标的广告宣传等情况；（5）委托人未来经营规划；（6）未来财务数据预测，包括生产、销售预测、成本费用预测、损益预测；（7）相关产业政策、财税政策等宏观经济政策对其的影响。

（三）市场调研和分析

主要内容包括：（1）产品市场需求量的调研和分析；（2）商标现状和前景的分析；（3）商标产品在客户中的信誉、竞争情况的分析；（4）商标产品市场占有率的分析；（5）财务状况分析，分析判断商标产品现有获利能力和风险程度；（6）市场环境变化的风险分析；（7）其他相关信息资料的分析。

（四）确定评估方法

商标权资产的评估一般采用收益法，但也不排斥市场法与成本法。收益法充分考虑了商标权能持续地给企业带来超额收益的本质特征，也反映了商标权能进行出资、转让的经济实质，所以国内对于商标权的评估多数使用收益法。使用收益法评估，商标所产生的超额收益额、折现率、收益期限三项指标的确定是评估商标权的关键。这里值得注意的是收益期限的确认。按照《商标法》的规定，商标权法律保护期限（注册）是10年，到期后可以续展。因此，评估实践中，有人主张商标权收益期限为10年，有人则认为商标权收益期限应为无限长，期限的差异在很大程度上会影响资产评估结果。其实，上述两种做法都是欠妥的。商标权之所以有价值，是因为通过它能够获得超额收益。如果注册商标所代表的产品并不能带来超额收益，该商标同样不值钱。因此，确定商标权未来获利期限的依据是其获得超额收益的时间，注册年限仅供分析参考，不应作为直接依据。

市场法与成本法和收益法相比，市场法更加简单而且容易操作。当市场上存在大量的可比商标权时，应用该法可迅速获得商标权价值。但是，由于我国商标权评估中信息披露不完善，参照商标权的相关市场价值和数据资料搜集存在很大的难度，市场法应用存在一定的局限性。

成本法即评估商标的重置成本。商标的重置成本是商标权的产生所投入的价值，也就是从商标价值补偿的角度进行商标权评估。具体而言就是将各种投入成本累加起来，包括设计制作费、注册及续展等法律费用、广告宣传费等。这样重置成本计算出的商标权价值，并不能体现商标权能够使同样的生产资料产生极不相同的经济效益能够带来超额收益这一特征。因此，成本法仅可运用于商标权评估以摊销为目的，且市场缺乏参照物、未来收益难以估计的情况。通过成本法评估出来的商标权价值仅作为商标评估值的下限，无法反映商标权实际使用的价值。

（五）撰写并完成评估报告

对评估结果进行分析，完成资产评估报告。

三、商标权资产评估价值的影响因素

商标权作为一种无形资产，其经济价值并非由简单的设计、制作、申请、保护等方面所耗用的费用构成。商标资产的经济价值体现在它能够获得超额收益，不能带来超额的收益，也就不具有经济价值。商标资产的评估价值与评估基准日的社会状况、经济状况和评估目的等密切相关，影响商标资产评估价值的因素有以下方面。

1. 商标的法律状态。包括：（1）商标的注册情况；（2）商标权的失效；（3）商标权的续展；（4）商标权的地域性；（5）商标权在特定范围内有效。

2. 商标的知名度。商标的知名度越大，其价值就越高。

3. 商标所依托的商品。包括：（1）商品所处的行业及前景；（2）商品的生命周期；（3）商品的市场占有率、竞争情况；（4）商品的利润情况；（5）商品经营企业的素质；（6）经营业绩。

4. 宏观经济状况。宏观经济景气时，评估值相对较高；宏观经济低迷时，评估值较低。另外，宏观经济政策对商标价值的评估也有影响，例如财政政策、货币政策等都是商标评估的重要考虑因素。

5. 评估目标。商标评估主要表现为商标权投资入股、商标权许可使用、商标权转让等不同的评估目标，因而有不同的商标权价值。

6. 类似商标的交易情况。当市场上有类似商标的交易情况时，该可比商标的交易价格、交易情况、交易日期等因素都将作为运用市场法评估商标价值的参照。

7. 商标设计。商标设计关系到企业的成败与兴衰，好的商标设计将为企业的发展带来较大的经济利益。

8. 商标声誉的维护。商标的维护时间越长，价值越大。

9. 其他因素。商标的注册、使用、购买成本、商标注册时间、有无许可使用等都是影响商标资产评估价值的重要因素。

四、商标权资产的评估方法

目前我国使用收益法最能反映商标权的实际价值，因此，这里主要讲述收益法在商标权评估中的使用。

（一）商标权转让的评估

【例 5－13】W 公司有一种已经使用 20 年的注册商标。根据历史资料，该企业近 5 年使用这一商标的产品比同类产品的价格每件高 1 元，该企业每年生产 200 万件。该商标目前在市场上有良好销售趋势，产品基本供不应求。根据预测估计，如果在生产能力足够的情况下，这种商标产品每年生产 250 万件，每件可获超额利润 0.8 元，预计该商品能够继续获取超额利润的时间是 10 年。前 5 年可保持目前的超额利润水平，后 5 年每年可获取的超额利润为 100 万元，假设折现率为 15%，评估这项商标权的价值。

①计算其预测期内前 5 年每年的超额利润：

$250 \times 0.8 = 200$（万元）

②根据题目，确定其折现率确定为 15%。

③确定该项商标资产价值。

$$\begin{aligned}\text{商标资产价值} &= 200 \times (P/A, 15\%, 5) + 100 \times \{(P/A, 15\%, 10) - (P/A, 15\%, 5)\} \\ &= 837.1 \text{（万元）}\end{aligned}$$

由此确定商标资产转让评估值为 837.1 万元。

（二）商标使用权的评估

【例5-14】 NJR服装公司将其注册商标使用权通过许可使用合同许可给W服装厂使用生产棉毛衫，使用时间为5年。双方约定由W厂每年按使用该商标新增利润的30%支付给NJR服装公司，作为商标使用费。假设，折现率为15%，试评估该商标使用权价值。

评估过程如下：

①预测使用期限内新增利润总额。通常取决于棉毛衫的新增单位利润及其预计产量。对于产量的预测，应根据许可合同的有关规定及市场情况进行分析。如果许可合同中规定有地域界限，在预测时必须予以考虑，否则就可能导致预测量过多，引致评估值失实。根据评估人员预测，每件棉毛衫可新增净利润5元，第1～第5年生产的棉毛衫分别是70万件、80万件、85万件、90万件和95万件，由此确定每年新增净利润为：

第1年：$70 \times 5 = 350$（万元）

第2年：$80 \times 5 = 400$（万元）

第3年：$85 \times 5 = 425$（万元）

第4年：$90 \times 5 = 450$（万元）

第5年：$95 \times 5 = 475$（万元）

②确定分成率：按许可合同中确定的按新增利润的30%分成率。

③根据题目确定折现率：折现率为15%。

④计算每年新增净利润的合计折现值。

$350 \times (P/F, 15\%, 1) + 400 \times (P/F, 15\%, 2) + 425 \times (P/F, 15\%, 3) + 450 \times (P/F, 15\%, 4) + 475 \times (P/F, 15\%, 5) = 1\,380.03$（万元）

⑤按30%的分成率计算确定商标使用权的评估值：

$1\,380.03 \times 30\% \approx 414$（万元）

第五节 著作权资产评估

一、著作权资产概述

（一）著作权的概念

著作权也称版权，是指文学、艺术作品和科学作品的创作者依照法律规定对这些作品所享有的各项专有权利。它最大的特点是包含人身权和财产权两种不同的民事权利。人身权包括发表权、署名权、修改权、保护作品完整权；财产权包括发行权、放映权等使用作品和通过作品获得报酬的权利。财产权具有转让、继承、交易等商品属性。

（二）著作权资产的概念及特征

著作权资产是指权利人所拥有或者控制的，能够持续发挥作用并且预期能带来经济利益的著作权的财产权益和与著作权有关权利的财产权益。在资产评估中，并非所有的著作权都能成为资产评估中的著作权资产，著作权中能够持续发挥作用并且预计能为权利人带来经济利益的著作权才能够成为资产评估中的著作权资产。

从形式上看，著作权资产同样具有依附性，它需要与相关有形资产以及其他无形资产共同发挥作用、与演绎作品共同发挥作用、与著作权有关的权利（作品传播者权等）共同发挥作用。

从法律上看，著作权资产具有时效性和地域性。另外，由政府部门发放强制许可证的，可以不经著作权人许可，但需要支付报酬。

二、著作权资产的评估程序

著作权资产评估程序与前述的专利权资产、非专利权资产、商标权资产一样，按照明确评估目的、确认著作权资产的存在、收集相关资料、确认评估方法、撰写完成评估报告这一顺序，此处不予赘述。

三、著作权资产价值的影响因素

（一）宏观状况

1. 著作权资产使用区域的社会环境。完善的法律制度以及著作权意识和政策导向对著作权资产价值具有重要影响。

2. 著作权资产使用区域的经济环境。著作权产业的发展与区域经济发展密切相关。如果著作权资产交易发生在经济发达区域，其价值会高于经济落后区域。但是，文化消费又不同于实物消费，满足消费者物质需求的同时，还可以满足消费者心理的需求。因此，其消费对外部经济环境的反应相对具有弹性。尤其在经济出现增长缓慢的时期，著作权产业可能出现逆势增长。

（二）市场供求关系

著作权资产作为一项特殊的资产，参与市场交易时，其价值同样受到市场活跃程度及供求规律的影响。在著作权资产交易活跃的市场中，著作权资产价值就容易实现，一些畅销出版物、音像制品等，发生市场交易比较常见。当市场对某项著作权资产的供大于求时，其价值会降低，反之，价值会得到提升。市场相关作品的价值以及新版本作品也会影响到所估作品著作权资产的价值。市场竞争程度也会影响到著作权资产价值的大小，同类作品的竞争激烈，作品的著作权资产价值实现也会受到影响。

（三）著作权资产依托的作品

作品所处的产业及相关政策、作品的类型、作品的内容、作品创作者的知名度、作品的生产制作能力等都会影响其评估价值。

（四）著作权资产的运营模式

著作权资产的运营模式对著作权资产价值的实现具有较大的影响。某一种作品可以衍生出更多类型的作品，从价值上来说，原始作品与衍生作品互相影响、互为基础。最优的著作权资产的运营模式是寻求实现从原始作品至全部衍生作品的全作品链的、各种财产权益价值最大化的模式。如果一项著作权资产，评估涉及全部的财产权利价值，就需要结合企业模式，充分考虑各类权利收益的实现途径和金额，并且需要考虑衍生收益的价值。一般来说，著作权财产权有两种主要的收益方式：销售型（直接收益型）和使用型（间接收益型）。前者主要是通过销售其作品从而获得直接收益，例如图书作品即通过销售直接获得其收益，这种往往是根据一定比例的版税或提成费用的评估方法，直接获得著作权的评估值。后者是指通过使用该作品的方式间接实现其收益，例如机器的设计图纸，它的价值实现方式不在于直接转让，而是体现在根据该图纸制造出来的机器设备的价值收益中。这类著作财产权评估过程中涉及的问题较为复杂，需要考虑作品的社会影响力、技术发展的水平等较难可靠量化的因素，因此，有可能漏计或多计其贡献，影响其价值。

（五）著作权资产的法律状态

我国《著作权法》对作品的保护采用自动保护原则，即作品一旦产生，作者便享有著作权，不论登记与否都受法律保护。随着著作权纠纷越来越多，许多作者要求将自己的作品交给著作权管理部门登记备案。作品办理自愿登记后，登记记录可以作为其是真实权利人的有力证明，降低著作权人在维护合法权益或对抗诉讼中的成本，从而间接影响著作权资产的价值。

此外，著作权资产的时效性与地域性等法律特征也会对其价值产生影响。尤其目前有许多著作权资产与专利、专有技术等其他知识产权相比具有更强的时效性，如一些音乐歌曲、电影、电视剧在首次发表时期其收益价值较大，但随着时间的推移，其价值会有较大的衰减。

四、著作权资产价值评估的方法

著作权资产同样可以使用收益法、市场法、成本法加以评估。具体方法不再赘述。

【例 5－15】 预计某图书定价为 30 元/册，在著作使用权合同 10 年期内的总发行量估计能够达到 150 000 册，前 5 年的年销售量为 20 000 册，后 5 年的年销售量为 10 000 册，版税率（即收入提成率）为 10%，假定折现率为 15%，不考虑所得税。该著作使用权的价值评估过程如下。

①计算前五年和后五年的版税收入。

前五年：30×20 000×10% =60 000（元）

后五年：30×10 000×10% =30 000（元）

②计算该著作权的价值。

60 000×(P/A,15%,5)+30 000{(P/A,15%,10)-(P/A,15%,5)} =251 130（元）

第六节　商誉资产评估

一、商誉概述

20 世纪 70 年代，美国著名会计学家亨德里克森对商誉的内涵做出了解释：商誉是社会对企业具有好感的价值，是企业超额盈利的价值，是企业持续经营所带来的未入账的隐形资产价值的体现。现在所称的商誉，是企业所有无形资产扣除各单项可辨认无形资产之后所剩余的那部分。商誉作为不可辨认（不可确指）的无形资产，它具有如下特点：

1. 商誉具有附着性，不能离开企业而单独存在，也不能与企业可确指资产分开出售。
2. 商誉的形成是多种因素共同作用的结果，但这些个别因素均不能单独计价。
3. 商誉本身不是一项单独能产生收益的无形资产，但是却超过企业可确指的各单项资产价值之和。
4. 商誉是企业长期积累所形成的价值。

明确商誉的概念及特点，进一步分析企业价值与商誉之间的关系，是做好商誉价值评估工作的前提。企业价值的形成，不仅包括有形资产和可确指的无形资产，还包括商誉。商誉之所以能成为资产，是由于预期的、未来超额的经济利益代表它的实质。确切地说，商誉是能为企业带来超额获利能力的资源。因此，从评估角度来说，判断确定该企业是否存在商誉和商誉价值量大小的重要标准是一个企业是否具有超额收益以及超额收益数额的大小。

二、影响商誉价值评估的因素

（一）企业获取超额收益的能力

企业获取超额收益的能力越强，说明企业在社会上的认同度越高，其商誉评估值也越高。

（二）内外部环境因素

商誉受企业内外部环境因素的影响。包括企业的竞争环境、宏观经济环境等。企业所在的竞争环境是否激烈、宏观经济环境是否宽松，都会影响企业的超额收益，自然也会影响商誉的评估值。

（三）企业经营管理水平和企业文化

经营管理水平直接影响企业未来获取超额利润的能力，企业文化是社会是否认同该企业的重要标志。这两个因素都会影响商誉评估值。

三、商誉价值评估的方法

（一）割差法

割差法是根据企业整体评估价值与各单项资产评估值之和进行比较确定商誉评估值的方法。采用这种方法的理论依据是企业整体价值与企业可辨认的各单项资产价值之和存在差异，如果有两个企业，可辨认的各单项资产价值之和大体相当，但由于经营业绩差别很大，其企业价值自然悬殊。构成企业价值的可辨认的各单项资产包括有形资产和可确指的无形资产，由于其可以独立存在和转让，其评估价值在不同企业中趋同。但它们由于不同的组合，不同的使用情况和管理使之运行效果不同，导致其组合的企业价值不同。而商誉就是各类资产组合后产生超过各项单项资产价值之和的价值。其基本计算公式是：

$$\text{商誉的评估价值}=\text{企业整体资产评估价值}-\text{企业各单项资产评估价值之和（包括可辨认的无形资产）}$$

其中，企业整体资产评估价值可以通过预测企业未来收益贴现得到，上市公司的整体资产价值也可以通过股价获取。

【例5-16】某企业欲进行股份制改组，根据企业过去经营情况和未来市场形势，预测其未来5年的净利润分别是50万元、80万元、80万元、90万元和100万元，并假定从第6年开始，以后各年净利润均为120万元，企业收益期按无限年期进行预测。根据银行利率及企业经营风险情况确定的折现率和资本化率均为15%。并且，采用适当的资产评估方法，评估确定该企业可确指的各单项资产评估值之和（包括有形资产和可确指的无形资产）为500万元，试确定该企业商誉评估值。

采用收益法确定该企业整体评估值：

企业整体评估值=50×(P/F,15%,1)+80×(P/F,15%,2)+80×(P/F,15%,3)+90×(P/F,15%,4)+100×(P/F,15%,5)+120/15%×(P/F,15%,5)=655.4（万元）

因为该企业各单项资产评估值之和为500万元，由此可以确定商誉评估值，即：

商誉的价值=655.4-500=155.4（万元）

（二）超额收益法

超额收益法的思路是，商誉是企业收益与按行业平均收益率计算的收益差额的资本化价格。因此，商誉评估值指的是企业超额收益的资本化价格。超额收益法根据被评估企业的不同，分为超额收益资本化价格法和超额收益折现法。

1. 超额收益资本化价格法。超额收益资本化价格法是把被评估企业的超额收益经资本化还原来确定该企业商誉价值的一种方法。主要适用于经营状况较好、超额收益比较稳定的企业。如果在预测企业预期收益时，发现企业的超额收益只能维持有限期的若干年，这类企业商誉的评估不宜采用超额收益资本化价格法。基本计算公式为：

$$商誉的价值=\frac{企业预计年收益额-行业平均收益率\times企业各项可确指价值之和}{适用资本化率}$$

【例5-17】和达实业公司的期望年报酬额为50万元，该公司的各单项资产的评估价值之和为100万元，公司所在行业的平均报酬率为20%，并以此作为适用资产报酬率，计算商誉价值评估。

商誉的价值=(50-100×20%)÷20%=30÷20%=150（万元）

2. 超额收益折现法。超额收益折现法是把企业可预测的若干年预期超额收益进行折现，把其折现值确定为企业商誉价值的一种方法。其计算公式为：

$$商誉价值=\sum_{i=1}^{n}\frac{R_i}{(1+r)^i}$$

其中，R_i表示第i年企业预期超额收益；r表示折现率。

【例5-18】青山实业公司预计将在今后8年内保持其具有超额收益的经营态势。估计预期年超额收益额保持在50 000元的水平上，该公司所在行业的平均收益率为15%，则：

商誉的价值50 000×（P/A，15%，8）=224 350（元）

【知识延伸】

数字资产的评估

数字资产是无形资产的一种。数字资产是经过二进制编码的任何被授权使用的文本或媒体资源，包括文本内容、图片和多媒体。数字资产包括但不限于网站及其内容、应用软件、代码、电子文档、图片内容、媒体内容、电子货币、电子邮件账户及其内容、社交网络账户及其关系和内容、云端服务账户及其数据等。百度百科从经济学角度给出定义，数字资产是企业拥有或控制的，以电子数据形式存在的，在日常活动中持有以备出售或处于生产过程中的非货币性资产。而目前行业还没有对数字资产作出明确的定义和分类。

数字资产的特点主要分为三点：可控制性、可量化性以及可变现性。在数字资产化的过程中，企业能够直接获取现金流以及相应的增加资产，这都能够为企业带来可观的经济利益。在数字经济时代，各个行业中的不同企业都将数字资产看作重要的战略资产，企业的核心竞争力也已经由以前的实体资产转变为虚拟的数字资产。然而数据的规模、数据的质量、使用效果、关联程度、可访问性、价值密度等都将影响数字资产的价值，国内外各学者也认为要将数字资产进行有效量化评估是较为困难的一件事情，也是资产评估届亟待突破的课题。

【拓展阅读】

著作权资产的数字化管理

近日，在中国资产评估协会指导、中通诚资产评估有限公司主办的以“新时代，新使命，新征程”为主旨的“资产评估助力中国文化产业繁荣发展”专题研讨会上，诸多行业内外专家学者对于文化企业的价值管理与资产评估以及大数据在文化产业评估中的应用进行了深入研讨。百家争鸣，精彩纷呈。来自财政部文化司、资产管理司、文化部产业司、中国工信出版传媒集团等政府机构、文化企业、金融机构、专业中介机构和院校的数十位代表参加了此次研讨会。现摘录部分专家发言，以飨读者。

工信出版集团所属人民邮电出版社应用大数据技术改革传统出版的印数决策机制，推进出版企业供给侧印制、库存、物流、发行等业务流程的创新和优化，通过这种数据支撑的供给侧改革，短短两年显著提高了产品周转率和经营效益，大幅降低了库存和报废率，降低了企业风险和资产减值压力。在这项有关版权资产的数字化管理试点工作中，出现了三方面问题。第一个是图书版权资产的确权。图书出版单位每种出版物都有期限不一的专有出版权，但却不一定拥有其信息网络传播权。这两种权利在不同的管理环境和运营渠道中体现出来的管理方法和资产价值也不一样。第二个是图书类版权资产在传统出版单位数量大、价值低、类型比较复杂，管理难度大。第三个是版权资产在出版单位内部的业务系统和电商等第三方服务系统中存在不断传递和无限扩散的潜在风险。

2013 年，财政部文化司在工信出版集团所属电子工业出版社开展了相关试点工作。试点团队首先利用元数据技术从三个维度进行版权资产的解构，包括版权资产的基本信息、资产信息和运营信息，实现了对版权资产的清晰描述。然后通过业务系统从前端的管理系统和后端的运营系统中获取版权资产的多维度信息，确认各元素的重要性排序，通过分级分类的方式来确认某项版权资产或者著作权资产的价值。

通过试点，电子工业出版社不但实现了制度规范、资产清晰、运营可控的版权资产数字化管理，建立了《版权资产管理和运营系统》，还以试点工作基础取得了国家标准——《图书版权资产核心元数据》（GB/T35427）这一重要科研成果。

在云计算和大数据环境下，图书出版单位的版权资产管理、运营及保护难度越来越大。图书版权资产及其管理和运营信息的价值发现、数据挖掘和权利保护等问题也正变得越来越重要。

资料来源：http：//www. cas. org. cn/xwdt/zhxx/57210. htm

关键概念

无形资产　可确指无形资产　专利权　倍加系数法　约当投资分成法　边际分析法　要素贡献法　割差法　超额收益资本化价格法　超额收益折现法　成新率　非专利技术　商标权　著作权　商誉

思考题

1. 什么是无形资产？如何界定无形资产？

2. 各类无形资产具有怎样的特征？

3. 影响各类无形资产（专利权、非专利权、商标权、著作权、商誉）价值评估的因素有哪些？

4. 如何采用成本法评估各类无形资产（专利权、非专利权、商标权、著作权、商誉）？

5. 如何采用收益法评估各类无形资产（专利权、非专利权、商标权、著作权、商誉）？

6. 专利权和非专利权有什么区别？

7. 什么是约当投资分成法？

8. 市场法在哪些无形资产评估中可以适用？

常用网站网址

1. 中国资产评估协会：http：//www. cas. org. cn/

2. 国际评估准则理事会：https：//www. ivsc. org

3. 国家知识产权局：https：//www. cnipa. gov. cn/

第六章　流动资产及其他资产评估

【引例】

康美药业财务造假——流动资产视角

康美药业股份有限公司（以下简称康美药业）1997年创立，创立人马兴田。2001年3月上交所上市，证券代码：600518。截至2019年3月31日拥有股东28.38万人。2018年12月28日收到证监会调查通知。2019年4月30日发布出现300亿元会计差错的公告。5月1日发致股东信致歉。5月17日证监会通报康美药业财务报告造假行为。5月21日，康美药业被实施风险警示，变成"ST康美"。8月17日遭到证监会警告、罚款并被勒令改正，公司总经理等高级管理人员也被勒令10年内禁止进入市场。

一、虚增存货

康美药业2018年末存货账面价值为342.10亿元，其中库存商品266.05亿元，占账面存货的77.77%。康美药业2018年报披露的主营业务销售额主要由中药品贸易、中药饮片、医疗器械和食品组成。2018年康美药业的存货周转率仅为0.54，在中药企业中排名倒数。存货周转率如此低，不论是中药品还是食品都就极易过期，并不符合公司发展。此外，康美药业并未对342亿元的存货计提减值准备。康美药业存货是当年营业收入的1.27倍，对比同为医药企业的云南白药，该企业2018年的营业收入是267亿元，存货是99亿元，存货仅占当年营业收入的37%，异于同行业水平的存货占比，令人深思。康美药业年报中列示最低库存量为前三个月生产计划所需物料的平均量。该公司的库存周转天数应该在90天左右。但从2014年开始，该公司的存货周转天数就远远高于90天，2017年更是高达216.44天，从这一点上看，公司的经营数据并不符合实际情况。

二、应收账款居高不下

2016～2018年，康美药业的应收账款从2016年第一季度的58.56亿元激增到2018年第四季度的193.6亿元，此为疑点之一。应收账款占营业收入的比重达到了32.6%，2018年第一季度赊销比高达102.5%，说明营业收入基本无法回款，公司当期102.5%以上的收入都是赊销造成的，这点十分不寻常，此为疑点之二。2016年第一季度，康美药业周转13.8次，而同类型企业周转8.11次、7.9次；但到了2018年第四季度，康美药业周转3.42次，同类型企业则周转16.44次。同类型的企业应收账款周转率在上升，而康美药业却在下降，此为疑点之三。种种迹象说明，康美药业营运资金能力在衰退，并且虚造应收账款、虚化利润表，吸引投资者。

三、虚增货币资金

康美药业2017年年报显示该公司的货币资金大部分是银行存款，如果是银行存款，那么一定会产生利息，按照现在正常的理财收益约4%的年化收益率计算，产生的利息收入约为12亿元。而该公司财务报表显示，2017年的利息费用为2.7亿元，约为银行存款年利率的0.8%，利率之低匪夷所思。利息收入跟银行存款完全不符合，极大可能存在虚假行为。经证监会查明，2016年1月1日至2018年6月30日，康美药业通过财务不记账、虚假记账，伪造、变造大额定期存单或银行对账单，配合营业收入造假、伪造销售回款等方式，虚增货币资金。通过上述方式，康美药业2016年年度报告虚增货币资金225.8亿元，占公司披露总资产的41.13%和净资产的76.74%；2017年年度报告虚增货币资金299.4亿元，占公司披露总资产的43.57%和净资产的93.18%；2018年半年度报告虚增货币资金361.9亿元，占公司披露总资产的45.96%和净资产的108.24%。

资料来源：高颢荧．基于舞弊三角理论的财务造假研究——以康美药业为例［J］．经济研究导刊，2020（29）：110－112．

货币资金通常是财务报告中最不轻易调整的项目。案例公司竟然虚增货币资金达887亿元。面对上市公司如此毫无底线、令人瞠目的造假，如何对存货、货币资金、应收账款等流动资产进行资产评估，才能得到客观、公正和真实的评估价值？

学习目标

【知识目标】

1. 理解流动资产评估的特点、评估目的和评估程序。
2. 熟悉运用成本法、市场法评估实物类流动资产和债权类流动资产。
3. 了解货币性流动资产的评估方法。

【能力目标】

1. 培养学生能够结合实际判断流动资产的评估范围。
2. 培养学生具有流动资产评估的实际应用能力。

第一节　流动资产评估概述

一、流动资产的含义及特点

（一）流动资产的含义

流动资产是指可以在一年内或超过一个营业周期内变现、出售或者耗用的资产。满足以下条件之一的，归类为流动资产：

（1）预计在一个正常营业周期中变现、出售或耗用；

（2）主要为交易目的而持有；

（3）预计在资产负债表日起一年内（含一年）变现；

（4）自资产负债表日起一年内，交换其他资产或者清偿负债的能力不受限制的现金或现金等价物。

流动资产一般包括现金、各种银行存款以及其他货币资金、交易性金融资产、应收票据、应收账款、预付账款、其他应付款、待摊费用、预付费用、存货以及其他流动资产等。

（二）流动资产的特点

流动资产是企业资产的重要组成部分。与非流动资产相比，流动资产的独特性主要体现在周转方式、存在形态和变现能力等方面。因此，流动资产主要具有以下特点。

1. 流动性强。流动性强是流动资产的主要特点，也是流动资产变现能力强的一个重要体现。流动资产一般直接参与商品生产和流通的整个过程。在企业的再生产过程中，它依次经过购买、生产和销售三个阶段，并分别以货币资产、储备资产、生产资产和商品资产等形态不断循环运动。流动资产在使用中只参加一个生产经营周期就改变其原有实物形态，并将其全部价值转移到所形成的商品中，构成成本费用的组成部分，最后从营业收入中得到补偿。因此，流动资产具有流动性强、周转周期短、形态变化快的特点。

2. 变现能力强。各种形态的流动资产都可以在较短的时间内出售或变现，具有较强的变现能力，也是企业对外支付和偿债的重要保证。变现能力强也是流动资产区别于其他资产的重要标志。不同流动资产变现能力的强弱也是不尽相同的。现有资产负债表对流动资产的排列就是按照其变现能力的强弱（也可以说是流动性大小）来排序的。一般按照变现能力强弱排序为：货币形态的流动资产、近期可变现的债权性流动资产和短期内出售的存货、生产加工过程中的在产品及准备耗用的物资。企业变现能力强的流动资产占比越高，企业对外支付和偿债能力越强，企业的经营风险就越小。

3. 占用形态多样性及并存性。企业的流动资产是以各种形态并存在于生产经营过程的各个阶段。各种形态的流动资产，又按照生产经营过程的顺序不断地循环周转，由一种形态向另一种形态转化，如此周而复始地形成流动资产的循环和周转的过程。企业的再生产过程是连续的，这就要求不同形态的流动资产同时并存于企业再生产的各个阶段，并保持相应的比例，即在空间上同时并存。

4. 波动性。由于企业的流动资产一般需要不断地购买和售卖，因此，受市场商品供求变化和生产、消费的季节性影响较大。此外，流动资产还会受到外部经济环境、经济秩序等因素的制约，从而导致其占用总量以及流动资产的不同形态构成比例呈现出波动性。

（三）流动资产的分类

流动资产形态多种多样，不同角度有不同分类，不同行业也有不同的流动资产构成。一般按照以下标准进行相应的分类。

1. 按流动资产所处的领域分类。

（1）生产领域的流动资产。这是指在产品生产过程中发挥作用的流动资产，例如原材料、辅助材料、低值易耗品，包装物、在产品及自制半成品等。

（2）流通领域的流动资产。这是指在商品流通过程中发挥作用的流动资产，例如产成品赊销过程中的结算资金、货币资金等。

2. 按现行会计制度分类。

（1）货币资金。如现金、各类银行存款、其他货币资金等。

（2）应收及预付款项。如应收账款、应收票据、应收内部单位款、其他应收款、预付货款及预付费用等。

（3）短期投资。如交易性金融资产等。

（4）存货。即企业在生产经营过程中为出售或消耗而储备的资产。如原材料、在产品、产成品、低值易耗品等。

3. 按照流动资产在企业生产经营中所起的作用分类。按工业企业流动资产在企业生产经营中所起的作用分类为：

（1）储备资产，是指从购买到投入生产为止，处于生产准备阶段的流动资产，包括原材料及主要材料、辅助材料、燃料、修理用备件、低值易耗品、包装物、外购半成品等。

（2）生产资产，是指从投入到产成品制成入库为止，处于生产过程中的流动资产，包括在产品、自制半成品、待摊费用等。

（3）成品资产，是指从产品入库到产品销售为止，处于产品待销过程中的流动资产，包括产成品和准备销售的半成品和零部件等。

（4）结算资产，指各种发出商品、应收账款、应收票据等。

（5）货币资产，指银行存款、库存现金等。

按商业企业流动资产在企业生产经营中所起的作用分类为：

（1）商品资产，包括库存商品和在途商品等。

（2）非商品资产，包括包装物、物料用品、低值易耗品、待摊费用。

（3）结算资产，包括各种应收、预付款、应收票据等。

（4）货币资产，包括银行存款、库存现金等。

工业企业和商业企业中同种流动资产的构成比例有很大不同，一般商业企业的比重大大高于工业企业。

4. 按流动资产的表现形态分类。

（1）货币性流动资产。货币性流动资产以货币形态存在，包括上述结算资产和货币资产。如现金、各类银行存款等。

（2）实物性流动资产。实物性流动资产包括上述储备资产、生产资产、成品资产等。如各种材料、在产品、低值易耗品、产成品等。

（3）债权性流动资产。债权类流动资产包括购销过程中形成的债权性应收应付及预付款项。如应收账款、应收票据、预付费用等。

（4）其他流动资产。其他流动资产指除以上资产之外的流动资产。

二、流动资产评估的对象及特点

（一）流动资产评估的对象

流动资产一般作为单独的评估对象，不需要以其综合盈利能力进行综合性的价值评估。其原因主要有：

（1）由于流动资产与非流动资产存在不同的运营方式，其价值变化的规律也是不同的，因而评估的技术特点也就不同。

（2）由于流动资产在会计核算和会计报表中是独立的计量账户，它与流动负债配合共同反映营运资金的状况，为投资人和债权人提供企业资产流动性的信息。

按照上述流动资产内容的相关分类，对流动资产评估对象进行划分，如图 6－1 所示。

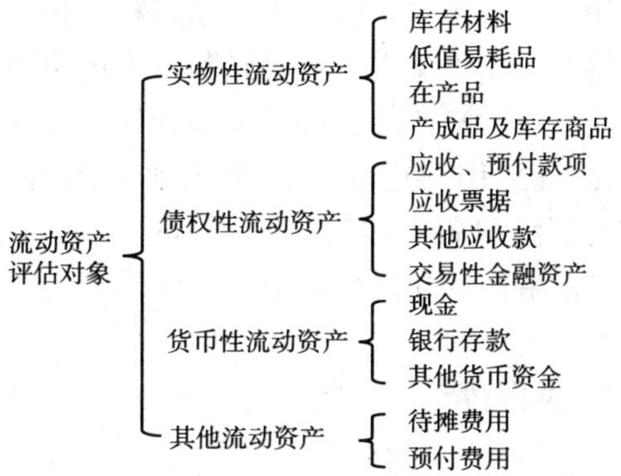

图 6－1　流动资产评估对象

（二）流动资产的评估特点

流动资产的特点直接反映在流动资产评估上，极大地影响着流动资产的评估。与非流动资产相比，流动资产在周转方式、存在形态、变现能力等方面具有明显的区别，使流动资产评估具有以下特点。

（1）流动资产评估基准日要尽可能与评估结论使用时点接近。流动资产最大的特点就是流动性。流动资产不能长久地保持在一种使用形态上，而是随着生产过程的不断进行，不断地由一种形态转换为另一种形态，而且流动资产具有易变现性和波动性。这些特性都使流动资产的构成数量以及价值总额随时都会发生变化，而评估是针对某一时点上的价值估算。因此，在评估流动资产时，一是必须合理确定评估时点，使确定的评估基准日要尽可能接近评估结论使用的时点；二是严格在规定时点上进行流动资产清查核实、登记及确定被评估流动资产数量和账面价值，避免出现重复登记或者漏记的现象。

（2）流动资产量大类繁，一般需要进行分类清查和评估。流动资产一般具有数量大、种类繁多的特点，清查工作量也很大，所以流动资产清查应考虑评估的时间要求和评估成本。流动资产评估往往需要根据不同企业的生产经营特点和流动资产分布构成情况，对流动资产分清主次，选择不同的方法进行清查和评估，做到突出重点，兼顾一般。

（3）流动资产评估业务受企业运营的影响较大，对企业流动资产会计核算资料的依赖度较高。由于流动资产大多处于企业生产经营的实际运转过程中，不便于实地盘查，因而通常需要企业配合，在相对静止的条件下进行清查、盘点和核实。另外流动资产种类繁多，许多价格信息只有通过会计资料才能获得。因此，流动资产评估的一个重要特点就是对企业会计账表进行可用性判断，并确切了解企业在流动资产、成本费用等项目核算中所使用的程序和方法，在此基础上判断流动资产评估与这些会计程序方法之间的联系与区别，从而正确利用会计信息。

（4）正常情况下，流动资产评估一般无须重估价值。正常情况下，通常是指流动资产周转速度快，变现能力强，价格变化不大的情况下。在正常情况下，流动资产的账面价值基本可以反映流动资产的现值。由于原材料、在产品、产成品等存货资产的使用时间、存放时间较短，其价值受通货膨胀和技术进步因素的影响较小，故资产账面价值基本上可以反映出流动资产的现值，在选择评估技术方法时可以适当考虑这一点，在可能的情况下，可采用历史成本作为流动资产的评估值。资产有形损耗（实体损耗）的计算也只适用于低值易耗品以及呆滞、积压流动资产的评估。此外，流动资产评估一般无须考虑资产的功能性贬值等因素。

三、流动资产评估的程序

（一）确定评估对象和范围

在进行流动资产评估前，首先要确定被评估资产的对象和范围，这是节约工作时间、保证评估评估工作顺利进行的重要条件。流动资产一般单独作为评估对象，因此流动资产评估对象和评估范围，应依据经济活动所涉及的资产范围而定，主要应做好下列工作。

1. 正确划分流动资产与其他资产的界限。弄清楚被评估流动资产范围，必须注意划清流动资产与其他资产的界限，防止将不属于流动资产的机器设备等作为低值易耗品而列入流动资产，也不得把属于流动资产的低值易耗品作为其他资产，以避免重复评估和漏评。

2. 查核被评估流动资产的产权。企业中存放的外单位委托加工材料、代保管的材料物资等，尽管存放于该企业中，但是不得将其列入流动资产的评估范围。此外，根据国家有关规定，抵押后的资产不得用于再投资，如该企业已作为抵押物的流动资产，则不能将其再转让或投资，该类流动资产也不得列入评估范围。

3. 核实流动资产资料。一份准确的被评估资产清单是正确估价资产的基础资料，被评估资产的清单应以实存数量为依据，而不是以账面记载情况为标准。由于流动资产种类繁多、流动性强，为保证评估结果的客观真实性，评估专业人员必须对清单所列的流动资产进行局部或全部查实，做到账表相符、账实相符。

（二）对实物性流动资产进行质量检测和技术鉴定

技术鉴定是正确评估资产价值的重要基础，因此，评估时必须考虑资产的内在质量因素。对实物性流动资产，如原材料、在成品、产成品、库存商品等，进行检验和技术鉴定，目的是了解被评估资产的质量状况，以便确定其是否尚有使用价值，并核对其技术情况和等级状态与被评估资产清单的记录是否一致。尤其是对那些有时效要求的存货进行技术检测，正是估计该类资产价值的重要依据。存货在存放期内质量发生变化，会直接影响其市场价格，比如有保质期要求的食品类和有有效期要求的药品类、化学试剂类存货等。对各类存货进行技术质量检测，可由被评估企业的有关技术人员、管理人员与评估专业人员合作完成。

（三）对债权性流动资产基本情况进行分析

根据对被评估企业与债务人经济往来活动中的资信情况的调查，了解每一项债权性流动资产的经济内容、发生时间的长短及未清理的原因等因素，综合分析确定这部分债权、票据等回收的可能、回收的时间、回收时将要发生的费用及回收风险，并对形成的呆账、死账做相应的处理。

（四）选择合理的评估方法

资产评估专业人员应根据评估的目的和不同种类流动资产的特点，选择适当的评估方法进行评估。根据前述对流动资产评估对象划分，不同的流动资产评估对象，其评估方法的选择也不尽相同。

1. 实物性流动资产的评估方法。对于实物性流动资产，可以采用市场法和成本法。对存货中价格变动较大的，要考虑市场价格；对于买入价较低的，要按限价调整；对于买价提高的，除考虑市场价格外，还要分析最终产品价格是否相应提高，或存货本身是否具有按现价出售的现实可能性。

2. 债权性流动资产的评估方法。对债权性流动资产只适用于按可变现净值进行评估。

3. 货币性流动资产的评估方法。对于货币性流动资产，其清查核实后的账面价值就是现值，无须采用特殊方法进行评估。仅仅应对外币存款按评估基准日的国家外汇牌价进行折算。

4. 其他流动资产的评估方法。对于其他流动资产的评估，应分别不同情况进行，其中有物质实体的流动资产，则应视其价值情形采用与机器设备等相同的技术方法进行评估。

（五）评定估算流动资产，得出评估结论

根据掌握的资料和技术鉴定结果，按选定的方法评定估算，并对评估初步意见进行适当调整，得出相应的评估结论，出具评估报告。

第二节 实物性流动资产的评估

实物性流动资产的评估是流动资产评估的重点，主要包括各种原材料、在产品、产成品和库存商品的评估。其适用的主要评估方法是成本法和市场法。

一、原材料评估

（一）原材料评估的内容

企业中的原材料可以分为库存材料和在用材料。由于在用材料在再生产过程中形成在产品和产成品，已不再作为单独的材料存在。因此，对原材料的评估就是对库存材料的评估。在评估库存材料时，要考虑库存材料实物数量与评估时点的市场价格。

库存材料包括各种主要材料、辅助材料、燃料、修理用备件、包装物、外购半成品等。其特点是品种多、金额大，而且性质各异，计量单位、计价和购进时间、自然损耗各不相同。

（二）原材料评估的步骤

根据库存材料的上述特点，评估时可按下列步骤进行。

1. 核实账、表与实物数量是否一致，查明有无变质、霉烂、毁损等质量问题，有无超储、呆滞的材料等。

2. 根据不同评估目的和被评估资产的特点，选择恰当的评估价值类型和评估方法。根据不同的经济行为，材料评估一般可以适用现行市价、重置成本、收益现值和清算价格等价值类型。在评估方法上，则更多地采用成本法、市场法。就两种评估方法而言，在某种库存材料市场畅销、供求基本均衡的状况下，二者可以替代使用。但若不具备上述条件时，应具体情况具体分析。

3. 运用企业存货管理的 ABC 管理方法，按照一定的目的和要求，对材料进行排序，分清重点，着重对重点（A 类）材料进行评估。

（三）原材料评估的具体方法

对库存材料进行评估时，可以根据材料购进情况及相应材料市场状况，选择与其相适应的评估方法。

1. 近期购进库存材料评估。近期购进的库存材料，库存时间短，在市场价格变化不大的情况下，其账面价值与现行市场价格基本接近。评估时，可以采用成本法，也可以采用市场法评估。评估时对于购进时发生的运杂费有以下两种处理：(1) 运杂费发生的金额较大，比如从外地购进的材料，评估时应将由被评估材料分担的运杂费计入评估价值。(2) 运杂费发生的金额较小，比如从本地购进的材料，评估时可以不考虑运杂费。其运杂费金额的大小还要视材料购进时的数量。一般采购量大，涉及的运杂费也会较高。

【例6-1】甲企业中A材料系两个月前从外地购进，材料明细账的记载为：数量4 000千克，单价350元/千克，运杂费为600元。评估时库存尚有1 600千克A材料。根据上述资料，确定该库存材料的评估价值。

库存A材料应承担的运杂费 = (600 ÷ 4 000) × 1 600 = 0.15 × 1 600 = 240（元）

材料评估值 = 1 600 × 350 + 240 = 560 000 + 240 = 560 240（元）

2. 购进批次间隔时间长、价格变化大的库存材料评估。对这类材料进行评估时，可以采用最接近市场价格的材料价格或直接以生产价格作为其评估价值。

如果近期内库存材料价格变动很大，或者评估基准日与最近一次购进时间间隔较长，则评估时应采用评估基准日的时价。此外，由于材料分期购进，且每次购价各不相同，各企业采用的存货核算方法不同，如先进先出法、全月一次加权平均法等，导致其账面余额不一致。但会计核算方法差异实际并不影响评估结果。因为评估价值取决于核查库存材料的实际数量和最接近评估基准日市场的价格。

【例6-2】某企业要求对其库存的乙材料进行评估。乙材料分两批购进，第一批购进的时间为2021年4月，数量900千克，单价为2 500元/千克；第二批购进的时间为2021年10月中旬，数量300千克，单价为3 000元/千克。评估基准日为2021年10月30日，经核实上半年购进的乙材料尚有库存800千克，2021年10月购进的尚未使用。因此，在评估基准日需要评估的乙材料数量1 100千克。确定该库存材料的评估价值。

根据上述资料，该库存乙材料可以按照市场价格3 000元/千克进行估算其评估价值。

材料评估值 = 1 100 × 3 000 = 3 300 000（元）

【例6-3】依〖例6-2〗，经市场调研，发现乙材料市场价格波动性较大。假定其他条件不变，若评估基准日为2022年2月20日，库存乙材料评估数量仍为1 100千克。此时乙材料由于受到国际材料期货市场的影响，其市场价格回落至2 700元/千克。确定该库存材料的评估价值。

因为近期内该材料价格变化很大，且评估基准日（2022年2月20日）与最近一次购进时间（2021年10月中旬）间隔较长，则评估时应采用评估基准日的市价。

材料评估值 = 1 100 × 2 700 = 2 970 000（元）

3. 缺乏准确市场现价的库存材料。企业库存的某些材料由于购置时间早，市场早已脱销，评估基准日无明确的市场价格信息可供参考或使用。评估时，可以由以下几种方式进行评估。

（1）寻找替代品的价格变动资料来修正材料价格；

（2）可以在分析市场供需的基础上，确定该材料的供需关系，并以此修正材料价格；

（3）通过市场同类商品的平均物价指数进行评估。

4. 超储积压物资的评估。超储积压物资是指从企业库存材料中清理出来，需要进行处理的材料。由于这类材料长期积压，时间较长，可能会因为自然力作用和保管不善等原因而造成使用价值下降。对这类资产可以根据以下两种情况进行评估：

（1）对其数量和质量进行核实和鉴定的基础上，区分不同情况进行评估；

（2）对其中失效、变质、残损、报废、无用的部分，应通过分析计算，扣除相应贬值额后，确定其评估值。

二、低值易耗品

1. 低值易耗品的定义。低值易耗品是指单项价值在规定限额以下或使用年限不满一年，但能多次使用而基本保持其实物形态的劳动资料。如管理用具、劳保用品、玻璃器皿等。低值易耗品与固定资产都属于企业的劳动工具，但不同的是固定资产是主要劳动资料。尽管现有财务制度规定了划分固定资产和低值易耗品的一般标准，但不同行业对二者的划分标准却是完全不同的。例如，作为服装行业的主要劳动资料的缝纫机，虽然其单位价值比较小，但它是该行业的主要劳动工具，一般作为固定资产核算和管理。但在其他行业，一般情况下则把缝纫机作为低值易耗品进行核算和管理。

2. 低值易耗品的分类。低值易耗品种类繁多，为了评估需要，可以对其进行必要的分类，一般按其用途和使用情况进行分类。

（1）低值易耗品用途分类。按低值易耗品用途进行分类，可以分为：一般工具、专用工具、替换工具、管理用具、劳动保护用具和其他低值易耗品等。

（2）低值易耗品使用情况分类。按低值易耗品使用情况进行分类，可以分为在库低值易耗品和在用低值易耗品。

3. 低值易耗品的评估。在对低值易耗品评估时，通常按其使用情况进行分类评估。

（1）在库低值易耗品的评估。在库低值易耗品的评估方法与库存材料的评估方法相同，可以根据具体情况分别采用成本法、市场法进行评估。

（2）在用低值易耗品的评估。在用低值易耗品的评估，可以采用成本法。其计算公式为：

在用低值易耗品评估值 = 全新低值易耗品重置价值 × 成新率

其中，全新低值易耗品重置价值可以直接采用其账面价值（价格变动不大时），也可以采用现行市场价格，有时还可以在账面价值基础上乘以其物价变动指数来确定。

在对低值易耗品评估时，由于其使用期限短，一般不考虑其功能性损耗和经济性损耗，其成新率计算公式为：

$$成新率=\left(1-\frac{低值易耗品实际已使用月数}{低值易耗品可使用月数}\right)\times100\%$$

一般而言，评估专业人员确定低值易耗品的成新率时，不能按照其摊销方式来确定，而应该按其实际损耗程度来确定。会计上对低值易耗品采用摊销的方式转入成本、费用，其目的在于有效地核算成本、费用，基本不反映低值易耗品的实际损耗程度。

【例6-4】 某企业的丙低值易耗品原价为800元，预计可使用1年，现已使用9个月。该低值易耗品现行市价为1 160元，确定该低值易耗品的评估值。

$$在用低值易耗品评估值=1\ 160\times\left(1-\frac{9}{12}\right)\times100\%$$

$$=1\ 160\times0.25=290（元）$$

三、在产品评估

在产品包括生产过程中尚未加工完毕的在制品、已加工完毕但不能单独对外出售的半成品（可直接对外出售的自制半成品视同库存商品进行评估）。对这部分流动资产进行评估时，应结合其特点，按照重置时的合理费用进行估价。在产品可采用成本法和市场法进行评估。

（一）成本法

在产品成本法评估是指根据技术鉴定和质量检测的结果，按评估时的相关市场价格、费用水平重置同等级在产品及自制半成品所需投入合理的料工费，估算其评估价值的一种方法。这种方法只适用于生产周期较长，通常在半年以上或一年以上，仍需继续生产、销售并且有盈利的在产品等的评估。具体又可分为以下三种情况。

1. 根据价格变动系数调整成本计算评估值。这种方法只适用于生产经营正常，且会计核算水平较高的企业的在产品评估。可参照其实际发生的成本，根据到评估基准日时的市场价格变动情况，调整成重置成本。具体评估的方法和步骤为：

（1）对被评估在产品进行技术鉴定，将其中不合格在产品的成本从总成本中剔除。

（2）分析原成本构成，将不合理的费用从总成本中剔除。

（3）分析原成本构成中材料成本从其生产准备开始到评估基准日为止的市场价格变动情况，并测算出价格变动系数。

（4）分析原成本构成中的工资、燃料、动力费用以及制造费用从开始生产到评估基准日有无大的变动，是否需要进行调整。如需要调整，测算出调整系数。

（5）根据技术鉴定、成本构成的分析及价格变动系数的测算，调整成本，确定评估值。必要时，还应从变现的角度修正评估值。

基本计算公式如下：

$$\begin{array}{c}在产品\\评估值\end{array}=\begin{array}{c}原合理\\材料成本\end{array}\times\left(1+\begin{array}{c}价格\\变动系数\end{array}\right)+\begin{array}{c}原合理\\工资、费用\end{array}\times\left(1+\begin{array}{c}合理工资、费用\\变动系数\end{array}\right)$$

需要说明的是，在产品成本中包括材料成本、工资费用和制造费用三个部分。制造费用属于间接费用，工资费用属于直接费用，但同间接费用一样较难测算，因此，评估时将工资费用和制造费用合并为一项费用进行估算。

【例6-5】某企业在产品甲评估基准日的账面总成本为300 000元，经评估专业人员核查，发现其中有50件产品为超过正常范围的废品，单件账面成本为1 000元，估计每件可回收的废料价值为200元，另外，还将前期漏转的费用30 000元计入了本期成本。在原产品成本构成中，材料成本占比80%，从生产到评估基准日，材料价格上涨了10%；工资等其他费用未发生变动。确定在产品甲的评估值。

合理成本 = 300 000 − 50 × (1 000 − 200) − 30 000 = 230 000（元）

在产品甲的评估值 = 230 000 × 80% × (1 + 10%) + 230 000 × 20%

= 248 400（元）

2. 按照社会平均消耗定额和现行市价计算评估值。即按重置同类资产的社会平均成本确定被评估资产的价格。该方法对在产品进行评估时，需掌握以下资料：

（1）被评估在产品的完工程度。

（2）被评估在产品关于工序的工艺定额。对于工艺定额的选取，有行业平均物料消耗标准的，可按行业标准计算；没有行业统一标准的，按企业现行的工艺定额计算。

（3）被评估在产品所耗用物料的近期市场购买价格。

（4）被评估在产品的合理工时及单位时间内的取费标准，而且合理的工时及取费标准应根据正常生产经营情况进行估算。

基本计算公式如下：

$$\text{在产品评估值} = \text{在产品实有数量} \times \left(\text{该工序单件材料工艺定额} \times \text{单位材料现行市价} + \text{该工序单件工时定额} \times \text{正常工资及其他费用}\right)$$

【例6-6】某企业处于某一生产阶段的在产品丙300件，已知每件在产品需要铝材消耗50千克，每千克市场单价5.00元；在产品累计单位工时定额20小时，每定额小时的燃料和动力费用定额0.45元、工资及附加费定额10.00元、车间经费定额2.00元，企业管理费用定额4.00元，该在产品不存在变现风险。确定在产品丙的评估值。

在产品评估值 = 300 × 50 × 5 + 300 × 20 × (0.45 + 10 + 2 + 4)

= 75 000 + 98 700 = 173 700（元）

3. 按在产品的完工程度计算评估值。在产品的最终形式为产成品。因此，可以在计算预计完成产成品的重置成本基础上，按在产品完工程度计算确定在产品的评估值。其计算公式为：

在产品评估值 = 产成品重置成本 × 在产品约当量

或

在产品评估值 = 产成品重置成本 × 在产品完工率

其中：在产品约当量 = 在产品数量 × 在产品完工率

在产品约当量、在产品完工率可以根据其完工工序与全部工序的比例、生产完成时间与生产周期的比例确定。确定时还应分析完工工序、完成时间与其成本耗费的关系。

【例 6－7】某工厂在评估时，有在产品 200 件，原材料随生产过程陆续投入。已知这批在产品的材料投入量为 80%，完工程度为 60%，该产品的单位定额成本为：材料定额 360 元，工资定额为 70 元，费用定额为 50 元。现确定该批在产品的评估价值。

在产品材料约当产量 = 200 × 80% = 160（件）

在产品工资、费用约当产量 = 200 × 60% = 120（件）

在产品评估值 = 160 × 360 + 120 ×（70 + 50）= 72 000（元）

（二）市场法

市场法是指按同类在产品和半成品的市场价格，扣除销售过程中预计发生的相关费用后计算出评估值。这种方法通常适用于因产品下线，在产品和自制半成品只能按评估时的状态向市场出售的情况。

1. 如果被评估在产品通用性较好，能用于产品配件更换或用于维修时，其评估价值相对来说较高。这种情形下其计算公式为：

$$\text{在产品评估值} = \text{在产品实有数量} \times \text{市场可接受的不含税单价} - \text{预计销售过程中发生的费用}$$

如果在调剂过程中有一定风险，还要考虑设立一个风险调整系数，计算可变现的评估值。

2. 如果在产品不能继续使用或生产，又无法通过市场调剂出去的专用配件，则只能按照废料回收的价格进行价值评估。这种情形下的计算公式为：

某报废在产品评估值 = 可回收废料的重量 × 单位重量现行的回收价格

【例 6－8】W 公司因产品技术落后引发经营亏损，导致生产全面停产，现准备与 M 公司合并，需要对其库存甲、乙和丙三种在产品进行评估。经评估专业人员对待评估在产品进行清查核实后，得出有关评估资料如下：

①在产品甲实有数量 600 件，账面价值为 36 000 元。目前已从仓库中领出，但尚未进行加工处理。该批在产品可以完好无损的出售，市场价格为 45 元/件。

②在产品乙实有数量 500 件，账面价值为 20 000 元。在产品乙已加工成部件，可通过市场调剂且流通性较好。根据市场调查可知，该在产品的市场可接受的不含税单价为 23 元/件，调剂费为 300 元。但调剂存在风险，预计能够实现调剂价格的 90%。

③在产品丙实有数量 200 件，账面价值为 15 000 元。该在产品已加工成部件，但是对于合并后的企业而言，该在产品已没有继续加工的价值，而且也无法通过市场调剂出去。经分析，该在产品只能作为报废的在产品处理。预计可回收的废料 16 千克/件，回收单价为 0.8 元/千克。

根据上述资料，用市场法确定 W 公司在产品的评估值。

在产品甲评估值 = 600 × 45 = 27 000（元）

在产品乙评估值 = 500 × 23 × 90% － 300 = 10 050（元）

在产品丙评估值 = 200 × 16 × 0.8 = 2 560（元）

W 公司在产品的评估值 = 27 000 + 10 050 + 2 560 = 39 610（元）

四、产成品与库存商品评估

产成品与库存商品包括已完工入库和已完工并经过质量检验但尚未办理入库手续的产成品及商品流通企业的库存商品等。对这部分流动资产的评估应根据其变现能力和市场可接受价格进行评估，适用的评估方法有成本法和市场法。

（一）成本法

采用成本法对生产及加工工业的产成品进行评估，主要根据生产、制造该产成品发生的全部成本费用来确定其评估价值。具体操作可以分以下两种情况。

1. 评估基准日与产成品完工时间比较接近，成本费用变化不大，可以直接按产成品账面价值确定其评估值。其计算公式为：

产成品评估值 = 产成品数量 × 单位产成品账面成本

2. 评估基准日与产成品完工时间间隔较长，制造产成品的成本费用变化较大，并且企业的会计核算水平不高。这种情况下，不能按产成品的账面价值确定评估值，而是应按评估基准日市场状况下产成品的社会平均成本确定。其计算公式为：

$$\text{产成品评估值} = \text{产成品实有数量} \times \left(\text{合理材料工艺定额} \times \text{单位材料现行市价} + \text{合理工时定额} \times \text{单位小时合理工时工资、费用}\right)$$

或

$$\text{产成品评估值} = \text{产成品实际成本} \times \left(\text{材料成本比例} \times \text{材料综合调整系数} + \text{工资、费用成本比例} \times \text{工资、费用综合调整系数}\right)$$

【例6-9】某资产评估公司对Y企业进行资产评估。经核查，发现该企业产成品的实有数量800件，根据Y企业的成本核算等会计资料，结合同行业成本耗用资料分析，合理材料工艺定额为380千克/件，合理工时定额为25小时/件。至评估基准日，生产该产品的材料价格上涨，由原来的55元/千克上涨到58元/千克，单位小时合理工资、费用不变，仍为14元/小时。根据上述分析和有关资料，确定Y企业产成品的评估值。

产成品评估价值 = 800 × 380 × 58 + 800 × 25 × 14

= 17 632 000 + 280 000 = 17 912 000（元）

【例6-10】某企业产成品实有数量700台，每台实际成本240元，根据会计核算资料，生产该产品的材料费用与工资、其他费用的比例为7∶3，根据目前价格变动情况和其他相关资料，确定材料综合调整系数为1.13，工资、费用综合调整系数为1.04。确定该产成品的评估价值。

产成品评估值 = 700 × 240 ×（70% × 1.13 + 30% × 1.04）

= 185 304（元）

（二）市场法

市场法是指按不含价外税的可接受市场价格扣除相关费用后计算被评估产成品

评估值的技术方法。其中，制造业企业的产品以卖出价为依据，流通业企业一般以买进价为依据。运用市场法评估产成品价格时，在选择市场价格时应考虑以下四个因素。

1. 产成品及库存商品的使用价值。根据对产成品本身的技术水平和内在质量的技术鉴定，确定产成品是否具有使用价值以及产成品的实际等级，以便选择合理的市场价格。

2. 分析市场供求关系和被评估产成品的市场前景。

3. 所选择的价格应是在公开市场上形成的近期交易价格，非正常交易价格不能作为评估的依据。

4. 对于产品技术水平先进，但产成品外表留有不同程度的残缺的情况，可根据其损坏程度，通过调整系数予以调整。

采用市场法评估产成品，使现行市场价格中包含了产品成本、税金和利润，评估时如何处理实现的利润和税金，应视具体情况而定。通常由产成品评估的特定目的和评估的性质来决定：（1）若以产成品出售为目的进行评估，应以现行市场价格为基础评估产成品的价格，而无须考虑扣除为实现销售而发生的销售费用和相关税金。对于缴纳增值税的产成品，其销项税额尽管是向买方收取，但并不构成库存商品价格，而且对于买方来说支付给卖方的销项税额即为自身的进项税额，在购进的库存商品再卖出时，所支付的税款是销项税款与进项税款的差额，本身就意味着税款的扣除。（2）若对企业以投资为目的的产成品进行评估，应以扣除各种税金和利润后的现行市价作为评估基础。由于产成品在新的企业中按市价销售后流转税金和所得税等就要流出企业，追加的销售费用也应该得到补偿，产成品评估值折价后作为投资者权益，具有分配收益依据的作用。因此，在这种情况下，市价中扣除各种税费和利润后才能成为产成品评估值。

在实际评估工作中，还应进行如下选择：对于十分畅销的产品，根据其出厂销售价格减去销售费用和全部税金确定其评估值；对于正常销售的产品，根据其出厂销售价格减去销售费用、全部税金和适当数额的税后净利润确定其评估价值；对勉强能销售出去的产品，根据其出厂销售价格减去销售费用、全部税金和税后净利润确定其评估价值。

五、房地产开发企业存货的评估方法

（一）房地产开发企业存货的类型

房地产开发企业的存货主要包括以下五种类型。

1. 原材料类存货。如用于开发土地、房屋、建筑物等的各种材料物资。

2. 设备类存货。如购入的用于房地产开发经营的各种设备。

3. 在产品类存货。如尚未开发或尚未完工的土地、房屋等。

4. 产成品类存货。如已完成开发建设全部过程并已验收合格、可以按合同规定交付使用或对外销售的土地、房屋、配套设施。

5. 开发用品类存货。如进行房地产开发经营活动所必需的低值易耗品及其他用品等。

（二）房地产开发企业存货的评估方法

房地产开发企业各类存货的具体评估方法如下。

1. 原材料类存货、设备类存货、开发用品类存货的评估可采用一般存货评估方法进行评估，主要采用成本法或者市场法评估。

外购原材料、辅助材料、燃料、外购半成品、在库低值易耗品根据清查核实后的数量乘以现行市场价格，再加上合理的运杂费、损耗、验收整理入库费及其他合理费用得出各项资产的评估值。对其中失效、变质、残损、报废、无用的，需根据技术鉴定结果和有关凭证，通过分析计算扣除相应贬值后确定评估值。

2. 在产品类存货——未开工土地的评估。未开工的土地指已取得土地使用权获得开发权利，尚未开发的土地可以采用市场法和假设开发法进行评估。

3. 在产品类存货——尚未完工的各种土地和房屋的评估。尚未完工的各种土地和房屋，可以分别采用假设开发法和成本法评估。

4. 产成品类存货的评估。产成品类存货按是否对外出售可以分为对外出售的产成品和对外出租的产成品。

（1）对外出售的产成品，主要包括商品、住宅、写字楼、独立商铺等，可以采用市场法进行评估。

（2）对外出租的产成品，主要包括地下车库、大型超市、商务楼等，可以采用收益法进行评估。

第三节　债权性流动资产的评估

债权性流动资产主要包括应收账款、应收票据、预付款项、交易性金融资产等。

一、应收账款及预付账款的评估

应收账款主要指企业在经营过程中由于赊销商品或提供劳务而尚未收回的款项，是一种短期债权。即债权已经成立，债务人负有偿债责任的各种款项的总称，包括应收账款和其他应收款。预付账款是指企业在经营过程中，按照购货合同的规定，预先以货币资金或货币等价物支付供应单位的款项，如预付的材料、商品采购货款等。预付账款不是用货币抵偿的，而是要求供货方企业在短期内以某种商品、提供劳务或服务来抵偿，因此也是属于购买方企业的债权性流动资产。预付账款与应收账款都是企业的债权性流动资产，前者体现先付钱后交货的商业信用，后者体现先交货后付钱的商业信用。由此，两者在价值评估上具有一致性。

（一）应收及预付账款评估的特点

应收账款的经济特点是债权以明确的货币金额量化，无论是否约定偿债期，到期偿还的债权金额是事先形成、约定的。这决定了应收款项评估具有以下特点：

（1）因债权金额是事先形成、约定的，评估不是对债权金额的重新认定。应收账款的账面余额反映的是已经发生的经济业务和已经成立的债权价值，因此，应收账款评估并不是对应收账款金额的重新估计或确定。

（2）应收账款评估的是“风险损失”。因债务人的信用和还款能力等因素，应收款项类的债权存在无法回收的风险，回收金额也可能小于债权金额。因此，应收账款评估是通过对债务人的信用和还款能力的分析，估算应收账款的“风险损失”额。

（3）应收账款评估的是“未来现金资产”。应收款项既非现金也非实际可用于企业经营的资产，而是在未来回收后才能作为实际资产，即“未来现金资产”。即使在未来某一时点应收账款全额回收，但从资金的时间价值角度看，未来回收的价值小于应收账款账面价值。但由于实务中的应收账款大多是金额不大、时间不长的款项，评估中往往就不考虑其资金的时间价值。

从上述特点可知，应收账款评估的实质是对款项回收的“风险损失”和“未来回收价值现值”的判断，应收账款评估应该是“风险损失的预计”和“未来回收价值现值”的确定，而非对应收账款账面记录的重新估计。即根据对应收款项可回收性的判断，预计风险损失，然后用款项的账面余额减去预计的风险损失，得出应收款项的评估价值。其基本计算公式为：

$$\text{应收账款评估价值}=\text{应收账款账面余额}-\text{已确定的坏账损失}-\text{预计可能发生的坏账损失}$$

（二）应收账款评估具体程序及方法

1. 确定应收账款账面余额。确定应收账款账面余额一般采取账证、账表核对，函证、抽查原始凭证等方法，查明每项款项所发生的时间，发生的经济事项和原因，债务人的基本情况（包括信用和偿还能力），作为评估预计风险损失的依据。

2. 确认已确定的坏账损失。坏账是指企业无法收回或收回的可能性极小的应收账款。发生坏账而产生的损失称为坏账损失。已确定的坏账损失是指评估时有确切证据证明全部或部分金额确实无法收回的应收账款。通常情况下，企业应收账款符合下列条件之一的，可以确认为坏账：

（1）债务人死亡或者依法被宣告失踪死亡，以其遗产清偿后仍无法收回的应收账款。

（2）债务人依法宣告破产、关闭、解散、被撤销，或者被依法注销、吊销营业执照后，以其破产财产清偿后仍无法收回。

（3）债务人在较长时间内（如超过三年）未履行其偿债义务，并有足够证据表明无法收回或收回的可能性极小。

（4）与债务人达成债务重组协议或法院批准破产重整计划后，仍无法追偿的。

（5）因自然灾害、战争等不可抗力导致无法收回的。

对于已确认的坏账损失，在评估其价值时，必须直接从应收账款价值中扣除。

3. 确定预计的坏账损失。确定预计的坏账损失，实质是对应收账款回收的可能性进行判断。对很可能收不回部分的款项，需要一定的分析判断方法。对很可能收不回部分款项的坏账损失的预计，实际上是对未来的判断，坏账损失并未在评估基准日实际发生，因而属于预测的范围。

（1）对预计坏账损失的定性判断。确定预计的坏账损失，首先，应根据企业与债务人的业务往来和债务人的信用情况进行定性分析；其次，按分类情况估计坏账损失发生的可能性及其数额。具体可以分为以下四种情况，如表6－1所示。

表6－1　对预计坏账损失的情况判断

	情况	定性判断
1	业务往来较多，债务人结算信用好	这类应收账款一般能如期收回
2	业务往来较少，债务人结算信用一般	这类应收账款可能收回的可能性很大，但回收时间不确定
3	一次性（或偶然）的业务往来，债务人信用状况不太清楚	这类应收账款可能只收回一部分
4	债务人结算信用较差，长期拖欠记录或对方单位已撤销	这类应收账款可能无法收回

（2）预计坏账损失的定量估计方法。预计坏账损失的定量估计通常有两种方法，即坏账估计法和账龄分析法。

①坏账估计法。坏账估计法又称坏账比例法，是指按坏账占全部应收账款的比例来判断不可收回的应收账款，从而确定坏账损失的数量。可以根据以前的若干年（通常为3～5年）的实际坏账损失额占其应收账款发生额的百分比确定坏账比例，然后用核实后的应收账款数额乘以该坏账比例，得到坏账损失数额。其计算公式为：

$$坏账比例=\frac{评估前若干年发生的坏账实际数额}{评估前若干年应收账款余额合计}\times 100\%$$

坏账损失额＝评估基准日应收账款的账面余额×坏账比例

【例6－11】对某企业的应收账款进行评估时，根据账面的记载，截至评估基准日应收账款的账面余额为600万元，前四年的应收账款发生情况及坏账损失情况如表6－2所示。

表6－2　前四年的应收账款发生情况及坏账损失情况　　单位：万元

时间	应收账款余额	处理坏账金额
第1年	150	20
第2年	245	7.2
第3年	250	12
第4年	355	10.8
合计	1 000	50

前四年坏账比例为：

坏账比例 =（50 ÷ 1 000）× 100% = 5%

预计坏账损失额 = 600 × 5% = 30（万元）

需要说明的是，确定坏账比例时还应分析因特殊原因造成的坏账损失，在计算坏账比例时，应将因特殊原因造成的坏账从中扣除。

②账龄分析法。账龄是指债务人所欠账款的时间。应收账款的账龄越长，发生坏账损失的可能性就越大，可收回的金额就越低。账龄分析法是根据应收账款的时间长短来估计坏账损失的一种方法，也是企业应收账款管理的常用方法。

采用账龄分析法时，将不同账龄的应收账款进行分组，再将各账龄组的应收账款金额乘以对应的预计坏账损失率，计算出各组的预计坏账损失额，最后累加即为当期的预计坏账损失额。

【例 6 - 12】 对某企业进行整体资产评估时，经核实，该企业应收账款实有金额为 720 000 元，对各项应收账款查证后获得账龄分析表及对应的预计坏账损失率，如表 6 - 3 所示。

表 6 - 3　　应收账款账龄分析表

时间	应收账款余额（元）	预计坏账损失率（%）
0 ~ 3 个月（未到期）	240 000	1
3 ~ 6 个月	150 000	5
6 ~ 12 个月	70 000	10
1 ~ 2 年	80 000	15
2 ~ 4 年	120 000	25
3 年以上	60 000	45
合计	720 000	—

根据上表资料可以计算得到预计的坏账损失额，如表 6 - 4 所示。

表 6 - 4　　应收账款账龄分析表

时间	应收账款余额	预计坏账损失率（%）	预计坏账损失额（元）
0 ~ 3 个月（未到期）	240 000	1	2 400
3 ~ 6 个月	150 000	5	7 500
6 ~ 12 个月	70 000	10	7 000
1 ~ 2 年	80 000	15	12 000
2 ~ 3 年	120 000	25	30 000
3 年以上	60 000	45	27 000
合计	720 000		85 900

该企业应收账款的评估值 = 720 000 - 85 900 = 634 100（元）

二、应收票据评估

（一）应收票据的含义及种类

应收票据是由付款人或收款人签发、由付款人承兑、到期无条件地承诺以一定金额于指定日期付款给收款人的一种书面凭证。在我国，应收票据是指企业持有的未到期或未兑现的商业票据，是一种载有一定付款日期、付款地点、付款金额和付款人的无条件支付的流通证券，也是一种可以由持票人自由转让给他人的债权凭证。根据我国现行法律的规定，商业汇票的付款期限不得超过6个月，符合条件的商业汇票的持票人，可以持未到期的商业汇票和贴现凭证向银行申请贴现。

1. 应收票据按承兑人不同分为商业承兑汇票和银行承兑汇票。商业承兑汇票是付款人签发并承兑，或由收款人签发交由付款人承兑的汇票。商业汇票既可以依法背书转让，也可以向银行申请贴现；银行承兑汇票是由在承兑银行开立存款账户的存款人出票，由承兑银行承兑的票据。

2. 应收票据按其是否附息分为带息商业汇票和不带息商业汇票。带息应收票据是票面注明利息的应收票据，其利息应单独计算；无息应收票据是票面不注明利息的应收票据，其利息包含在票面本金之中。

（二）应收票据的评估

1. 到期无息应收票据的评估。由于无息应收票据到期后，只能按票面金额收回款项，所有其评估值就等于其票面金额。

2. 到期有息应收票据的评估。到期有息应收票据的评估值应在其票面金额的基础上加上利息，其计算公式为：

应收票据评估值 = 应收票据票面金额 + 利息

需注意，计息期是指从票据签发日起至评估基准日的这段时间。即：利息 = 票据面额 × 票面利率 × 票据签发日起至评估基准日的时间

【例6-13】某企业拥有一张期限为1年的应收票据，票面金额为6万元，月利息率为10‰，截至评估基准日离付款期（票据到期日）尚差3个月的时间。评估该票据到期时的价值。

票据到期时的评估值 = 6 ×（1 + 10‰ × 9）= 6.54（万元）

3. 未到期无息应收票据的评估。未到期无息应收票据应以票据的贴现收入作为其评估价值。其计算公式为：

应收票据评估值 = 票据到期价值 - 贴现息

贴现息 = 票据到期价值 × 贴现率 × 贴现期

贴现期 = 评估基准日至票据到期日

需注意，贴现率和贴现期要匹配，比如，按月的贴现率对应按月计算的贴现期，按天贴现率对应按天计算的贴现期。

【例 6-14】某企业向甲企业售出一批材料，价款 600 万元，商定 6 个月收款，采取商业承兑汇票结算。该企业于 4 月 10 日开出汇票，并经甲企业承兑。汇票到期日为 10 月 10 日。现对该企业进行评估，评估基准日为 6 月 10 日。由此确定贴现日期为 120 天，贴现率按月息 6‰计算。求该商业承兑汇票的评估值。

贴现息 = 600 × (6‰ ÷ 30) × 120 = 14.4（万元）

应收票据评估值 = 600 − 14.4 = 585.6（万元）

4. 未到期有息应收票据的评估。未到期有息应收票据的评估和已到期有息应收票据的评估主要的区别在于，即使评估基准日一致，但是对应收票据未来价值判断的基础不同。前者在票据未到期前，假设评估基准日时向银行进行贴现后的价值作为评估基础；后者以票据持有从票据签发日起至评估基准日的价值为评估基础。

应收票据的评估值 = 票据到期时的价值（包括利息）− 贴现息

票据到期时的价值 = 票据面额 ×（1 + 票面利率 × 票据总持有时间）

【例 6-15】承〖例 6-13〗，其他条件不变，假定评估基准日时银行的月贴现率为 6‰，评估该应收票据的评估值。

票据到期时的价值 = 6 × (1 + 10‰ × 12) = 6.72（万元）

贴现期 = 12 − 3 = 9（个月）

贴现息 = 6 × 6‰ × 9 = 0.324（万元）

应收票据的评估值 = 6.72 − 0.324 = 6.396（万元）

三、交易性金融资产评估

交易性金融资产主要是指为了近期内出售而持有的金融资产，企业利用正常营运中暂时多余的资金，购入一些不是企业本身业务需要，但能随时变现的有价证券进行短期性的投资。其目的是既能满足企业现金支付的需要又可获得一定的收益，例如企业以赚取差价为目的的从二级市场购入的股票、债券、基金等。

在交易性金融资产评估中，对于公开挂牌交易的有价证券，可按评估基准日的收盘价计算确定其评估值；对于不能公开交易的有价证券，可按其本金加持有期利息计算确定其评估值。

第四节　货币性资产及其他资产评估

对于货币性资产而言，其不会因时间的变化而发生差异，只存在不同币种的换算和不同货币资金形态的转换，因此不存在价值估算，而仅仅需要核实数额。因此，货币资金不会因时间的变化而发生变化。

一、现金评估

对现金和各项存款的评估，实际上是对现金和各项存款的清查确认。

现金评估主要是通过实地盘点的技术方法，具体步骤如下：

1. 核实库存现金的实存数。

2. 与库存现金日记账的账面余额相核对，确定账存数与实存数是否相等，以查明库存现金的盘亏情况。

3. 以核实后的现金资产实有数据作为评估值。涉及的外币现金，则按照评估基准日的国家外汇牌价折算成人民币。

在清查现金过程中应注意：首先，现金由出纳人员经手盘点，评估专业人员在旁监督；其次，还需清查库存现金是否超过银行规定的库存现金限额以及有无坐支情况。

二、银行存款评估

银行存款评估主要通过与开户银行核对账户的方式来进行，即将本单位的银行存款日记账与开户银行转来的对账单进行逐笔核对，来查明银行存款的实有数额，检查双方账目是否相符。具体步骤如下：

1. 详细检查被评估单位银行存款日记账的正确性和完整性。

2. 单位的银行存款日记账与开户银行转来的对账单进行逐笔核对，以查明账实是否相符。

3. 将被评估单位评估基准日的银行存款余额与银行询证函回函进行核对，确认二者是否一致。

4. 以核实后的银行存款实有数据作为评估值。涉及的外汇存款，则按照评估基准日的国家外汇牌价折算成人民币。

三、其他货币资金评估

其他货币资金包括企业到外地进行临时或零星采购而汇往采购地银行开立采购专户的款项所形成的外埠存款、企业为取得银行汇票按照规定存入银行的款项所形成的银行汇票存款、企业为取得银行本票按照规定存入银行的款项而形成的银行本票存款、信用卡存款和信用证保证金存款等。

评估其他货币资金时，应注意以下五点：

1. 复核银行汇票存款、银行本票存款、信用卡存款、信用证保证金存款、存出投资款、外埠存款等加计是否正确，并与总账数和明细账合计数核对是否相等。

2. 检查非记账本位币的其他货币资金的折算汇率及折算是否正确。

3. 对银行汇票存款、银行本票存款、信用卡存款、信用证保证金存款、存出投资款、外埠存款等期末余额函证，编制其他货币资金函证结果汇总表，检查银行回函。

4. 取得被评估单位银行对账单，检查被评估单位提供的银行对账单金额的正确性和真实性，并与银行回函结果核对是否一致。

5. 检查其他货币资金存款账户存款人是否为被评估单位，若存在存款人为非被评估单位的情况，应该获取该账户户主和被评估单位的书面声明。

根据上述查证核实无误后，以其他货币资金的实有数额作为其评估价值。

四、待摊费用和预付费用的评估

（一）待摊费用

待摊费用是指企业已经支付或发生，但是应由本月和以后各个月份负担的费用。待摊费用本身不是资产，而是已耗用资产的反映，从而本身并不是评估的对象。但是，费用的支出可以形成一定形式的实物资产和享用服务的权利及其他无形资产，这种有形或无形的资产只要存在，其费用的支出就有价值。因此，待摊费用评估的是其对应的某项资产，并按该资产价值来分析确定。

待摊费用价值只与资产和权益的存在相关，与其摊余价值并没有本质的联系。若待摊费用所形成的资产和权益已经消失，无论其摊余价值多大，该待摊费用也已经没有价值了。

（二）预付费用

预付费用指企业已经支付，但尚未受益的资产或资产的使用权。它又被称为递延费用，是指预先支付货币资金而由其后几个会计期间共同受益的项目。预付费用与待摊费用类似，这类费用在评估基准日之前已经支出，但在评估基准日之后才能发挥作用，产生效益。预付费用评估的主要依据是预付费用在未来可以产生经济效益的时间长短。因此，预付费用的评估只有以下两种情况：

1. 如果预付费用的效益已经在评估基准日之前全部体现，只因发生的金额过大而采用分期摊销的办法，那么这种预付费用的评估值一般为零。

2. 在评估基准日之后，预付费用仍然将发挥作用的，才有相应的评估值。此时，预付费用才是真正的被评估对象。

因为企业预付费用的实质是企业未来取得服务的权利，因此，对预付费用的评估也是对这种权利的评估。

【例 6－16】某企业评估基准日为 2021 年 6 月 30 日，经核实发现评估基准日待摊费用和预付费用情况如下：

①预付一年的保险金 600 000 元，已摊销 270 000 元。

②尚待摊销的低值易耗品余额为 159 000 元；经查验核实，该低值易耗品共有 400 件，评估基准日的市场价格为 280 元/件。

③预付的房租 450 000 元，已摊销 150 000 元，租期为 5 年，尚有 3 年的使用权。

④以前年度应结转因成本高而未结转的费用 200 000 元。

根据上述资料对该企业的预付费用和待摊费用进行评估。

①预付保险金的评估。根据保险金全年支付金额计算每月的分摊数额为：

600 000 ÷ 12 = 50 000（元）

保险金评估值 = 6 × 50 000 = 300 000（元）

②低值易耗品的评估。低值易耗品应根据实有数量和现行市场价格确定其评估值。

低值易耗品评估值 = 400 × 280 = 112 000（元）

③房屋租金的评估。

年租金 = 450 000 ÷ 5 = 90 000（元）

房租评估值 = 90 000 × 3 = 270 000（元）

④以前年度应转而未转费用 200 000 元的评估值为零，因为这一款项已经不再发挥作用，不能产生经济效益。

综合以上各项，该企业预付费用和待摊费用评估值合计为：

300 000 + 112 000 + 270 000 + 0 = 682 000（元）

关键概念

流动资产　实物性流动资产　债权性流动资产　货币性流动资产　产成品及库存商品评估　在产品评估　低值易耗品评估　应收账款评估　应收票据评估　带息票据　不带息票据　现金　银行存款　其他货币资金　待摊费用　预付费用

思考题

1. 什么是流动资产？流动资产的特点有哪些？
2. 流动资产评估的特点有哪些？
3. 流动资产评估的基本程序有哪些？
4. 库存材料价值如何进行评估？
5. 产成品及库存商品价值如何进行评估？
6. 预计坏账损失的方法有哪些？
7. 低值易耗品价值如何进行评估？
8. 应收票据价值如何进行评估？

常用网站网址

1. 中国资产评估协会：http：//www. cas. org. cn/
2. 国际评估准则理事会：https：//www. ivsc. org

第七章　长期投资性资产评估

【引例】

上交所："零容忍"打击财务造假等债券违规行为

近日，华晨汽车集团公司债券违约事件引发市场广泛关注。上海证券交易所宣布，对华晨汽车集团控股有限公司（以下简称"华晨集团"）及其董事长、信息披露事务负责人予以公开谴责。上交所表示，将以"零容忍"态度打击财务造假、恶意逃废债等严重违法违规和损害市场信心的行为，护航债券市场高质量发展。

据悉，华晨集团违反了《上海证券交易所公司债券上市规则》等相关规定，也违反了其在公司债券募集说明书中作出的公开承诺，损害了债券持有人利益，市场关注度高、负面影响大。在一定程度上挫伤了投资者和市场信心，影响了债券市场的健康有序发展，应当依法依规及时予以严肃处理。

上交所相关负责人表示，诚实守信是债券市场健康发展的基础。上交所将坚决贯彻"建制度、不干预、零容忍"方针，加强债券市场法制建设，严厉打击财务造假、恶意逃废债等严重违法违规和损害市场信心的行为，维护债券市场的健康生态。

当前，沪市债券发行人资信情况总体良好，债券市场整体风险平稳可控。上交所表示，将坚持资本市场服务实体经济的根本目标，把握好促发展和防风险的辩证关系，加强债券市场法制建设，持续完善风险防控机制、优化债券市场产品结构，扎实推进债券市场高质量发展。

针对债券市场违约现象，近年来上交所陆续推出了回售转售、债券购回、债券置换等一系列风险管理工具，为发行人主动进行流动性管理、优化债务结构提供便利，特定债券转让和匿名竞买机制的推出也为违约债券提供了二级市场出清渠道。

下一步，上交所方面表示，将完善全链条风险防控机制，夯实沪市债券市场信用基础；优化债券产品结构，扎实推进沪市债券市场高质量发展。对于重大违法违规事项，将按照法治化要求，以"零容忍"的态度严查快处，维护市场公信力。

资料来源：https：//www. creditchina. gov. cn/toutiaoxinwen/202101/t20210115_224288. html

根据本章引例，如何对企业债券等长期投资性资产进行资产评估？面对上市公司存在造假违规的情况下，如何进行客观、公正地价值评估？

学习目标

【知识目标】

1. 了解长期投资性资产的四种类型。
2. 掌握债券投资的评估方法、股票投资的评估方法。
3. 理解投资基金的评估方法、长期股权投资的评估方法。

【能力目标】

1. 培养学生对长期投资性资产的基本内容、评估程序、评估方法的认知能力。
2. 培养学生对长期股票投资评估所使用的市场法、收益法、资产基础法的分析判断能力。

长期投资性资产，是指不准备随时变现，持有时间超过一年的投资性资产。长期投资性资产包括债券投资、股票投资、投资基金和长期股权投资等。本章内容包括债券投资评估、股票投资评估、投资基金评估、长期股权投资评估四个部分。

第一节　债券投资的评估

一、债券的概念和种类

（一）债券的概念

债券是公司、银行、政府为了筹集资金，按照法定程序发行的，并向债权人承诺在约定日期内还本付息的有价证券。

（二）不同种类的债券及概念

1. 公司债券。依据《公司法》的规定，公司债券是指公司依照法定程序发行、约定在一定期限还本付息的有价证券。

2. 金融债券。依据《全国银行间债券市场金融债券发行管理办法》的规定，金融债券是指依法在中华人民共和国境内设立的金融机构法人在全国银行间债券市场发行的、按约定还本付息的有价证券。金融机构法人，包括政策性银行、商业银行、企业集团财务公司及其他金融机构。

3. 政府债券分为地方政府债券、国债两种形式。

（1）地方政府债券。《地方政府债券发行管理办法》规定，地方政府债券是指省、自治区、直辖市和经省级人民政府批准自办债券发行的计划单列市人民政府

（以下称地方政府）发行的、约定一定期限内还本付息的政府债券。

（2）国债。国债是中央政府根据信用原则以承担还本付息责任为前提而发行的债券。它是国家信用方式发展的结果，具有信用度高、流通性强、抵押代用率高、发行方式简便、利率低于同期公司债券及金融债券等特点。1981 年以来，我国所发行的国债按券面形式主要包括以下五类：储蓄国债（凭证式）、储蓄国债（电子式）、记账式国债、无记名国债、国债收款单。

①储蓄国债（凭证式）。《储蓄国债（凭证式）管理办法》规定，财政部在中华人民共和国境内发行，通过承销团成员面向个人投资者销售的，采用填制“中华人民共和国储蓄国债（凭证式）收款凭证”方式记录债权关系的不可流通人民币国债。

②储蓄国债（电子式）。《储蓄国债（电子式）质押管理暂行办法》规定，财政部在中华人民共和国境内发行，通过试点商业银行面向个人投资者销售的、以电子方式记录债权的不可流通人民币债券。

③记账式国债。根据《记账式国债招标发行规则》的规定，记账式国债是指财政部通过记账式国债承销团向社会各类投资者发行的以电子方式记录债权的可流通国债。

④无记名国债为实物国债，是一种票面上不记载债权人姓名或单位名称，以实物券面形式（券面上印有发行年度、券面金额等内容）记录债权而发行的国债，又称实物券。是我国发行历史最长的一种国债。至 2000 年所有无记名国债均已到期。无记名国债持有者可随时到当地人民银行或者人民银行指定的商业银行网点办理兑付。无记名国债兑付的利息按原有规定利率计付。

⑤国债收款单是财政部 1982 ~ 1988 年期间以收款单形式向单位和居民个人发行的国债，这部分债券已全部到期。此类债券持有者可随时到当地人民银行或者人民银行指定的商业银行网点办理兑付，兑付利息按发行时规定利率计付。

（三）债券的特点

1. 债券的安全等级不同。我国的国债专指财政部代表中央政府发行的国家公债，由国家财政信誉作担保，所以它具有最高的信用度，被公认为是最安全的投资工具。地方政府发行的债券以地方政府财政为担保；银行发行的债券以银行的信誉和银行资产为担保；企业发行的债券有严格的限制条件，以企业的实力和未来发展潜力为保证。上述三种债券一旦发行主体出现财务困难，债券的兑付就会出现不确定性。

2. 债券的投资风险小，安全性较强。尽管不同种类的债券的安全等级不同，但是相对于股票投资，债券投资仍然具有较高的安全性，在发行债券的企业破产清算时，债券持有者具有优先受偿权。

3. 到期还本付息，收益稳定。债券的面值和票面利率在发行时就已经约定，只要债券发行主体不发生财务困难，债券的收益是相对稳定的。

4. 具有较好的流动性。如果购买的债券是可以上市交易的债券，其变现能力较强，债券持有人或者持有企业可以随时在证券市场上交易变现。

二、债券投资的评估

债券投资的评估分为能够上市交易债券的评估和不能上市交易债券的评估两种情况。

（一）能够上市交易债券的评估

上市交易的债券是指可以在证券市场上交易、自由买卖的债券。这类债券采用市场法（现行市价）进行评估。其评估的计算公式为：

债券评估价值 = 持有的债券数量 × 评估基准日债券的市场价（收盘价）

采用市场法评估债券价值，应当在评估报告中说明评估采用的基准日。并且需要说明，评估的基准日不同，收盘价不同，那么，债券的评估价值就不同。

而且，特殊情况下，如果上市交易的债券市场价格被操纵，导致严重扭曲，不能代表实际价格，就应该采用其他的评估方法，否则将导致评估价值不准确。

【例7－1】某评估公司接受委托，对大华公司所持有的债券进行评估，大华公司持有能够上市交易的债券1 500张，面值100元/张，年利率10%，期限3年，已经上市交易。在评估之前，该债券没有计提减值准备。根据市场调查，评估基准日该债券的收盘价为110元/张。根据评估专业人员分析，该基准日的债券价格比较合理，其评估值为：

1 500 × 110 = 165 000（元）

（二）不能够上市交易债券的评估

不能够上市交易债券的评估不能直接采用市场法评估，应当采用其他恰当的评估方法进行价值评估。根据债券的支付利息方法不同，可以分为到期一次还本付息债券和分期付息到期一次还本债券两种。评估时采用的方法也不同。

1. 到期一次还本付息债券的价值评估。这类债券的价值评估计算公式为：

$$P = \frac{F}{(1+r)^n}$$

其中，P表示债券的评估值；F表示债券到期时的本利和；R表示折现率；n表示评估基准日到债券到期日的间隔（以年或者月为单位）。

债券到期时的本利和的计算分为单利和复利两种不同的计算方式。

采用单利计算的债券本利和：

$$F = A \times (1 + m \times r)$$

采用复利计算的债券本利和：

$$F = A \times (1 + r)^m$$

上面两个公式中的字母含义如下：F表示债券的本利和；A表示债券面值；m表示计算利息的期限；r表示债券的利息率。

债券的面值、债券的计算利息的期限、债券的利息率三项指标在债券上都有明确记载。折现率是资产评估专业人员根据评估时的实际情况分析确定的。折现率包括两项内容：无风险报酬率和风险报酬率。

无风险报酬率通常以国债利率、银行存款利率、政府发放的短期债券利率作为标准。

风险报酬率则根据债券发行主体的具体情况而有所不同，例如，国债、金融债券等因为有良好的担保条件，其风险报酬率一般较低，如果是企业发行的债券，发行债券的企业如果经营业绩较好，有较好的还本付息能力，那么，风险报酬率较低，但是，如果经营业绩稳定，还本付息能力较差，则风险报酬率就高。

【例 7－2】某评估公司受托对大华公司持有的现代公司发行的债券进行评估，现代公司的债券面值为 10 000 元，3 年期一次还本付息债券，年利率为 5%，单利计息，评估基准日距离到期日两年，当时国债利率为 4%，经过评估专业人员分析调查，发行企业经营业绩较好，财务状况稳健，还本付息能力较强，取 2% 的风险报酬率，以国债利率作为无风险报酬率，所以折现率为 6%，评估大华公司持有的现代公司发行的债券的价值。

该债券的评估价值为：

$$F = A \times (1 + m \times r) = 10\ 000 \times (1 + 3 \times 5\%) = 11\ 500 \text{（元）}$$

$$P = \frac{F}{(1 + r)^n} = \frac{11\ 500}{(1 + 6\%)^2} = \frac{11\ 500}{1.1236} = 10\ 234.96 \text{（元）}$$

根据上述分析，大华公司所持有的现代公司发行的债券，价值为 10 234.96 元。

2. 分期付息、到期一次还本债券的价值评估。分期付息、到期一次还本债券的价值评估采用收益法，计算公式如下：

$$p = \sum_{i=1}^{n} \frac{R_i}{(1 + r)^i} + \frac{A}{(1 + r)^n}$$

其中，P 表示债券的评估值；R_i 表示第 i 年的预期利息收益；r 表示折现率；A 表示债券面值；i 表示评估基准日距离收取利息日的期限；n 表示评估基准日距离到期还本日的期限。

【例 7－3】某评估公司受托对大华公司持有的现代公司发行的债券进行评估，现代公司的债券面值为 10 000 元，3 年期，每年付息一次、到期一次还本的债券，年利率为 5%，单利计息，评估基准日距离到期日两年，当时国债利率为 4%，经过评估专业人员分析调查，发行企业经营业绩较好，财务状况稳健，还本付息能力较强，取 2% 的风险报酬率，以国债利率作为无风险报酬率，所以折现率为 6%，评估大华公司持有的现代公司发行的债券的价值。

$$\begin{aligned} p &= \sum_{i=1}^{n} \frac{R_i}{(1 + r)^i} + \frac{A}{(1 + r)^n} \\ &= \frac{10\ 000 \times 5\%}{1 + 6\%} + \frac{10\ 000 \times 5\%}{(1 + 6\%)^2} + \frac{10\ 000}{(1 + 6\%)^2} \\ &= \frac{500}{1.06} + \frac{500}{1.1236} + \frac{10\ 000}{1.1236} \end{aligned}$$

$=471.70+445.00+8\ 899.96$

$=9\ 816.66$（元）

根据上述分析，大华公司所持有的现代公司发行的债券，价值为 9 816.66 元。需要说明的是，根据题意，该债券是 3 年期债券，评估基准日距离到期日两年，大华公司在评估基准日之前，已经收到一次利息 500 元。因此，〖例 7－3〗中债券的评估值低于〖例 7－2〗中债券的评估值。由此也可以看出，计息方式的不同，可能导致债券评估价值的不同。

第二节　股票投资的评估

一、基本概念

（一）股票的概念

依据《公司法》的规定，公司的股份采取股票的形式。股票是公司签发的证明股东所持股份的凭证。

股票投资是指企业通过购买或其他方式取得被投资企业的股票，是为了获得收益的一种投资行为。

（二）股票的种类

股票按照不同的分类标准可以分为：记名股票和不记名股票、有面值股票和无面值股票、普通股股票和优先股股票、公开上市股票和非上市股票等类型。

1. 按是否记载股东姓名，股票可以分为记名股票和无记名股票。公司发行记名股票的，应当置备股东名册，记载下列事项：股东的姓名或者名称及住所、各股东所持股份数、各股东所持股票的编号、各股东取得股份的日期。

发行无记名股票的，公司应当记载其股票数量、编号及发行日期。

2. 按是否在股票票面上标明金额，股票可以分为有面额股票和无面额股票。

3. 按股东享有权利的不同，股票可以分为普通股票和优先股票。

4. 按照是否在股票市场交易，股票可以分为公开上市股票和非上市股票。

（三）股票投资的特点

1. 股票投资具有高风险、高收益的特点。如果被投资企业利润很高，那么，股票投资人也可以获得高收益；反之，如果被投资企业破产，那么，股票投资人不仅没有获得红利的机会，连投入的本金也可能无法收回。

2. 股票具有高流动性。流动性是指股票可以通过依法转让而变现的特性，即在本金保持相对稳定、变现的交易成本极小的条件下，股票很容易变现的特性。

3. 参与性。参与性是指股票持有人有权参与公司重大决策的特性。

（四）股票的价格

股票的价格包括票面价格、账面价格、发行价格、清算价格、内在价格和市场价格六种情况。

1. 票面价格。股票的票面价格又称面值，即在股票票面上标明的金额。该种股票被称为有面额股票。

2. 账面价格。股票的账面价格又称股票净值或每股净资产，在没有优先股的条件下，每股账面价值等于公司净资产除以发行在外的普通股票的股数。

如果存在优先股，是公司净资产减去优先股总面值之差，再除以普通股股数。

3. 发行价格。发行价格是指企业在发行股票时的出售价格。发行价格有三种情况：面值发行、溢价发行、折价发行。一般来说，同一只股票在发行时，只能采用一种发行价格。我国《公司法》规定，公司发行股票不准折价发行；也就是不准以低于股票面值的价格发行。

4. 清算价格。股票的清算价格是公司清算时每一股份所代表的实际价值，采用公司清算时的净资产价值与公司股票总数的比值来计算。公司清算时，只能压价出售资产，所以，清算价格一般小于账面价格。

5. 内在价格。股票的内在价格也称为内在价值，是股票未来收益的现值。未来收益取决于公司的财务状况、管理水平、技术开发能力、公司发展潜力、公司面临的各种风险等因素。股票的内在价值决定了股票的市场价格，股票的市场价格总是围绕其内在价值波动。

6. 市场价格。股票的市场价格就是证券市场上买卖股票的价格。在法规制度完善、上市公司治理较好的情况下，股票的市场价格是股票的内部价格的客观反映；但是，当股票市场投机炒作氛围较大时，股票的市场价格就不能代表该公司的内在价值。

对于股票投资的评估，应当按照上市交易的股票和非上市交易的股票分别进行评估。

二、上市交易股票的价值评估

上市股票是指企业公开发行的，可以在证券市场上自由交易的股票。在股票自由交易、不存在非法炒作、法规制度完善的情况下，在评估基准日，股票的市场价格就可以作为被评估股票价值的直接评估依据，其计算公式为：

上市交易股票评估值 = 股票股数 × 评估基准日该股票的收盘价

【例7-4】大华公司持有的现代公司上市股票20 000股，评估基准日该股票的收盘价为每股7元，则有：

股票的评估值 = 20 000 × 7 = 140 000（元）

依据现行市价法得出的评估值，应当在评估报告中说明，评估基准日的收盘价如果不同，则评估价值将随着不同交易日的市场价格的变化有所调整。

当股票不是自由交易、存在非法炒作、法规制度不完善的情况下，则不能使用评估基准日的股票收盘价作为评估股票的价值，而是以股票的内在价值作为评估股票价值的依据。

三、非上市交易股票的价值评估

（一）优先股的评估

1. 优先股的特点。

（1）优先股具有固定的股息，而且在派发普通股股息之前发放。

（2）企业破产清算时，优先股股东对剩余资产的要求权在普通股股东之前。

（3）优先股股东对企业的日常经营管理事务没有表决权，仅在与优先股股东利益密切相关的特定事项上享有表决权。

（4）优先股没有到期期限，不需要偿还本金。

2. 优先股的价值评估。

（1）非上市优先股的价值评估。对优先股的价值评估，需要评估优先股发行企业的生产经营情况、利润情况、现金流情况、股息率的高低、企业负债情况等；如果企业具有较强的支付能力，评估专业人员可以根据优先股发行时确定的股息率，计算优先股的年收益额，然后再进行折现，其计算公式如下：

$$P = \sum_{i=1}^{\infty} \frac{R_i}{(1+r)^i} = \frac{A}{r}$$

其中，P 表示优先股的评估值；R_i表示第 i 年的优先股的收益；r 表示折现率；A 表示优先股的年等额股息收益；i 表示评估的第 i 年。

【例 7-5】大华公司持有的现代公司优先股 200 股，每股面值 10 元，年股息率为 10%，现代公司的生产经营情况一般、负债率较高，可能会对优先股的股息分配产生不利影响，因此，该优先股的风险报酬率为 6%，无风险收益率为 4%，则该优先股的折现率为 10%，根据上述数据，该优先股的评估值如下：

$$P = \frac{A}{r} = \frac{200 \times 10 \times 10\%}{10\%} = 2\ 000\text{（元）}$$

（2）非上市优先股有上市可能情况下的价值评估。如果非上市优先股有上市的可能，持有人也有转售的想法，这类优先股可以采用下列公式来评估：

$$p = \sum_{i=1}^{n} \frac{R_i}{(1+r)^i} + \frac{F}{(1+r)^n}$$

其中，P 表示优先股的评估值；R_i表示第 i 年的优先股的收益；r 表示折现率；i 表示评估的第 i 年；n 表示优先股的持有年限；F 表示优先股的预计变现价格。

如果持有的优先股每年的收益相同，那么，R_i就可以记为 A，A 是优先股的年等额股息收益。此时，优先股的估值公式为：

$$p = \sum_{i=1}^{n} \frac{A_i}{(1+r)^i} + \frac{F}{(1+r)^n}$$

【例7－6】 大华公司持有的现代公司优先股10 000股，每股面值1元，该股票发行时，宣布5年后在证券交易所上市。大华公司持有该优先股2年，每年每股股票的股利收益率是10%。大华公司准备在现代公司股票上市时，出售该股票。资产评估公司评估后认为，在今后的3年，每股股息率保持在10%是有可能的，但也存在一定的风险，3年后股票上市的时候，市盈率达到10倍是较为恰当的。经测定，该优先股的风险报酬率为5%，无风险收益率为4%，则该优先股的折现率为9%，根据上述数据，该优先股的评估值如下：

$$p = \sum_{i=1}^{n} \frac{A_i}{(1+r)^i} + \frac{F}{(1+r)^n}$$

$$= 10\,000 \times 10\% \times (P/A, 9\%, 3) + 10\,000 \times 10\% \times 10 \times \frac{1}{(1+9\%)^3}$$

$$= 1\,000 \times 2.5313 + 10\,000 \times 0.7722$$

$$= 10\,253.3 \text{（元）}$$

上面的计算过程中，F代表的优先股的预计变现价格，采用优先股盈余乘以市盈率得出。推导过程如下：

$$市盈率 = \frac{每股市价}{每股盈余}$$

转换形式之后，得出：

每股市价＝每股盈余×市盈率

在持有多个股份的情况下，计算公式为：

持有股份的市价＝持有股份的盈余×市盈率

（二）普通股的评估

非上市的普通股的价值评估是普通股预期未来收益折算成评估基准日的现值。

普通股的股息分配顺序在优先股的股息分配之后，而且，普通股未来收益评估需要了解该企业过去多年的盈利水平、企业的发展前景、企业的管理能力、创新能力、所在行业的发展前景、企业的股利分配政策等多种因素，因此，普通股未来收益具有一定的不确定性。根据每个企业的股利分配政策的不同，可以划分为固定红利型、红利增长型、分段型三种类型。

1. 固定红利型股利政策下的股票价值评估。红利就是企业发放的股利。固定红利型股利政策是针对经营稳定、分配普通股红利固定，并且在未来也可以保持这样的固定红利水平。计算公式为：

$$p = \frac{R}{r}$$

其中，P表示普通股的评估值；R表示第i年的普通股的红利金额；r表示折现率。

【例7－7】 大华公司持有的现代公司非上市的普通股20 000股，每股面值1元，在持有期间，现代公司每年的股票收益率保持在15%左右，资产评估专业人员经过调查分析，认为现代公司经营稳定、公司治理较好，在预测现代公司未来的收益能力后，评估专业人员认为，在可预见的未来年份中，现代公司保持10%的红利分配水平是恰当的。评估专业人员根据该企业所在行业的特点、宏观经济运行情况，确定无风险利率为4%，风险报酬率为3%，则折现率为7%，根据上述资料，计算的评估值为：

$$P=\frac{R}{r}=\frac{20\ 000\times 10\%}{7\%}=28\ 571.43\ （元）$$

2. 红利增长型股利政策下的股票价值评估。红利增长型的企业发展前景较好、潜力较大，收益会逐年提高；因此，红利也逐年呈现增长趋势。红利增长型股利政策是假设企业没有把全部剩余收益分配给股东，而是预留一部分收益用于追加投资，增加企业的获利能力，作为企业股份的持有者，股东的潜在获利能力也增大了，因此，红利呈现增长趋势。红利增长型股利政策的普通股股票价值评估公式为：

$$p=\frac{R}{r-g}(r>g)$$

其中，P 表示普通股的评估值；R 表示第 i 年的普通股的红利金额；r 表示折现率；g 表示股利增长率。

股利增长率 g 的估计有两种方法：第一，统计分析法。根据企业历年来红利分配的数据，利用统计方法计算出股票红利历年来的平均增长速度，作为 g 的估计值。第二，趋势分析法。根据企业剩余收益中用于再投资的比例与企业的净资产收益率相乘，得出 g 的估计值。

【例 7－8】大华公司持有的现代公司非上市的普通股 10 000 股，每股面值 1 元，在持有期间，现代公司每年的股票收益率保持在 15% 左右，现代公司每年以净利润的 50% 用于发放股利，另外的 50% 用于追加投资。资产评估专业人员经过调查分析，认为现代公司经营稳定、公司治理较好，在预测现代公司未来的收益能力后，评估专业人员认为，在可预见的未来年份中，现代公司保持 10% 的净资产收益率水平是恰当的。评估专业人员根据该企业所在行业的特点、宏观经济运行情况，确定无风险利率为4%，风险报酬率为3%，则折现率为7%，根据上述资料，计算的评估值为：

$$p=\frac{R}{r-g}=\frac{10\ 000\times 15\%}{7\%-50\%\times 10\%}=75\ 000\ （元）$$

3. 分段型股利政策下的股票价值评估。前两种股利政策，假设股利不变或者以一定的比例增长，过于简单，很难推广到所有情况。分段型股利政策对股票价值评估更加可行，其将估计期间分为两段：

第一段，易于预测的股票收益期间，将收益按照一定的折现率折现为现值；

第二段，不易预测收益的时间为起点，持续到永续期间，将收益按照一定的折现率折现为现值。

把两段的估计值加总，得出评估值。

【例 7－9】大华公司持有的现代公司非上市交易的普通股 10 000 股，每股面值 1 元，在持有期间，现代公司每年的股票收益率保持在 15% 左右。资产评估专业人员经过调查分析，认为前 3 年保持 15% 的收益率是恰当的。但是，从第 4 年起，现代公司所在区域的配套市政设施更加完善、客流量更大，股票收益率将达到25%。评估专业人员根据该企业所在行业的特点、宏观经济运行情况，确定无风险利率为4%，风险报酬率为3%，则折现率为7%。根据上述资料，计算使用的评估公式为：

$$p = \sum_{i=1}^{t} \frac{R_i}{(1+r)^i} + \frac{A}{r(1+r)^t}$$

$$= \sum_{i=1}^{t} \frac{R_i}{(1+r)^i} + \frac{A}{r} \times \frac{1}{(1+r)^t}$$

上述公式成立的条件是，净收益在t年（含第t年）以前有变化；在第t年（不含第t年）以后保持不变；收益年限无限；r大于0。其中，P表示评估值；R_i表示第i年的预期收益；r表示折现率；i表示评估的第i年；t表示收益年期；A表示年金。

根据上述公式，评估值为：

$$p = \sum_{i=1}^{t} \frac{R_i}{(1+r)^i} + \frac{A}{r(1+r)^t}$$

$$= 10\ 000 \times 15\% \times \left(\frac{P}{A}, 7\%, 3\right) + \frac{10\ 000 \times 25\%}{7\% \times (1+7\%)^3}$$

$$= 1\ 500 \times 2.6243 + \frac{2\ 500}{7\% \times 1.225} = 33\ 090.97\text{（元）}$$

第三节　投资基金的评估

一、投资基金的概念

投资基金是资产管理的主要方式之一，它是一种组合投资、专业管理、利益共享、风险共担的集合投资方式。基金投资者、基金管理人、基金托管人是基金运作中的主要参与人。

投资基金所投资的资产包括金融资产和其他资产。

（1）金融资产。根据《私募投资基金监督管理暂行办法》规定，金融资产包括：银行存款、股票、债券、基金份额、资产管理计划、银行理财产品、信托计划、保险产品、期货权益等。

（2）其他资产。包括房地产、大宗商品、能源、林权、艺术品等。

二、投资基金的常见类型

按照不同的标准，投资基金可以分为多种类型。例如，按照运作方式不同，可以分为开放式基金、封闭式基金两种。下面介绍常见的两种投资基金类型。

（一）按照资金的募集方式

1. 公募基金，向不特定的投资者公开发行，处于监管部门的严格监管，遵守

《公开募集证券投资基金运作管理办法 》等法规的要求。

2. 私募基金，私下或者直接向特定投资者募集资金，采用非公开方式募集，遵守《私募投资基金监督管理暂行办法》等法规的要求。

（二）按照投资对象的不同划分

投资于公开市场交易的金融资产的基金称为证券投资基金；投资于金融资产之外的基金称为另类投资基金。

1. 证券投资基金。中国证券投资基金业协会是证券投资基金行业的自律性组织，接受证监会与民政部的业务指导和监督管理。根据《证券投资基金法》的规定，基金管理人、基金托管人应当加入协会，基金服务机构可以加入协会。

按照《公开募集证券投资基金运作管理办法》的规定，证券投资基金可以分为如下五类：

（1）股票基金。80%以上的基金资产投资于股票的，为股票基金。

（2）债券基金。80%以上的基金资产投资于债券的，为债券基金。

（3）货币市场基金。仅投资于货币市场工具的，为货币市场基金。

（4）基金汇总基金。80%以上的基金资产投资于其他基金份额的，为基金中基金。

（5）混合基金。投资于股票、债券、货币市场工具或其他基金份额，并且股票投资、债券投资、基金投资的比例不符合第（1）项、第（2）项、第（4）项规定的，为混合基金。

2. 另类投资基金。另类投资是股票和债券等投资工具以外的非主流投资工具的总称。另类投资基金包括私募股权基金、风险投资基金、对冲基金、不动产投资基金、其他另类投资基金等。

另类投资运作的理念是：另类投资市场并不像股票市场或者债券市场那样有效率，许多企业、项目的价格远远没有体现它们的内在价值，因而离股票市场、债券市场等公共交易平台越远，价格与价值之间的偏差可能越高。另类投资的重点是放在那些没有上市但具有增长潜力的企业和项目上，通过购买、包装、套现，将收购的企业或项目的价值体现出来。

（1）另类投资的特点。

①缺少流动性。由于不在公共交易平台上运作，另类投资是缺少流动性的。一个项目从购入到套现通常需要几年的时间，因此，另类投资基金一般设定3～7年的锁定期，如果没有特殊条款约定，中途赎回是不可能的。

②高收益和高风险并存。另类投资大幅度增长的原因是全球房地产业和商品价格飙升。物业投资、能源、矿业等都是另类投资青睐的投资品种。过去30年，另类投资基金的年平均投资回报率达到24%，但是，有的另类投资基金也会发生本金亏损。

③缺乏透明度。投资者购买另类投资基金的门槛较高，有的另类投资基金进入门槛达到100万美元，有的另类投资基金进入门槛稍低，但也达到5万美元，因此，另类投资基金是“少数人的游戏”。由于投资人少，不需要大规模募集资金，另类投资

基金的年度报告或者财务报告并不对外公开，因此，具有透明度低的特点。

④专业性较强。另类投资基金的投资活动涉及房地产、能源、林权、矿产等不同的领域，对于某一行业的潜在投资价值要具有独到的眼光，体现了明显的智力密集型特点。

⑤投资后投入资源多。另类投资的基金管理人在投资后，要考虑退出机制，为了提高被投资企业的出售价格，需要帮助被投资企业提高管理水平；融通商业资源；参加董事会，监督被投资企业避免道德风险等都是必不可少的。

另类投资基金管理人的行业自律组织是另类投资管理协会（Alternative Investment Management Association，AIMA），该协会成立于1990年，代表了全球另类投资管理行业的所有从业者，包括对冲基金管理人、投资于对冲基金的基金管理人、主经纪商、律师事务所、会计师事务所、投资人、基金行政管理人和独立基金董事等从业者。AIMA在50多个国家拥有超过1 400家机构会员，在全球所有主要金融中心设有办事处。

（2）另类投资基金的种类。

①私募股权基金。私募股权基金是指购买非上市公司的股份，然后通过包装、重组、并购、管理层回购、上市等手段，出售当初所持有的股份获利的基金。

②风险投资基金。其可以看作私募股权基金的一个种类。这类基金偏好于初创期或者新型企业尤其是高新技术企业，购买股份后，帮助被投资企业尽快成长起来，取得上市资格，从而使持有的股份增值。

③对冲基金。这类基金又称为“风险对冲过的基金”，它利用很复杂的金融市场操纵技巧，充分利用各种衍生金融产品的不同特点，承担高风险并博取高收益。

④不动产投资基金。这类基金以发行权益凭证的方式汇聚投资者的资金，再交给专业的投资机构进行不动产投资的经营和管理，不动产投资基金可以采取私募和公募两种方式募集资金。

⑤其他另类投资基金。投资于大宗商品、黄金、艺术品、红酒、农产品、林权、矿山等，采取私募方式筹集资金。

三、投资基金评估的基本特点

1. 评估投资基金是对基金资产净值的评估。基金资产净值是基金拥有的全部资产的价值减去全部负债的价值，还要减掉基金公司的管理费、基金管理人所应当获得的超额收益之后的余额。

2. 评估投资基金的价值，首先，要登记投资基金所拥有的货币、股票、债券、股权、金融衍生品等底层资产，明确了解投资基金的资金流向；其次，评估各类底层资产是否符合监管部门的要求、资产质量；最后，针对上述底层资产，分不同的类型采取不同的评估方法。

3. 对于非公开募集资金的投资基金，评估人员应当取得这类基金的财务报告，了解其资产估值，同时要考虑财务报告中的资产估值是否合理。

4. 评估人员应当取得投资基金的协议，了解投资人、管理人、托管人在利益分配、支付管理费等方面的权利和义务。

5. 因为投资基金持有的投资品会发生变化，所以投资基金价值评估以评估基准日投资基金所持有的资产为评估对象。

四、投资基金的评估方法

（一）证券投资基金评估

基金资产净值除以基金当前的总份额，就是基金份额净值。

基金资产净值 = 基金资产 - 基金负债

$$基金份额净值 = \frac{基金资产净值}{基金总份额}$$

【例 7-10】 截至评估基准日，某只基金持有的四种股票数量分别为 50 万股、60 万股、80 万股和 100 万股，每股收盘价分别为 40 元、60 元、100 元、1 800 元，另有银行存款 50 万元，对基金管理人应付未付的报酬为 1 500 万元，应交税费为 500 万元，已经出售的基金份额为 10 000 万份，则基金份额净值为：

$$\begin{aligned}基金份额净值 &= \frac{基金资产净值}{基金总份额}\\ &= \frac{(50\times40+60\times60+80\times100+100\times1\,800+50)-1\,500-500}{10\,000}\\ &= 19.165\text{（元）}\end{aligned}$$

【例 7-11】 截至评估基准日，被评估企业持有中银金融地产混合基金份额 200 000 份，通过 Wind 资讯查询到该基金份额净值为 1.2474 元，则被评估单位持有的基金估值为：

$200\,000\times1.2474=249\,480$（元）

（二）合伙制基金评估

合伙制基金估值是指通过对基金所持有的全部资产和应当承担的全部负债按照一定的原则和方法进行评估与计算，最终确定基金资产净值的过程。例如，先确定基金投资的每一个单一项目的价值，然后加总，再减去基金应当承担的费用、负债，最终得到基金资产净值。用公式表示就是：

基金资产净值 = 项目价值总和 + 其他资产价值 - 基金费用等负债

【例 7-12】 截至评估基准日（2021 年 12 月 31 日），被评估单位大华公司是鹏华股权投资基金的有限合伙人，其中，鹏华股权投资基金的总份额是 20 亿份（1 元/份），大华公司持有的份额是 95%。根据合伙协议，基金投资日期为 2018 年 12 月 31 日，投资期限为 5 年。基金收益的分配原则是：门槛年化利率是 7%（单利），超出 7% 的部分按照 3∶7 的原则进行分配，大华公司享有 70%。截至评估基准日，鹏华股权投资基金共投资 4 个股权项目——A、B、C、D，这四个项目的当前价值分别为 5 亿元、7 亿元、6 亿元、9 亿元，除此之外，基金资产还包括 0.1 亿元的银行存款，已经产生的托管费用、管理费用等负债金额1亿元。

大华公司持有的基金估值过程如下。

①整体基金份额估值：

股权投资基金份额估值 $=5+7+6+9+0.1-1=26.1$（亿元）

②超额收益测算：

超额收益 $=26.1-20\times(1+3\times7\%)=1.9$（亿元）

大华公司应当享有的份额 $=1.9\times70\%=1.33$（亿元）

③基础收益计算：

基础收益 $=26.1-1.9=24.2$（亿元）

大华公司应当享有的份额 $=24.2\times95\%=22.99$（亿元）

④大华公司持有的股权投资基金的评估价值 $=1.33+22.99=24.32$（亿元）

第四节　长期股权投资的评估

一、长期股权投资、长期股权投资评估的概念

（一）长期股权投资的概念

按照《企业会计准则第2号——长期股权投资》的规定，长期股权投资是指投资方对被投资单位实施控制、重大影响的权益性投资，以及对其合营企业的权益性投资。

投资主体可以采用现金资产、实物资产、无形资产进行投资，取得被投资企业的股权，通过对被投资单位实施控制或者施加重大影响，或者与被投资单位建立密切联系，以达到分散风险、获取利益的目的。

长期股权投资具有投资金额大、持有期限长、风险大、收益大的特点。

（二）长期股权投资评估的概念

长期股权投资评估是指采用企业价值评估方法对被投资企业在某一时点的股东权益价值所做的评价和估算。

长期股权投资评估包括具有控制权股权的评估和缺乏控制权股权的评估。

二、长期股权投资评估的特点

1. 长期股权投资评估是对被投资单位的资本和权益的评估。投资企业的货币资金、实物资产、无形资产自投资之日起，投资方就不能随意支配这些已经出资的资产。因此，长期股权投资评估实质上就是对被投资单位资本或者权益的评估。

2. 长期股权投资评估的方式多种多样，例如，对被投资单位的获利能力的评估、投资方的战略投资价值的评估。

3. 长期股权投资评估是建立在被投资单位持续经营的假设基础之上的。如果被投资企业不能持续经营，则长期股权投资的评估价值可能为负值。

4. 长期股权投资评估是基于被投资单位权益的可分性，如果被评估企业不同的权益份额有不同的价值含义，那么，可能造成不同股东持有的权益乘以股权比例之和不等于股东全部权益。

三、长期股权投资评估应该注意的问题

1. 把被投资单位看作一个整体来进行评估。不仅要评估企业财务报告内的资产和负债，还要评估那些财务报告之外的资产和负债，例如，或有负债、未决诉讼、无形资产减损等因素对被投资单位价值的影响。

2. 应当审查被投资单位的公司章程或者投资时签署的协议，了解股东在利益分配、股权转让等方面的权利和义务是否存在特殊约定，例如，分红限制、清算约定、限售期限等，上述特殊条款将影响评估价值。

3. 应当审查被评估单位最新的工商登记材料、至少 3 年内的董事会决议等材料①，了解被评估单位的股权结构、股东权益、出资是否到位、出资比例与持股比例是否一致等。一般情况下出资比例与持股比例是一致的。但是有限责任公司的股东之间，完全可以作出出资比例与持股比例不一致的约定。这种情况下必须经全体股东一致同意，否则可能发生大股东凭借多数的投票权作出大股东多分利润而小股东少分利润的决议。出资比例与持股比例不一致的约定形式，应在公司设立的股东协议中进行明确约定，必要时可写入公司章程。

4. 关注被评估单位重要的资产和负债，通过询问、函证、检查、观察、监盘等必要的程序，了解上述资产和负债的法律权属，现有的经济环境、技术发展对上述资产和负债带来的影响。

5. 应当关注可能影响评估结论的重要事项。要求被评估企业就重要事项出具承诺书或者其他内部证明材料或者由第三方出具证明材料，作为评估依据。

6. 应当关注关联交易的影响。内部关联交易可能导致企业虚增资产、虚增利润；但是，低于市场价格的内部关联公司之间的销售，又降低了企业的利润。上述情况都将影响被评估单位的价值评估。

7. 对于亏损公司，应当慎用收益法。对亏损企业的评估，不能简单地认为不能使用收益法，如果是突发事件等非正常因素，可以在剔除非正常因素之后，使用收益法。

四、具有控制权股权的评估

（一）具有控制权股权评估的特点

1. 评估程序不受限制。被评估企业拥有控制权，在开展评估工作时，有利于获

---

① 我国《公司法》规定，董事任期由公司章程规定，但每届任期不得超过 3 年。

得被评估企业的配合，评估工作可以顺利开展，在评估方法的选择上，可以结合被投资单位所在的行业和公司自身的特点，全面考察各种评估方法的适用性，作出合理的选择。

2. 关注资产权属资料。了解被评估单位的土地、房屋、建筑物、无形资产等重要资产的权属资料是否完整，权属资料记载的权利人与实际使用人是否一致，是否存在隐匿、变更等情况。

3. 是否存在控制权溢价因素。控制权溢价是指投资者为了获得公司的控制权，愿意付出比市场交易的普通股更高的价格。控制权能够使得控股股东控制公司的董事会、任命公司的高级管理人员、决定公司的战略、重大投资决策、股利政策等。因此，控制权溢价是现实资本市场存在的现象。研究发现，被收购企业的管理水平越差，控制权的价值越高；反之，被收购企业的管理水平越高，控制权的价值越低；这说明，管理水平越高的公司，改组的意义越小。

（二）具有控制权股权评估的评估程序

1. 明确评估范围。评估范围是长期股权投资的被投资单位的全部法人资产，包括企业权属资料清晰的所有资产，企业实际拥有但尚未办理产权登记的资产。对于被投资单位所持有的长期股权投资，采用同样的程序进行评估，不能遗漏。

2. 核实投资协议、账面记录。了解长期股权投资的取得方式、初始计量方法，会计记录是否正确、长期股权投资在评估基准日的主要记录是否正确。

3. 核对持股比例。收集被投资单位在工商部门登记备案的公司章程、核对注册资本、认缴股份、实际缴纳的出资额、持股比例、表决权比例等内容。

4. 选择评估方法，编制评估计划。分析被评估企业的资料收集情况、评估程序实施过程中是否受到限制、分析会计信息，评价收益法、市场法、资产基础法三种资产评估方法哪一个更加具有实用性。

编制评估计划要充分考虑评估对象的性质、评估对象所在的行业和发展趋势，评估专业人员的胜任能力、资料收集情况等，是否利用专家的工作，明确评估过程中的主要步骤、时间和人员安排，恰当地编制评估计划。

5. 计算长期股权投资的价值。选择恰当的评估方法，按照评估计划开展评估工作，对各种方法涉及的信息资料和参数的数量与质量进行比对分析，最终确定长期股权投资的评估值。

（三）具有控制权股权评估的清查核实方法

1. 核对。核对被投资企业的法人资产数量、使用状态、法律权属等情况。

2. 抽查。包括随机抽查和重点抽查。在被评估的长期股权投资的单位的总体会计凭证中，随机抽取部分样本进行抽查，核实其成本与入账时间。

如果发现资产法律权属不清、权责不配比，则需要就相关问题进行重点抽查，与被评估单位的会计负责人及负责审计的注册会计师协商解决方法，将处理结果记入到工作底稿。

3. 尽职调查。对被评估单位的历史数据、文档资料、管理层背景、战略风险、运营风险、市场风险等进行全面调查，可以采取调查问卷或者独立调查；全面查清评估基准日企业的各项资产负债情况。

4. 访谈。与企业的高层管理者、职能部门负责人进行沟通，了解企业的总体情况、战略制定与执行情况、内部控制情况、购销渠道等。了解企业盈余、未来发展趋势等。

（四）确定评估结论

《资产评估执业准则——企业价值》第十八条规定："对于适合采用不同评估方法进行企业价值评估的，资产评估专业人员应当采用两种以上评估方法进行评估。"对于不同评估方法下得出的评估结果，应当考虑如下因素进行取舍。

1. 基本思路。

（1）不同的评估方法依据的信息资料的质量和可靠性是否满足评估准则的要求、在评估过程中是否受到限制，将影响不同的评估方法的取舍。

（2）不同的行业、不同的资产使用情况，影响评估方法的取舍，例如，房地产行业、商业企业因为其所属行业的差异，对负债水平、流动性等方面的要求是存在差异的，因此，不同的评估方法的适用性就不同。

（3）不同的评估方法涉及的评估范围与被评估企业的价值内涵是否一致。

2. 分析方法。

（1）资产基础法与收益法。《资产评估执业准则——资产评估方法》第十五条规定："成本法包括多种具体方法。例如，复原重置成本法、更新重置成本法、成本加和法（也称资产基础法）等。"

①资产基础法是以被评估企业资产负债表的各项资产和负债为基础，并考虑资产负债表外的资产、负债的价值，确定被评估对象价值的评估方法。如果有些资产和负债没有列入资产负债表，将会影响评估结果的可靠性。

收益法是把企业的未来预计的收益折现，在估算未来收益的时候，并不一一对应资产负债表中的资产和负债，也可能包括表外的资产和负债的贡献。有些因素无法体现在资产负债表中，例如，企业自创产品的商誉、经营所在地的营商环境、企业管理层的政治关联等，都会影响企业的未来收益。

②当收益法的评估结果高于资产基础法的评估结果时，应当考虑资产基础法的测试结果是否包括了企业全部的无形资产价值。

③当收益法的评估结果低于资产基础法的评估结果时，应当考虑被评估企业的净经营活动现金流量是否为负数，评估基准日企业的资产价格是否处于波动状态，上述因素无法体现在资产基础法的评估结果当中。

（2）市场法与收益法。

①市场法是将评估对象与可比参照物进行对比，要求参照物有公开的市场、活跃的交易、交易的信息可以获得，因此，使用市场法就要考虑如下因素：作为参照物的上市公司的股票价格是否被操纵，导致严重偏离了内在价值；参照公司与被评估公司

的实际相似性、会计政策和税收法规差异、是否存在不同的母公司背景等因素。

②收益法对于销售存在周期性波动的企业是否针对波峰和波谷采取了不同的预计销售量和预计收益；存在关联交易的企业，是否考虑了价格的公允性。

（3）市场法与资产基础法。

①资产基础法中的闲置资产、非经营性资产、因技术进步已经贬值的资产，在市场法中，如果直接按照净资产乘以市净率进行估值，则在市场法情况下的估值会高于资产基础法。

②市场法选的参照企业，在资产和负债的构成上与被评估企业存在的差异有哪些，是否进行了恰当的调整。

【例7－13】大华公司对现代公司的长期股权投资拥有控制权，截至资产评估日2021年12月31日，现代公司的账面总资产为8 000万元，其中流动资产1 500万元，固定资产3 500万元，无形资产3 000万元；负债为3 000万元。企业在2018年、2019年、2020年，分别实现主营业务收入10 000万元、8 000万元、9 000万元，净利润分别为700万元、350万元和450万元，分别采用资产基础法和收益法进行评估，资产基础法测算的企业价值为6 500万元，收益法测算的结果是5 100万元。经过分析发现，资产基础法中的固定资产评估值为4 500万元，评估增值1 000万元；无形资产评估值为3 500万元，评估增值500万元。

在本案例中，大华公司拥有对现代公司的控制权，可以采用实现股东利益最大化的方式来处置资产获得收益，因此，应当采用资产基础法进行评估。

如果大华公司没有对现代公司拥有控制权，则应当采用收益法，因为处置公司资产需要多数股东同意，在资产不处置的情况下，少数股东无法享有评估增值；只能获得收益分配。

五、缺乏控制权股权的评估

（一）缺乏控制权股权评估的特点

1. 评估程序可能受到限制。对于缺乏控制权的企业进行评估，被评估单位在配合评估过程时，可能不够全面，不利于评估工作深入、细致地开展，因此，在选择评估方法方面也要考虑这一因素。

2. 应当考虑投资基金对流动性的影响。流动性是指在市场上购买或者销售一件商品，而不导致该商品的价格出现大幅度波动。对于缺乏控制权的股权进行评估时，应当考虑投资基金持股或者抛售对股权价格波动的影响。

（二）缺乏控制权股权评估的程序、清查核实、评估方法

在评估程序方面，包括：明确评估范围；核实投资协议、账面记录；核对持股比例；选择评估方法，编制评估计划。

在清查核实方面，包括核对、抽查、尽职调查、访谈等。

在评估方法方面，包括资产基础法、收益法、市场法等。如果不能使用上述方法，可以考虑使用财务报表分析。在选择评估方法时，需要考虑：

1. 被投资单位属于重资产类，通常以资产负债表分析，估计固定资产、存货的增值额和减值额。

2. 被投资单位属于轻资产类，通常根据历年的利润分配情况采用收益法进行评估。

3. 设立时间短的企业，通常采用评估基准日，经核实后的企业的实收资本进行评估。

4. 评估基准日附近收购的非控股长期股权投资，分析收购价格与被投资单位账面净资产的差异，差异形成的原因等，再确定评估方法。

【例 7－14】 对大华公司拥有的不具有控制权的长期股权投资进行评估，截至评估基准日，大华公司的长期股权投资有 3 家，如表 7－1 所示。

表 7－1　　大华公司的长期股权投资相关资料

长期股权投资的企业	所属行业	持股比例（%）	按照持股比例计算的账面值（万元）
A	煤炭加工	20	400
B	软件企业	15	300
C	电子商务	10	80

①A 企业近 3 年来主营业务连续亏损，截至评估基准日，账面资产合计 4 500 万元，其中流动资产 700 万元，固定资产 2 300 万元，无形资产（土地使用权）1 500 万元，负债合计 3 500 万元，实收资本 3 000 万元，未分配利润－2 000 万元。

②B 企业经营的软件业务比较稳定，用户满意度较高，截至评估基准日，账面资产合计 3 000 万元，其中流动资产 300 万元，固定资产 200 万元，无形资产 2 500 万元，没有负债。实收资本 1 000 万元，未分配利润 2 000 万元。近 3 年，净利润分别为 340 万元、320 万元、330 万元。

③C 企业设立不足半年，截至评估基准日账面资产总计 800 万元，其中流动资产 500 万元，固定资产 300 万元，无负债、无收入。实收资本 800 万元，未分配利润 0。

根据上述资料，采取的评估方法如下：

①对于 A 企业，采用资产负债表分析法。根据估算，煤炭加工的固定资产计提折旧导致净值略有下降，但是，煤炭产品略有升值，所以，流动资产和固定资产的总值没有增加变化。土地使用权评估可增值 100 万元，评估基准日的净资产账面价值为 1 000 万元，因此，A 企业评估价值＝1 000＋100＝1 100（万元），20% 的持股量评估价值＝1 100×20%＝220（万元），评估减值＝400－220＝180（万元）。

②对于 B 企业，适用于收益法。预测未来年平均收益为 330 万元，根据企业经营情况和风险情况，预计折现率为 10%，则 B 企业的评估值为 3 300 万元（330÷10%）；按照 15% 的持股比例，评估值为 495 万元，与 300 万元的账面价值相比，评估增值为 195 万元。

③对于C企业，设立时间为半年，尚未开展业务，适用于投资成本进行评估：$800 \times 10\% = 80$（万元），评估没有增值也没有减值。

关键概念

长期投资性资产 债券 公司债券 金融债券 地方政府债券 国债 股票 股票的票面价格 股票的发行价格 股票的账面价格 股票的清算价格 股票的内在价格 股票的市场价格 投资基金 长期股权投资 长期股权投资评估 证券投资基金 另类投资基金 债券基金 股票基金 混合型基金 基金资产净值 基金份额净值 资产基础法

思考题

1. 长期股权投资评估的特点有哪些？
2. 具有控制权股权的长期股权投资评估的程序有哪些？
3. 另类投资基金有哪些类别？
4. 债券投资的特点有哪些？
5. 股票投资的特点有哪些？
6. 优先股有哪些特点？
7. 具有控制权股权的长期股权投资评估的清查核实方法有哪些？
8. 具有控制权股权的长期股权投资评估时，如何区分资产基础法和收益法的选择问题？

常用网站网址

1. 中国证券投资基金业协会：https：//www. amac. org. cn/
2. 中国人民银行：http：//www. pbc. gov. cn/
3. 另类投资管理协会：https：//www. aima. org/
4. 中国证券监督管理委员会：http：//www. csrc. gov. cn/

第八章　企业价值评估

【引例】

独角兽企业估值

成立于2018年的美国知名创投研究机构 CB Insights 认为，独角兽企业，或称独角兽初创企业，是估值超过10亿美元的私营企业。在此之后，独角兽企业的认定标准逐步细化：两年内估值就突破10亿美元的，被称作初生独角兽；估值在10亿~100亿美元之间的，为一般独角兽；估值高于100亿美元的，是超级独角兽；如果估值不足10亿美元，但有望在短期内达到，则被称为潜力独角兽。我国大部分地区主要以总部注册在本区域、成立时间不超过10年、具有法人资格、获得融资且未上市、估值超过（含）10亿美元为标准。

一、我国独角兽企业数量稳居全球第二，呈爆发式增长

从数量来看，我国独角兽企业数量稳居全球第二，2021年底我国独角兽企业179家（见图8-1），紧随美国（488家），分别是印度、英国、德国、以色列的3.4倍、4.8倍、7.2倍、8.5倍，占全球独角兽企业数量的18.7%，是全球独角兽企业重要诞生地。从增速来看，2021年我国独角兽企业数量同比增长40.9%，是2016年数量的4.5倍，近5年平均增速为34.9%。2021年我国新生独角兽企业（指新入选 CB Insights 全球独角兽榜单的企业）66家，其中，北京20家，上海19家，较2016年增加159家，近5年我国年均新生独角兽企业30余家。从分布城市来看，我国独角兽企业分布城市数量由2016年的6个增加至2021年的20个，武汉、长沙、无锡、合肥等城市均实现"零突破"。

图8-1　我国2016~2021年独角兽企业数量及估值变化

资料来源：基于2016~2021年末 CB Insights 全球独角兽榜单整理。

二、我国独角兽企业总估值不断攀升，超级独角兽表现亮眼

从估值总量来看，2021 年我国独角兽企业总估值 6 248.8 亿美元（见图 8－1），较 2016 年的 1 891.3 亿美元增长了 2.3 倍，占全球独角兽估值的 20.0%。从企业平均估值来看，2021 年我国独角兽企业平均估值 34.9 亿美元，高于美国（33.6 亿美元）；除 2018 年外，我国独角兽企业平均估值均高于美国。从超级独角兽来看，2015 年以来我国涌现出小米、美团、字节跳动、快手等 18 家超级独角兽企业（见表 8－1），特别是字节跳动估值从 2017 年的 110 亿美元增长至 2020 年的 1 400 亿美元，估值连续四年占据全球首位，是全球唯一一家估值千亿级的独角兽企业；目前 18 家超级独角兽企业中，已有 8 家通过 IPO 成功上市，港交所和纽交所分别有 4 家。

表 8－1　　2015 年以来中国涌现的超级独角兽

城市	企业名称
北京	小米、滴滴出行、美团点评、字节跳动、比特大陆、快手、贝壳找房、猿辅导、商汤科技
上海	陆金所、纵目科技、小红书
深圳	大疆创新、Sheln
香港	FTX、Lalamove
贵阳	满帮集团
漯河	卫龙

资料来源：基于 2015～2021 年末 CB Insights 全球独角兽企业榜单整理。

三、我国独角兽企业领域分布多元化，硬科技属性持续增强

2021 年我国独角兽企业分布在 14 个行业领域，电子商务、人工智能、硬件位居前三位，总占比达 39.7%。独角兽企业硬科技属性不断增强，2021 年人工智能、硬件、互联网软件和服务、医疗健康、数据处理与分析、网络安全等硬科技领域独角兽企业占比达 35.2%。2021 年近四成新晋独角兽企业属于硬科技领域，其中人工智能 8 家、互联网软件和服务 7 家、硬件 7 家、医疗健康 3 家。尤其在人工智能、硬件领域，我国独角兽企业与美国相比优势明显。如在人工智能领域，我国独角兽企业由 2016 年的 1 家增加至 2021 年的 21 家，总估值是美国的 1.9 倍，企均估值是美国的 3 倍多，代表企业有字节跳动、小马智行、地平线机器人、第四范式、爱笔智能等，主要分布在北京。在硬件领域，独角兽企业由 2016 年的 6 家增加至 2021 年的 18 家，数量和总估值分别是美国的 2 倍、3.3 倍，且企业平均估值高于美国 13.3 亿美元，代表企业有比特大陆、大疆创新、集创北方、极智嘉等，其中比特大陆、大疆创新为超级独角兽企业，深圳优势明显。此外，我国独角兽企业在互联网软件与服务领域有 13 家、医疗健康领域有 8 家、数据处理与分析领域有 2 家、网络安全领域有 1 家。

资料来源：苏杰芹．甄别“独角兽”［J］．企业管理，2022（3）：22－23.

根据上述引例，如何对企业价值进行合理科学的评估？尤其是针对这一类独角兽企业，能否采用传统的企业价值评估方法对其进行估值？

学习目标

【知识目标】

1. 了解企业价值评估的基本概念、基本原则和影响因素。
2. 熟知企业价值评估的对象、评估范围和评估信息分析的内容。
3. 掌握企业价值评估的主要方法。

【能力目标】

1. 培养学生企业价值评估相关概念及具体应用方法的认知能力。
2. 培养学生企业价值评估的基本方法的实际运用能力。

第一节 企业价值评估概述

一、企业价值与企业价值评估

（一）企业价值

1. 企业价值的概念和特点。企业是企业价值的载体。要评估企业价值，必须理解企业的概念和特点。企业是以盈利为目的，为满足社会需要把土地、资本、劳动力和管理等生产要素结合起来，依法从事商品生产流通和服务等经济活动，实行独立核算、自主经营、自负盈亏、自我约束和自我发展的经济组织。按照组织形式不同，企业一般可划分为公司制企业、合伙制企业和个人独资企业。企业具有盈利性、持续经营性、整体性及权益可分性的特点。

企业价值是企业获利能力的货币化表现，是企业在遵循价值规律的基础上，通过以价值为核心的管理，使企业利益相关者均能获得满意回报的能力，且给予其利益相关者回报的能力越高，企业价值就越高。企业价值具有整体性、受存续期限影响及价值表现形式虚拟性的特征。

2. 企业价值的影响因素。影响企业价值的因素很多，可以从不同角度识别影响企业价值的各种因素。在企业价值评估实务中，通常将企业置于其发展环境中，依次考虑宏观环境、行业发展状况及企业自身状况三个方面的因素影响。

（1）宏观环境。宏观环境因素主要包括政治环境、宏观经济、法律法规、财政政策、货币政策、产业政策、技术进步以及社会和文化等。宏观环境因素是属于企业外部的、基本不可控的因素，但是对企业的经营活动、未来的发展会产生持久深远的影响。因此，在企业价值评估中，应当充分考虑宏观环境因素对被评估企业及其所在行业的影响。

（2）行业发展状况。行业发展状况因素主要有：行业政策环境，行业经济特征，行业市场特征，行业竞争情况，行业特有的经营模式，行业周期性、区域性和季节性的特征，企业所在行业与上下游行业之间的关联性，上下游行业发展对本行业发展的有利和不利的影响等。

（3）企业自身状况。企业自身状况因素可分为企业层面的因素和资产层面的因素。对企业价值可能产生影响的企业层面的因素主要有企业发展、业务和经营战略、企业生产经营模式、盈利模式、业务或产品的种类及结构、生产能力、行业竞争地位、产业链关系（与供应商和客户的关系）、资本结构、会计政策、生产经营管理方式、人力资源、企业管理水平以及关联交易情况等；对企业价值可能产生影响的资产层面因素主要是与企业拥有的具体资产利用方式、利用程度、利用范围以及利用效果等情况相关。

（二）企业价值评估

1. 企业价值评估的概念。根据《资产评估执业准则——企业价值》第二条的规定，企业价值评估是指资产评估机构及其资产评估专业人员遵守法律、行政法规和资产评估准则，根据委托对评估基准日特定目的下的企业整体价值、股东全部权益价值或者股东部分权益价值等进行评定和估算，并出具资产评估报告的专业服务行为。

2. 企业价值评估的特点。企业价值评估主要有以下六个方面的特点。

（1）整体性。企业价值评估的对象必须是企业整体资产或由多种单项资产构成的资产组合，所要反映的是企业经营能力和盈利能力。因此，企业价值的评估强调从整体上计量企业全部资产或某一资产组合体的评估价值。企业各单项资产评估价值的简单加总并不一定等于企业整体价值的评估值。一个具有良好经营业绩和较高管理水平的企业具有较强的盈利能力，因而其企业价值评估值一般会大于各单项资产评估价值之和。

（2）收益性。企业单项资产的组合配置和经营过程也是在企业中获得预期收益的过程，因此，企业价值评估具有反映资产收益的功能。在此过程中，企业单项资产的价值之和是作为成本体现的。如果所获收益增量大于或等于成本，则企业价值具有比单项资产价值之和更高或相同的价值；反之，则企业价值要低于其单项资产价值之和。

（3）预测性。企业价值评估对象的未来收益和相关风险具有预测性，即不确定性。由于企业价值是由资产本身的价值和预期收益所决定的，资产的预期收益一般是根据企业资产的历史运营情况，企业产品所处的生命周期及企业资产未来经营的外部环境和内部潜力等因素，按照一定的程序和方法推算出来，其数据结果具有极大的不确定性，隐含一定的偏差。

由于各种原因，当影响资产预期收益的某一因素与预测时的假定情况不一致，评估得出的资产整体价值未必与未来实际的资产整体价值相同，这就意味着企业价值评估的不确定性。

（4）动态性。企业价值评估是将企业全部资产或某一资产组合体体现为一个整体，通过对其未来收益的预测以及适用资本化率的确定，计算出企业全部资产或某一资产组合体未来盈利能力的现值。这个评估值反映的是以一定评估期间为评估假设前提的企业全部资产或某一资产组合体的动态现值。企业价值评估动态性具体主要体现在两个方面：一是各年的资产运营条件发生变化，则实现的预期收益也会不断地发生变化；二是各年实现的预期收益，由于货币时间价值的不同，反映在资产上的价值也会不同。

（5）持续性。企业价值评估的对象必须是能够继续使用的、具有获利能力的资产的有机组合体。企业价值的未来收益应能预测，并能以货币计量，同时与整体资产获得未来收益相关的风险也应可以预测。因此，企业价值评估的是对持续经营企业的评估，不包括对终止经营企业的评估。

对企业价值进行评估是基于企业持续经营的前提条件下进行的。主要从以下两个方面判断企业是否持续经营：一是企业所生产的产品或提供的劳务是否满足社会的需要并产生一定的收益；二是企业要素资产的功能和状态是否良好。企业持续经营是企业价值与整体资产评估的基本前提，不具备持续获利能力的企业整体或资产整体就不能按照整体评估的原理进行评估。

（6）匹配性。匹配性是指企业各类资产的有效配对关系，且各类资产的匹配性如何是企业价值评估所涉及的一个重要问题。在正常的生产经营活动中，需要把投入的各种生产要素有机组合起来，形成较强的匹配功能，使每一种要素都能发挥最大的效能。

二、企业价值评估要素

（一）企业价值评估的目的和对象

1. 企业价值评估的目的。评估目的是决定企业价值类型和企业价值最重要的因素之一。评估目的不但决定企业价值评估结论的具体用途，而且会直接或间接地在宏观层面上影响企业价值评估的过程及运作条件。随着社会经济的发展，对企业价值评估的需求越来越广泛，企业价值评估的目的也日益多样化。当前评估目的主要包括企业改制、企业并购、企业清算、财务报告、法律诉讼、税收、财务管理、考核评价及其他评估目的等。

2. 企业价值评估的对象。根据《资产评估执业准则——企业价值》对企业价值评估的定义可知，企业价值评估的对象为企业整体价值、股东全部权益价值以及股东部分权益价值，这三类评估对象的价值都是企业在特定时期地点和条件的约束下，所具有的持续盈利能力的市场表现。

（1）企业整体价值。企业整体价值是公司所有出资人（包括股东和债权人）共同拥有的企业运营所产生的价值，即所有资本（付息债务和股东权益）通过运营形成的价值。从资本运用角度看企业整体权益价值等于企业的总资产价值减去企业负债中的非付息债务价值后的余额；从资本的来源角度看，企业整体权益价值等于股东全部权益价值加上企业的全部付息债务的价值。其计算公式为：

企业整体价值 = 总资产价值 - 非付息债务价值

= 股东全部权益价值 + 企业的全部付息债务的价值

需要注意的是，这里的总资产价值是指企业表内、表外全部资产价值的合计数。表内资产主要依照企业资产负债表的内容进行评估，而表外资产相对来说较难准确预测。

（2）股东全部权益价值。股东权益代表了股东对企业净资产的所有权，反映了股东在企业资产中享有的经济利益。因此，企业股东全部权益价值就是企业的所有者权益或净资产价值，通常情况下我们可以用企业整体价值减去全部付息债务价值获得。其公式表达为：

股东全部权益价值 = 企业整体价值 - 全部付息债务价值

（3）股东部分权益价值。股东部分权益价值其实就是企业一部分股权的价值，或股东全部权益价值的一部分。由于存在控股权溢价或少数股权折价因素，股东部分权益价值并不一定等于股东全部权益价值与持股比例或持股数量的乘积。

在资产评估实务中，股东部分权益价值通常是先评估出股东全部权益价值，再乘以持股比例或持股数量，并考虑必要的溢价或折价因素后得出。评估专业人员还应当在评估报告中披露是否考虑了控股权和少数股权等因素产生的溢价或折价。

（二）企业价值评估的假设

企业价值评估实际上是一种在模拟市场判断企业价值的过程。这就需要一系列假设条件对模拟市场进行限定。企业价值评估的基本假设主要有交易假设、公开市场假设、持续经营假设和清算假设等。下面对持续经营假设和清算假设进行展开阐述。

1. 持续经营假设。持续经营假设是企业价值评估实务中最常见的假设。该假设是假定被评估企业在评估基准日后仍将按照原来的经营目的、经营方式持续经营下去。意味着在企业出售、兼并、重组、合并后，其使用价值继续发生作用，提供的产品或服务仍能满足市场需求，并产生一定的效益。在进行企业价值评估时，是否选择持续经营假设需要以下三方面的因素。

（1）评估目的。引起企业价值评估的经济活动是否要求企业持续经营；评估结果的具体用途是否需要以持续经营为前提。

（2）企业提供的产品或服务是否仍能满足市场需求。若不能满足，则不适用持续经营假设。

（3）企业的要素功能和状态。如果企业的各要素资产破损严重、工艺落后或比例严重失调而不能满足持续经营需要，则不适用持续经营假设。

根据评估目的和企业实际生产经营状况，持续经营假设又分为三种情况：

（1）增量持续经营假设，是指企业在其存量资产的基础上，通过追加投入以实现扩大再生产，扩大企业生产规模或丰富企业产品结构的持续经营假设。

（2）存量持续经营假设，是指维持企业原有经营规模以及产品结构的持续经营假设。

（3）并购整合持续经营假设，是指通过企业并购和并购后的重组整合，考虑并购整合带来的协同效应的持续经营假设。

2. 清算假设。清算假设是对资产在非公开市场条件下被迫出售或者快速变现条件下的假设。由于清算假设假定被评估资产处于被迫出售或者快速变现条件下，被评估资产的评估价值通常要低于在公开市场假设条件下或持续经营假设条件下同样资产的评估价值。因此，在清算假设下的资产评估的适用范围是非常有限的。

三、企业价值评估信息收集与分析

（一）企业价值评估所需的信息

评估结论需要相应评估信息资料的支持。信息资料质量的高低，可能直接影响评估专业人员的专业判断，影响评估结论的可靠性。企业价值评估一般需要收集九个方面的资料，如表 8-2 所示。

表 8-2　企业价值评估信息分类

内部信息	①评估对象权益状况相关的协议、章程、股权证明等有关法律文件，被评估企业涉及的主要资产权属证明资料
	②被评估企业历史沿革、控股股东及股东持股比例、经营管理结构和产权架构资料
	③被评估企业的业务、资产、财务、人员及经营状况资料
	④被评估企业经营计划、发展规划和收益预测资料
	⑤评估对象、被评估企业以往的评估及交易资料
外部信息	⑥影响被评估企业经营的宏观、区域经济因素的资料
	⑦被评估企业所在行业状况与发展前景的资料
	⑧证券市场、产权交易市场等市场的有关资料
	⑨可比企业的经营情况、财务信息、股票价格或股权交易价格等资料

（二）企业价值评估中信息的收集

进行企业价值评估需要有充分的数据资料，从某种意义上讲，评估专业人员对企业价值进行评估的过程，就是评估专业人员对与企业价值相关的数据资料进行收集整理归纳和分析的过程。

企业价值评估信息收集的来源可以分为公开信息来源和非公开信息来源。

（1）公开信息。公开信息包括政府、数据服务机构、专业研究机构、高等院校等在网站、刊物、书籍等出版物中发布的信息。尤其是付费的商业数据服务项目是企业价值评估很好的信息来源，一般可以作为评估依据进行披露。

（2）非公开信息。非公开信息主要是企业非公开的财务报告、可行性研究报告、商业计划书、年度计划、战略规划、业务推广计划、工作总结、专项内部研究报告；其他类似评估项目报告；企业提供的第三方专项调查报告；评估专业人员对评估项目进行现场访谈、市场调查等。对于非公开信息来源评估专业人员应按照信息筛选原则进行挑选。

（三）企业价值评估中信息的分析

1. 宏观环境分析。在企业价值评估中主要涉及的宏观环境分析包括：国家、地区有关企业经营的法律法规，国家、地区经济形势及未来的发展趋势和有关财政与货币政策等。宏观环境分析涉及的具体内容有以下四个方面。

（1）政治和法律因素。政治和法律因素是指一个国家或地区的政治制度、体制、方针政策、法律法规等方面的内容。这些因素常常制约、影响企业的经营行为，尤其是影响企业较长期的投资行为。

（2）经济环境因素。企业的经济环境主要由社会经济结构、经济发展水平、宏观经济政策、经济运行状况等方面构成。

（3）社会和文化因素。社会和文化因素主要包括人口因素、生活方式和消费趋势、文化传统和价值观等方面这些因素的变化，能给市场产品服务和消费者带来深刻的影响，所有产业中的企业及非营利性的组织都会受到这些因素的影响。

（4）技术因素。技术因素是指企业所处环境中的科技因素及与科技因素有关的各种社会现象的集合。技术因素直接影响着市场竞争、市场需求以及政府政策。

2. 行业发展状况分析。行业发展状况分析是连接宏观环境分析与企业发展状况分析的桥梁，是中观经济分析的主要内容，也是基本分析的重要环节。行业的历史、现状与发展前景必定会影响行业中企业的经营状况，从而对企业价值产生影响。

在企业价值评估中主要涉及的行业发展状况分析包括：行业主要政策规定；行业竞争情况；行业发展的有利和不利因素；行业特有的经营模式和特征；企业所在行业与上下游行业之间的关联性。行业发展状况分析涉及的具体内容有以下四个方面。

（1）行业经济特性。反映行业经济特性的主要经济变量包括市场规模、市场增长率、生命周期阶段、竞争范围、竞争状况以及消费者状况等。

（2）行业市场结构。市场结构是市场竞争或垄断的程度。行业市场结构是指一个行业内部买方和卖方的数量及其规模分布、产品差别的程度和新企业进入该行业的难易程度的综合状态。行业市场结构通常可分为四种类型：完全竞争市场、垄断竞争市场、寡头垄断市场和完全垄断市场。

（3）行业生命周期。行业生命周期理论认为每个行业都会经历一个由成长到衰退的发展演变过程，这个过程一般可以分为四个阶段，即初创阶段（幼稚期）、成长阶段、成熟阶段和衰退阶段。行业生命周期对企业发展战略的制定有着非常重要的影响。只有明确行业所处的生命周期阶段，企业在所处行业价值中的地位，才能明确企业的战略定位。处于不同的行业生命周期阶段，企业就具有不同的战略态势，只有对行业有足够的认识，认清行业未来发展的方向，才能更好地根据行业特征确定企业的发展战略。

（4）行业景气程度。行业景气程度是指特定行业总体运行的状况。行业景气分析主要通过对行业景气指数的变动规律进行分析，找出行业经济所处周期性波动的状态，预测未来一个时期行业经济的发展趋势。通过行业景气分析，还可以将宏观经济波动、宏观经济周期、上下游产业链的供应需求变动与被评估企业所处行业的波动状况结合起来，为被评估企业未来收支预测提供支持资料。

3. 企业发展状况分析。企业发展状况分析主要包括：主要产品或服务的用途，经营模式与经营管理状况，企业在行业中的地位、竞争优势及劣势，企业发展战略及经营策略，企业的资产和财务状况等。企业发展状况分析涉及的具体内容有以下两个方面。

（1）企业业务分析。企业业务分析主要包括盈利模式分析、市场需求分析、竞争能力分析等方面。

盈利模式是指企业在市场竞争中逐步形成的赖以实现盈利的特有商务结构及其对应的业务结构。这里业务结构反映的是企业内部资源的配置情况，决定企业资源配置的效率；商务结构反映的是企业内部资源整合的对象及其目的，决定企业资源配置的效益。

市场需求是指在特定的地理区域、特定的时间范围、特定的市场营销环境和市场营销方案下，特定消费者群体对某种商品或服务的购买意愿，而且能够购买的数量。应结合企业自身的产品和服务，进行市场需求分析。

企业的市场竞争力对其价值会产生直接影响，竞争能力分析也是企业价值评估的一个重要环节。竞争能力分析主要包括成本优势、技术优势及质量优势的分析与研究。

（2）企业战略分析。主要包括公司层战略分析、业务层战略分析和职能层战略分析。

公司层战略又称总体战略，是指一家企业从事多种业务或在多个产品市场上，为了获得竞争优势而对业务或产品组合进行选择及管理的行为。通常分为稳定型战略、发展型（进攻型）战略、紧缩型战略。

业务层战略又称竞争战略，是指在公司层战略的制约下，指导和管理具体战略经营单位的计划和行动。业务层战略对企业价值评估意义重大，能直接影响企业未来的收入和成本预测。业务层战略可分为成本领先战略、差异化战略和集中战略。

职能层战略又称职能支持战略，是按照企业总体战略或业务战略对企业内部各项职能活动进行的谋划。与企业价值评估相关的职能战略主要包括生产战略、研发战略、营销战略、人力资源战略、财务战略等，这些战略的具体实施对企业未来成本和收益预测有重要的影响。

第二节　企业价值评估的收益法

《资产评估执业准则——企业价值》第十七条规定：“执行企业价值评估业务，应当根据评估目的、评估对象、价值类型、资料收集等情况，分析收益法、市场法、成本法（资产基础法）三种基本方法的适用性，选择评估方法。”第十八条规定：“对于适合采用不同评估方法进行企业价值评估的，资产评估专业人员应当采用两种以上评估方法进行评估。”

一、企业价值评估中收益法的基本概念

《资产评估执业准则——企业价值》第十九条规定：企业价值评估中的收益法，是指将预期收益资本化或者折现，确定评估对象价值的评估方法。资产评估专业人员应当结合被评估单位的企业性质、资产规模、历史经营情况、未来收益可预测情况、所获取评估资料的充分性，恰当考虑收益法的适用性。收益法是企业整体资产评估最直接的方法，也是首选的方法。采用收益法进行企业资产评估时，一个必要的前提是判断企业是否具有持续的盈利能力。

二、收益法的基本模型

收益法常用的具体方法包括股利折现法和现金流量折现法。现金流量折现法通常包括企业自由现金流量折现模型和股权自由现金流量折现模型。

因此，在企业价值评估实务中通常采用股利折现模型、企业自由现金流量折现模型和股权自由现金流量折现模型。

（一）股利折现模型

股利折现模型（dividend discount Model，DDM）是假设股票的价值是由未来取得的股利现值决定的，即股票价值等于未来股利折现。由于股利分配政策有较大的变动性，导致股利现金流量较难预测，使得该模型在实务应用中受到很大的限制。因此，股利折现模型一般适用于企业的股利分配政策较稳定的情况。在企业价值评估实务中，通常适用于缺乏控制权的股东部分权益价值评估。股利折现模型在实际应用过程中，有具体几种操作模型的演化，如固定股利型、股利增长型、分段型等模型。

（二）企业自由现金流量折现模型

企业自由现金流量（free cash flow of firm，FCFF）也称实体自由现金流量，可以理解为全部资本投资者共同支配的现金流量。全部资本提供者包括普通股股东、优先股股东和债权人。其计算公式如下。

（1）企业自由现金流量 = [净利润 + 利息费用 ×（1 - 所得税税率）+ 折旧及摊销] -（资本性支出 + 运营资金增加）
= （税后净营业利润 + 折旧及摊销）-（资本性支出 + 运营资金增加）

（2）企业自由现金流量 = 股权自由现金流量 + 债权现金流量

其中，债权现金流量 = 税后利息费用 + 偿还付息债务本金 - 新借付息债务

可推出：

企业自由现金流量 = 股权自由现金流量 + 税后利息费用 + 偿还付息债务本金 - 新借付息债务

上式可以理解为：

企业自由现金流量 = 普通股股东自由现金流量 + 优先股股东自由现金流量 + 债权现金流量

（3）企业自由现金流量 = 经营活动产生的现金净流量 – 资本性支出

（三）股权自由现金流量折现模型

股权自由现金流量（free cash flow to equity，FCFE）可以理解为股东可以自由支配的现金流量。股东是企业股权资本的所有者，拥有企业产生的全部现金流量的剩余要求权。股权自由现金流量就是在扣除经营费用、偿还债务资本对应的本息支付和为保持预定现金流量增长所需的全部资本性支出后的现金流量。其计算公式为：

股权自由现金流量 =（税后净营业利润 + 折旧及摊销）–（资本性支出 + 运营资金增加）– 税后利息费用 – 付息债务的净偿还

其中：

税后净营业利润 = 净利润 + 利息费用 ×（1 – 所得税税率）

税后利息费用 = 利息费用 ×（1 – 所得税税率）

付息债务的净偿还 = 偿还付息债务本金 – 新借付息债务

因此，上式可以调整为：

股权自由现金流量 = [净利润 + 利息费用 ×（1 – 所得税税率）+ 折旧及摊销]
–（资本性支出 + 运营资金增加）– 利息费用 ×（1 – 所得税税率）
– 付息债务的净偿还
= 净利润 + 折旧及摊销 – 资本性支出 – 运营资金增加
– 偿还付息债务本金 – 新借付息债务

三、收益法运用中相关参数的确定

（一）合理预测企业的预期收益

对企业收益的合理预测将直接影响企业盈利能力的判断，也是决定企业最终评估值的关键因素。在评估中，评估专业人员应当充分分析被评估企业的资本结构、历史业绩、发展前景、经营状况，考虑宏观和区域经济因素、所在行业现状与发展前景对企业价值的影响，对委托方或相关当事方提供的企业未来收益预测进行必要的分析、判断和调整，在考虑未来各种可能性及其影响的基础上合理确定评估假设，形成未来收益预测。

按照前述收益法实际运用的三个模型，对应的预期收益可以采用股利现金流量、企业自由现金流量和股权自由现金流量进行衡量。

（二）恰当确定收益期

评估专业人员应根据国家有关法律法规、企业所在行业现状与发展前景、协议与章程约定、经营状况、资产特点和资源条件等，恰当确定收益期。

（三）合理确定折现率

折现率的选择直接关系到对企业未来收益风险的判断。选择合理的折现率对企业最终评估值有较大的影响。资产评估专业人员应当综合考虑评估基准日的利率水平、市场投资收益率等资本市场相关信息和所在行业、被评估企业的特定风险等相关因素，合理确定折现率。

按照前述收益法通常运用的三个模型，不同的现金流量模型所使用的折现率也是不同的。股利折现模型和股权自由现金流量模型适用的折现率是企业权益资本成本率；而企业自由现金流量模型适用的折现率应该是企业加权平均资本成本率。

四、收益法的具体评估方法

（一）企业持续经营假设前提下的收益法

1. 年金法。

（1）基本计算公式为：

$$P=\frac{A}{r}$$

其中，P 表示企业价值评估值；A 表示年金收益；r 表示折现率（资本化率）。

（2）公式演变。用于企业价值评估的年金法是将已处于均衡状态，且未来收益具有充分的稳定性和可预测性的企业的收益进行年金化处理，再把已年金化的企业预期收益进行收益资本化，估测企业价值的评估方法。计算公式为：

$$A=\sum_{t=1}^{n}\frac{R_t}{(1+r)^t}\div(P/A,r,n)$$

其中，R_t表示预测期第 t 期的收益；A 表示年金收益（预测期收益年金化后的年金）；r 表示折现率（资本化率）。

（P/A，r，n）表示年金现值系数，其计算公式为：

$$(P/A,r,n)=\frac{(1+r)^n-1}{(1+r)^n\times r}$$

【例 8－1】某被评估企业未来 5 年的预期收益为 100 万元、110 万元、120 万元、116 万元、125 万元。假定折现率为 10%，试用年金法估测被评估企业的价值。

$$A=\sum_{t=1}^{n}\frac{R_t}{(1+r)^t}\div(P/A,r,n)$$

$$=\left[\frac{100}{(1+10\%)^1}+\frac{110}{(1+10\%)^2}+\frac{120}{(1+10\%)^3}+\frac{116}{(1+10\%)^4}+\frac{125}{(1+10\%)^5}\right]$$

$$\div 3.791=428.81\div 3.791=113.11\text{（万元）}$$

$$P=\frac{A}{r}=\frac{113.11}{10\%}=1\,131.1\text{（万元）}$$

2. 分段法。分段法是将持续经营企业的收益预测分为前后两个阶段。多数企业的发展都会呈现阶段性特征：企业发展的前一期间经常处于不稳定状态，因此，企业的收益呈现不稳定态势，而在该期间之后企业处于均衡状态，其收益是稳定的或者按照某种规律变化的。由此，对于前段企业预期收益采取逐年预测并折现累加的方法，对于后段的企业预测收益，则针对企业具体情况，按企业的收益变化规律对此进行折现和还原处理，前后两段收益现值加在一起便构成了企业的总收益现值。具体可以分为以下两种情况。

（1）假定以前阶段最后一年的收益作为后阶段各年的年金收益，其计算公式如下：

$$P = \sum_{t=1}^{n} \frac{R_t}{(1+r)^t} + \frac{R_n}{r} \times \frac{1}{(1+r)^n}$$

（2）假定从 n+1 年起（第二阶段），企业预期年收益将按某一固定比率（g）增长，则计算公式如下：

$$P = \sum_{t=1}^{n} \frac{R_t}{(1+r)^t} + \frac{R_{n+1}}{r-g} \times \frac{1}{(1+r)^n}$$

其中，$R_{n+1} = R_n \times (1+g)$。

【例 8-2】某被评估企业未来 5 年的预期收益为 100 万元、110 万元、120 万元、116 万元、125 万元。根据企业的实际情况判断，从第六年起，企业的年收益将维持在 125 万元的水平，假定折现率为 10%，试用分段法估测被评估企业的价值。

$$P = \sum_{t=1}^{n} \frac{R_t}{(1+r)^t} + \frac{R_n}{r} \times \frac{1}{(1+r)^n}$$

$$= \left[\frac{100}{(1+10\%)^1} + \frac{110}{(1+10\%)^2} + \frac{120}{(1+10\%)^3} + \frac{116}{(1+10\%)^4} + \frac{125}{(1+10\%)^5}\right]$$

$$+ \frac{125}{10\%} \times \frac{1}{(1+10\%)^5} = 428.81 + 773.13 = 1\ 201.94 \text{（万元）}$$

【例 8-3】承〖例 8-2〗，若企业从第六年开始收益额将在第五年的基础上每年以 3% 的增长率保持增长，其他条件不变，试用分段法估测被评估企业的价值。

$$P = \sum_{t=1}^{n} \frac{R_t}{(1+r)^t} + \frac{R_{n+1}}{r-g} \times \frac{1}{(1+r)^n}$$

$$= \left[\frac{100}{(1+10\%)^1} + \frac{110}{(1+10\%)^2} + \frac{120}{(1+10\%)^3} + \frac{116}{(1+10\%)^4} + \frac{125}{(1+10\%)^5}\right]$$

$$+ \frac{125 \times (1+3\%)}{10\% - 3\%} \times \frac{1}{(1+10\%)^5} = 428.81 + 1\ 142.01 = 1\ 570.82 \text{（万元）}$$

（二）企业有限持续经营假设前提下的收益法

1. 有限持续经营假设含义。一般而言，企业价值评估都应该在持续经营条件下进行。只有在特殊情况下，才能在有限持续经营假设前提下对企业价值进行评估。主要从以下两个方面进行考虑。

（1）若企业章程对企业经营期限作出规定，而企业所有者亦无意逾期继续经营企业，则可在有限持续经营假设前提下对企业价值进行评估。评估专业人员在运用该假设对企业价值进行评估时，应对企业能否适用该假设作出合理判断。

（2）从最有利于回收企业投资的角度，争取在不追加资本性投资的前提下，充分利用企业现有的资源，最大限度获取投资收益，直到企业无法持续经营为止。当继续经营（追加投资）不能为企业所有者带来正的投资回报，或回报率无法超过投资资本成本时，企业就不应该持续经营。在这种情形下，应该以企业有限持续经营假设前提下对企业价值进行评估。

2. 有限持续经营假设前提下企业价值评估思路。有限持续经营假设前提下企业价值评估，其评估思路与分段法类似。先将企业在可预期的经营期内的收益进行估测并折现累加，再将企业在经营期接受的残余资产的价值加以估测并折现，最后将两部分现值相加得到评估值。其计算公式为：

$$P = \sum_{t=1}^{n} \frac{R_t}{(1+r)^t} + \frac{P_n}{(1+r)^n}$$

其中：P_n表示第 n 期的企业残余资产的变现值；其他参数含义同前。

（三）股利折现模型

股利折现模型一般适用于企业的股利分配政策较稳定的情况。在企业价值评估实务中，通常适用于缺乏控制权的股东部分权益价值评估。其计算公式为：

$$P = \sum_{t=1}^{n} \frac{D_t}{(1+r_e)^t}$$

其中，P 表示股票价值；D_t表示第 t 年预期每股股利；r_e表示股权资本成本率。

（1）固定股利模型。固定股利模型也称零增长模型，该模型假设企业的收益期无限且企业收益期中各年的股利固定不变。其计算公式为：

$$P = \frac{D}{r_e}$$

其字母含义同上式。

（2）股利固定增长模型。该模型假设企业的收益期无限且企业收益期中各年的股利维持稳定增长的规律，即增长率固定不变。该模型适用于收益期无限且稳定成长的企业价值评估，它要求股利增长率保持永久不变。其计算公式为：

$$P = \frac{D_1}{r_e - g}$$

其中，D_1表示第 1 年预期每股股利；g 表示股利固定增长率。当 $g = 0$ 时，股利固定增长模型就变成了零增长模型。

（3）二阶段模型。在实际的企业发展过程中，很多企业的股利都难以永久保持固定不变的增长率。企业的发展也呈现阶段性，即增长阶段分为两个阶段：非常增长阶段（预测期）和稳定增长阶段（永续期）。比如，在进入稳定增长阶段之前会有一个高速增长的阶段，增长速度甚至超过权益资本成本率。一些高科技企业就存在这样的阶段性发展特征。该模型适用于在相当一个时期保持高速增长，然后进入稳定增长阶段且稳定增长阶段的收益期无限的企业。其计算公式为：

$$P = \sum_{t=1}^{n} \frac{D_t}{(1 + r_{e1})^t} + \frac{D_{n+1}}{(r_{e2} - g_n) \times (1 + r_{e1})^n}$$

其中，D_{n+1}表示第 n+1 年预期每股股利（即稳定增长阶段开始第一年的预期股利）；g_n表示稳定增长阶段股利固定增长率；r_{e1}表示非常增长阶段（预测期）股权资本成本率；r_{e2}表示稳定增长阶段（永续期）股权资本成本率。

如果两个阶段股利都按照一定的增长率增长，即每个阶段的股利固定增长率不同。其计算公式为：

$$P = \frac{D_1 \times \left[1 - \frac{(1+g)^n}{(1+r_{e1})^n}\right]}{r_{e1} - g} + \frac{D_{n+1}}{(r_{e2} - g_n) \times (1 + r_{e1})^n}$$

其中，g 表示前一阶段的固定增长率；g_n表示后一阶段的固定增长率。

（四）股权自由现金流量折现模型

股权自由现金流量折现模型以股权自由现金流量为收益口径折现，求得股东全部权益价值的模型。其计算公式为：

$$EV = \sum_{t=1}^{n} \frac{FCFE_t}{(1 + r_e)^t}$$

其中，EV 表示股东全部权益价值；r_e表示权益资本成本率；$FCFE_t$表示第 t 年的股权自由现金流量。

采用股权自由现金流量折现模型评估股东全部股权价值，需要分别预测企业未来收益期的股权自由现金流量，并根据预测的股权自由现金流量的风险拟订折现率。该模型一般适用于对具有控制权的股权进行评估，也适用于对战略型投资者股权进行的评估。同时，运用该模型时，被评估企业不一定需要具备成熟而稳定的股利分配政策。

（五）企业自由现金流量折现模型

企业自由现金流量折现模型是以企业自由现金流量为收益口径进行折现，求得企业整体价值，或在此基础上减去付息债务的价值得到股东全部权益价值的模型。其计算公式为：

$$OV = \sum_{t=1}^{n} \frac{FCFF_t}{(1 + WACC)^t}$$

其中，OV 表示企业整体价值；WACC 表示加权平均资本成本率；$FCFF_t$表示第 t 年的企业自由现金流量。

股权自由现金流量折现模型和企业自由现金流量折现模型的公式演变都可以如股利折现模型的公式演变。

五、收益法的应用实例

【例 8-4】 假设 A 企业将与同行业的 B 企业进行合作经营，需要对 A 企业价值进行评估。评估专业人员根据A企业提供的相关信息资料及市场等外部环境调查后，研究决定采用收益法对其进行评估。A企业在2021年12月31日（评估基准日）的付息债务账面余额为2 000万元，2021年度其营运资金为25 000万元，企业所得税税率为25%。经预测，A企业未来三年的相关财务数据预测如表8－3所示。

表8－3 A企业2022～2024年的预测情况 单位：万元

项目	2022年	2023年	2024年
主营业务收入	150 000	160 000	180 000
净利润	10 000	11 000	12 000
利息费用	160	300	400
折旧及摊销	340	550	700
当期营运资金	30 000	38 000	46 000
资本性支出	3 500	1 000	1 100
付息债务的年末余额	4 000	5 000	4 000

假设A公司股权资本成本率为14%，WACC为10%。

要求：

（1）根据上述条件，计算A企业2022～2024年的企业自由现金流量、股权自由现金流量和债权自由现金流量。

（2）假定A公司在2025年开始转入永续的稳定增长状态，增长率为5%。根据（1）预测结果，分别用企业自由现金流量模型和股权自由现金流量模型对其企业价值进行评估。

解答：（1）A企业2022～2024年的企业自由现金流量、股权自由现金流量和债权自由现金流量的计算如表8－4所示。

表8－4 A企业2022～2024年的自由现金流量计算 单位：万元

项目		2022年	2023年	2024年
企业自由现金流量FCFF	净利润	10 000	11 000	12 000
	＋税后利息支出	120	225	300
	＋折旧及摊销	340	550	700
	－营运资金增加额	5 000	8 000	8 000
	－资本性支出	3 500	1 000	1 100
	＝企业自由现金流量	1 960	2 775	3 900
债权自由现金流量	税后利息支出	120	225	300
	＋偿还付息债务本金	0	0	1 000
	－新借付息债务	2 000	1 000	0
	＝债权现金流量	－1 880	－775	1 300

续表

项目		2022 年	2023 年	2024 年
股权自由现金流量 FCFE	净利润	10 000	11 000	12 000
	+ 折旧及摊销	340	550	700
	– 营运资金增加额	5 000	8 000	8 000
	– 资本性支出	3 500	1 000	1 100
	– 偿还付息债务本金	0	0	1 000
	+ 新借付息债务	2 000	1 000	0
	= 股权现金流量	3 840	3 550	2 600

（2）企业自由现金流量模型为：

$$OV = \sum_{t=1}^{n}\frac{FCFF_t}{(1+WACC)^t}+\frac{FCFF_{n+1}}{WACC-g}\times\frac{1}{(1+WACC)^n}$$

$$=\left[\frac{1\ 960}{(1+10\%)^1}+\frac{2\ 775}{(1+10\%)^2}+\frac{3\ 900}{(1+10\%)^3}\right]+\frac{3\ 900\times(1+5\%)}{(10\%-5\%)}\times\frac{1}{(1+10\%)^3}$$

$=7\ 005.166+61\ 531.47=68\ 536.636$（万元）

股权自由现金流量模型为：

$$EV = \sum_{t=1}^{n}\frac{FCFE_t}{(1+r_e)^t}+\frac{FCFE_{n+1}}{r_e-g}\times\frac{1}{(1+r_e)^n}$$

$$=\left[\frac{3\ 840}{(1+14\%)^1}+\frac{3\ 550}{(1+14\%)^2}+\frac{2\ 600}{(1+14\%)^3}\right]+\frac{2\ 600\times(1+5\%)}{(14\%-5\%)}\times\frac{1}{(1+14\%)^3}$$

$=7\ 893.573+20\ 475=28\ 368.573$（万元）

第三节　企业价值评估的市场法

一、企业价值评估中的市场法基本原理

（一）市场法的基本原理

企业价值评估的市场法又称相对估值法，是通过在市场上找到一个或几个与被评估企业相同或相似的参照企业，分析、比较被评估企业和参照企业的重要参数指标，在此基础上进行修正、调整参照企业的市场价值，最后确定被评估企业价值的评估方法。市场法也是国际上广泛运用的一种方法。

市场法依据的基本原理是市场替代原理，即一个正常的投资者为一项资产支付的价格不会高于市场上具有相同用途的替代品的现行价格。根据这一原则，相似的企业应该具有类似的价值。

但是在运用市场法进行企业价值评估时，主要存在以下两个方面的问题：（1）企业的个体差异。每个企业都存在不同的特性。除了所处行业、规模大小等可确认的因

素各不相同外，影响企业盈利能力的因素可谓错综复杂。因此，实际上几乎很难找到与被评估企业可直接进行比较的类似企业。（2）企业交易案例的差异。目前我国市场上不存在一个可以共享的企业交易案例数据库，从而加大了获取交易案例的难度。即使能获得交易案例，但这些交易案例的发生时间、市场条件和宏观环境又各不相同，导致评估专业人员对这些影响因素的比较和分析存在主观和客观条件上的障碍。

（二）市场法的具体应用方法

1. 上市公司比较法。上市公司比较法是指获取并分析可比上市公司的经营和财务数据，计算恰当的价值比率，在与被评估企业进行比较分析的基础上，确定被评估企业价值的具体方法。该方法的核心是选择上市公司作为标的公司的“可比公司”。上市公司比较法的关键和难点是选取可比上市公司及选择恰当的价值比率。同时，该方法涉及的可比公司通常是公开市场上正常交易的上市公司，评估时需要考虑其流动性对评估结果的影响。

采用上市公司比较法的关键点是要选取恰当的可比上市公司和价值比率。在进行可比公司选择时，评估专业人员需要了解被评估企业的业务特性、市场情况、经营绩效以及其所在行业及行业同类型公司的特点；在选择价值比率时，应该关注该价值比率是否有利于确定被评估企业的价值，其数据口径与计算方式是否一致。

2. 交易案例比较法。交易案例比较法是指获取并分析可比对象的买卖、收购及合并案例资料，计算恰当的价值比率，在与被评估企业进行比较分析的基础上，确定被评估企业价值的具体方法。该方法的核心是选择交易案例作为标的公司的“可比公司”。

交易案例比较法选取的可比公司一般为非上市公司，流动性方面较为接近，一般无须调整。对被评估企业和交易案例的差异调整主要针对交易条件差异和交易时间差异等方面因素的调整。

二、市场法应用基本思路

市场法的基本思路是通过选择恰当的价值比率或经济指标将相类似的可比企业与被评估企业之间建立关联，从而估算出被评估企业的价值。其计算公式为：

$$\frac{V_1}{X_1}=\frac{V_2}{X_2}$$

可得：

$$V_1=X_1\times\frac{V_2}{X_2}$$

其中，V_1表示被评估企业的价值；V_2表示可比企业的价值；X_1表示被评估企业与企业价值相关的可比指标；X_2表示可比企业与企业价值相关的可比指标；$\frac{V}{X}$表示可比价值倍数（或称价值比率）。

这里，X 指标通常选择相关财务指标：息税折旧摊销前利润、企业自由现金流量、净现金流量、净利润、销售收入、净资产等。

确定价值比率通常需要综合考虑企业的业务结构、规模、资产配置和使用情况，所处发展阶段、成长性、经营风险等因素。在寻找可比企业的过程中，为了降低单一样本、单一参数可能带来的误差，国际上通用的方法是采用多样本、多参数的综合方法。

在资产评估实务中，通常选用以下可比指标，如表 8 - 5 所示。

表 8 - 5　　　　可比指标表

指标类型	具体指标
规模性指标（包括资金、资本规模，收入、盈利规模）	资产总额
	总股数
	股本（实收资本）
	所有者权益合计
	营业收入
	营业利润
	利润总额
	净利润
偿债能力指标	流动比率
	速动比率
	资产负债率
营运能力指标	存货周转率
	应收账款周转率
	资产现金回收率
盈利能力指标	基本每股收益（EPS）
	权益净利率（ROE）
	总资产报酬率（ROA）
	销售净利率
	销售毛利率
成长能力指标	营业收入同比增长率
	股东权益同比增长率
	资产同比增长率

同时，在可比指标的选取时还需要明确该指标与企业价值直接相关，即与企业未来的收益直接关联。比如，在上市公司比较法中，经常使用的三个指标，即市盈率、市净率和市销率。对这三个指标的选择还应参考行业状况，比如零售行业，其价值来

源更多与销售收入的变化相关，应采用市销率指标；对于处于成熟阶段的信息技术行业，更多采用市盈率指标。

Tips：市盈率（Price Earnings Ratio，P/E）是资本市场经常使用的一个重要指标，它反映了在某一时刻投资者对企业每一元盈利愿意支付的价格。即普通股每股市价与当期每股收益之间的比率。其计算公式为：

$$市盈率=\frac{每股市价}{每股收益}$$

公司的市值 = 市盈率 × 每股收益(EPS) × 公司的股数

一般情况下，发展前景良好的公司通常具有较高的市盈率，表明投资者对企业未来充满信心，对上市公司每股收益愿意支付较高的价格。发展前景不佳的公司市盈率比较低，表明公司潜在的成长能力有限，投资者对上市公司每股收益愿意支付的价格较低。市盈率指标适用于同一行业的比较。对于同一行业，股权结构和产品类似的企业，通常可以通过市盈率的比较来判断市场是否对该股票低估或高估。

市净率是普通股每股市价与每股净资产（每股账面价值）的比率。其计算公式为：

$$市净率=\frac{每股市价}{每股净资产}$$

一般来讲，市净率越高，说明投资者对每股净资产愿意支付的价格越高，意味着公司的资产质量越好，有较好的发展潜力，投资风险大；市净率越低，意味着公司的资产质量较差，没有发展前景，投资风险小。通常，优质公司的市净率往往较高。

市销率是普通股每股市价与每股销售收入的比率。其计算公式为：

$$市销率=\frac{每股市价}{每股销售收入}$$

市销率越低，说明该公司股票的投资价值越大。

三、市场法的应用实例

【例 8-5】 A 公司是一仪表制造企业，为了更好地提升企业内部管理效率，需要对企业价值进行评估，并委托某一评估机构进行企业整体价值的评估，评估基准日为 2020 年 12 月 31 日。该评估机构通过对 A 公司的全面调查和进行深入的市场考察，发现同类行业中有四家上市公司（B、C、D、E）在经营模式、业务结构、资产结构、现金流量状况及资本结构等方面与 A 公司都较为相似。经过评估机构研究决定采用市场法对 A 企业进行价值评估，同时选择上述四家上市公司作为可比公司，并选取三个认为与 A 企业价值紧密关联的指标作为可比价值比率。以评估基准日获取的四家上市公司市价等相关数据及均值计算如表 8-6 所示。

表 8 – 6　　可比公司可比指标数据及均值计算

可比价值比率	B 公司	C 公司	D 公司	E 公司	均值
市销率	1.5	1.4	1.3	1.7	1.475
市净率	1.5	1.7	1.8	1.4	1.6
市价/经营活动现金净流量	22	25	23	20	22.5

假设 A 公司的年销售收入为 8 000 万元，权益账面价值为 6 000 万元，净现金流量为 500 万元，假设三个可比价值比率权重相同，则 A 公司企业价值评估值计算如表 8 – 7 所示。

表 8 – 7　　A 公司企业价值计算

项目	A 公司数据（万元）	可比公司价值比率均值	可比公司价值（万元）
销售收入	8 000	1.475	11 800
权益账面价值	6 000	1.6	9 600
经营活动现金净流量	500	22.5	11 250
A 公司的企业价值（平均）			10 883

四、市场法的适用性和局限性

（一）市场法的适用性

市场法的适用性主要体现在以下三个方面。

1. 市场有效性。市场有效性也是采用市场法进行企业价值评估的重要前提条件。被评估企业价值评估的准确性在很大程度上取决于市场对可比企业的定价是否合理，这在很大程度上取决于市场是否有足够的有效性。有效市场通常有如下特点：

（1）存在大量以追求利润最大化为目标的理性投资者，个别投资者不能单独对市场定价造成影响。

（2）市场信息充分披露和均匀分布，投资者所获取的信息是对称的。

（3）投资者获取信息不存在交易成本。

（4）投资者对信息变化会作出全面、快速的反应，且这种反应又会导致市场定价的相应变化。

2. 数据充分性。市场法的运用要求公开市场上要有足够数量的可比上市公司或者可比交易案例，并且能够收集到与评估活动相关的，具有代表性、合理性和有效性的信息资料，进而可以量化可供比较和调整的各项差异指标。数量足够多的可比公司可以避免个别交易中的特别因素和偶然因素对成交价格和最终评估结果的影响。

3. 数据时效性。由于资本市场定价具有较强的波动性，运用市场法选取市场数据的时效性就显得尤为重要。在实务操作中，评估专业人员在使用市场法进行评估时，应保持一定的谨慎度，对可比上市公司的历史定价波动情况进行分析预判，并通过一定的技术手段平滑价值的巨大波动。

（二）市场法的局限性

市场法的局限性主要体现在以下四个方面。

1. 资本市场波动性较大。市场法的局限性在于其对资本市场的严格要求，即所在的资本市场应充分有效或接近有效。而我国当前资本市场尚不完善，市场投机氛围较浓厚，股票波动性较强。这样的资本市场条件，使市场法的应用受到影响。

2. 难以寻找与被评估企业相同或相类似的可比企业。我国并购市场起步较晚，市场规模有限，尤其是信息透明度非常欠缺，评估专业人员寻找合适的并购交易案例及数据具有相当大的难度。

3. 价值影响因素难以全面考虑。目前市场法在企业价值评估中的使用是以可比公司或可比交易案例与被评估企业的相关财务经营指标为基础的。但是财务指标只是企业运营情况一个方面的体现，并不能全面代表企业的整体状况。因此在比较指标时，仅以财务指标为基础，没有更多考虑企业在核心竞争力、营销策略等方面的个体差异，将会使评估结果与企业实际价值产生较大的偏差。

4. 主观判断空间较大。市场法在企业价值评估中的运用具有一定的灵活性。比如在可比企业和价值比率的选择上，没有统一具体的标准程序，因此必然存在评估专业人员的主观判断。同时，市场法也容易被误用和操纵，相关监督部门对资产评估的监督也会遇到一定的困难。

第四节 企业价值评估的资产基础法

一、资产基础法的基本原理

（一）资产基础法的基本原理

资产基础法又称成本途径或资产负债表调整法。美国评估师协会（American Society of Appraisers）定义的资产基础法是“采用一种方法或多种评估方法，根据企业资产扣除负债后的价值确定经营组合、企业所有者权益或企业股票价值的常用评估方式”。资产基础法也运用了替代原则，即认为谨慎的买方不会以超出购买具有相同效用的可替代物品的价格来购买该物品。美国评估师协会认为，从资产基础法这一方法原则来观察，“企业价值评估中的资产基础法，可以类比为其他价值评估科目中的成本法。”

我国《资产评估执业准则——企业价值》指出，企业价值评估中的资产基础法，是以被评估企业评估基准日的资产负债表为基础，合理评估企业表内及可识别的表外各项资产、负债价值，确定被评估企业价值的评估方法。其计算公式为：

股东全部权益价值 = 表内外各项资产价值 - 表内外各项负债价值

由于资产基础法是对企业单项资产的识别和估值加和获得企业价值评估值，因此有可能会忽视企业潜在的获利能力。同时，那些诸如企业管理效率、自创商誉、销售网络等难以识别和量化但对企业生产经营具有重要作用的项目难以进行恰当的估值。因此，在以持续经营为前提开展的企业价值评估时，该方法一般不应作为唯一适用的评估方法。

（二）资产基础法的适用范围

1. 资产基础法的适用前提。

（1）在资产继续使用假设下进行的企业价值评估。资产基础法是在被评估权益基准日重建企业并取得企业的各要素资产的角度反映企业价值的，只有当各项要素资产能够继续使用，并且在继续使用中为潜在所有者和控制者带来经济利益，各项资产的重置成本才能被投资者承认，评估结果才有意义。

（2）可以取得充分的历史资料情况下的企业价值评估。采用资产基础法评估时，需要收集大量的各项资产的历史财务数据资料，以反映被评估企业资产的实际数量、取得成本及使用等情况，为估算评估结果提供数据支持。因此，采用资产基础法评估企业价值需要有较为完善的财务数据。

（3）无法确定企业盈利状况并难以在市场上找到参照企业情况下的企业价值评估。在企业价值评估时，适合收益法和市场法的条件都难以满足时，只能采用从成本途径入手展开评估工作。

2. 资产基础法的适用范围。资产基础法特别适用于以下情况下的企业价值评估。

（1）无形资产较少，特别是不存在商誉的企业。资产基础法的不足之处就是无法评估企业的商誉，对企业各要素资产组合形成的整体效益难以反映出来。如果被评估企业存在大量的无形资产，特别是商誉，运用资产基础法进行评估往往会忽视企业的综合盈利能力，从而低估企业价值。

（2）可能进入清算状态的企业。企业进入清算状态通常是因为已经失去整体盈利能力、达到资不抵债的状况或其他原因使得企业无法再继续经营下去。这种情况下，企业价值评估往往是被评估企业的清算价值。采用资产基础法可以估算出企业各单项资产的清算价值或市场价值，便于被评估企业处置现有资产。此时，当企业处于清算状况下，被评估企业的清算价值可能会大于企业在持续经营假设下的价值。因此，采用资产基础法评估企业的清算价值，可以更合理地反映被评估企业的价值。

（3）开发建设初期的企业。如果被评估企业创建期不长，企业各要素资产的配合尚未达到最佳状态，难以判断企业是否可以产生组合效用。这种情况下采用资产基础法评估企业价值，会使评估结果较为客观，风险也相对较低。

二、资产基础法的基本操作程序

（一）确定评估范围

评估专业人员需要获得企业在评估基准日的财务报表，并根据被评估企业所涉及的资产和负债范围，结合企业所采用的会计政策、资产管理情况的分析，判断企业是否存在表外资产和负债。通过判定对评估结论有重要影响的表外资产和负债，如账外无形资产、或有负债，都应当要求将其纳入评估范围。评估范围的确定应当遵循以下原则。

（1）评估范围与所涉及的经济行为的一致性。评估范围的确定从根本上说是由评估目的决定的，评估范围应当与评估目的所涉及的经济行为的相关决策保持一致。评估专业人员在对不同评估目的、不同性质的企业进行评估的过程中，可能遇到一些对评估范围产生一定影响的特殊情形，此时需要结合相关法律法规和政策规定，合理确定和恰当披露评估范围。

（2）重要资产和负债的完整性。从理论上讲，只要是企业价值贡献程度要素的资产和负债都应当纳入评估范围，即资产基础法评估范围应当涵盖企业表内外的全部资产和负债。因此在采用资产基础法评估企业价值时，当存在对被评估企业价值有重大影响且难以识别和评估的资产和负债时，应当考虑资产基础法的适用性。

（二）确认各项资产、负债的评估方法

企业的资产通常包括流动资产、固定资产和无形资产等。采用资产基础法进行企业价值评估，各项资产的价值应当根据具体情况选用恰当的方法进行评估。评估方法的选择和应用，可能有别于其作为单项资产评估对象时的情形。在对持续经营前提下的企业价值进行评估时，单项资产或者资产组合作为企业资产的组成部分，其价值通常受其对企业贡献程度的影响。需要注意的是，重要的单项资产如果适用于多种评估方法，应采用两种以上适用的方法进行评估，以增强评估结论的可靠性。《资产评估执业准则——企业价值》第三十九条规定："对同一评估对象采用多种评估方法时，应当结合评估目的、不同评估方法使用数据的质量和数量，采用定性或者定量分析方式形成评估结论。"

在运用资产基础法评估企业价值时，应关注长期股权投资和资产组的评估。长期股权投资是一种特殊的单项资产，其本身也反映了一个企业的价值。采用资产基础法进行企业价值评估，应当对长期股权投资项目进行分析，根据被评估单位对长期股权投资项目的实际控制情况以及对评估对象价值的影响程度等因素，确定是否将其单独评估；根据表内、表外资产和负债项目的具体情况，可以将各项资产和负债采用资产组合、负债组合的形式进行评估。比如企业生产经营的产品单一，超额收益主要来自企业的专利、专有技术和商标，采用资产基础法评估企业价值时，可将企业的专利、专有技术和商标作为无形资产组合，并采用超额收益法或利润分成法进行评估。

（三）确定表外资产和表外或有负债

资产基础法的一个难点是判断表外资产、负债项目。评估专业人员需要运用相关企业财务和非财务信息，判断表外是否存在企业权益形成的资产或企业义务构成的负债。常见的表外资产和表外负债的项目如表 8－8 所示。

表 8-8　　常见的表外资产和表外负债的项目

表外资产	有获得专利管理机关颁发证书的专利或专利申请
	自创无形资产，该无形资产投入账面价值没有反映
	企业毛利率明显高于同行业均值
	存在某种形式的特许权利（有些特性权利，法律法规可能不允许转让，但可以随企业权益一同转让）
	企业持有较知名的商标（如驰名商标、著名商标等）
	存在著作权
	具有独特的经营模式
	协议约定的企业获益形式，如优惠贷款利率、优厚供应条件等
表外负债	法律明确规定的未来义务，如土地恢复、环保要求等
	其他经济体以协议形式明确约定的义务

如果存在不能采用适当的办法单独评估表外项目的价值量，且其占企业整体价值比重较大时，则资产基础法对该企业价值评估是不适用的。

（四）评估确定的各项资产和负债

评估专业人员在对纳入评估范围的每一项资产和负债进行清查核实的基础上，应当将其作为企业生产经营的构成要素设定合理的评估假设，并采用适宜的方法分别进行评估，涉及特殊专业知识和经验的资产评估，可能需要使用专门的评估专业人员或者利用专家工作及相关报告。比如利用审计报告、单项资产的评估报告等。

（五）评估结论的确定和分析

在评估出企业各项资产和负债的价值之后，评估专业人员将编制一份新的资产负债表或者评估结果汇总表，进而分析得到股东全部权益价值。同时，应当按照资产基础法的基本公式分析计算企业价值，在汇总各项资产和负债评估价值的过程中，应当始终坚持将各项资产作为企业价值的组成部分，特别关注不同资产项目之间、资产与负债之间的必要的调整事项，以确保股东全部权益价值不重不漏。

还要对资产基础法评估结论的合理性进行分析，主要分析是否较好地识别出表外资产或负债，并选用适当的方法得到合理的评估值。另外可以结合其他评估方法得出的评估价值，分析判断资产基础法评估结论的合理性。

三、资产基础法的局限性

运用资产基础法评估企业价值，一般先从资产负债表中对构成企业的各项确指资产进行评估，然后将各项确指资产评估值进行汇总得到企业价值。该方法无法把握一个持续经营企业价值的整体性，也很难把握各个单项资产对企业价值的贡献。对于有价值但并不在资产负债表中反映的资产项目则难以进行有效衡量，比如企业的商誉。因此，对于一些高科技企业和服务性企业，资产基础法尤为不适用。其局限性主要体现在以下方面。

（一）难以发掘某些无形资产对企业价值的创造作用

资产基础法的依据是企业的财务报表，而企业价值评估涉及的资产，既包括财务报表上反映的有形资产，也包括如企业盈利能力等不可确指的无形资产。

采用资产基础法确定的企业评估价值，往往仅包含了有形资产和可确指无形资产的价值，作为不可确指的无形资产——商誉，却无法反映和体现出来。

（二）资产基础法评估通常所用的时间较长、成本较高

对于一些资产量大且驻地分散的企业，由于资产基础法评估需要实施函证、询价、勘察等大量基础工作，评估时用的人力、时间和费用投入都较多，一些特殊的资产鉴定、估值还需要聘请某些专业的机构和技术人员，成本开支也较大。

另外，由于所组织的工作人员队伍庞大，评估人员专业水平参差不齐，不同评估机构的人员调配难度较大，不但增加了审核的工作量，而且在评估质量上也会受到一定的影响。

（三）采用资产基础法难以体现企业整体获利能力

企业重建并不是对被评估企业的所有资产的简单复制，而是对其生产能力和获利能力的重建。企业所拥有的各项生产要素之所以能够组合在一起使企业具有整体获利能力，原因在于企业的流动资产、机器设备、房地产和无形资产等要素资产并非是简单地堆积在企业中，而是共同为实现企业的经营目标而有机地组合在一起，通过发挥各自的功能，形成一种整体效应，创造出企业整体获利能力。相反，如果企业各要素之间配合不协调、组合不恰当，则不但不能给企业带来整体效应，反而因资产难以全部达到最佳利用而出现生产能力闲置、资源浪费等现象，会导致企业整体获利能力下降。

因此，资产基础法评估企业价值只是简单地将单项资产、负债的价值加和作为评估结果，很难反映出各项资产组合产生的整体效益，也就难以体现企业作为一个持续经营和持续获利的经济实体的价值，不能很好地体现企业价值的全部内涵。

正因为资产基础法在评估企业价值时存在以上不足，因此，国内外有关企业价值评估的准则中都明确规定，在持续经营假设下，资产基础法一般不应当作为评估企业价值唯一使用的方法。

关键概念

企业价值　企业价值评估　股利折现模型　股权自由现金流量模型　企业自由现金流量模型　上市公司比较法　交易案例比较法　资产基础法

思考题

1. 什么是企业价值评估？企业价值评估有哪些特点？
2. 企业股权价值与企业整体价值有什么关系？
3. 影响企业价值的因素有哪些？
4. 收益法的具体应用模型有哪些？各个模型应用的适用条件是什么？
5. 简述收益法评估企业价值的技术思路？
6. 什么是资产基础法？其适用的条件有哪些？
7. 简述运用市场法评估企业价值的基本原理和局限性。
8. 什么是上市公司比较法和交易案例比较法？

常用网站网址

1. 中国证券网：http：//www. cs. com. cn
2. 上海证券交易所：http：//www. sse. com. cn
3. 深圳证券交易所：http：//www. szse. com. cn
4. 巨潮资讯：http：//www. cninfo. com. cn
5. 金融界：http：//www. jrj. com. cn
6. 新浪财经：http：//finance. sina. com. cn
7. 东方财富网：http：//www. eastmoney. com/
8. 万得资讯（Wind）
9. 国泰安（CSMAR）
10. 中国经济金融数据库（CCER）

第九章 资产评估报告与档案

【引例】

9 项国务院部门行政审批事项必须提供资产评估机构出具的资产评估报告

近日，中国机构编制网公布了国务院审改办编制的“保留为国务院部门行政审批必要条件的中介服务事项汇总清单”。自 2015 年以来，国务院分三批对国务院部门行政审批中介服务事项进行清理规范。本次公布的，保留为国务院部门行政审批必要条件的中介服务事项清单，共 130 项。其中涉及资产评估业务的有 9 项。这些行政审批事项，都需要资产评估机构出具资产评估报告，作为申请材料必备组成部分，如表 9－1 所示。

表 9－1　　资产评估业务行政审批事项表

序号	中介服务事项名称	涉及的审批事项项目名称	审批部门	中介服务实施机构
5	发行企业债券申请企业资产评估	（01003）企业债券发行核准	发展改革委	资产评估机构
15	收费公路权益转让资产评估	（15039）国道收费权转让审批	交通运输部	资产评估机构
59	中资银行业金融机构及其分支机构资产评估	（43008）中资银行业金融机构及其分支机构设立、变更、终止以及业务范围审批	银监会	具备资质的资产评估机构
68	证券公司设立资产评估	（44002）证券公司设立审批	证监会	具有证券相关业务资格的资产评估机构
79	公司公开发行股票（A 股、B 股）资产评估	（44028）公司公开发行股票（A 股、B 股）核准	证监会	具有证券相关业务资格的资产评估机构
83	上市公司发行可转换为股票的公司债券资产评估	（44030）上市公司发行可转换为股票的公司债核准	证监会	具有证券相关业务资格的资产评估机构
91	证券公司变更业务范围、增加注册资本且股权结构发生重大调整、减少注册资本、变更持有 5% 以上股权的股东、实际控制人、变更公司章程重要条款及合并、分立资产评估	（44034）证券公司变更业务范围、增加注册资本且股权结构发生重大调整、减少注册资本、变更持有 5% 以上股权的股东、实际控制人、变更公司章程重要条款及合并、分立审批	证监会	具有证券相关业务资格的资产评估机构

续表

序号	中介服务事项名称	涉及的审批事项项目名称	审批部门	中介服务实施机构
110	上市公司非公开发行新股资产评估	（44029）上市公司非公开发行新股核准	证监会	资产评估机构
114	公司债券发行资产评估	（44031）公司债券发行核准	证监会	资产评估机构

资料来源：http：//www. cas. org. cn/xwdt/xydt/54767. htm

学习目标

【知识目标】

1. 了解资产评估报告的基本概念、作用及主要内容。
2. 了解资产评估档案的内容及管理。
3. 熟知资产评估报告的编制和使用。

【能力目标】

1. 培养学生理解资产评估报告的作用和利益相关者对资产评估报告的使用。
2. 培养学生对资产评估报告的编制和资产评估报告档案管理的运用能力。

第一节 资产评估报告概述

一、资产评估报告基本概念

《资产评估执业准则——资产评估报告》第二条规定：资产评估报告是指资产评估机构及其评估专业人员遵守法律、行政法规和资产评估准则，根据委托履行必要的资产评估程序后，由资产评估机构对评估对象在评估基准日特定目的下的价值出具的专业报告。它是按照一定格式和内容进行编写，反映评估目的、假设、程序、标准、依据、方法结果及适用条件等基本信息的报告。

资产评估专业人员应当根据评估业务的具体情况提供能够满足委托人和其他评估报告使用人合理需求的评估报告，并在评估报告中提供必要信息，使评估报告使用人能够正确理解和使用评估结论。

不同的国家和地区，政府及行政主管部门对资产评估报告的要求并不一致。因此，资产评估报告可以进一步分为广义的资产评估报告和狭义的资产评估报告。

1. 广义的资产评估报告。广义的资产评估报告还是一种工作制度，它规定评估机构在完成评估工作之后，必须按照一定程序的要求，用书面形式向委托方及相关主管部门报告评估过程和结果。

2. 狭义的资产评估报告。狭义的资产评估报告即资产评估结果报告，既是资产评估机构及其评估专业人员完成对资产作价意见，并提交给委托方的公正性的报告，又是资产评估机构履行资产评估合同情况的总结，也是资产评估机构及其评估专业人员为资产评估项目承担相应法律责任的证明文件。资产评估机构及其评估专业人员出具的资产评估报告，应当符合法律、行政法规等的相关规定。

二、资产评估报告的作用

从资产评估机构和评估专业人员的角度，资产评估报告主要有以下四个方面的作用。

（一）资产评估报告对委托的被评估资产提供作价意见

资产评估报告具有资产评估资格的机构根据委托资产评估的特点和要求，组织资产评估师及相应的专业人员组成的评估队伍，遵循评估准则和标准，履行必要的评估程序，运用科学的方法对被评估资产价值进行评定和估算后，通过报告的形式提出价值意见。该价值意见不代表任何一方当事人的利益，是一种独立专家的估价意见，具有较强的公正性与客观性，因而成为被委托评估资产作价的重要参考。

（二）资产评估报告是反映和体现资产评估工作情况，明确有关各方责任的依据

资产评估报告用文字的形式，对委托资产评估业务的目的、背景、范围、依据、程序及方法等方面和评定的结果进行说明和总结，体现了评估机构的工作成果。同时，资产评估报告也反映和体现了受托的资产评估机构与执业人员的权利和义务，并以此来明确委托方和受托方有关方面的法律责任。在资产评估现场工作完成后，评估机构和评估专业人员就要根据现场工作取得的有关资料和估算数据撰写评估结果，并向委托方报告，负责评估项目的资产评估师在资产评估报告上签字并提出报告使用的范围和评估结果实现的前提等具体条款。而且，资产评估报告也是评估机构履行评估协议和向委托方或有关方面收取评估费用的依据。

（三）对资产评估报告进行审核，是管理部门对资产评估机构的业务开展情况进行监督和管理的重要手段

资产评估报告是反映评估机构和资产评估师职业道德、执业能力水平、评估质量高低和机构内部管理机制完善程度的重要依据。有关管理部门通过审核资产评估报告，可以有效地对资产评估机构的业务开展情况进行监督和管理。

（四）资产评估报告是建立、归集评估档案资料的重要信息来源

资产评估是在完成资产评估任务之后，必须按照档案管理的有关规定，将评估过

程中收集的资料、工作记录以及有关工作底稿进行归档，以便进行评估档案的管理和使用。由于资产评估报告是对整个评估过程的工作总结，其内容包括评估过程的各个具体环节和各有关资料的收集及记录。因此，资产评估报告、工作底稿及撰写资产评估报告过程中采用的各种数据、各个依据以及工作底稿和资产评估报告中形成的有关文字记录等都是资产评估档案的重要信息来源。

三、资产评估报告的种类

根据不同的分类标准，可对资产评估报告进行如下分类。

（一）按法律定位划分

按法律定位，资产评估报告可分为法定评估业务评估报告和非法定评估业务评估报告。评估机构开展涉及国有资产或者公共利益等事项，法律、行政法规规定需要评估的法定评估业务，所出具的评估报告为法定评估业务评估报告，比如按照国有资产评估管理的相关规定出具的国有资产评估报告。除此以外开展的评估业务所出具的评估报告为非法定评估业务评估报告。

（二）按评估对象划分

按资产评估对象，资产评估报告可分为整体资产评估报告和单项资产评估报告。对（企业、单位或业务等）整体资产进行评估所出具的资产评估报告称为整体资产评估报告。对一项资产，或若干项以独立形态存在，可以单独发挥作用或以个体形式进行交易的资产进行评估，所出具的资产评估报告称为单项资产评估报告。尽管资产评估报告的基本格式是一样的，但因整体资产评估与单项资产评估在具体业务上存在一些差别，两者在报告的内容上也必然会存在一些差别。一般情况下，整体资产评估报告的报告内容不仅包括资产，也包括负债和股东权益。而单项资产评估报告除在建工程外，一般不考虑负债和以整体资产为依托的无形资产等。

（三）按报告的繁简程度划分

按照评估报告的繁简程度，国外又将评估报告分为评估报告和限制性评估报告，并要求评估师应在评估报告中明确说明评估报告的类型。评估报告、限制型评估报告的区别在于所提供内容和信息的详细程度不同。

按照报告的繁简程度，我国资产评估报告可以分为完整型评估报告、简明型评估报告和限制型评估报告。完整型评估报告对评估所用资料进行全面描述和分析，所有适合的信息均包括在报告中；简明型评估报告是对评估工作资料的总结和综合分析，对解决评估问题中具有重要意义的信息予以概略说明；限制型评估报告提供披露规则要求的、解决评估问题所需要的最低限度信息，一般对评估方法和技术及评估结论只做陈述性说明。通常限制型评估报告是仅仅为委托人使用的。我国资产评估准则明确指出，资产评估报告的详略程度可以根据评估对象的复杂程度及委托人的要求进行合理确定。

（四）按评估基准日划分

根据评估基准日的不同选择，评估报告可以分为评估基准日为现在时点的现时性评估报告、评估基准日为未来时点的预测性评估报告以及评估基准日为过去时点的追溯性评估报告。如某法院进行司法诉讼评估时，法院欲了解诉讼标的在两年前某一时点的市场价值，委托评估机构进行评估，此时出具的评估报告即是追溯性评估报告；又如某银行发放抵押贷款，银行欲了解抵押物在三年后某一时点的市场价值，委托评估机构进行评估，此时出具的评估报告即是预测性评估报告。

四、资产评估报告的相关制度

我国在资产评估监管中一直重视对资产评估报告的规范。目前国际上主要是从报告类型与报告要素等方面对资产评估报告进行规范，比如《国际资产评估准则》和美国的《专业评估执业统一准则》等。近年来，随着社会经济的发展，国民经济生活中资产评估业务的市场需求也日益增大，进一步推动资产评估的理论和实践不断发展完善。在这一过程中，我国针对资产评估报告的规范相应出台了一系列相关的法律、法规及制度。具体如表 9－2 所示。

表 9－2　　我国关于资产评估报告规范的相关制度

时间	相关制度	出台部门	主要内容
1991 年 11 月	《国有资产评估管理办法》	国务院 国务院令第 91 号	向委托人提交评估报告书，并由委托人报其主管部门审查。是我国最早的资产评估报告制度
1992 年 7 月	《国有资产评估管理办法实施细则》	国有资产管理局 国资办发〔1992〕36 号	对资产评估报告书的具体内容提出要求。报告书内容包括 13 条正文和 6 条附件
1993 年 10 月	《关于资产评估报告书的规范意见》	国有资产管理局 国资办发〔1993〕55 号	进一步规范了资产评估报告的出具与内容
1996 年 5 月	《资产评估操作规范意见（试行）》	中评协〔1996〕03 号	规定了报告书及送审材料的具体要求，以及评估工作底稿和项目档案管理
1999 年 3 月	《资产评估报告基本内容与格式的暂行规定》	财政部 财评字〔1999〕91 号	对原有资产评估报告制度作了进一步修改和完善，使该制度不仅适用于国有资产评估，也同样适用于非国有资产评估
2007 年 11 月	《资产评估准则——评估报告》	中评协〔2007〕189 号	专门规范资产评估报告编制和出具行为的执业准则
2008 年 11 月	《企业国有资产评估报告指南》，并于 2017 年进行修订	中评协〔2008〕218 号 中评协〔2017〕42 号	专门规范企业国有资产评估报告编制和出具行为的执业准则

续表

时间	相关制度	出台部门	主要内容
2010年12月	《金融企业国有资产评估报告指南》，并于2017年进行修订	中评协〔2010〕213号 中评协〔2017〕43号	专门规范金融企业国有资产评估报告编制和出具行为的执业准则
2011年	修订《资产评估准则——评估报告》	中评协〔2011〕230号	修改了签字、盖章条款
2017年9月	《资产评估执业准则——资产评估报告》	中评协〔2017〕32号	在基本准则基础上进一步完善
2018年10月	修订《资产评估执业准则——资产评估报告》	中评协〔2018〕35号	将资产评估报告分为完整型评估报告和程序受限型资产评估报告。对评估报告声明中关于评估结论的理解和使用提出指导

五、资产评估报告制度的规定

资产评估报告必须以《中华人民共和国资产评估法》及其他有关法律、法规为依据。资产评估报告的基本内容与格式必须符合中国资产评估协会印发的《资产评估执业准则——资产评估报告》的各项规定。

（一）陈述的内容应当清晰、准确，不得有误导性的表述

资产评估专业人员应当以清楚和准确的方式进行表述，而不致引起报告使用人的误解，评估报告不得存在歧义或误导性的陈述。同时，评估报告作为具有法律意义的文件，用语必须清晰、准确，不应有意或无意地使用存在歧义或误导性的表述。

（二）资产评估报告应当提供必要信息，使资产评估报告使用者能够正确理解和使用评估结论

资产评估专业人员应当根据每一个评估项目的具体情况和委托方的合理要求，确定评估报告中所提供信息的范围和程度，使资产评估报告使用者能够正确理解和使用评估结论。判断一份评估报告是否提供了正确信息，很大程度上体现在资产评估报告使用者在阅读评估报告后是否能够正确理解评估结论。

（三）资产评估报告详略程度可以根据评估对象的复杂程度、委托人的合理要求确定

资产评估报告详略程度是以评估报告中提供的必要信息为前提。委托人和评估报告使用者是评估报告的服务对象，因此，报告的详略程度需要考虑使用者的合理要求。同时作为理性的评估报告使用者，可能会要求资产评估专业人员在评估报告中不仅提供评估结论，还要提供形成评估结论的详细过程，甚至要求在评估报告中对某些方面提供更为详细的说明，这样才能使他们更好地利用评估结论作出决策。

（四）评估程序受限对评估报告出具的影响

现实中，由于资产的特殊性、客观条件限制等原因，使得评估程序的履行可能存在障碍，需要资产评估专业人员采取相关的替代程序。

1. 执行资产评估业务，因法律法规、客观条件限制，无法或不能完全履行资产评估基本程序，已经采取措施弥补，且未对评估结论产生重大影响的，可以出具资产评估报告，但应当在资产评估报告中说明资产评估程序受限情况、处理方式及其对评估结论的影响。

2. 如果程序受限对评估结论产生重大影响或者无法判断其影响程度，则不得出具资产评估报告。

（五）签字盖章要求

资产评估报告应当由至少两名承办该业务的资产评估专业人员签名并加盖资产评估机构印章。法定资产评估业务的资产评估报告应当由至少两名承办该业务的资产评估师签名并加盖资产评估机构印章。资产评估机构及其评估专业人员对其出具的资产评估报告依法承担责任。

（六）语言及汇率要求

资产评估报告应当用中文撰写。需要同时出具中外文资产评估报告的，中外文资产评估报告不一致的，以中文资产评估报告为准。

资产评估报告一般以人民币为计量币种。使用其他币种计量的，应当注明该币种在评估基准日与人民币的汇率。

（七）评估结论的使用有效期

资产评估报告应当明确评估结论的使用有效期。评估结论反映评估基准日的价值判断，仅在评估基准日成立。超过有效期限，评估基准日的评估结论很可能不能反映经济行为发生日的评估结论。通常，只有评估基准日与经济行为相距不超过一年时，才可以使用资产评估结论，但也应视具体情况加以判断。尽管评估基准日与经济行为相距不到一年，而市场条件或资产状况发生了重大变化，则评估报告的结论也不能反映经济行为发生日的价值，应该重新进行评估。

（八）资产评估报告的归档

资产评估工作完成后，资产评估机构应按资产评估项目立档。资产评估档案包括工作底稿、资产评估报告及其他相关资料等，并按规定的保存权限进行保管。

（九）资产评估报告的正确使用

委托方和资产评估报告使用者应依据国家法律法规等有关规定，按资产评估报告的条款，正确使用资产评估报告。

第二节　资产评估报告的基本内容

《资产评估执业准则——资产评估报告》第十一条规定："资产评估报告的内容包括：标题及文号、目录、声明、摘要、正文、附件。"《企业国有资产评估报告指南》中规定的除了一般评估报告基本内容外，还增加了资产评估明细表和资产评估说明。

一、资产评估报告封面内容及目录

资产评估报告左上方标有"本资产评估报告依据中国资产评估准则编制"。在其下方中部依行列式：报告的标题、文号及册数（包括装订总册数及装订册序号）、评估机构名称和资产评估报告日。

1. 资产评估报告的标题格式要求，"企业名称 + 经济行为关键词 + 评估对象 + 资产评估报告"，一般在封面上方居中位置。

2. 资产评估报告的文号格式要求，包括资产评估机构特征字、种类特征字、年份、报告序号，一般在封面上方居中位置。

3. 目录应当包括每一部分的标题和相应页码。

【例 9-1】资产评估报告封面实例。

本资产评估报告依据中国资产评估准则编制

Y 公司拟并购涉及的 Z 有限公司机器设备

资产评估报告

××评报字（202×）第×××××号

（共×册，第 1 册）

××××资产评估有限公司

202×年×月×日

二、资产评估报告的声明

资产评估报告的声明通常包括以下内容：

1. 资产评估报告是依据财政部发布的资产评估基本准则和中国资产评估协会发布的资产评估执业准则和职业道德准则编制。

2. 委托人或其他资产评估报告使用人应当按照法律、行政法规和资产评估报告载明的使用范围使用资产评估报告；委托人或其他资产评估报告使用人违反前述规定使用资产评估报告的，资产评估机构及其评估专业人员不承担责任。

3. 资产评估报告仅供委托人、资产评估委托合同中约定的其他资产评估报告使用人和法律、行政法规规定的资产评估报告使用人使用；除此之外，其他任何机构和个人不能成为资产评估报告的使用人。

4. 资产评估报告的使用人应当正确理解和使用资产评估报告，评估结论不等同于评估对象的可实现价格，评估结论不应当被认为是对评估对象可实现价格的保证。

5. 资产评估报告的使用人应当关注评估结论成立的前提、资产评估报告特别事项说明和使用限制。

6. 资产评估机构及其评估专业人员遵守法律、行政法规和资产评估准则，坚持独立、客观、公正的原则，并对所出具的资产评估报告依法承担责任。

7. 其他需要声明的内容。

三、资产评估报告摘要

《资产评估执业准则——资产评估报告》第十三条规定："资产评估报告摘要通常提供资产评估业务的主要信息及评估结论。"但该准则没有对这些主要信息的披露提出具体要求。实务中，通常参考《企业国有资产评估报告指南》对"评估报告摘要"的披露要求撰写。

资产评估报告摘要应当简明扼要地反映经济行为、评估目的、评估对象和评估范围、价值类型、评估基准日、评估方法、评估结论及其使用有效期、对评估结论产生影响的特别事项等关键内容。资产评估报告摘要应当采用下述文字提醒资产评估报告使用人阅读全文："以上内容摘自资产评估报告正文，欲了解本评估业务的详细情况和正确理解评估结论，应当阅读资产评估报告正文。"

四、资产评估报告正文

（一）委托人及其他资产评估报告使用人

资产评估报告使用人包括委托人、资产评估委托合同中约定的其他资产评估报告使用人和法律、行政法规规定的资产评估报告使用人。在评估报告中应阐明委托人和其他资产评估报告使用人的身份，包括名称或类型。

（二）评估目的

评估目的应当披露资产评估所服务的具体经济行为（如股权转让、企业联营合并、非货币出资等），说明评估结论的具体用途。清晰、准确地揭示评估目的是资产评估报告使用人理解资产评估专业人员界定评估对象、选择评估结论价值类型的基础。资产评估报告载明的评估目的应当唯一，有利于评估结论有效服务于评估目的。

（三）评估对象和评估范围

资产评估报告中应当载明评估对象和评估范围，并描述评估对象的基本情况。但在《资产评估执业准则——资产评估报告》并未对此要求作出进一步说明。比如对于企业价值评估，评估对象可以分为企业整体价值和股东权益价值（全部或部分），则对应的评估范围是评估对象涉及的资产和负债。对于单项资产评估，各具体准则中均对评估对象进行了规范。比如，《资产评估执业准则——机器设备》规定，机器设备的评估对象分为单台机器设备和机器设备组合对应的全部或部分权益。

（四）价值类型

资产评估报告应当说明选择价值类型的理由，并明确其定义。一般情况下，可供选择的价值类型包括市场价值、投资价值、在用价值、清算价值和残余价值等。对于价值类型的选择、定义，可以参考《资产评估价值类型指导意见》。

（五）评估基准日

资产评估报告载明的评估基准日应当与资产评估委托合同约定的评估基准日保持一致，可以是过去、现在或者未来的时点。评估基准日一般以具体的日期体现，比如××××年××月××日。资产评估报告载明的评估基准日应当与资产评估委托合同约定的评估基准日保持一致。

（六）评估依据

资产评估报告应当说明资产评估采用的法律法规依据、准则依据、权属依据及取价依据等。但《资产评估执业准则——资产评估报告》没有规范这些依据需要披露的具体内容，实务中通常结合评估项目的具体情况，参考《企业国有资产评估报告指南》对经济行为依据、法律法规依据、评估准则依据、权属依据、取价依据等的披露要求进行撰写。

（七）评估方法

资产评估报告应当说明所选用的评估方法及其理由，因适用性受限或者操作条件受限等原因而选择一种评估方法的，应当在资产评估报告中披露并说明原因。

根据《资产评估执业准则——资产评估方法》的规定，确定价值的资产评估方法主要包括市场法、收益法和成本法三种基本方法及其衍生方法。资产评估专业人员在选择评估方法时，应当充分考虑评估方法选择的影响因素，比如评估目的和价值类型、评估对象、评估方法的适用条件、评估方法应用所依据数据的质量和数量等。

（八）评估程序实施过程和情况

资产评估报告应当说明资产评估程序实施过程中现场调查、收集整理评估资料、评定估算等主要内容。一般包括以下内容：

（1）接受项目委托，确定评估目的、评估对象、评估范围、评估基准日，拟订评估计划等过程；

（2）指导被评估单位清查资产、准备评估资料，核实资产与验证资料等过程；

（3）选择评估方法、收集市场信息和估算等过程；

（4）评估结论汇总、评估结论分析、撰写评估报告和内部审核等过程。

评估专业人员应当在遵守法律法规和资产评估准则的基础上，根据委托人的要求，遵循各专业准则的具体规定，结合报告的繁简程度、恰当考虑评估程序实施过程和情况来确定披露的详细程度。

（九）评估假设

资产评估报告应当披露所使用的资产评估假设。评估专业人员应当在评估报告中清晰说明评估项目中采用的反映交易及市场条件、评估对象存续或使用状态、国家宏观环境条件、行业及地区环境条件、评估对象特点等各项具体评估假设的具体内容，还应在评估报告中明确提示如果评估报告所披露的评估假设不成立，将对评估结论产生重大影响。

（十）评估结论

资产评估报告应当以文字和数字形式表述评估结论，并明确评估结论的使用有效期。评估结论通常是确定的数值。经与委托人沟通，评估结论可以是区间值或者其他形式的专业意见。

（十一）特别事项说明

特别事项是指已确定评估结论的前提下，资产评估专业人员在评估过程中已发现可能影响评估结论，但不是执业水平和能力所能评定估算的有关事项。资产评估报告应当对特别事项进行说明，并重点提示资产评估报告使用人予以关注。资产评估报告的特别事项说明包括：

（1）权属等主要资料不完整或者存在瑕疵的情形；

（2）委托人未提供的其他关键资料情况；

（3）未决事项、法律纠纷等不确定因素；

（4）重要的利用专家工作及相关报告情况；

（5）重大期后事项；

（6）评估程序受限的有关情况、评估机构采取的弥补措施及其对评估结论影响的情况；

（7）其他需要说明的事项。

（十二）资产评估报告使用限制说明

资产评估报告的使用限制说明应当载明以下四方面的内容。

（1）使用范围。

（2）委托人或者其他资产评估报告使用人未按照法律、行政法规规定和资产评估报告载明的使用范围使用资产评估报告的，资产评估机构及其资产评估专业人员不承担责任。

（3）除委托人、资产评估委托合同中约定的其他资产评估报告使用人和法律、行政法规规定的资产评估报告使用人之外，其他任何机构和个人不能成为资产评估报告的使用人。

（4）资产评估报告使用人应当正确理解和使用评估结论。评估结论不等同于评估对象可实现价格，评估结论不应当被认为是对评估对象可实现价格的保证。

（十三）资产评估报告日

资产评估报告载明的资产评估报告日通常为评估结论形成的日期，可以不同于资产评估报告的签署日。资产评估报告日一般以具体的日期体现，比如××××年××月××日。

（十四）资产评估专业人员签名和资产评估机构印章

资产评估报告应当由至少两名承办该业务的资产评估专业人员签名并加盖资产评估机构印章。对于国有资产评估等法定资产评估业务的资产评估报告应当由至少两名承办该业务的资产评估师签名并加盖资产评估机构印章。

五、资产评估报告附件

资产评估报告附件通常包括：

（1）评估对象所涉及的主要权属证明资料；

（2）委托人和其他相关当事人的承诺函；

（3）资产评估机构及签名资产评估专业人员的备案文件或者资格证明文件；

（4）资产评估汇总表或者明细表；

（5）资产账面价值与评估结论存在较大差异的说明。

六、资产评估报告明细表

评估明细表可以根据《企业国有资产评估报告指南》的基本要求和企业会计核算所设置的会计科目，结合评估方法特点进行编制。

（1）单项资产或者资产组合评估、采用资产基础法进行企业价值评估，评估明细表包括按会计科目设置的资产、负债评估明细表和各级汇总表；

（2）采用收益法进行企业价值评估，可以根据收益法评估参数和盈利预测项目的构成等具体情况设计评估明细表的格式和内容；

（3）采用市场法进行企业价值评估，可以根据评估技术说明的详略程度决定是否单独编制符合市场法特点的评估明细表。

被评估单位为两家以上的，评估明细表应当按被评估单位分别归集，自成体系。

七、资产评估报告说明

根据《企业国有资产评估报告指南》的规定，评估说明包括评估说明使用范围声明、委托人和被评估单位编写的《企业关于进行资产评估有关事项的说明》和资产评估师编写的《资产评估说明》。

（一）关于评估说明使用范围的声明

关于评估说明使用范围的声明，应当写明评估说明使用单位或部门的范围及限制条款。

（二）企业关于进行资产评估有关事项说明

委托人和被评估单位可以共同编写或者分别编写《企业关于进行资产评估有关事项的说明》。委托人单位负责人和被评估单位负责人应当对所编写的说明签名，加盖相应单位公章并签署日期，主要包括以下内容。

（1）委托人、被评估单位的各自概况。

（2）关于经济行为的说明。

（3）关于评估对象和评估范围说明。

（4）关于评估基准日的说明。

（5）关于影响评估工作的重大事项说明。

（6）资产负债清查情况、未来经营和收益状况预测。

（7）资料清单。

（三）评估对象和评估范围说明

评估对象与评估范围说明应当根据企业价值评估、单项资产评估或者资产组合评估的不同情况确定内容的详略程度，具体包括以下内容。

（1）评估对象和评估范围内容。

（2）实物资产的分布情况及特点。

（3）企业申报的账面记录或者未记录的无形资产情况。

（4）企业申报的表外资产的类型、数量。

（5）引用其他机构出具的报告的结果所涉及的资产类型、数量和账面金额（或评估值）。

（四）资产核实总体情况说明

资产核实总体情况通常包括人员组织、实施时间、核实过程、影响事项及处理方法、核实结论等。

（五）评估技术说明

评估技术说明应当考虑不同经济行为和不同评估方法的特点，介绍评定估算的思路及过程。

（六）评估结论及分析

（1）评估结论。采用两种或两种以上方法进行企业价值评估时，应当说明不同评估方法结果的差异及其原因和最终确定评估结果的理由。评估结论应含有“评估结论根据以上评估工作得出”的字样。

（2）评估价值与账面价值比较变动情况及说明。说明评估价值与账面价值比较变动情况，包括绝对变动额和相对变动额，并分析两者变动原因。

（3）折价或溢价情况说明。

第三节　资产评估报告的编制与使用

一、资产评估报告的编制

（一）资产评估报告的编制步骤

资产评估报告的编制是资产评估机构完成评估工作的最后一道程序，也是资产评估工作中的一个重要环节。资产评估报告的编制主要有以下五个步骤。

1. 整理工作底稿和归集有关资料。资产评估现场工作结束后，有关评估专业人员必须着手对现场工作底稿进行整理，按资产的性质进行分类。同时对有关询证函、被评估资产背景资料、技术鉴定情况和价格取证等有关资料进行归集和登记。对现场未予确定的事项还需进一步落实和查核。这些现场工作底稿和有关资料都是编制资产评估报告的重要基础。

2. 评估明细表的数字汇总。在完成现场工作底稿和有关资料的归集任务后，评估专业人员应着手评估明细表的数字汇总。明细表的数字汇总应根据明细表的不同级次，先明细表汇总，然后分类汇总，再到资产负债表的汇总。

3. 评估初步数据的分析和讨论。在完成评估明细表的数据汇总，得出初步的评估数据后，应召集参与评估工作过程的有关人员，对评估报告的初步数据和结论进行分析、讨论，比较各有关评估数据，复核记录估算结果的工作底稿，对存在作价不合理的部分评估数据进行调整。

4. 编写资产评估报告。编写资产评估报告一般分两步。首先，在完成资产评估初步数据的分析、讨论，对有关数据进行调整后，由具体参加评估的各组负责人草拟出各自负责评估部分的资产的评估说明，同时提交全面负责、熟悉本项目评估具体情况的人员草拟出资产评估报告。其次，将评估基本情况和评估报告初稿的初步结论与委托方交换意见，听取委托方的反馈意见后，在坚持独立、客观、公正的前提下，认真分析委托方提出的问题和建议，考虑是否应该修改评估报告。同时，对评估报告中存在的忽视、遗漏和错误之处进行修正，修改完毕后即可撰写资产评估正式报告。

5. 资产评估报告的签发和送交。资产评估机构撰写资产评估正式报告后，经审核无误，按以下程序进行签名盖章：先由负责该项目的资产评估师签章（两名或两名以上），再送复核人审核签章，最后送资产评估机构负责人审核签章并加盖机构公章。

资产评估报告签发盖章后，即可连同评估说明及评估明细表送交委托单位。对中外合资、合作项目的资产评估报告及有关资料的送交应按专门规定办理。

（二）资产评估报告的编制要求

资产评估报告的编制要求是指在资产评估报告编制过程中的主要技能要求。主要包括以下方面的内容。

1. 文字表达要求。资产评估报告既是对被评估资产价值有咨询性或见证性作用的文书，又是用来明确资产评估机构和资产评估师工作责任的文字依据，所以对文字表达的要求是，既要清楚、准确，又要提供充分的依据说明，还要全面叙述整个评估的具体过程。

具体要求体现在：（1）文字表达必须清晰、准确，不得使用模棱两可的措辞。（2）陈述既要简明、扼要、客观，又要把有关问题说明清楚，不得带有任何诱导、恭维和推荐性的陈述。（3）在文字表达上不能带具有大包大揽意向的语句，尤其是涉及承担责任条款的部分。

2. 格式和内容要求。对资产评估报告格式与内容方面的技能要求，应符合现行政策规定，严格遵循《资产评估执业准则——资产评估报告》的要求。若涉及企业、金融企业国有资产评估的，还应该分别遵循《企业国有资产评估报告指南》和《金融企业国有资产评估报告指南》的有关规定。

资产评估报告必须建立多级复核和交叉复核制度，明确复核人的职责，防止流于形式的复核。通过对工作底稿、评估说明、资产评估明细表和报告正文的文字格式及内容的复核和反馈，可以使有关错误遗漏等问题在出具正式报告之前得到修正。对评估专业人员来说，资产评估工作是一项必须由多个评估专业人员同时作业的中介业务，每个评估专业人员都有可能因其能力、水平，经验、阅历及理论方法的限制，而产生工作盲点和工作疏忽，所以对资产评估报告初稿进行复核就成为必要的工作环节。

就对被评估资产的情况熟悉程度来说，大多数委托方和资产占有方对被评估资产的分布、结构、成新等具体情况比评估机构和评估专业人员更熟悉，所以在出具正式报告之前征求委托方意见、收集反馈意见也是很有必要的。但是对委托方或占有方意见的反馈信息要谨慎对待，应本着独立、客观、公正的态度，接受其反馈意见。

3. 编写报告应注意的其他事项。

（1）实事求是，切忌出具虚假报告。资产评估报告必须建立在真实、客观的基础上，不能脱离实际情况，更不能无中生有。资产评估报告拟订人应是参与该项目并较全面了解该项目情况的主要评估专业人员。

（2）坚持一致性原则，切忌出现表里不一。报告文字、内容前后要一致，摘要、正文、评估说明、资产评估明细表的内容格式数据要一致。

（3）提交报告要及时、齐全和保密。在正式完成资产评估工作后，应按业务约定书的约定时间及时将报告送交委托方。送交报告时，报告及有关文件要送交齐全。涉及外商投资项目的，对中方资产评估的评估报告，必须严格按照有关规定办理。此外要做好客户保密工作，尤其是对评估涉及的商业秘密和技术秘密，更要加强保密工作。

（4）报告中明确报告的使用提示，规避执业风险。资产评估机构应当在资产评估报告中明确评估报告的使用者及报告使用方式，提示评估报告使用者合理使用评估报告；还应注意防止报告的恶意使用，避免报告的误用，以合法规避执业风险。

（5）评估对象的法律权属的必要说明。资产评估师执行资产评估业务时，应当关注评估对象的法律权属，并在评估报告中对评估对象法律权属及其证明资料来源予以必要说明。资产评估师不得为评估对象的法律权属提供保证。

（6）评估受限情况的披露。资产评估师执行资产评估业务受到限制无法实施完整的评估程序时，应当在评估报告中明确披露受到的限制，无法履行的评估程序和采取的替代措施。

二、资产评估报告的使用

（一）资产评估报告的分析

1. 资产评估报告分析的目的。

（1）有助于资产评估管理机构了解评估机构从事评估工作的能力。一份完整的资产评估报告，基本能够反映评估机构评估工作的全过程，包括具体思路、评估依据、信息筛选、结果产生等。这样资产评估管理机构就可以根据评估机构递交的评估报告进行全面分析，判断该评估机构是否具有从事评估工作的能力，并做出是否颁发资格证书的决定。

（2）了解评估质量好坏，并做出对评估结果是否予以核准的决定。按国有资产管理的有关规定，应对评估机构评估国有资产的结果进行核准备案工作。核准的一个重要依据是通过对获得的资产评估报告进行全面分析，了解评估机构进行此项评估工作的基本情况（包括遵循的评估计价原则、评估基本程序、评估方法、选择市场信息可靠性等），综合评价评估质量的好坏，再结合实地勘察情况，最后做出是否核准评估结果的决定。

2. 资产评估报告分析的内容。

（1）对评估报告进行书面逻辑分析。一般而言，评估报告所列的评估原因、评估范围、资产权益、评估依据的前提条件、评估方法的选择等有着密切的关系，而这种关系构成了评估报告本身的逻辑关系，同时也反映出评估机构评估的基本思路。报告使用者进行评估报告的逻辑分析，就是要根据所掌握的实际情况对评估机构评估的基本思路及“三个一致性”进行分析，通过分析可以初步得出评估结论是否科学的判断。这里的“三个一致性”是指：①评估目的、评估依据的前提条件和评估方法选择之间的一致性；②评估范围和资产权益的一致性；③资产权益、作价的前提条件与作价依据之间的一致性。

（2）对评估中运用的市场信息资料进行对比分析。对资产评估机构在评估中运用的各种市场信息资料进行分析鉴别，首先要求国有资产评估管理机构拥有自己的数据库和随时可取得的信息渠道，只有在占有大量的市场资料的基础上，才能进行信息的对比分析。对比分析的内容主要包括：①资产评估机构所选择的参照价格及价格的构成因素与评估的前提条件是否吻合；②分析评估中运用的参照价格及有关资料是否准确可靠。

（二）资产评估报告的使用

1. 委托人对资产评估报告的使用。委托方收到受托评估机构送交的正式评估报告书及有关资料后，可以按照评估报告书所依据的评估目的和最终的评估结论，合理使用资产评估结果。委托方按照评估报告书所依据的评估目的和最终的评估结论，可以应用在以下几个具体方面。

（1）作为资产业务的作价基础。资产评估报告既可以作为以出售、转让、拍卖、股份改制、上市、合资、联营、分拆等为目的的涉及产权变动的资产业务作价的基础，也可作为以保险、抵押、计税、担保等为目的的非产权变动的资产业务作价的基础。

（2）作为企业进行会计记录和账项调整的依据。委托方除根据评估目的合理地使用资产评估报告开展资产交易等业务外，还可依照有关规定，根据资产评估报告提供的有关数据资料进行资产评估后的账务处理。但若按评估值对原会计账目进行调整的，必须经过批准。

（3）作为履行委托协议和支付评估费用的依据。当委托方收到资产评估机构出具的资产评估报告及其相关资料后，若没有异议，委托方就应根据资产评估委托协议中的有关规定支付评估费用。

（4）作为法庭辩论和裁决的举证材料。当事人发生经济纠纷案件时的资产评估报告及其有关资料，是法庭裁决的证明材料。

需要说明的是，委托方在使用资产评估报告及有关资料时，必须要注意以下九个方面。

①只能按资产评估报告书所揭示的评估目的使用评估报告及其结论，一份评估报告，只允许按一个用途使用。

②只能在资产评估报告有效期内使用，超过评估报告的有效期限，原资产评估结果无效；若要使用评估报告，必须由评估机构重新调整有关数据，并得到有关部门的重新认可后方能使用。

③在评估报告书有效期内，当资产评估数额发生较大变化时，应由原评估机构或资产占有单位按原评估方法做相应调整后才能使用。

④涉及国有资产产权变动的评估报告及有关资料，必须经国有资产主管部门确认或授权确认后方可使用。

⑤作为企业会计记录和专项调整使用的评估报告及有关资料，必须由财政部门批准或认可后方能生效。

⑥资产评估报告只能由评估报告中限定的期望使用者使用，评估报告及其结论不适用于其他主体。

⑦委托人对评估报告有异议的，可以要求评估机构解释。

⑧委托人认为评估机构或者评估专业人员违法开展评估业务的，可以向有关评估行政管理部门或者行业协会投诉、举报，有关评估行政管理部门或者行业协会应当及时调查处理，并答复委托人。

⑨不按评估报告揭示的目的、期望使用者、价值类型，有效期限等限制条件使用评估报告及其结论并造成损失的，应由使用者自负其责。

2. 资产评估管理机构对资产评估报告的使用。资产评估管理机构主要是指对资产评估行业进行行政管理的主管机关和对资产评估行业进行自律管理的行业协会。对资产评估报告的使用是资产评估管理机构实现对评估机构的行政管理和行业自律管理的一个重要过程。资产评估管理机构使用资产评估报告可以实现下列管理目标。

（1）了解资产评估机构从事评估工作的业务能力和组织管理水平。因为资产评估报告是反映资产评估工作过程的工作报告，通过对资产评估报告及相关资料的检查与分析，评估管理机构就能大致判断该机构的业务能力和组织管理水平。

（2）对资产评估结果的质量进行评价。资产评估管理机构通过按规定需要进行验证和确认的资产评估报告进行验证与确认，能够对评估机构的评估结果质量的好坏作出客观评价，从而能够实现对评估机构和评估专业人员的有效监督与管理。

（3）能为国有资产管理提供重要数据资料。通过对资产评估报告的统计与分析，可以及时了解国有资产占有和使用状况及增减值变动等情况，进一步加强对国有资产管理的服务功能。

3. 其他有关部门对资产评估报告的使用。除资产评估管理机构可以使用资产评估报告等资料外，有些政府管理部门也需要运用资产评估报告，主要包括证券监督管理部门、银行保险监督管理部门、市场监督管理部门、税务机关、金融机构和法院等有关部门。

证券监督管理部门对资产评估报告的使用，主要体现在对申请上市公司提交的有关申报材料、招股说明书的审核过程，以及对上市公司的股东配售发行股票时配股说明书的审核过程。比如，公开发行股票的公司对采用非现金方式的配股，其配股说明书的备查文件必须附上资产评估报告书。证券监督管理部门还可以通过资产评估报告和有关资料，加强对取得证券业务评估资格的评估机构及有关人员的业务管理。

银行保险监督管理部门、市场监督管理部门、税务机关、金融机构和法院等部门，也都能通过对资产评估报告的使用来达到实现其管理职能的目的。

第四节　资产评估档案

一、资产评估档案基本概念与工作底稿的分类

（一）资产评估档案基本概念

资产评估档案是指资产评估机构开展资产评估业务形成的，反映资产评估程序实

施情况，支持评估结论的工作底稿、资产评估报告及其他相关资料。纳入资产评估档案的资产评估报告应当包括初步资产评估报告和正式资产评估报告。工作底稿是资产评估专业人员在执行评估业务过程中形成的，反映评估程序实施情况，支持评估结论的工作记录和相关资料。工作底稿是判断一个评估项目是否执行了评估基本程序的主要依据，应反映资产评估专业人员实施现场调查、评定估算等评估程序，支持评估结论。

（二）工作底稿的分类

对工作底稿的分类主要按载体和内容来划分。

1. 按工作底稿的载体划分，可以分为纸质文档、电子文档、其他介质形式的文档。资产评估委托合同、资产评估报告应当形成纸质文档。评估明细表、评估说明可以是纸质文档、电子文档、其他介质形式的文档。同时以纸质文档和其他介质形式保存的文档，其内容应当相互匹配，不一致的以纸质文档为准。在评估档案目录中按照评估准则要求注明文档的介质形式。

2. 按工作底稿的内容划分，可以分为管理类工作底稿、操作类工作底稿。根据我国《资产评估执业准则——资产评估档案》的要求，工作底稿通常包括管理类工作底稿和操作类工作底稿。管理类工作底稿是指执行资产评估业务过程中，为受理、计划、控制和管理资产评估业务所形成的工作记录及相关资料；操作类工作底稿是指在履行现场调查、收集评估资料和评定估算程序时所形成的工作记录及相关资料。

二、工作底稿的编制要求和内容

（一）工作底稿的编制要求

1. 工作底稿应当遵守法律、行政法规和资产评估准则。工作底稿编制应遵守的有关法律、行政法规和资产评估准则如表 9－2 和表 9－3 所示。

表 9－3　工作底稿编制应遵守的有关法律、行政法规

1	《档案法》
2	《资产评估法》
3	《国有资产评估管理办法》
4	《国有资产评估管理若干问题的规定》

表 9－4　工作底稿编制应遵守的资产评估准则

1	《资产评估基本准则》
2	《资产评估执业准则——资产评估程序》
3	《资产评估执业准则——资产评估档案》

2. 工作底稿应当反映资产评估程序实施情况，支持评估结论。根据《资产评估

基本准则》，工作底稿应当真实完整、重点突出、记录清晰，能够反映资产评估程序实施情况，支持评估结论。

3. 工作底稿应当真实完整、重点突出、记录清晰。真实完整：体现在工作底稿真实完整地反映评估全过程；重点突出是指工作底稿应当力求反映对评估结论有重大影响的内容，要求工作底稿中支持评估结论的材料突出，凡是对评估结论有重大影响的文件资料和现场调查、评定估算过程都应当形成工作底稿；记录清晰是指内容要清晰和记录字迹要清晰。

4. 委托人和其他相关当事人提供的档案应由提供方确认。在评估实务中，有相当一部分的工作底稿是由委托人和其他相关当事人提供的。对所提供资料确认实际是责任划分问题，提供资料的一方，原则上应当对资料的真实性、完整性、合法性负责。资产评估专业人员收集委托人和其他相关当事人提供的重要资料作为工作底稿，应当由提供方对相关资料进行确认，确认方式包括但不限于签字、盖章、法律允许的其他方式。

5. 工作底稿应当反映内部审核过程。工作底稿一般是评估项目组的成员在评估时编制的，编制人可能产生差错、遗漏等问题，因此在工作底稿的编制过程中，需要经过必要的审核程序，包括对文字、数字、计算过程等内容的审核。

6. 编制目录和索引号。资产评估专业人员应当根据评估业务特点和工作底稿类别，编制工作底稿目录，建立必要的索引号，以反映工作底稿之间的勾稽关系和便于查找。

（二）工作底稿的内容

1. 管理类工作底稿。通常情况下，管理类工作底稿包括以下内容。

（1）资产评估业务基本事项的记录。基本事项的工作底稿主要反映以下内容：

①评估项目的洽谈人，委托人名称、联系人，其他相关当事人名称、地址、企业性质、法人代表、注册资金、经营范围、经营周期等基本情况；

②其他相关当事人与委托人的关系，评估报告使用人与委托人、其他相关当事人的关系；

③相关经济行为的背景情况及评估目的；

④评估对象和评估范围；

⑤评估范围内的资产状况；

⑥价值类型；

⑦评估基准日；

⑧评估报告提交期限和方式；

⑨评估假设、限制条件；

⑩评估服务费总额或者支付标准、支付时间和支付方式。

（2）资产评估项目风险评价。资产评估项目风险评价的工作底稿反映以下内容：

①项目洽谈人通过对委托人和其他相关当事人的要求、评估目的、资产状况等基本情况的了解，对评估项目是否存在风险做出的判断；

②风险可控情况、化解风险、防范风险的主要措施；

③评估机构按规定流程通过对评估项目基本情况了解、评估项目风险调查分析，对是否承接项目作出的决定或签署的意见。

（3）资产评估委托合同。资产评估委托合同的工作底稿应反映资产评估委托合同签订以及评估目的、评估对象和评估范围、评估基准日、价值类型、评估报告类型、评估服务费、评估报告提交期限和支付方式变更等的过程。

（4）资产评估计划。评估计划的工作底稿主要涉及以下内容：

①对实施资产评估业务的主要过程及时间进度、人员安排、技术方案等的安排；

②在评估过程中根据情况变化作出的调整记录；

③评估机构对评估计划的审核、批准情况。

（5）资产评估业务执行过程中重大问题的处理记录。评估过程中重大问题处理记录工作底稿主要反映评估项目实施过程中，资产评估专业人员遇到重大问题逐级请示、资产评估专业人员根据批示意见的处理记录。

（6）资产评估报告的审核记录。资产评估报告的审核是评估机构保证评估质量、降低评估风险的重要手段，是评估机构内部质量控制程序的重要组成部分。审核工作底稿主要反映评估机构内部各级审核情况，明确列示审核意见。此外，委托人提供的反馈意见、管理部门提出的评审意见，以及资产评估专业人员对相关意见的处理信息等也属于报告审核情况的工作底稿。

（7）聘请专家的主要情况。评估项目聘请专家有关情况的工作底稿主要反映聘请专家个人解决的问题，拟聘请专家个人的简历、专业或专长等。

2. 操作类工作底稿。操作类工作底稿产生于评估工作的全过程，由资产评估专业人员及其助理人员编制，反映资产评估专业人员在执行具体评估程序时所形成的工作成果。主要包括以下内容。

（1）现场调查记录与相关资料。不同评估方法下，对实物资产调查的重点是不同的。因此，不同评估方法下的现场调查工作的工作底稿内容是不同的，资产评估专业人员应根据评估目的和资产状况，合理确定资产（包括负债）的调查量，并编制相应的工作底稿。通常包含以下内容：

①委托人或其他相关当事人提供的资料，如资产评估明细表，评估对象的权属证明资料，与评估业务相关的会计、财务、审计等资料，以及相关说明、证明和承诺等，资产评估项目所涉及的需要批准的经济行为批准文件等；

②现场勘察记录、书面询问记录、函证记录等；

③其他相关资料。

（2）收集评估资料。在整个评估工作过程中，收集的与评估工作有关的操作类工作底稿具体包括以下内容：

①市场调查及数据分析资料；

②询价记录；

③其他专家鉴定及专业人士报告；

④其他相关资料。

（3）评定估算过程记录。在评定估算阶段的工作中，均需编制相应的工作底稿，以支持评估结论，一般具体包括以下内容：

①重要参数的选取和形成过程；

②价值分析、量化计算和判断过程记录；

③评估结论形成过程的记录；

④与委托人或者其他相关当事人的沟通记录；

⑤其他相关资料。

三、资产评估档案的归集与管理

（一）资产评估档案的归集与管理

资产评估机构应当按照法律、行政法规和评估准则的规定建立健全资产评估档案管理制度。资产评估业务完成后，资产评估专业人员应将工作底稿与评估报告等归集形成评估档案后及时向档案管理人员移交，并由所在资产评估机构按照国家有关法律法规及评估准则的规定妥善管理。

1. 资产评估档案的归集期限。根据《资产评估执业准则——资产评估档案》的要求，资产评估专业人员通常应在资产评估报告日后 90 日内将工作底稿、资产评估报告及其他相关资料归集形成资产评估档案，并在归档目录中注明文档介质形式。

重大或者特殊项目的归档时限为评估结论使用有效期届满后 30 日内，并由所在资产评估机构按照国家有关法律、行政法规及评估准则的规定妥善管理。

2. 资产评估档案的保管期限。根据《资产评估法》和《资产评估执业准则——资产评估档案》的规定，一般评估业务的评估档案保存期限不少于 15 年，法定评估业务的评估档案保存期限不少于 30 年。评估档案保存期限，自评估报告日起算。资产评估机构应当在评估档案保存期限内妥善保管资产评估档案，以保证资产评估档案的安全和持续使用。资产评估档案应由资产评估机构集中统一管理，不得由原制作人单独分散保管。资产评估机构不得对在法定保存期内的资产评估档案非法删改或者销毁。

（二）资产评估档案的保密与查阅

资产评估档案涉及客户的商业密码、技术密码等，评估机构、资产评估专业人员有责任为客户保密。资产评估档案的管理应当严格执行保密制度。除下列情形外，资产评估档案不得对外提供。

1. 国家机关依法调阅的；
2. 资产评估协会依法依规调阅的；
3. 其他依法依规查阅的。

本机构评估专业人员需要查阅评估档案应按规定办理查阅手续。

关键概念

资产评估报告　资产评估档案　整体资产评估报告　单项资产评估报告　现时性评估报告　预测性评估报告　追溯性评估报告　工作底稿　完整型评估报告　简明型评估报告　限制型评估报告　管理类工作底稿　操作类工作底稿

思考题

1. 简述资产评估报告的含义及作用。
2. 资产评估报告的编制要求有哪些？
3. 资产评估报告的正文包括哪些内容？
4. 资产评估报告相关的法律法规制度有哪些？
5. 资产评估报告分析的目的有哪些？
6. 资产评估报告有哪些使用者？
7. 资产评估报告档案的重要性有哪些？
8. 资产评估档案的组成部分有哪些？

常用网站网址

1. 中国资产评估协会：http：//www. cas. org. cn
2. 国际评估准则理事会：https：//www. ivsc. org

第十章　我国资产评估行业管理

【引例】

中国会计报：新中国评估第一单

走进原大连炼铁厂的档案室，两面墙边满满地立着几十个绿皮柜子，10 年前就曾探寻过“评估第一单”的原大连评估协会秘书长郑广乐轻车熟路，他解释说：“评估第一单的评估表原件已经找不到了，10 年前费尽周折，只在当时的一张会计凭证后面找到了评估表的复印件。”原大连炼铁厂的财务人员、现任大连坤达铸铁管有限公司总会计师马耀学在几个大纸箱子里找出了“评估第一单”的复印件。

这份手工制作的复印件只有十几页，比起现在的评估报告单薄了很多，但却如同一声惊雷，在当时并不知评估为何物的中国，为大连炼铁厂的引进投资提供了合理的证明，使大连炼铁厂的资产总额增加了 300 余万元，更让大连炼铁厂一方在合资之后的股比从 47% 左右达到了 60% 以上。

股比上的小小挪移，为大连炼铁厂带来了合资之后生产经营管理的主控权。这一份薄薄的资产评估报告，是当时新中国首屈一指的独一份。资产评估的第一次亮相，就展示出了资产评估对国有资产保值增值的强大保障力量，为我国国有资产保值增值以及合资控股权的争夺提供了技术保障，让当时对资产评估懵懵懂懂的各界人士第一次正视了资产评估的力量。

当时，无论是亲身参与过资产评估拍板的原财政局和原冶金局的老局长们，还是亲手制作出第一份资产评估表的评估人员以及财务人员，都没有意识到自己正在创造着一个生机勃勃、前景无限的行业的首单业务，并在中国资产评估行业精彩的历史上留下了自己的身影。

他们只是单纯地想在当时的引进外资中保证国有资产不再流失，保障国有资产的保值增值。

“当时和港方谈判，为了股比的分配比例和标准僵持了很长时间，港方为了提高分配比例，一直要求按净值走。后来，听取了咱们财政局的意见后，才有了评估报告这个标准。”马耀学说。

马耀学平淡的话，却让人深刻领略了资产评估在招商引资中的重要作用。历史在不经意间就被创造，被铭记，被传扬，这就是资产评估这个行业的力量。

马耀学告诉记者：“港方也认可了评估的结果，使我们在评估结果出来之前漫长地拉锯式股比谈判对峙中占据主动，提供了支持。而在之后的实际经营过程中，我们一直处于主导地位，港方只在重大事项上发表意见，对于经营管理方面则主要交予我方。”

这仅仅是评估第一单在具体业务上的影响。事实上，评估第一单还让当时未曾听说过评估的人们大开眼界，真正了解了资产评估行业的价值。评估行业由此揭开了序幕。

资料来源：http：//www. cas. org. cn/xwdt/zhxx/42973. htm

学习目标

【知识目标】

1. 了解资产评估行业政府管理和自律管理的主要内容。
2. 熟悉资产评估法律、制度和准则体系。
3. 了解资产评估职业道德规范的主要内容。

【能力目标】

1. 培养学生对资产评估行业管理要求及其变化的认知能力。
2. 培养学生对资产评估业务处理中的法治、规则意识。
3. 培养学生树立正确、良好的资产评估职业道德。

第一节 我国资产评估行业管理体系

一、我国资产评估行业管理体制变革

我国资产评估行业的管理一直伴随资产评估行业发展的全过程，管理体制机制随着我国市场经济和行业发展的各个发展阶段呈现出不同的特点。

（1）单一的行政管理。在资产评估行业初创期，行业管理重在行政管理，管理主体单一。政府是行业管理的唯一主体，管理职能无所不包，既管宏观，又管微观，既管行业政策，又管队伍、项目。

（2）行政管理和自律管理有机结合。随着市场经济的深入发展，政府职能的不断转变，市场机制在资源配置中的基础性作用不断强化，资产评估行业管理由原来单一的行政管理机制发展到现在的行政管理和自律管理有机结合，管理主体也由单一的政府部门发展到现在的政府部门与行业协会；行政管理侧重方向性指导及机构资质管理；自律管理侧重具体运行及队伍的日常管理；项目管理也由原来的立项确认制发展到现在的核准、备案制。

随着我国积极推进简政放权、放管结合、优化服务，在加快行政体制改革的大背景下，资产评估行业管理也发生了重大的变革。主要体现在以下方面：

（1）政府管理职能的转变和弱化。《国务院关于取消和调整一批行政审批项目等事项的决定》取消了注册资产评估师等准入职业资格，改为水平评价类职业资格。根据《资产评估法》的规定，评估机构的设立由审批制改为备案制。2021 年 2 月，

《财政部办公厅关于印发〈加强资产评估行业联合监管若干措施〉的通知》就财政部监督评价局、中国资产评估协会加强资产评估行业联合监管工作提出明确要求。

（2）行业自律管理职能不断强化。政府通过职业资格管理方式的改革，将资产评估师水平考试、管理等政府职能交给行业协会。评估机构设立方式的改变也赋予协会更多的管理职责，行业协会将承担更大的责任。在新政策的研究和行业制度设计方面，特别是行政职能承接、行业管理模式、人员考试培训、会员登记和机构管理等关键问题上，协会的自律管理职能在不断强化。

二、我国资产评估行业的行政监管

（一）《资产评估法》对行业行政监管的规定

《资产评估法》第六章监督管理规定：

第三十九条　国务院有关评估行政管理部门组织制定评估基本准则和评估行业监督管理办法。

第四十条　设区的市级以上人民政府有关评估行政管理部门依据各自职责，负责监督管理评估行业，对评估机构和评估专业人员的违法行为依法实施行政处罚，将处罚情况及时通报有关评估行业协会，并依法向社会公开。

第四十一条　评估行政管理部门对有关评估行业协会实施监督检查，对检查发现的问题和针对协会的投诉、举报，应当及时调查处理。

第四十二条　评估行政管理部门不得违反本法规定，对评估机构依法开展业务进行限制。

第四十三条　评估行政管理部门不得与评估行业协会、评估机构存在人员或者资金关联，不得利用职权为评估机构招揽业务。

根据国务院有关文件的规定，目前我国的评估行业包括资产评估、房地产估价、土地估价、矿业权估价、机动车评估和保险公估六个专业领域，分别由财政部、自然资源部、住房和城乡建设部、商务部、银保监会五个部门负责监督管理。其中，财政部监管资产评估领域，具有综合性特征。

（二）《资产评估行业财政监督管理办法》

2017 年 4 月 21 日，财政部公布《资产评估行业财政监督管理办法》（以下简称《办法》），自 2017 年 6 月 1 日起施行。首先，《办法》有助于构建财政部门对资产评估行业的行政监管体系，即建立了行政监管、行业自律与机构自主管理相结合的监管新体系。其次，《办法》为资产评估行业健康发展提供了制度保障，对评估专业人员、评估机构和评估协会如何保障权利、履行义务和承担责任作出了明确规定。最后，《办法》提供了适应市场经济发展的评估领域协调体制。协调制度的设计不仅满足了行政管理“不冲突、不越位”的基本要求，更有利于贯彻和实施《资产评估法》的要求，有利于整个评估市场的协调发展。

1.《办法》的主要内容。《办法》共八章七十二条，分别为总则、资产评估专业人员、资产评估机构、资产评估协会、监督检查、调查处理、法律责任和附则。主要内容包括以下几个方面：

（1）明确《办法》适用于按照职责分工且由财政部门监管的资产评估行业、资产评估专业人员、资产评估业务、资产评估机构和资产评估协会；

（2）对资产评估专业人员的要求；

（3）详细规定了资产评估机构自主管理、协会对其自律管理以及行政备案管理等内容；

（4）按照政社分开、权责明确、依法自治的原则，根据《资产评估法》的有关规定，明确了对资产评估行业协会的管理要求；

（5）财政部门监督检查工作的职责、内容和要求；

（6）财政部门调查处理工作的内容和要求；

（7）法律责任等相关规定；

（8）外商投资的资产评估机构安全审查相关规定，以及设区的市级以上有关主管部门监管权等规定。

2.《办法》对资产评估人员和评估机构的设立要求。

（1）对资产评估人员的主要要求。

①《资产评估法》将评估专业人员分为评估师和其他评估从业人员。《办法》将评估专业人员分为资产评估师（含珠宝评估专业，下同）和具有资产评估专业知识及实践经验的其他资产评估从业人员。

②资产评估专业人员从事资产评估业务应当加入资产评估机构，且只能在一个资产评估机构从事业务。

③资产评估专业人员应当与资产评估机构签订劳动合同，建立社会保险缴纳关系，按照国家有关规定办理人事档案存放手续。

④资产评估专业人员从事资产评估业务，应当遵守法律行政法规和资产评估行业财政监督管理办法的规定，执行资产评估准则及资产评估机构的各项规章制度，依法签署资产评估报告，不得签署本人未承办业务的资产评估报告或者有重大遗漏的资产评估报告。

⑤未取得资产评估师资格的人员不得签署法定资产评估业务资产评估报告，其签署的法定资产评估业务资产评估报告无效。

⑥资产评估专业人员应当接受资产评估协会的自律管理和所在资产评估机构的自主管理，不得从事损害资产评估机构合法利益的活动。

⑦加入资产评估协会的资产评估专业人员，平等享有章程规定的权利，履行章程规定的义务。

（2）对资产评估机构设立的主要要求。

①通过信息管理系统实施备案，并简化资产评估机构备案材料，减轻申请人负担，但考虑到信息系统的安全运行有待检验，同时要求提供纸质材料，未来视情况可考虑取消纸质材料。

②资产评估机构的备案信息不齐全或者备案材料不符合要求的，省级财政部门应当在接到备案材料5个工作日内一次性告知需要补正的全部内容，并予以指导；备案材料完备且符合要求的，省级财政部门收齐备案材料即完成备案，并在20个工作日内将信息以公函编号向社会公开。

③资产评估机构设立分支机构的，由资产评估机构向其分支机构所在地省级财政部门备案并提交相关备案材料。完成分支机构备案的省级财政部门，应当将分支机构备案情况向社会公开，同时告知资产评估机构所在地省级财政部门。

④评估机构发生重要事项变更，如机构的名称、合伙人或股东、分支机构的名称等发生变更以及机构分立、合并、转制、撤销等，应当自变更之日起15个工作日内，向有关省级财政部门办理变更手续。需要变更工商登记的，自工商变更登记完成之日起15个工作日内，向有关省级财政部门办理变更手续、备案手续、注销备案等。

⑤评估机构跨省级行政区划迁移经营场所，应当书面告知迁出地省级财政部门。资产评估机构在办理完迁入地工商登记手续后15个工作日内，向迁入地省级财政部门办理迁入备案手续。迁入地省级财政部门办理迁入备案手续后通知迁出地的省级财政部门，迁出地省级财政部门应同时予以公告。

⑥注销备案的资产评估机构及其分支机构的资产评估业务档案，应当按照《档案法》和资产评估档案管理的有关规定予以妥善保存。

⑦财政部建立统一的备案信息管理系统，备案信息管理系统实行全国联网并与其他相关行政管理部门实行信息共享。

⑧资产评估机构未按《办法》规定备案的，依法承担法律责任。

3.《办法》对资产评估协会的主要要求。

（1）规定资产评估协会是资产评估机构和资产评估专业人员的自律性组织，接受有关财政部门的监督，不得损害国家利益和社会公共利益，不得损害会员的合法权益。

（2）规定资产评估协会章程应报财政管理部门备案，资产评估协会向财政部门报告会员信息档案，会员自律检查情况和对会员的奖惩情况等。

（3）规定资产评估协会的自律管理要求，包括应对资产评估机构及其资产评估专业人员执业质量和职业风险防范机制进行自律检查，对机构年度报送的材料进行分析，发现违法情形及时向财政部门报告。

（4）规定资产评估协会应当与其他评估专业领域行业协会加强沟通协作，建立会员、执业、惩戒等相关信息的共享机制。

（三）《财政部办公厅关于印发〈加强资产评估行业联合监管若干措施〉的通知》（以下简称《通知》）

《通知》旨在财政部党组集中统一领导下，依法实施行政机关、行业协会联合监督，有利于统筹监管资源提高监管效率，减轻基层负担，更是促进资产评估行业提升执业质量的重要保障。

1. 联合监管的特点。

（1）“六统一”原则。即，统一检查计划、统一规范程序、统一标准制度、统一组织实施、统一处理处罚、统一发布公告。

（2）“一查双罚”。即，组建联合检查组开展年度执业质量检查，对检查发现的问题进行联合审理，依法依规对相关机构及人员实施行政处罚、行业自律惩戒。

2. 联合监管的保障措施。

（1）加强党的领导。财政部监督评价局和中国资产评估协会在财政部党组的集中统一领导下，共同履行法定监管职责，定期向财政部党组汇报联合监管工作有关情况。在联合检查组中建立临时党支部，以党的纪律为统领，严格执行财政部会计和评估监督检查工作纪律，增强纪律约束力和制度执行力。

（2）加强队伍建设。注重发挥资产评估行业专家资源优势，在财政部层面成立资产评估技术咨询专家小组，在协会层面建立资产评估行业技术专家库。加大监管人才培养力度，将有关人员纳入资产评估行业高端人才培养项目，定期举办资产评估行业监管人员业务培训班。

（3）加强信息化建设。按照国家“互联网＋监管”系统建设要求，中国资产评估协会完善资产评估业务报备系统，构建资产评估行业监管一体化管理信息平台，实行行政监管和行业自律信息共享，并接入国家“互联网＋监管”系统。

（4）加强成果运用。对发现的严重违反有关法律法规、屡查屡犯的资产评估机构及人员将其列入失信“黑名单”，并与其他监管部门信息共享。对联合监管中发现的典型案例予以曝光，震慑违法行为。

三、我国资产评估行业自律管理

1993 年 12 月 10 日，我国成立了中国资产评估协会。资产评估协会的建立标志着我国资产评估行业建设进入了一个新的历史发展阶段。随着我国资产评估行业的发展及其影响的不断扩大，1995 年，经外交部批准，中国资产评估协会代表中国资产评估行业加入了国际评估准则委员会；1999 年，中国资产评估协会当选为国际评估准则委员会常务理事，并为其专业技术委员会的委员；2005 年，经外交部批准，中国资产评估协会加入世界评估组织联合会并成为其常委理事。我国的资产评估由政府管理逐渐转向在财政部门指导下的行业自律管理，这既是我国政府行政管理体制改革的需要，也是与国际惯例接轨的需要。

资产评估协会是评估机构和评估专业人员的自律性组织，依照法律行政法规和章程，实行自律管理。《资产评估行业行政监督管理办法》对资产评估协会及其自律管理作了相关规定。

（一）资产评估协会的宗旨

《中国资产评估协会章程》（附录 5）第三条规定：“本团体的宗旨为：遵守国家宪法、法律、法规和国家政策，遵守社会道德风尚，依法进行行业自律管理；服务会员、服务行业、服务国家经济社会发展，维护社会公共利益和会员合法权益；监督会员规范执业，提升行业服务能力和社会公信力，促进行业持续健康发展。”

（二）资产评估协会的主要职责

1. 拟订行业发展规划和行业自律性管理规范并组织实施；
2. 制定资产评估执业准则和职业道德准则并组织实施；
3. 组织实施资产评估师职业资格全国统一考试；
4. 组织开展会员继续教育，负责对会员实行自律管理；
5. 改革完善会员资格和评价制度；
6. 建立会员信用档案，并向社会公开；
7. 指导和检查会员建立风险防范机制；
8. 规范会员从业行为，定期检查会员出具的资产评估报告；
9. 负责资产评估行业党建工作；
10. 负责向财政部相关司局提供资产评估师信息，报告会员信用档案、会员自律检查情况及奖惩情况；
11. 受理有关投诉、举报和申诉，调解执业纠纷，维护会员合法权益；
12. 负责行业信息化建设，建立健全行业信息管理系统；
13. 建立资产评估数据库；组织开展资产评估行业宣传和理论研究，开展国际交流与合作；
14. 开展政府债券承销交易评价体系研究、政府债券市场动态监测相关工作；
15. 指导地方资产评估协会开展工作；
16. 完成财政部党组交办的其他任务。

（三）中国资产评估协会基本组织机构

1. 会员代表大会。中国资产评估协会最高权力机构为会员代表大会，每五年召开一次，选举产生理事会。理事会是会员代表大会的执行机构，对会员代表大会负责。常务理事会为理事会的常设机构，在理事会闭会期间，行使理事会职权。

2. 理事会。中国资产评估协会理事会设若干专门委员会和专业委员会。专门委员会是理事会履行职责的专门工作机构。专业委员会是理事会负责处理行业发展中的专业技术问题的专业工作机构。各委员会办事机构设在秘书处相关部门或受委托的有关部门。

3. 秘书处。秘书处为中国资产评估协会日常办事机构，负责落实会员代表大会、理事会、常务理事会的各项决议、决定。秘书长负责秘书处的日常工作。

4. 中国资产评估协会党委和资产评估行业党委。中国资产评估协会注重加强党建工作，在财政部党组的领导下，中国资产评估协会党委和资产评估行业党委认真履行党建工作职责。

四、资产评估机构的自律管理

根据《办法》的相关规定，资产评估机构的自律管理的主要内容有以下几个方面。

1. 资产评估机构应当依法采用合伙或者公司形式，并符合《资产评估法》第十五条规定的条件。不符合《资产评估法》第十五条规定条件的资产评估机构不得承接资产评估业务。设立合伙或公司形式必须具备以下条件。

（1）设立合伙形式的资产评估机构，除符合国家有关法律法规规定以外，还应当具备下列条件：①有两名以上评估师；②其合伙人 2/3 以上应当是具有 3 年以上从业经验且最近 3 年内未受停止从业处罚的评估师。

（2）设立公司形式的资产评估机构，除符合国家有关法律法规规定以外，还应当具备下列条件：①有 8 名以上评估师或两名以上股东；②其中 2/3 以上股东应当是具有 3 年以上从业经验且最近 3 年内未受停止从业处罚的评估师。

2. 资产评估机构从事资产评估业务应当遵守资产评估准则，履行资产评估程序，加强内部审核，严格控制执业风险。

3. 资产评估机构开展法定资产评估业务，应当指定至少两名资产评估师承办。不具备两名以上资产评估师条件的资产评估机构不得开展法定资产评估业务。法定资产评估业务资产评估报告应当由两名以上承办业务的资产评估师签署，并履行内部程序后加盖资产评估机构印章，资产评估机构及签字资产评估师依法承担责任。

4. 资产评估机构应当遵守独立性原则和资产评估准则规定的资产评估业务回避要求，不得受理与其合伙人或者股东存在利害关系的业务。

5. 资产评估机构应当建立健全质量控制制度和内部管理制度。其中内部管理制度包括资产评估业务管理制度、业务档案管理制度、人事管理制度、继续教育制度、财务管理制度等。

6. 资产评估机构应当指定一名取得资产评估师资格的本机构合伙人或者股东专门负责执业质量控制。

7. 资产评估机构根据业务需要建立职业风险基金管理制度，或者自愿购买职业责任保险，完善职业风险防范机制。资产评估机构建立职业风险基金管理制度，按照财政部的具体规定提取、管理和使用职业风险基金。

8. 实行集团化发展的资产评估机构，应当在质量控制、内部管理、客户服务、企业形象、信息化等方面对设立的分支机构实行统一管理，或者对集团成员实行统一政策。分支机构应当在资产评估机构授权范围内依法从事资产评估业务，并以资产评估机构的名义出具资产评估报告。

9. 资产评估机构和分支机构加入资产评估协会，平等享有章程规定的权利，履行章程规定的义务。

10. 资产评估机构和分支机构应当在每年 3 月 31 日之前，分别向所加入的资产评估协会报送下列材料：（1）资产评估机构或分支机构基本情况；（2）上年度资产评估项目重要信息；（3）资产评估机构建立职业风险基金或者购买职业责任保险情况。购买职业责任保险的，应当提供职业责任保险保单信息。

五、资产评估从业人员管理

资产评估从业人员包括资产评估师和其他具有评估专业知识及实践经验的评估从

业人员等。对资产评估从业人员的管理应符合《资产评估法》《资产评估师执业资格制度暂行规定》《中国资产评估协会会员管理办法》等规定。资产评估师是一个智力型的职业，对其管理的内容涉及其入门、执业期间的管理和退出，包括考试、登记管理、继续教育等一系列的工作。

（一）资产评估师职业资格制度

人力资源和社会保障部、财政部共同负责资产评估师职业资格制度的政策制定，并按职责分工对资产评估师职业资格制度的实施进行指导、监督和检查。中国资产评估协会具体承担资产评估师职业资格的评价与管理工作。

1. 资产评估师考试制度。根据《资产评估法》规定，中国资产评估行业协会按照国家规定组织实施评估师资格全国统一考试，具有高等院校专科以上学历的公民，均可以参加资产评估师职业资格考试，考试合格者将获得资产评估师职业资格证书。

2. 资产评估师职业资格证书登记服务制度。资产评估师职业资格证书实行登记服务制度，资产评估师职业资格考试合格的人员应当进行执业资格证书登记。有以下情形的，将不予登记。

（1）不具有完全民事行为能力；

（2）因在资产评估相关工作中受到刑事处罚，刑罚执行期满未逾5年；

（3）因在资产评估相关工作中违反法律、法规、规章或者职业道德被取消登记未逾5年；

（4）因在资产评估、会计、审计、税务、法律等相关工作领域中受到行政处罚，自受到行政处罚之日起不满两年；

（5）在申报登记过程中有弄虚作假行为未予登记或者被取消登记的，自不予登记或者取消登记之日起不满3年；

（6）中国资产评估协会规定的其他不予登记的情形。

资产评估师有下列情形之一的，由地方协会报中国资产评估协会注销登记。

（1）不具有完全民事行为能力；

（2）自愿申请注销登记；

（3）死亡或者被依法宣告死亡；

（4）中国资产评估协会规定的其他情形。

3. 资产评估师执业管理制度。资产评估师执业管理制度主要由资产评估师执业技术规范和职业道德规范组成。资产评估师执业技术规范原则规定了资产评估师的执业范围、执业技术规程和执业责任；资产评估师职业道德规范具体规定了资产评估师的职业理想、职业态度、职业职责、执业立场、执业者与委托人之间的关系、回避制度以及专业胜任能力等。

4. 资产评估师后续教育制度。资产评估师后续教育制度是指已经取得了资产评估师职业资格并正在执业的资产评估师必须接受继续教育的制度。在其执业过程中，每年不得少于一定学时的再学习、再教育的时间，以保证执业中的资产评估师的知识更新和技术进步。对未接受再学习、再教育以及未完成再学习、再教育规定学时的资产评估师将不予通过年检。

（二）资产评估协会会员管理

根据《中国资产评估协会章程》《中国资产评估协会会员管理办法》的规定，中国资产评估协会会员分为单位会员和个人会员。单位会员包括评估机构会员和非评估机构会员。个人会员分为执业会员和非执业会员，其中执业会员分为评估师执业会员和非评估师执业会员。另外，协会设特别会员，包括特别机构会员、资深会员和名誉会员。会员的入会和日常管理分别由中国资产评估协会及地方资产评估协会负责。

1. 单位会员入会程序。

（1）评估机构会员。依法设立的资产评估机构，按照有关规定，向所在地省级资产评估协会（以下简称地方协会）提出入会申请，并提交有关设立和备案文件，经地方协会核实后，报中国资产评估协会批准，成为评估机构会员。

（2）非评估机构会员。中央企事业单位，从事资产评估研究和教学的单位，与资产评估行业相关的其他全国性社会团体，国外及港澳台地区从事资产评估的机构等，按有关规定，向中国资产评估协会提出入会申请，经中国资产评估协会批准后，成为非评估机构会员。其他非评估机构向所在地地方协会提出申请，经地方协会核实后，报中国资产评估协会批准，成为非评估机构会员。

2. 个人会员入会程序。

（1）执业会员。申请人向所在地地方协会提出入会申请，并提交相关材料，经地方协会初审后，报中国资产评估协会批准，成为执业会员。

（2）非执业会员。在中央国家机关及政府相关部门、中央企事业单位、全国性社会团体、资产评估研究和教学单位、国外及港澳台地区从事评估行业工作的申请人按相关规定向中国资产评估协会提出入会申请，经中国资产评估协会批准后，成为非执业会员。其他申请人向所在地地方协会提出申请，经地方协会核实后，报中国资产评估协会批准，成为非执业会员。

（3）特别会员。依法取得证券、期货相关业务评估资格的评估机构，向中国资产评估协会提出申请，并提交证券、期货相关业务评估资格证书复印件，经中国资产评估协会核实后，成为特别机构会员；长期从事资产评估业务的资产评估理论研究、具有较高理论水平和较强专业能力的会员，由本人申请，经中国资产评估协会常务理事会批准，成为资深会员；对资产评估行业做出重大贡献的社会人士或境内外知名人士，由中国资产评估协会秘书处提名，经中国资产评估协会常务理事会批准，成为名誉会员。

第二节　我国资产评估行业的法律制度与准则体系

一、我国资产评估法律制度

（一）资产评估法律制度体系

我国的资产评估法律制度体系是以《资产评估法》为统领，由相关法律、行政法规、部门规章、规范性文件以及自律管理制度共同组成的全面、系统、完备的资产评估法律制度体系。如图 10－1 所示。

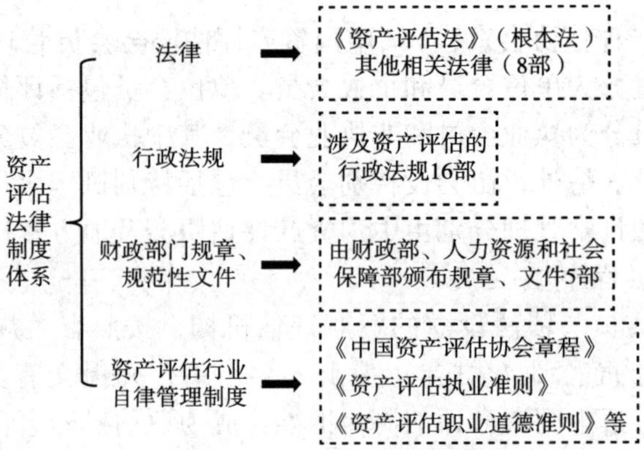

图 10－1　我国资产评估法律制度体系

1. 相关法律。目前，除《资产评估法》外，相关法律也从不同角度对资产评估进行了规范，如《公司法》《证券法》《刑法》《公路法》《企业国有资产法》《城市房地产管理法》《拍卖法》《政府采购法》《合伙企业法》《保险法》等。这些相关法律主要规定了涉及国有资产产权转让、抵押、股东出资、股票和债券发行、房地产交易等业务，必须要进行评估。部分相关法律所涉必须进行评估的条款如下：

（1）《企业国有资产法》第四十七条规定："国有独资企业、国有独资公司和国有资本控股公司合并、分立、改制、转让重大财产，以非货币财产对外投资，清算或者有法律、行政法规以及企业章程规定应当进行资产评估的其他情形的，应当按照规定对有关资产进行评估。"第四十八条规定："国有独资企业、国有独资公司和国有资本控股公司应当委托依法设立的符合条件的资产评估机构进行资产评估；涉及应当报经履行出资人职责的机构决定的事项的，应当将委托资产评估机构的情况向履行出资人职责的机构报告。"

（2）《公司法》第二十七条规定："股东可以用货币出资，也可以用实物、知识产权、土地使用权等可以用货币估价并可以依法转让的非货币财产作价出资；但是，法律、行政法规规定不得作为出资的财产除外。对作为出资的非货币财产应当评估作价，核实财产，不得高估或者低估作价。法律、行政法规对评估作价有规定的，从其规定。"

（3）《合伙企业法》第十六条规定："合伙人可以用货币、实物、知识产权、土地使用权或者其他财产权利出资，也可以用劳务出资。合伙人以实物、知识产权、土地使用权或者其他财产权利出资，需要评估作价的，可以由全体合伙人协商确定，也可以由全体合伙人委托法定评估机构评估。合伙人以劳务出资的，其评估办法由全体合伙人协商确定，并在合伙协议中载明。"

（4）《证券法》第一百三十九条规定，国务院证券监督管理机构认为有必要时，可以委托资产评估机构对证券公司的资产价值进行评估。

（5）《拍卖法》第二十八条规定，拍卖国有资产，依照法律或者按照国务院规定需要评估的，应当经依法设立的评估机构评估，并根据评估结果确定拍卖标的的保留价。

（6）《公路法》第六十一条规定，公路收费权出让的最低成交价，以国有资产评估机构评估的价值为依据确定。

2. 行政法规。我国涉及资产评估的行政法规有 16 余部，包括《国有土地上房屋征收与补偿条例》《国有资产评估管理办法》《社会救济暂行办法》《全民所有制工业企业转换经营机制条例》《土地增值税暂行条例》《森林防火条例》《证券公司监督管理条例》《民办教育促进法实施条例》《金融机构撤销条例》《矿产资源勘查区块登记管理办法》《矿产资源开采登记管理办法》《探矿权采矿权转让管理办法》《国务院关于股份有限公司境内上市外资股的规定》《中外合作经营企业法实施细则》《股权发行与交易管理暂行条例》《全民所有制小型工业企业租赁经营暂行条例》等，主要规定对涉及国有资产产权变动、房屋征收补偿、矿产资源开采、金融机构抵押贷款、金融机构撤销等多种业务，必须要进行评估。

3. 财政部门规章、规范性文件。

（1）按照《资产评估法》的要求，2017 年 4 月 21 日，财政部出台了《资产评估行业财政监督管理办法》明确了行业监管的对象和内容，规定了行业监管的手段和法律责任。

（2）2017 年 5 月，人力资源和社会保障部、财政部修订发布了《资产评估职业资格制度暂行规定》和《资产评估师职业资格考试实施办法》，规定中国资产评估协会负责资产评估师职业资格考试组织和实施工作，同时放宽了报考条件，优化了考试科目，建立了适合行业发展和行业特点的资产评估师考试制度。

（3）2017 年 8 月，财政部印发《资产评估基本准则》，对资产评估的基本要求、基本遵循以及资产评估程序、资产评估报告、资产评估档案等作出了明确规定。

4. 自律管理制度。

（1）《中国资产评估协会章程》。2016 年 12 月，经资产评估行业第 5 次会员代表大会审议通过，并报财政部审查同意、民政部核准，新的《中国资产评估协会章程》正式生效，进一步完善了协会的职责定位，优化了协会的组织体系，规范了会员管理和理事会的运作机制。

（2）《中国资产评估协会会员管理办法》。2017 年 8 月，中国资产评估协会发布《中国资产评估协会会员管理办法》，明确规定了会员的职责、权利和义务、入会条件程序及会员管理等内容。

（3）《资产评估执业准则》。《资产评估执业准则》是中国资产评估协会根据《资产评估基本准则》制定的资产评估机构及其资产评估专业人员，在执行资产评估业务过程中应当遵循的程序规范和技术规范，主要包括具体准则、评估指南和指导意见。截至 2022 年 2 月，中国资产评估协会已发布 12 项具体准则、5 项评估指南和 14 项指导意见。

（4）《资产评估职业道德准则》。2017 年 9 月，中国资产评估协会发布《资产评估职业道德准则》，旨在规范注册资产评估师执业行为和职业道德行为，提高资产评估师职业道德素质，保证执业质量，明确执业责任，维护社会公共利益和资产评估各方当事人合法权益。

（5）资产评估专家指引、操作指引及其他相关规定条例。截至 2022 年 2 月，中国资产评估协会已发布 14 项专家指引、3 项操作指引及若干项其他相关规定、条例。

（二）《资产评估法》

2016 年 7 月 2 日通过、2016 年 12 月 1 日实施的《资产评估法》是我国资产评估行业发展近 30 年来的首部基本大法，标志着我国资产评估行业进入依法治理新时代。该法解决了资产评估行业发展中的一系列重大理论和实践问题，着眼完善社会主义经济体制机制和行业未来健康发展，将为资产评估行业创造良好的法治环境。

《资产评估法》共八章 55 条，主要内容包括以下方面。

1. 明确评估对象和评估主体。《资产评估法》第二条规定："本法所称资产评估（以下称评估），是指评估机构及其评估专业人员根据委托对不动产、动产、无形资产、企业价值、资产损失或者其他经济权益进行评定、估算，并出具评估报告的专业服务行为。"

（1）评估对象。根据第二条规定，评估对象为不动产、动产、无形资产、企业价值、资产损失或者其他经济权益。这种概括是按资产形态进行的，不仅包括了财政部门管理的资产评估，而且涵盖了其他政府部门管理的房地产品估价、土地估价、矿业权评估、旧机动车鉴定估价和保险估价在内的评估专业领域，属于大评估的概念。

（2）评估主体。从事资产评估活动的主体，是资产评估机构及其评估专业人员。评估机构是依法设立的从事评估业务的专业机构。根据《资产评估法》的规定，设立评估机构应当向工商行政管理部门申请办理登记，领取营业执照，在领取营业执照后 30 日内向有关评估行政管理部门进行备案。设立评估机构，从事评估业务应当符合《资产评估法》第十五条规定的条件，包括应当具有足够数量的评估师，并符合有关对合伙人和股东的要求。

评估专业人员包括评估师和其他具有评估专业知识及实践经验的评估从业人员，评估专业人员应当加入评估机构才能从事评估业务。

2. 评估业务类型。《资产评估法》第三条规定："自然人、法人或者其他组织需要确定评估对象价值的，可以自愿委托评估机构评估。涉及国有资产或者公共利益等事项，法律、行政法规规定需要评估的（以下称法定评估），应当依法委托评估机构评估。"

（1）自愿委托评估。自然人、法人或者其他组织需要确定评估对象价值的，可以自愿委托评估机构评估。这里的自然人包括中国公民和外国人，法人或者其他组织包括除了自然人以外的各类组织，包括国家机关、企业、事业单位、社会团体等。根据《资产评估法》规定，评估人员必须加入评估机构才能开展业务，因此委托人只能委托评估机构进行评估业务。

自愿委托评估主要有三个特点：一是委托人自愿委托；二是评估业务由评估机构承接；三是评估报告可以由评估师或者其他评估专业人员签署。

（2）法定评估。涉及国有资产或者公共利益等事项，法律、行政法规规定需要评估的，应当依法委托评估机构评估。法定评估业务具有以下几个特点：一是涉及国有资产或者公共利益等事项；二是法律、行政法规规定需要评估，如《证券法》《国有企业国有资产法》等都有这方面的规定；三是应当依法选择评估机构评估；四是至少有两名相应专业类别的评估师承办业务，并且评估报告必须由至少两名评估师签署；五是法定评估档案保存期限为不少于30年，其他非法定评估档案保存期限为不少于15年。

3. 评估专业人员。《资产评估法》明确规定，评估专业人员包括评估师和其他具有评估专业知识及实践经验的评估从业人员。《资产评估法》第二章“评估专业人员”，明确规定了评估专业人员的权利义务和责任。

（1）评估专业人员享有下列权利：

①要求委托人提供相关的权属证明、财务会计信息和其他资料，以及为执行公允的评估程序所需的必要协助；

②依法向有关国家机关或者其他组织查阅从事业务所需的文件、证明和资料；

③拒绝委托人或者其他组织、个人对评估行为和评估结果的非法干预；

④依法签署评估报告；

⑤法律、行政法规规定的其他权利。

（2）评估专业人员应当履行下列义务：

①诚实守信，依法独立、客观、公正从事业务；

②遵守评估准则，履行调查职责，独立分析估算，勤勉谨慎从事业务；

③完成规定的继续教育，保持和提高专业能力；

④对评估活动中使用的有关文件、证明和资料的真实性、准确性、完整性进行核查和验证；

⑤对评估活动中知悉的国家秘密、商业秘密和个人隐私予以保密；

⑥与委托人或者其他相关当事人及评估对象有利害关系的，应当回避；

⑦接受行业协会的自律管理，履行行业协会章程规定的义务；

⑧法律、行政法规规定的其他义务。

4. 评估机构。评估机构是依法设立的从事评估业务的专业机构。《资产评估法》对评估机构的组织形式、设立条件、设立程序和相关管理制度做了规定。

（1）组织形式、设立条件和设立程序。根据《资产评估法》的规定，评估机构组织形式分为合伙形式和公司形式。

①合伙形式的评估机构，应当有2名以上评估师；其合伙人2/3以上应当是具有3年以上从业经历且最近3年内未受停止从业处罚的评估师。

②公司形式的评估机构，应当有8名以上评估师和2名以上股东，其中2/3以上股东应当是具有3年以上从业经历且最近3年内未受停止从业处罚的评估师。

③评估机构的合伙人或者股东为2名的，2名合伙人或者股东都应当是具有3年以上从业经历且最近3年内未受停止从业处罚的评估师。

《资产评估法》第十六条规定：“设立评估机构，应当向工商行政管理部门申请办理登记。评估机构应当自领取营业执照之日起三十日内向有关评估行政管理部门备案。评估行政管理部门应当及时将评估机构备案情况向社会公告。”

（2）评估机构的权利。《资产评估法》第十八条、第十九条规定：委托人拒绝提供或者不如实提供执行评估业务所需的权属证明、财务会计信息和其他资料的，评估机构有权依法拒绝其履行合同的要求。委托人要求出具虚假评估报告或者有其他非法干预评估结果情形的，评估机构有权解除合同。

（3）评估机构的责任。《资产评估法》规定了评估机构应承担的责任、加强自身的内部管理要求和完善风险防范机制。第十七条规定：“评估机构应当依法独立、客观、公正开展业务，建立健全质量控制制度，保证评估报告的客观、真实、合理。评估机构应当建立健全内部管理制度，对本机构的评估专业人员遵守法律、行政法规和评估准则的情况进行监督，并对其从业行为负责。评估机构应当依法接受监督检查，如实提供评估档案以及相关情况。”第二十条规定了评估机构不得涉及的八项行为。第二十一条规定：“评估机构根据业务需要建立职业风险基金，或者自愿办理职业责任保险，完善风险防范机制。”

5. 评估程序。评估程序对于保证评估机构独立、公正、公开开展业务十分重要，《资产评估法》对评估程序做了具体规定，主要内容包括以下方面：①关于委托人选择评估机构的原则；②关于订立评估委托合同相关事项；③关于对承办评估业务的评估专业人员的要求；④关于评估专业人员对评估对象进行现场调查，收集、核查验证、分析整理评估资料的程序要求；⑤关于评估方法选择、评估结论形成、评估报告编制的规定；⑥关于评估档案保管期限的要求。

6. 评估行业协会。评估行业协会是评估机构和评估专业人员的自律性组织，依照法律、行政法规和章程实行自律管理。《资产评估法》对行业协会的设立、会员入会、职责、协会之间的沟通协作及会费管理等内容做了明确的规定。

7. 评估行政管理部门的监督管理。评估行政管理部门是指负责各个评估领域业务管理的政府主管部门，不同的评估专业接受不同政府主管部门的监督管理，如资产评估行业接受财政部门的监督管理。评估行政管理部门的主要职责为：一是制定各自领域的评估基本准则和评估行业监督管理办法；二是负责对各领域评估行业的监督管理，对评估机构和评估专业人员的违法行为实行行政处罚，将处罚情况通报有关评估行业协会，并依法向社会公开；三是负责对各自领域的评估行业协会实施监督检查，对检查中发现的问题和针对协会的投诉、举报，进行调查处理。

《资产评估法》第六章“监督管理”第三十九条至第四十三条（具体见附录6）作了相关规定。

二、我国资产评估准则体系

评估准则是评估行业规范发展的重要基础。资产评估准则是资产评估机构和资产评估专业人员开展资产评估业务的行为标准，是监管部门和行业协会评价资产评估业务质量的重要尺度，是评估报告使用人理解资产评估结论的重要依据。我国资产评估准则体系主要由财政部制定的《资产评估基本准则》和中国资产评估协会根据《资产评估基本准则》制定的《资产评估执业准则》和《资产评估职业道德准则》构成。

（一）《资产评估基本准则》

2017年8月23日，财政部印发《资产评估基本准则》，自2017年10月1日起实施。这是财政部依据《资产评估法》等制定的资产评估机构及其资产评估专业人员执行各种资产类型、各种评估目的的资产评估业务应当共同遵循的基本规范。由于我国资产评估行业特殊的发展背景和综合性定位，《资产评估基本准则》在整个评估准则体系中占有极为重要的地位，这也是我国评估准则体系的一大特点，目前在各国评估准则及国际评估准则中并没有类似的基本准则部分。

1.《资产评估基本准则》的主要作用。

（1）《资产评估基本准则》是中国资产评估协会制定《资产评估执业准则》和《资产评估职业道德准则》的依据。

（2）《资产评估基本准则》明确了资产评估准则适用的业务范围，提出了资产评估业务的基本遵循，规定了资产评估业务的基本操作、资产评估报告编制要求和资产评估档案的管理要求。

（3）《资产评估基本准则》作为实施《资产评估法》的配套制度，为行政监管提供了依据，对事前的业务受理、事中的现场调查和报告编制，事后的档案编制和管理等资产评估全流程进行了规范。

2.《资产评估基本准则》的主要内容。《资产评估基本准则》共六章三十五条，分别为总则、基本遵循、资产评估程序、资产评估报告、资产评估档案和附则。《资产评估基本准则》的主要内容有以下几个方面：

（1）明确了资产评估准则规范的主体和适用范围；

（2）提出了资产评估机构及其资产评估专业人员开展资产评估业务的基本遵循；

（3）对资产评估程序、资产评估报告和档案等重要执业内容作出了具体规范；

（4）规定了资产评估准则体系组成。

（二）《资产评估执业准则》

《资产评估执业准则》是中国资产评估协会依据《资产评估基本准则》制定的资产评估机构及其资产评估专业人员在执行资产评估业务过程中应当遵循的程序规范和技术规范，包括具体准则、评估指南和指导意见。

1. 具体准则。《资产评估执业准则》又分为程序性准则和实体性准则两个部分。程序性准则是关于资产评估机构及其资产评估专业人员通过履行一定的专业程序完成评估业务、保证评估质量的规范。程序性准则包括：《资产评估执业准则——资产评估程序》《资产评估执业准则——资产评估报告》《资产评估执业准则——资产评估委托合同》《资产评估执业准则——资产评估档案》《资产评估执业准则——利用专家工作及相关报告》《资产评估执业准则——资产评估方法》。

实体性准则是针对不同资产类别的特点，分别对不同类别资产评估业务中的资产评估机构及其资产评估专业人员的技术操作提供指导。实体性准则包括：《资产评估执业准则——企业价值》《资产评估执业准则——无形资产》《资产评估执业准则——不动产》《资产评估执业准则——机器设备》《资产评估执业准则——珠宝首饰》《资产评估执业准则——森林资源资产》。

2. 评估指南。资产评估指南是针对出资、抵押、财务报告、保险等特定评估目的的评估业务以及某些重要事项制定的规范评估指南。资产评估指南包括：《企业国有资产评估报告指南》《金融企业国有资产评估报告指南》《知识产权资产评估指南》《以财务报告为目的的评估指南》《资产评估机构业务质量控制指南》。

3. 指导意见。资产评估指导意见的内容较为灵活。已在具体准则中设置了准则的资产，其细类资产的评估规范，采用指导意见形式；资产评估业务中某些具体问题的指导性文件，采用指导意见形式。资产评估指导意见主要包括：《资产评估价值类型指导意见》《资产评估对象法律权属指导意见》《专利资产评估指导意见》《著作权资产评估指导意见》《商标资产评估指导意见》《文化企业无形资产评估指导意见》《金融不良资产评估指导意见》《投资性房地产评估指导意见》《实物期权评估指导意见》《人民法院委托司法执行财产处置资产评估指导意见》《珠宝首饰评估程序指导意见》《企业并购投资价值评估指导意见》《体育无形资产评估指导意见》。

（三）《资产评估职业道德准则》

2017 年 9 月，中国资产评估协会发布《资产评估职业道德准则》，自 2017 年 10 月 1 日起实施。《资产评估职业道德准则》共七章二十三条，分别从专业能力、独立性、与委托人和其他相关当事人的关系、与其他资产评估机构及资产评估专业人员的关系等方面，对资产评估机构及资产评估专业人员应当具备的道德品质和体现的道德行为进行了规范。

资产评估机构应当对本机构的资产评估专业人员遵守法律、行政法规和资产评估准则的情况进行监督。资产评估机构及其资产评估专业人员在执行资产评估业务过程中，应当指导专家和相关业务助理人员遵守职业道德准则相关条款。

（四）我国资产评估准则体系的特点

我国资产评估准则体系（如图 10－2 所示）主要体现出以下特点。

1. 我国资产评估准则体系是综合性的体系。根据《资产评估行业财政监督管理办法》，资产评估机构及其资产评估专业人员从事资产评估业务，评估对象包括单项资产、资产组合、企业价值、金融权益、资产损失或者其他经济权益。为适应资产评估行业的业务特点，我国资产评估准则体系涵盖企业价值、无形资产、不动产、机器设备以及其他动产等各主要类别资产和经济权益的评估，体现了综合性的特点。

2. 我国资产评估准则体系专业性和程序性并重。资产评估准则体系中包括针对主要类别资产特点而进行规范的专业性准则，如企业价值评估准则，机器设备评估准则和不动产评估准则等。同时根据资产评估专业服务的特点，资产评估准则体系对评估程序的履行也非常重视，对重要评估程序设置了相应的准则项目，如评估报告、评估档案、评估程序等，通过履行适当的评估程序来保证资产评估结论的合理性。

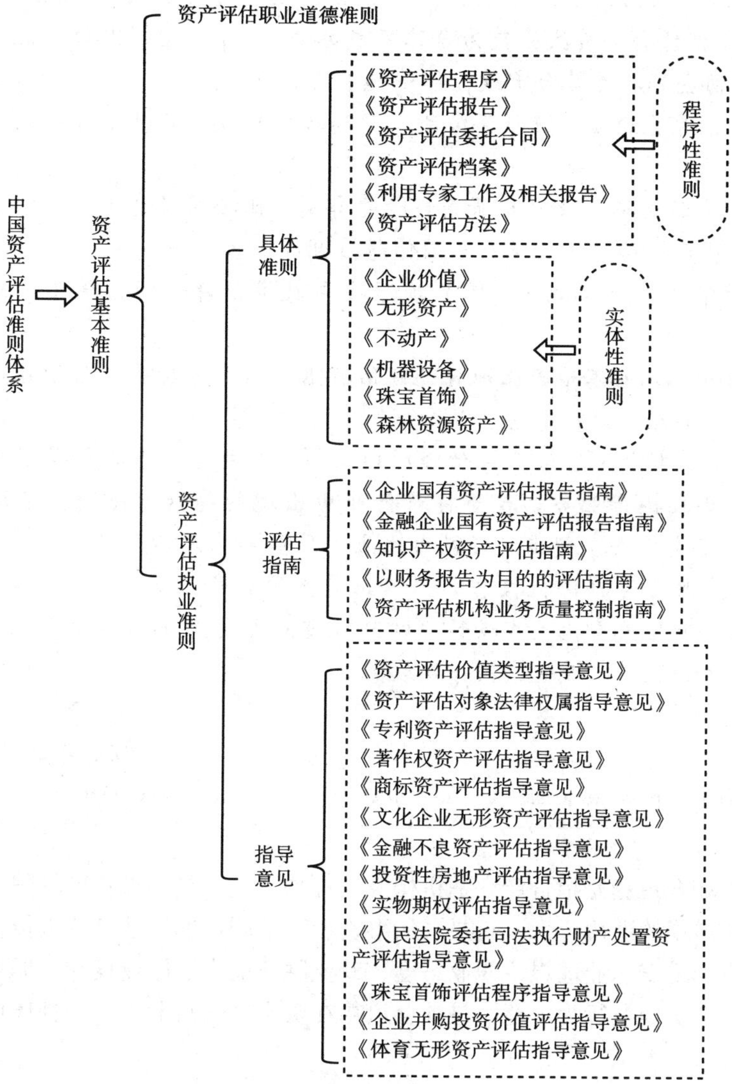

图 10－2　我国资产评估准则体系框架

第三节　我国资产评估职业道德

北京资产评估协会关于给予行业惩戒的通报

京评协〔2022〕18 号

各资产评估机构：

2021 年北京地区资产评估机构执业质量检查已经完成。检查发现，4 家资产评估机构及其所属 11 名资产评估师未能遵照执业准则体系相关要求执业。根据

《中国资产评估协会会员执业行为自律惩戒办法》（中评协〔2018〕23号），经北京资产评估协会惩戒委员会审议，作出如下惩戒决定：

1. 给予北京东鹏资产评估事务所（普通合伙）及资产评估师史煜杰、张路冬公开谴责；

2. 给予中新天华（北京）资产评估事务所有限公司及资产评估师李广文公开谴责，给予资产评估师王云峰及毛国伟通报批评；

3. 给予华夏资产评估（北京）有限公司及资产评估师孟祥义、郭平珍严重警告；

4. 给予中瑞国际房地产土地资产评估有限公司严重警告，给予资产评估师赵浪、王谦、王希玲、赵虹警告。

望各资产评估机构、资产评估师引以为戒，严格按照资产评估准则和职业道德准则相关要求执行业务。我会将对行业中出现的违规、违法、违纪问题坚持"零容忍"，坚决打击"超出胜任能力执业、严重影响评估质量""通过网络平台或者其他媒介售卖资产评估报告""不正当低价竞争"等行为，对被频繁举报、有违规线索和其他严重扰乱市场秩序的列入重点监管名单。治理歪风邪气，树立正风正气，共同促进行业健康有序发展。

北京资产评估协会

2022年2月10日

资料来源：http：//www.bas.org.cn/dtzj/zxgg/B164445668384571.html

资产评估职业道德是指资产评估机构及其评估专业人员开展资产评估业务应当具备的道德品质和体现的道德行为，它要求从事资产评估职业的评估专业人员在从事资产评估工作时，应当遵守职业理想、职业态度、专业胜任能力、职业良知、职业责任、职业荣誉和职业纪律等职业行为规范，是社会道德在资产评估行业中的一种体现。

一、资产评估职业道德的作用

资产评估职业道德的作用主要表现在以下四个方面。

（1）有利于公民道德建设和社会诚信体系的建立；

（2）有利于进一步发展和完善资产评估行业，提高资产评估专业人员素质；

（3）有利于加强资产评估专业人员的职业责任感，防范其在执业过程中违法乱纪。

（4）有助于整顿行业不正之风、维护行业形象。

二、资产评估职业道德规范

（一）遵纪守法的要求

遵纪守法是遵守纪律，遵守法律的简称。由于道德和法律同时根植于经济基础的社会意识形态，因此，两者之间必然会相互渗透、相互依存。道德是法律的基础，而法律的重要宗旨之一是维护和强化人们对道德的遵守；道德和法律又是相互补充，共同对社会关系进行必要的调整。

资产评估机构及其评估专业人员开展资产评估业务，应当遵守法律、行政法规和资产评估准则、履行资产评估委托合同规定的义务。资产评估专业人员应对遵纪守法的行为规范达成以下几点的共识。

（1）认识到道德和法律之间是一个相互渗透、互为表里、相互依存的辩证关系；

（2）认识到遵纪守法是资产评估职业道德规范的首要内容，也是评估专业人员的基本行为规范；

（3）认识到评估专业人员从事资产评估业务若不遵纪守法，不仅要承担相应的道德责任，而且也要承担相应的法律责任。资产评估机构应当对本机构的资产评估专业人员遵守法律、行政法规和资产评估准则的情况进行监督。

（二）恪守独立、客观、公正的要求

独立、客观、公正是社会中介服务机构执业的基本要求。作为社会中介服务行业中的一种具体职业，从事资产评估职业的评估专业人员也需要恪守独立、客观、公正的要求。

1. 独立性的要求。独立性包括实质上的独立和形式上的独立。实质上的独立是指该类中介服务业的行为主体与服务对象之间没有利害关系。形式上的独立是指该类中介服务业的行为主体在为委托方提供服务时，在社会公众或第三者面前所表现出的一种独立于委托人的形象。实质上和形式上的独立是专业中介服务型行业行为主体能够客观公正表达意见和取得社会公众信任的保证。

恪守独立性，可以从以下几个方面进行规范。

（1）资产评估机构不得受理与自身有利害关系的资产评估业务；

（2）资产评估专业人员与委托人、其他相关当事人和评估对象有利害关系的，应当回避；

（3）资产评估机构及其评估专业人员在开展资产评估业务时，应当识别可能影响独立性的情形，合理判断其对独立性的影响；

（4）资产评估机构不得分别接受利益冲突双方的委托，对同一评估对象进行评估。

2. 客观性的要求。客观性要求是指中介服务业的行为主体在执业过程中应当以客观事实为依据，实事求是，尽可能地排除人为的主观因素，真实地反映、分析判断和处理该类中介业务，不得以个人好恶或成见影响工作结果。

3. 公正性的要求。公正性要求是指中介服务业的行为主体在执业时应当具备正直、诚实的品质，公平、正直地对待有关利益各方，不以牺牲一方利益为代价而使另一方受益。恪守公正性是要求评估专业人员应始终不偏不倚，公平的对待资产评估业务中的利益相关方，在承接业务、评估过程、出具报告中都要坚持公正性。

（三）专业能力的要求

专业能力的要求是指社会中介服务业的行为主体在执业过程中应当具备相应的能力，从而保证该行为主体在承揽、接受、执行和完成任务的各个环节能够顺利进行。《资产评估职业道德准则》第三章“专业能力”中规定：

1. 第七条规定：“资产评估专业人员应当具备相应的评估专业知识和实践经验，能够胜任所执行的资产评估业务。”

2. 第八条规定：“资产评估专业人员应当完成规定的继续教育，保持和提高专业能力。”

3. 第九条规定：“资产评估机构及其资产评估专业人员应当如实声明其具有的专业能力和执业经验，不得对其专业能力和执业经验进行夸张、虚假和误导性宣传。”

4. 第十条规定：“资产评估机构执行某项特定业务缺乏特定的专业知识和经验时，应当采取弥补措施，包括利用专家工作及相关报告等。”

（四）履行责任的要求

履行责任的要求是指社会中介服务业的行为主体在执业过程中应当做的分内之事和没有做好分内之事而应当承担的有关责任。

1. 对资产评估业务的责任要求。对资产评估业务的责任要求是指资产评估专业人员在从事资产评估业务的过程中，严格遵守资产评估技术规范的责任，认真执行资产评估有关准则、评估程序和评估质量控制标准，做好资产评估业务的各项具体工作。

2. 对客户的责任要求。对客户的责任要求是指资产评估专业人员在从事资产评估业务的过程中，应当坦诚对待客户，在不违背其他当事人和公众利益的前提下，尽最大努力竭诚为客户提供与评估有关的专业服务，维护客户的合法权益，并与客户保持相互信任的关系。具体包括以下几个方面。

（1）按时按质完成委托的资产评估业务。应当按照资产评估业务委托合同明确的业务性质、范围要求等各项约定，在客户提供必要资料的前提下，在规定的时间内按资产评估专业标准的要求，在保证质量的情况下完成委托评估业务。

（2）坚持保密的原则。资产评估机构及其资产评估专业人员应当遵守保密原则，对评估活动中知悉的国家秘密、商业秘密和个人隐私予以保密，不得在保密期间内向委托人以外的第三方提供保密信息，除非得到委托人的同意或者属于法律、行政法规允许的范围。

（3）竭诚为客户服务。资产评估专业人员不得私自接受委托从事资产评估业务并收取费用。资产评估机构及其评估专业人员不得利用开展业务之便为自己或他人谋取不正当利益，不得向委托人或其他相关当事人索要、收受或者变相索要、收受资产评估委托合同约定以外的酬金、财务等。

3. 对同行的责任要求。对同行的责任要求是指资产评估专业人员在从事资产评估业务过程中，应当做好与同行之间的沟通与协作，以诚相待，共同维护和增进本行业的职业信誉和形象。

4. 对社会的责任要求。对社会的责任要求是指资产评估专业人员在从事资产评估业务时不得损害社会公众利益。社会公众利益包括国家利益、公众利益、其他组织利益和非客户公民的合法权益。社会责任要求评估专业人员在执业过程中不得迁就客户、满足其不合理要求，不得为了客户利益损害社会公众利益。

三、资产评估职业道德修养

资产评估职业道德修养是指为了使资产评估专业人员的职业道德水准达到社会对该行业的职业要求所进行的，对自身职业道德的自我教育、自我改造和自我完善的治理过程，它是资产评估职业道德体系的重要内容，也是资产评估职业道德建设的重要环节。实践表明，要使资产评估专业人员自觉、自愿地产生和形成符合职业道德标准要求，除了需要他律性的约束外，还需要通过开展资产评估职业道德修养活动的自律行为来实现。

（一）资产评估职业道德修养的内容

资产评估职业道德修养由职业道德意识修养和职业道德行为习惯两个方面组成。

1. 提高职业道德认识。职业道德的认识是增强道德责任感，形成良好职业道德品质的基础。资产评估专业人员对其职业道德的认识越正确、越深刻、越全面，就越能处理和解决好与其职业有关的各种关系，并越能自觉选择良好的职业道德行为。

2. 陶冶职业道德情操。资产评估职业道德情操是指资产评估人员在履行职业道德义务过程中，基于一定的职业道德认识，对处理与资产评估职业活动有关的各种关系所产生的各种体验、态度和情绪。资产评估的职业实践表明，没有相应的职业道德情操的评估专业人员不可能在其职业活动过程中产生对善和正义的追求；缺少职业道德情操的评估专业人员，更不可能在其职业活动中形成高尚的职业道德行为；资产评估职业道德情操具有相当程度的稳定性，一旦形成就很难改变。因此，在资产评估职业道德修养形成的过程中，评估专业人员需要不断对自身的职业道德情操进行陶冶和提升。

3. 磨炼职业道德意志。资产评估职业道德意志是指资产评估专业人员履行其职业道德义务时表现出来的坚强意志，它使其能克服和排除职业活动中来自内、外部的各种困难和障碍，顽强履行其职业道德义务，实现自身的职业道德理想。因此，在资产评估职业道德修养中，要不断磨炼职业道德意志，坚持自身高尚的职业道德情操，不断提高克服和战胜困难的毅力。

4. 构建职业道德信念。资产评估职业道德信念是指资产评估专业人员在履行职业道德义务过程中，发自内心的对其职业道德义务的强烈责任感和对其职业理想的坚定信仰。资产评估专业人员树立职业道德信念后，在从事资产评估职业活动时，就能自我调动、自我控制，根据自身的职业信念去选择良好的职业道德行为，自觉履行其职业道德义务，主动完成其职业道德使命。树立职业道德信念也是资产评估职业道德修养的核心内容。

5. 养成职业道德习惯。资产评估职业道德习惯是指评估专业人员在职业道德规范的调节下，对其职业活动采取良好的职业道德行为，经多次反复形成的职业道德行为习惯。这种良好的职业道德行为成为习惯后，就变成不需要任何监督的自觉行为。资产评估专业人员在资产评估职业活动中，在对其职业道德认识、职业道德情操、职业道德意志和职业道德信念等不断加深意识修养的同时，也要不断的对其职业道德行为进行修炼，以养成良好的资产评估职业道德行为习惯。

（二）资产评估职业道德修养的培养方法

资产评估专业人员要培养职业道德修养，除了需要自觉对职业道德意识和道德行为的内容进行修养外，还需要把握相应的职业道德修养方法。从古至今，在职业道德修养方面，有作为的职业者的成功经验和历史文献资料表明，职业者行之有效的职业道德修养方法主要有以下三种，同样也适用于资产评估专业人员的职业道德修养。

1. 认真学习资产评估职业技能和相关的理论知识。资产评估职业技能和相关的理论知识是指导资产评估活动的重要内容，只有从理论高度去认识和把握它们，才能避免在评估职业道德修养实践中出现盲目性，把握主动性。

2. 坚持不懈地对所进行的资产评估执业活动进行反省。反省是指人的内心的自我批判和自我检讨。经常进行内心的自我批判和自我检讨，才能进行有效的自我调控和自我激励，并最终达到自律的目的。资产评估专业人员坚持不断地对所从事的资产评估活动加以反省，是其进行职业道德修养的一种重要方法。

3. 积极参加资产评估职业活动的社会实践。辩证唯物主义认识论认为，实践是认识的基础，认识从实践中产生，随着实践的发展而发展，并反过来为实践服务。也就是说，资产评估职业道德修养的主要方法，除了认真学习资产评估职业技能和理论知识、坚持不断反省外，还必须积极投身于资产评估职业活动的实践中去获得真实的职业道德体验，不断提高职业道德认识，不断陶冶职业道德情操，不断磨炼职业道德意志，树立崇高的职业道德信念，养成优良的职业道德行为习惯。

关键概念

中国资产评估协会　资产评估准则　资产评估基本准则　资产评估执业准则　资产评估指导意见　资产评估专家指南　资产评估法　资产评估职业道德　资产评估机构　资产评估专业人员　资产评估师　行政监管　行业自律

思考题

1. 中国资产评估协会的宗旨是什么？
2. 资产评估机构设立的条件有哪些？
3. 资产评估职业道德是什么？
4. 简述资产评估准则体系。
5. 简述《资产评估法》发布的意义。
6. 资产评估基本程序包括哪些基本内容？

7. 简述我国资产评估准则体系的特点。
8. 资产评估行业如何进行行业自律管理?

常用网站网址

1. 中国资产评估协会：http：//www. cas. org. cn
2. 国际评估准则理事会：https：//www. ivsc. org

附录

附录 1

复利终值系数表

n	i(%)																				
	1%	2%	3%	4%	5%	6%	7%	8%	9%	10%	11%	12%	13%	14%	15%	16%	17%	18%	19%	20%	25%	30%
1	1.010	1.020	1.030	1.040	1.050	1.060	1.070	1.080	1.090	1.100	1.110	1.120	1.130	1.140	1.150	1.160	1.170	1.180	1.190	1.200	1.250	1.300
2	1.020	1.040	1.061	1.082	1.103	1.124	1.145	1.166	1.188	1.210	1.232	1.254	1.277	1.300	1.323	1.346	1.369	1.392	1.416	1.440	1.563	1.690
3	1.030	1.061	1.093	1.125	1.158	1.191	1.225	1.260	1.295	1.331	1.368	1.405	1.443	1.482	1.521	1.561	1.602	1.643	1.685	1.728	1.953	2.197
4	1.041	1.082	1.126	1.170	1.216	1.262	1.311	1.360	1.412	1.464	1.518	1.574	1.630	1.689	1.749	1.811	1.874	1.939	2.005	2.074	2.441	2.856
5	1.051	1.104	1.159	1.217	1.276	1.338	1.403	1.469	1.539	1.611	1.685	1.762	1.842	1.925	2.011	2.100	2.192	2.288	2.386	2.488	3.052	3.713
6	1.062	1.126	1.194	1.265	1.340	1.419	1.501	1.587	1.677	1.772	1.870	1.974	2.082	2.195	2.313	2.436	2.565	2.700	2.840	2.986	3.815	4.827
7	1.072	1.149	1.230	1.316	1.407	1.504	1.606	1.714	1.828	1.949	2.076	2.211	2.353	2.502	2.660	2.826	3.001	3.185	3.379	3.583	4.768	6.275
8	1.083	1.172	1.267	1.369	1.477	1.594	1.718	1.851	1.993	2.144	2.305	2.476	2.658	2.853	3.059	3.278	3.511	3.759	4.021	4.300	5.960	8.157
9	1.094	1.195	1.305	1.423	1.551	1.689	1.838	1.999	2.172	2.358	2.558	2.773	3.004	3.252	3.518	3.803	4.108	4.435	4.785	5.160	7.451	10.604
10	1.105	1.219	1.344	1.480	1.629	1.791	1.967	2.159	2.367	2.594	2.839	3.106	3.395	3.707	4.046	4.411	4.807	5.234	5.695	6.192	9.313	13.786
11	1.116	1.243	1.384	1.539	1.710	1.898	2.105	2.332	2.580	2.853	3.152	3.479	3.836	4.226	4.652	5.117	5.624	6.176	6.777	7.430	11.642	17.922
12	1.127	1.268	1.426	1.601	1.796	2.012	2.252	2.518	2.813	3.138	3.498	3.896	4.335	4.818	5.350	5.936	6.580	7.288	8.064	8.916	14.552	23.298
13	1.138	1.294	1.469	1.665	1.886	2.133	2.410	2.720	3.066	3.452	3.883	4.363	4.898	5.492	6.153	6.886	7.699	8.599	9.596	10.699	18.190	30.288
14	1.149	1.319	1.513	1.732	1.980	2.261	2.579	2.937	3.342	3.797	4.310	4.887	5.535	6.261	7.076	7.988	9.007	10.147	11.420	12.839	22.737	39.374
15	1.161	1.346	1.558	1.801	2.079	2.397	2.759	3.172	3.642	4.177	4.785	5.474	6.254	7.138	8.137	9.266	10.539	11.974	13.590	15.407	28.422	51.186
16	1.173	1.373	1.605	1.873	2.183	2.540	2.952	3.426	3.970	4.595	5.311	6.130	7.067	8.137	9.358	10.748	12.330	14.129	16.172	18.488	35.527	66.542

续表

n	i(%)																				
	1%	2%	3%	4%	5%	6%	7%	8%	9%	10%	11%	12%	13%	14%	15%	16%	17%	18%	19%	20%	25%	30%
17	1. 184	1. 400	1. 653	1. 948	2. 292	2. 693	3. 159	3. 700	4. 328	5. 054	5. 895	6. 866	7. 986	9. 276	10. 761	12. 468	14. 426	16. 672	19. 244	22. 186	44. 409	86. 504
18	1. 196	1. 428	1. 702	2. 026	2. 407	2. 854	3. 380	3. 996	4. 717	5. 560	6. 544	7. 690	9. 024	10. 575	12. 375	14. 463	16. 879	19. 673	22. 901	26. 623	55. 511	112. 455
19	1. 208	1. 457	1. 754	2. 107	2. 527	3. 026	3. 617	4. 316	5. 142	6. 116	7. 263	8. 613	10. 197	12. 056	14. 232	16. 777	19. 748	23. 214	27. 252	31. 948	69. 389	146. 192
20	1. 220	1. 486	1. 806	2. 191	2. 653	3. 207	3. 870	4. 661	5. 604	6. 727	8. 062	9. 646	11. 523	13. 743	16. 367	19. 461	23. 106	27. 393	32. 429	38. 338	86. 736	190. 050
21	1. 232	1. 516	1. 860	2. 279	2. 786	3. 400	4. 141	5. 034	6. 109	7. 400	8. 949	10. 804	13. 021	15. 668	18. 822	22. 574	27. 034	32. 324	38. 591	46. 005	108. 420	247. 065
22	1. 245	1. 546	1. 916	2. 370	2. 925	3. 604	4. 430	5. 437	6. 659	8. 140	9. 934	12. 100	14. 714	17. 861	21. 645	26. 186	31. 629	38. 142	45. 923	55. 206	135. 525	321. 184
23	1. 257	1. 577	1. 974	2. 465	3. 072	3. 820	4. 741	5. 871	7. 258	8. 954	11. 026	13. 552	16. 627	20. 362	24. 891	30. 376	37. 006	45. 008	54. 649	66. 247	169. 407	417. 539
24	1. 270	1. 608	2. 033	2. 563	3. 225	4. 049	5. 072	6. 341	7. 911	9. 850	12. 239	15. 179	18. 788	23. 212	28. 625	35. 236	43. 297	53. 109	65. 032	79. 497	211. 758	542. 801
25	1. 282	1. 641	2. 094	2. 666	3. 386	4. 292	5. 427	6. 848	8. 623	10. 835	13. 585	17. 000	21. 231	26. 462	32. 919	40. 874	50. 658	62. 669	77. 388	95. 396	264. 698	705. 641
26	1. 295	1. 673	2. 157	2. 772	3. 556	4. 549	5. 807	7. 396	9. 399	11. 918	15. 080	19. 040	23. 991	30. 167	37. 857	47. 414	59. 270	73. 949	92. 092	114. 475	330. 872	917. 333
27	1. 308	1. 707	2. 221	2. 883	3. 733	4. 822	6. 214	7. 988	10. 245	13. 110	16. 739	21. 325	27. 109	34. 390	43. 535	55. 000	69. 345	87. 260	109. 589	137. 371	413. 590	1 192. 533
28	1. 321	1. 741	2. 288	2. 999	3. 920	5. 112	6. 649	8. 627	11. 167	14. 421	18. 580	23. 884	30. 633	39. 204	50. 066	63. 800	81. 134	102. 967	130. 411	164. 845	516. 988	1 550. 293
29	1. 335	1. 776	2. 357	3. 119	4. 116	5. 418	7. 114	9. 317	12. 172	15. 863	20. 624	26. 750	34. 616	44. 693	57. 575	74. 009	94. 927	121. 501	155. 189	197. 814	646. 235	2 015. 381
30	1. 348	1. 811	2. 427	3. 243	4. 322	5. 743	7. 612	10. 063	13. 268	17. 449	22. 892	29. 960	39. 116	50. 950	66. 212	85. 850	111. 065	143. 371	184. 675	237. 376	807. 794	2 619. 996

附录 2

复利现值系数表

n	i(%) 1%	2%	3%	4%	5%	6%	7%	8%	9%	10%	11%	12%	13%	14%	15%	16%	17%	18%	19%	20%	25%	30%
1	0.990	0.980	0.971	0.962	0.952	0.943	0.935	0.926	0.917	0.909	0.901	0.893	0.885	0.877	0.870	0.862	0.855	0.847	0.840	0.833	0.800	0.769
2	0.980	0.961	0.943	0.925	0.907	0.890	0.873	0.857	0.842	0.826	0.812	0.797	0.783	0.769	0.756	0.743	0.731	0.718	0.706	0.694	0.640	0.592
3	0.971	0.942	0.915	0.889	0.864	0.840	0.816	0.794	0.772	0.751	0.731	0.712	0.693	0.675	0.658	0.641	0.624	0.609	0.593	0.579	0.512	0.455
4	0.961	0.924	0.888	0.855	0.823	0.792	0.763	0.735	0.708	0.683	0.659	0.636	0.613	0.592	0.572	0.552	0.534	0.516	0.499	0.482	0.410	0.350
5	0.951	0.906	0.863	0.822	0.784	0.747	0.713	0.681	0.650	0.621	0.593	0.567	0.543	0.519	0.497	0.476	0.456	0.437	0.419	0.402	0.328	0.269
6	0.942	0.888	0.837	0.790	0.746	0.705	0.666	0.630	0.596	0.564	0.535	0.507	0.480	0.456	0.432	0.410	0.390	0.370	0.352	0.335	0.262	0.207
7	0.933	0.871	0.813	0.760	0.711	0.665	0.623	0.583	0.547	0.513	0.482	0.452	0.425	0.400	0.376	0.354	0.333	0.314	0.296	0.279	0.210	0.159
8	0.923	0.853	0.789	0.731	0.677	0.627	0.582	0.540	0.502	0.467	0.434	0.404	0.376	0.351	0.327	0.305	0.285	0.266	0.249	0.233	0.168	0.123
9	0.914	0.837	0.766	0.703	0.645	0.592	0.544	0.500	0.460	0.424	0.391	0.361	0.333	0.308	0.284	0.263	0.243	0.225	0.209	0.194	0.134	0.094
10	0.905	0.820	0.744	0.676	0.614	0.558	0.508	0.463	0.422	0.386	0.352	0.322	0.295	0.270	0.247	0.227	0.208	0.191	0.176	0.162	0.107	0.073
11	0.896	0.804	0.722	0.650	0.585	0.527	0.475	0.429	0.388	0.350	0.317	0.287	0.261	0.237	0.215	0.195	0.178	0.162	0.148	0.135	0.086	0.056
12	0.887	0.788	0.701	0.625	0.557	0.497	0.444	0.397	0.356	0.319	0.286	0.257	0.231	0.208	0.187	0.168	0.152	0.137	0.124	0.112	0.069	0.043
13	0.879	0.773	0.681	0.601	0.530	0.469	0.415	0.368	0.326	0.290	0.258	0.229	0.204	0.182	0.163	0.145	0.130	0.116	0.104	0.093	0.055	0.033
14	0.870	0.758	0.661	0.577	0.505	0.442	0.388	0.340	0.299	0.263	0.232	0.205	0.181	0.160	0.141	0.125	0.111	0.099	0.088	0.078	0.044	0.025
15	0.861	0.743	0.642	0.555	0.481	0.417	0.362	0.315	0.275	0.239	0.209	0.183	0.160	0.140	0.123	0.108	0.095	0.084	0.074	0.065	0.035	0.020
16	0.853	0.728	0.623	0.534	0.458	0.394	0.339	0.292	0.252	0.218	0.188	0.163	0.141	0.123	0.107	0.093	0.081	0.071	0.062	0.054	0.028	0.015
17	0.844	0.714	0.605	0.513	0.436	0.371	0.317	0.270	0.231	0.198	0.170	0.146	0.125	0.108	0.093	0.080	0.069	0.060	0.052	0.045	0.023	0.012
18	0.836	0.700	0.587	0.494	0.416	0.350	0.296	0.250	0.212	0.180	0.153	0.130	0.111	0.095	0.081	0.069	0.059	0.051	0.044	0.038	0.018	0.009

续表

n	i(%)																				
	1%	2%	3%	4%	5%	6%	7%	8%	9%	10%	11%	12%	13%	14%	15%	16%	17%	18%	19%	20%	25%	30%
19	0.828	0.686	0.570	0.475	0.396	0.331	0.277	0.232	0.194	0.164	0.138	0.116	0.098	0.083	0.070	0.060	0.051	0.043	0.037	0.031	0.014	0.007
20	0.820	0.673	0.554	0.456	0.377	0.312	0.258	0.215	0.178	0.149	0.124	0.104	0.087	0.073	0.061	0.051	0.043	0.037	0.031	0.026	0.012	0.005
21	0.811	0.660	0.538	0.439	0.359	0.294	0.242	0.199	0.164	0.135	0.112	0.093	0.077	0.064	0.053	0.044	0.037	0.031	0.026	0.022	0.009	0.004
22	0.803	0.647	0.522	0.422	0.342	0.278	0.226	0.184	0.150	0.123	0.101	0.083	0.068	0.056	0.046	0.038	0.032	0.026	0.022	0.018	0.007	0.003
23	0.795	0.634	0.507	0.406	0.326	0.262	0.211	0.170	0.138	0.112	0.091	0.074	0.060	0.049	0.040	0.033	0.027	0.022	0.018	0.015	0.006	0.002
24	0.788	0.622	0.492	0.390	0.310	0.247	0.197	0.158	0.126	0.102	0.082	0.066	0.053	0.043	0.035	0.028	0.023	0.019	0.015	0.013	0.005	0.002
25	0.780	0.610	0.478	0.375	0.295	0.233	0.184	0.146	0.116	0.092	0.074	0.059	0.047	0.038	0.030	0.024	0.020	0.016	0.013	0.010	0.004	0.001
26	0.772	0.598	0.464	0.361	0.281	0.220	0.172	0.135	0.106	0.084	0.066	0.053	0.042	0.033	0.026	0.021	0.017	0.014	0.011	0.009	0.003	0.001
27	0.764	0.586	0.450	0.347	0.268	0.207	0.161	0.125	0.098	0.076	0.060	0.047	0.037	0.029	0.023	0.018	0.014	0.011	0.009	0.007	0.002	0.001
28	0.757	0.574	0.437	0.333	0.255	0.196	0.150	0.116	0.090	0.069	0.054	0.042	0.033	0.026	0.020	0.016	0.012	0.010	0.008	0.006	0.002	0.001
29	0.749	0.563	0.424	0.321	0.243	0.185	0.141	0.107	0.082	0.063	0.048	0.037	0.029	0.022	0.017	0.014	0.011	0.008	0.006	0.005	0.002	0.000
30	0.742	0.552	0.412	0.308	0.231	0.174	0.131	0.099	0.075	0.057	0.044	0.033	0.026	0.020	0.015	0.012	0.009	0.007	0.005	0.004	0.001	0.000

附录 3

年金终值系数表

n	i(%)																				
	1%	2%	3%	4%	5%	6%	7%	8%	9%	10%	11%	12%	13%	14%	15%	16%	17%	18%	19%	20%	25%	30%
1	1	1	1	1	1	1	1	1	1	1	1	1	1	1	1	1	1	1	1	1	1	1
2	2.010	2.020	2.030	2.040	2.050	2.060	2.070	2.080	2.090	2.100	2.110	2.120	2.130	2.140	2.150	2.160	2.170	2.180	2.190	2.200	2.250	2.300
3	3.030	3.060	3.091	3.122	3.153	3.184	3.215	3.246	3.278	3.310	3.342	3.374	3.407	3.440	3.473	3.506	3.539	3.572	3.606	3.640	3.813	3.990
4	4.060	4.122	4.184	4.246	4.310	4.375	4.440	4.506	4.573	4.641	4.710	4.779	4.850	4.921	4.993	5.066	5.141	5.215	5.291	5.368	5.766	6.187
5	5.101	5.204	5.309	5.416	5.526	5.637	5.751	5.867	5.985	6.105	6.228	6.353	6.480	6.610	6.742	6.877	7.014	7.154	7.297	7.442	8.207	9.043
6	6.152	6.308	6.468	6.633	6.802	6.975	7.153	7.336	7.523	7.716	7.913	8.115	8.323	8.536	8.754	8.977	9.207	9.442	9.683	9.930	11.259	12.756
7	7.214	7.434	7.662	7.898	8.142	8.394	8.654	8.923	9.200	9.487	9.783	10.089	10.405	10.730	11.067	11.414	11.772	12.142	12.523	12.916	15.073	17.583
8	8.286	8.583	8.892	9.214	9.549	9.897	10.260	10.637	11.028	11.436	11.859	12.300	12.757	13.233	13.727	14.240	14.773	15.327	15.902	16.499	19.842	23.858
9	9.369	9.755	10.159	10.583	11.027	11.491	11.978	12.488	13.021	13.579	14.164	14.776	15.416	16.085	16.786	17.519	18.285	19.086	19.923	20.799	25.802	32.015
10	10.462	10.950	11.464	12.006	12.578	13.181	13.816	14.487	15.193	15.937	16.722	17.549	18.420	19.337	20.304	21.321	22.393	23.521	24.709	25.959	33.253	42.619
11	11.567	12.169	12.808	13.486	14.207	14.972	15.784	16.645	17.560	18.531	19.561	20.655	21.814	23.045	24.349	25.733	27.200	28.755	30.404	32.150	42.566	56.405
12	12.683	13.412	14.192	15.026	15.917	16.870	17.888	18.977	20.141	21.384	22.713	24.133	25.650	27.271	29.002	30.850	32.824	34.931	37.180	39.581	54.208	74.327
13	13.809	14.680	15.618	16.627	17.713	18.882	20.141	21.495	22.953	24.523	26.212	28.029	29.985	32.089	34.352	36.786	39.404	42.219	45.244	48.497	68.760	97.625
14	14.947	15.974	17.086	18.292	19.599	21.015	22.550	24.215	26.019	27.975	30.095	32.393	34.883	37.581	40.505	43.672	47.103	50.818	54.841	59.196	86.949	127.913
15	16.097	17.293	18.599	20.024	21.579	23.276	25.129	27.152	29.361	31.772	34.405	37.280	40.417	43.842	47.580	51.660	56.110	60.965	66.261	72.035	109.687	167.286
16	17.258	18.639	20.157	21.825	23.657	25.673	27.888	30.324	33.003	35.950	39.190	42.753	46.672	50.980	55.717	60.925	66.649	72.939	79.850	87.442	138.109	218.472
17	18.430	20.012	21.762	23.698	25.840	28.213	30.840	33.750	36.974	40.545	44.501	48.884	53.739	59.118	65.075	71.673	78.979	87.068	96.022	105.931	173.636	285.014
18	19.615	21.412	23.414	25.645	28.132	30.906	33.999	37.450	41.301	45.599	50.396	55.750	61.725	68.394	75.836	84.141	93.406	103.740	115.266	128.117	218.045	371.518

续表

n	i(%)																					
	1%	2%	3%	4%	5%	6%	7%	8%	9%	10%	11%	12%	13%	14%	15%	16%	17%	18%	19%	20%	25%	30%
1	1	1	1	1	1	1	1	1	1	1	1	1	1	1	1	1	1	1	1	1	1	1
19	20.811	22.841	25.117	27.671	30.539	33.760	37.379	41.446	46.018	51.159	56.939	63.440	70.749	78.969	88.212	98.603	110.285	123.414	138.166	154.740	273.556	483.973
20	22.019	24.297	26.870	29.778	33.066	36.786	40.995	45.762	51.160	57.275	64.203	72.052	80.947	91.025	102.444	115.380	130.033	146.628	165.418	186.688	342.945	630.165
21	23.239	25.783	28.676	31.969	35.719	39.993	44.865	50.423	56.765	64.002	72.265	81.699	92.470	104.768	118.810	134.841	153.139	174.021	197.847	225.026	429.681	820.215
22	24.472	27.299	30.537	34.248	38.505	43.392	49.006	55.457	62.873	71.403	81.214	92.503	105.491	120.436	137.632	157.415	180.172	206.345	236.438	271.031	538.101	1 067.280
23	25.716	28.845	32.453	36.618	41.430	46.996	53.436	60.893	69.532	79.543	91.148	104.603	120.205	138.297	159.276	183.601	211.801	244.487	282.362	326.237	673.626	1 388.464
24	26.973	30.422	34.426	39.083	44.502	50.816	58.177	66.765	76.790	88.497	102.174	118.155	136.831	158.659	184.168	213.978	248.808	289.494	337.010	392.484	843.033	1 806.003
25	28.243	32.030	36.459	41.646	47.727	54.865	63.249	73.106	84.701	98.347	114.413	133.334	155.620	181.871	212.793	249.214	292.105	342.603	402.042	471.981	1 054.791	2 348.803
26	29.526	33.671	38.553	44.312	51.113	59.156	68.676	79.954	93.324	109.182	127.999	150.334	176.850	208.333	245.712	290.088	342.763	405.272	479.431	567.377	1 319.489	3 054.444
27	30.821	35.344	40.710	47.084	54.669	63.706	74.484	87.351	102.723	121.100	143.079	169.374	200.841	238.499	283.569	337.502	402.032	479.221	571.522	681.853	1 650.361	3 971.778
28	32.129	37.051	42.931	49.968	58.403	68.528	80.698	95.339	112.968	134.210	159.817	190.699	227.950	272.889	327.104	392.503	471.378	566.481	681.112	819.223	2 063.952	5 164.311
29	33.450	38.792	45.219	52.966	62.323	73.640	87.347	103.966	124.135	148.631	178.397	214.583	258.583	312.094	377.170	456.303	552.512	669.447	811.523	984.068	2 580.939	6 714.604
30	34.785	40.568	47.575	56.085	66.439	79.058	94.461	113.283	136.308	164.494	199.021	241.333	293.199	356.787	434.745	530.312	647.439	790.948	966.712	1 181.882	3 227.174	8 729.985

附录 4

年金现值系数表

n	i(%)																				
	1%	2%	3%	4%	5%	6%	7%	8%	9%	10%	11%	12%	13%	14%	15%	16%	17%	18%	19%	20%	25%	30%
1	0. 990	0. 980	0. 971	0. 962	0. 952	0. 943	0. 935	0. 926	0. 917	0. 909	0. 901	0. 893	0. 885	0. 877	0. 870	0. 862	0. 855	0. 847	0. 840	0. 833	0. 800	0. 769
2	1. 970	1. 942	1. 913	1. 886	1. 859	1. 833	1. 808	1. 783	1. 759	1. 736	1. 713	1. 690	1. 668	1. 647	1. 626	1. 605	1. 585	1. 566	1. 547	1. 528	1. 440	1. 361
3	2. 941	2. 884	2. 829	2. 775	2. 723	2. 673	2. 624	2. 577	2. 531	2. 487	2. 444	2. 402	2. 361	2. 322	2. 283	2. 246	2. 210	2. 174	2. 140	2. 106	1. 952	1. 816
4	3. 902	3. 808	3. 717	3. 630	3. 546	3. 465	3. 387	3. 312	3. 240	3. 170	3. 102	3. 037	2. 974	2. 914	2. 855	2. 798	2. 743	2. 690	2. 639	2. 589	2. 362	2. 166
5	4. 853	4. 713	4. 580	4. 452	4. 329	4. 212	4. 100	3. 993	3. 890	3. 791	3. 696	3. 605	3. 517	3. 433	3. 352	3. 274	3. 199	3. 127	3. 058	2. 991	2. 689	2. 436
6	5. 795	5. 601	5. 417	5. 242	5. 076	4. 917	4. 767	4. 623	4. 486	4. 355	4. 231	4. 111	3. 998	3. 889	3. 784	3. 685	3. 589	3. 498	3. 410	3. 326	2. 951	2. 643
7	6. 728	6. 472	6. 230	6. 002	5. 786	5. 582	5. 389	5. 206	5. 033	4. 868	4. 712	4. 564	4. 423	4. 288	4. 160	4. 039	3. 922	3. 812	3. 706	3. 605	3. 161	2. 802
8	7. 652	7. 325	7. 020	6. 733	6. 463	6. 210	5. 971	5. 747	5. 535	5. 335	5. 146	4. 968	4. 799	4. 639	4. 487	4. 344	4. 207	4. 078	3. 954	3. 837	3. 329	2. 925
9	8. 566	8. 162	7. 786	7. 435	7. 108	6. 802	6. 515	6. 247	5. 995	5. 759	5. 537	5. 328	5. 132	4. 946	4. 772	4. 607	4. 451	4. 303	4. 163	4. 031	3. 463	3. 019
10	9. 471	8. 983	8. 530	8. 111	7. 722	7. 360	7. 024	6. 710	6. 418	6. 145	5. 889	5. 650	5. 426	5. 216	5. 019	4. 833	4. 659	4. 494	4. 339	4. 192	3. 571	3. 092
11	10. 368	9. 787	9. 253	8. 760	8. 306	7. 887	7. 499	7. 139	6. 805	6. 495	6. 207	5. 938	5. 687	5. 453	5. 234	5. 029	4. 836	4. 656	4. 486	4. 327	3. 656	3. 147
12	11. 255	10. 575	9. 954	9. 385	8. 863	8. 384	7. 943	7. 536	7. 161	6. 814	6. 492	6. 194	5. 918	5. 660	5. 421	5. 197	4. 988	4. 793	4. 611	4. 439	3. 725	3. 190
13	12. 134	11. 348	10. 635	9. 986	9. 394	8. 853	8. 358	7. 904	7. 487	7. 103	6. 750	6. 424	6. 122	5. 842	5. 583	5. 342	5. 118	4. 910	4. 715	4. 533	3. 780	3. 223
14	13. 004	12. 106	11. 296	10. 563	9. 899	9. 295	8. 745	8. 244	7. 786	7. 367	6. 982	6. 628	6. 302	6. 002	5. 724	5. 468	5. 229	5. 008	4. 802	4. 611	3. 824	3. 249
15	13. 865	12. 849	11. 938	11. 118	10. 380	9. 712	9. 108	8. 559	8. 061	7. 606	7. 191	6. 811	6. 462	6. 142	5. 847	5. 575	5. 324	5. 092	4. 876	4. 675	3. 859	3. 268
16	14. 718	13. 578	12. 561	11. 652	10. 838	10. 106	9. 447	8. 851	8. 313	7. 824	7. 379	6. 974	6. 604	6. 265	5. 954	5. 668	5. 405	5. 162	4. 938	4. 730	3. 887	3. 283
17	15. 562	14. 292	13. 166	12. 166	11. 274	10. 477	9. 763	9. 122	8. 544	8. 022	7. 549	7. 120	6. 729	6. 373	6. 047	5. 749	5. 475	5. 222	4. 990	4. 775	3. 910	3. 295
18	16. 398	14. 992	13. 754	12. 659	11. 690	10. 828	10. 059	9. 372	8. 756	8. 201	7. 702	7. 250	6. 840	6. 467	6. 128	5. 818	5. 534	5. 273	5. 033	4. 812	3. 928	3. 304

续表

n	i(%)																				
	1%	2%	3%	4%	5%	6%	7%	8%	9%	10%	11%	12%	13%	14%	15%	16%	17%	18%	19%	20%	25%	30%
19	17. 226	15. 678	14. 324	13. 134	12. 085	11. 158	10. 336	9. 604	8. 950	8. 365	7. 839	7. 366	6. 938	6. 550	6. 198	5. 877	5. 584	5. 316	5. 070	4. 843	3. 942	3. 311
20	18. 046	16. 351	14. 877	13. 590	12. 462	11. 470	10. 594	9. 818	9. 129	8. 514	7. 963	7. 469	7. 025	6. 623	6. 259	5. 929	5. 628	5. 353	5. 101	4. 870	3. 954	3. 316
21	18. 857	17. 011	15. 415	14. 029	12. 821	11. 764	10. 836	10. 017	9. 292	8. 649	8. 075	7. 562	7. 102	6. 687	6. 312	5. 973	5. 665	5. 384	5. 127	4. 891	3. 963	3. 320
22	19. 660	17. 658	15. 937	14. 451	13. 163	12. 042	11. 061	10. 201	9. 442	8. 772	8. 176	7. 645	7. 170	6. 743	6. 359	6. 011	5. 696	5. 410	5. 149	4. 909	3. 970	3. 323
23	20. 456	18. 292	16. 444	14. 857	13. 489	12. 303	11. 272	10. 371	9. 580	8. 883	8. 266	7. 718	7. 230	6. 792	6. 399	6. 044	5. 723	5. 432	5. 167	4. 925	3. 976	3. 325
24	21. 243	18. 914	16. 936	15. 247	13. 799	12. 550	11. 469	10. 529	9. 707	8. 985	8. 348	7. 784	7. 283	6. 835	6. 434	6. 073	5. 746	5. 451	5. 182	4. 937	3. 981	3. 327
25	22. 023	19. 523	17. 413	15. 622	14. 094	12. 783	11. 654	10. 675	9. 823	9. 077	8. 422	7. 843	7. 330	6. 873	6. 464	6. 097	5. 766	5. 467	5. 195	4. 948	3. 985	3. 329
26	22. 795	20. 121	17. 877	15. 983	14. 375	13. 003	11. 826	10. 810	9. 929	9. 161	8. 488	7. 896	7. 372	6. 906	6. 491	6. 118	5. 783	5. 480	5. 206	4. 956	3. 988	3. 330
27	23. 560	20. 707	18. 327	16. 330	14. 643	13. 211	11. 987	10. 935	10. 027	9. 237	8. 548	7. 943	7. 409	6. 935	6. 514	6. 136	5. 798	5. 492	5. 215	4. 964	3. 990	3. 331
28	24. 316	21. 281	18. 764	16. 663	14. 898	13. 406	12. 137	11. 051	10. 116	9. 307	8. 602	7. 984	7. 441	6. 961	6. 534	6. 152	5. 810	5. 502	5. 223	4. 970	3. 992	3. 331
29	25. 066	21. 844	19. 188	16. 984	15. 141	13. 591	12. 278	11. 158	10. 198	9. 370	8. 650	8. 022	7. 470	6. 983	6. 551	6. 166	5. 820	5. 510	5. 229	4. 975	3. 994	3. 332
30	25. 808	22. 396	19. 600	17. 292	15. 372	13. 765	12. 409	11. 258	10. 274	9. 427	8. 694	8. 055	7. 496	7. 003	6. 566	6. 177	5. 829	5. 517	5. 235	4. 979	3. 995	3. 332

附录5

中国资产评估协会章程

2017年1月4日

第一章　总　则

第一条　本团体的名称是：中国资产评估协会，英文名称：China Appraisal Society，缩写：CAS。

第二条　本团体是资产评估机构和评估专业人员自愿结成的行业性的全国性的非营利性的社会组织。

第三条　本团体的宗旨：遵守国家宪法、法律、法规和国家政策，遵守社会道德风尚，依法进行行业自律管理；服务会员、服务行业、服务国家经济社会发展，维护社会公共利益和会员合法权益；监督会员规范执业，提升行业服务能力和社会公信力，促进行业持续健康发展。

第四条　本团体接受登记管理机关中华人民共和国民政部和业务主管单位财政部的业务指导和监督管理。

第五条　本团体的住所：北京市。

第二章　业务范围

第六条　本团体的业务范围：

（一）经政府有关部门批准，制定行业发展目标和规划，并负责组织实施；

（二）为会员从事资产评估等业务提供服务；

（三）组织开展相关政策理论研究、行业宣传，开展国际交流与合作等活动；

（四）开展行业党建工作；

（五）根据《中华人民共和国资产评估法》的规定，履行下列职责：

1. 制定会员自律管理办法，对会员实行自律管理；

2. 依据评估基本准则制定评估执业准则和职业道德准则；

3. 组织开展会员继续教育；

4. 建立会员信用档案，将会员遵守法律、行政法规和评估准则的情况记入信用档案，并向社会公开；

5. 检查会员建立风险防范机制的情况；

6. 受理对会员的投诉、举报，受理会员的申诉，调解会员执业纠纷；

7. 规范会员从业行为，定期对会员出具的评估报告进行检查，按照相关规定对会员给予奖惩，并将奖惩情况及时报告有关评估行政管理部门；

8. 保障会员依法开展业务，维护会员合法权益；

9. 组织实施资产评估师职业资格全国统一考试。

（六）办理法律、法规规定和政府有关部门授权或委托的其他工作。

第三章　会　员

第七条　本团体的会员种类：个人会员和单位会员。

个人会员分为执业会员（含评估师执业会员和非评估师执业会员）和非执业会员；单位会员分为评估机构会员（含特别机构会员）和非评估机构会员。

会员分类及管理办法另行制定。

第八条　申请加入本团体的会员，必须具备下列条件：

（一）拥护本团体的章程；

（二）有加入本团体的意愿；

（三）在本团体的业务（行业、学科）领域内具有一定的影响。

第九条　会员入会的程序是：

（一）提交入会申请书及相关信息资料；

（二）经理事会讨论通过；

（三）理事会闭会期间，由常务理事会讨论通过；

（四）由理事会或理事会授权的机构发给会员证。

第十条　会员享有下列权利：

（一）本团体的选举权、被选举权和表决权；

（二）参加本团体的活动；

（三）获得本团体服务的优先权；

（四）对本团体工作的批评建议权和监督权；

（五）入会自愿，退会自由。

第十一条　会员履行下列义务：

（一）执行本团体的决议；

（二）维护本团体合法权益；

（三）完成本团体交办的工作；

（四）按规定交纳会费；

（五）向本团体反映情况，提供有关资料；

（六）遵守评估准则和相关行业规范；

（七）根据《中华人民共和国资产评估法》的规定，评估专业人员应当完成规定的继续教育，保持和提高专业能力。

第十二条　会员退会应书面通知本团体，并交回会员证。会员如果 1 年不交纳会费或不参加本团体活动的，视为自动退会。

第十三条　会员如有严重违反本章程的行为，经理事会或常务理事会表决通过，予以除名。

第四章　组织机构和负责人产生、罢免

第十四条　本团体的最高权力机构是会员代表大会，会员代表大会的职权是：

（一）制定和修改章程；

（二）选举和罢免理事；

（三）审议理事会的工作报告和财务报告；

（四）制定并修改会费标准；

（五）决定终止事宜；

（六）决定其他重大事宜。

第十五条　会员代表大会须有2/3以上会员代表出席方能召开，其决议须经到会会员代表半数以上表决通过方能生效。

第十六条　会员代表大会每届5年。因特殊情况需提前或延期换届的，须由理事会表决通过，报业务主管单位审查并经社团登记管理机关批准同意。但延期换届最长不超过1年。

第十七条　理事会是会员代表大会的执行机构，在闭会期间领导本团体开展日常工作，对会员代表大会负责。

第十八条　理事会的职权是：

（一）执行会员代表大会的决议；

（二）选举和罢免会长、副会长、秘书长；选举和罢免常务理事；

（三）筹备召开会员代表大会；

（四）向会员代表大会报告工作和财务状况；

（五）决定会员的吸收或除名；

（六）决定设立办事机构、分支机构、代表机构和实体机构；

（七）决定副秘书长、各机构主要负责人的聘任；

（八）领导本团体各机构开展工作；

（九）制定内部管理制度；

（十）会员代表大会闭会期间，增补、罢免部分理事，人数不超过原理事的1/5；

（十一）决定其他重大事项。

第十九条　理事会须有2/3以上理事出席方能召开，其决议须经到会理事2/3以上表决通过方能生效。

第二十条　理事会每年至少召开一次会议。情况特殊的，也可采用通讯形式召开。

第二十一条　本团体设立常务理事会。常务理事会由理事会选举产生，在理事会闭会期间行使第十八条第一、三、五、六、七、八、九项的职权，对理事会负责（常务理事人数不超过理事人数的1/3）。

第二十二条　常务理事会须有2/3以上常务理事出席方能召开，其决议须经到会常务理事2/3以上表决通过方能生效。

第二十三条　常务理事会至少半年召开一次会议。情况特殊的，也可采用通讯形式召开。

第二十四条　本团体的会长、副会长、秘书长必须具备下列条件：

（一）坚持党的路线、方针、政策、政治素质好；

（二）在本团体业务领域内有较大影响；

（三）会长、副会长最高任职年龄不超过70周岁；

（四）秘书长最高任职年龄不超过70周岁，秘书长为专职；

（五）身体健康，能坚持正常工作；

（六）未受过剥夺政治权利的刑事处罚；

（七）具有完全民事行为能力。

第二十五条　本团体会长、副会长、秘书长如超过最高任职年龄的，须经理事会表决通过，报业务主管单位审查并经社团登记管理机关批准同意后，方可任职。

第二十六条　本团体会长、副会长、秘书长任期5年，最长不得超过两届。因特殊情况需延长任期的，须经会员代表大会2/3以上会员代表表决通过，报业务主管单位审查并经社团登记管理机关批准同意后方可任职。

第二十七条　本团体秘书长为本团体法定代表人，法定代表人代表本团体签署有关重要文件。本团体法定代表人不兼任其他团体的法定代表人。

第二十八条　本团体会长行使下列职权：

（一）召集和主持理事会、常务理事会；

（二）检查会员代表大会、理事会、常务理事会决议的落实情况。

第二十九条　本团体秘书长行使下列职权：

（一）主持办事机构开展日常工作，组织实施年度工作计划；

（二）协调各分支机构、代表机构、实体机构开展工作；

（三）提名副秘书长以及各办事机构、分支机构、代表机构和实体机构主要负责人，交理事会或常务理事会决定；

（四）决定办事机构、代表机构、实体机构专职工作人员的聘用；

（五）负责本团体资产、财务管理；

（六）处理其他日常事务。

第五章　资产管理、使用原则

第三十条　本团体经费来源：

（一）会费；

（二）捐赠；

（三）政府资助；

（四）在核准的业务范围内开展活动或服务的收入；

（五）利息；

（六）其他合法收入。

第三十一条　本团体按照国家有关规定收取会员会费。本团体开展评比、评选、表彰等活动，不收取任何费用。

第三十二条　本团体经费必须用于本章程规定的业务范围和事业的发展，不得在会员中分配。

第三十三条　本团体建立严格的财务管理制度，保证会计资料合法、真实、准确、完整。

第三十四条　本团体配备具有专业资格的会计人员。会计不得兼任出纳。会计人员必须进行会计核算，实行会计监督。会计人员调动工作或离职时，必须与接管人员办清交接手续。

第三十五条　本团体的资产管理必须执行国家规定的财务管理制度，接受会员代表大会和财政部门的监督。资产来源属于国家拨款或者社会捐赠、资助的，必须接受审计机关的监督，并将有关情况以适当方式向社会公布。

第三十六条　本团体换届或更换法定代表人之前必须接受社团登记管理机关和业务主管单位组织的财务审计。

第三十七条　本团体的资产，任何单位、个人不得侵占、私分和挪用。

第三十八条　本团体专职工作人员的工资和保险、福利待遇，参照国家对事业单位的有关规定执行。

第六章　章程的修改程序

第三十九条　对本团体章程的修改，须经理事会表决通过后报会员代表大会审议。

第四十条　本团体修改的章程，须在会员代表大会通过后15日内，经业务主管单位审查同意，并报社团登记管理机关核准后生效。

第七章　终止程序及终止后的财产处理

第四十一条　本团体完成宗旨或自行解散或由于分立、合并等原因需要注销的，由理事会或常务理事会提出终止动议。

第四十二条　本团体终止动议须经会员代表大会表决通过，并报业务主管单位审查同意。

第四十三条　本团体终止前，须在业务主管单位及有关机关指导下成立清算组织，清理债权债务，处理善后事宜。清算期间，不开展清算以外的活动。

第四十四条　本团体经社团登记管理机关办理注销登记手续后即为终止。

第四十五条　本团体终止后的剩余财产，在业务主管单位和社团登记管理机关的监督下，按照国家有关规定，用于发展与本团体宗旨相关的事业。

第八章　附　　则

第四十六条　本章程经2016年11月18日第五次会员代表大会表决通过。

第四十七条　本章程的解释权属本团体的理事会。

第四十八条　本章程自社团登记管理机关核准之日起生效。

附录6

中华人民共和国资产评估法

中华人民共和国主席令（第四十六号）
【2016年7月2日通过、2016年12月1日实施】

第一章　总　　则

第一条　为了规范资产评估行为，保护资产评估当事人合法权益和公共利益，促进资产评估行业健康发展，维护社会主义市场经济秩序，制定本法。

第二条　本法所称资产评估（以下称评估），是指评估机构及其评估专业人员根据委托对不动产、动产、无形资产、企业价值、资产损失或者其他经济权益进行评定、估算，并出具评估报告的专业服务行为。

第三条　自然人、法人或者其他组织需要确定评估对象价值的，可以自愿委托评估机构评估。

涉及国有资产或者公共利益等事项，法律、行政法规规定需要评估的（以下称法定评估），应当依法委托评估机构评估。

第四条　评估机构及其评估专业人员开展业务应当遵守法律、行政法规和评估准则，遵循独立、客观、公正的原则。

评估机构及其评估专业人员依法开展业务，受法律保护。

第五条　评估专业人员从事评估业务，应当加入评估机构，并且只能在一个评估机构从事业务。

第六条　评估行业可以按照专业领域依法设立行业协会，实行自律管理，并接受有关评估行政管理部门的监督和社会监督。

第七条　国务院有关评估行政管理部门按照各自职责分工，对评估行业进行监督管理。

设区的市级以上地方人民政府有关评估行政管理部门按照各自职责分工，对本行政区域内的评估行业进行监督管理。

第二章　评估专业人员

第八条　评估专业人员包括评估师和其他具有评估专业知识及实践经验的评估从业人员。

评估师是指通过评估师资格考试的评估专业人员。国家根据经济社会发展需要确定评估师专业类别。

第九条　有关全国性评估行业协会按照国家规定组织实施评估师资格全国统一考试。

具有高等院校专科以上学历的公民，可以参加评估师资格全国统一考试。

第十条　有关全国性评估行业协会应当在其网站上公布评估师名单，并实时更新。

第十一条　因故意犯罪或者在从事评估、财务、会计、审计活动中因过失犯罪而受刑事处罚，自刑罚执行完毕之日起不满五年的人员，不得从事评估业务。

第十二条　评估专业人员享有下列权利：

（一）要求委托人提供相关的权属证明、财务会计信息和其他资料，以及为执行公允的评估程序所需的必要协助；

（二）依法向有关国家机关或者其他组织查阅从事业务所需的文件、证明和资料；

（三）拒绝委托人或者其他组织、个人对评估行为和评估结果的非法干预；

（四）依法签署评估报告；

（五）法律、行政法规规定的其他权利。

第十三条　评估专业人员应当履行下列义务：

（一）诚实守信，依法独立、客观、公正从事业务；

（二）遵守评估准则，履行调查职责，独立分析估算，勤勉谨慎从事业务；

（三）完成规定的继续教育，保持和提高专业能力；

（四）对评估活动中使用的有关文件、证明和资料的真实性、准确性、完整性进行核查和验证；

（五）对评估活动中知悉的国家秘密、商业秘密和个人隐私予以保密；

（六）与委托人或者其他相关当事人及评估对象有利害关系的，应当回避；

（七）接受行业协会的自律管理，履行行业协会章程规定的义务；

（八）法律、行政法规规定的其他义务。

第十四条　评估专业人员不得有下列行为：

（一）私自接受委托从事业务、收取费用；

（二）同时在两个以上评估机构从事业务；

（三）采用欺骗、利诱、胁迫，或者贬损、诋毁其他评估专业人员等不正当手段招揽业务；

（四）允许他人以本人名义从事业务，或者冒用他人名义从事业务；

（五）签署本人未承办业务的评估报告；

（六）索要、收受或者变相索要、收受合同约定以外的酬金、财物，或者谋取其他不正当利益；

（七）签署虚假评估报告或者有重大遗漏的评估报告；

（八）违反法律、行政法规的其他行为。

第三章　评估机构

第十五条　评估机构应当依法采用合伙或者公司形式，聘用评估专业人员开展评估业务。

合伙形式的评估机构，应当有两名以上评估师；其合伙人三分之二以上应当是具有三年以上从业经历且最近三年内未受停止从业处罚的评估师。

公司形式的评估机构，应当有八名以上评估师和两名以上股东，其中三分之二以上股东应当是具有三年以上从业经历且最近三年内未受停止从业处罚的评估师。

评估机构的合伙人或者股东为两名的，两名合伙人或者股东都应当是具有三年以上从业经历且最近三年内未受停止从业处罚的评估师。

第十六条　设立评估机构，应当向工商行政管理部门申请办理登记。评估机构应当自领取营业执照之日起三十日内向有关评估行政管理部门备案。评估行政管理部门应当及时将评估机构备案情况向社会公告。

第十七条　评估机构应当依法独立、客观、公正开展业务，建立健全质量控制制度，保证评估报告的客观、真实、合理。

评估机构应当建立健全内部管理制度，对本机构的评估专业人员遵守法律、行政法规和评估准则的情况进行监督，并对其从业行为负责。

评估机构应当依法接受监督检查，如实提供评估档案以及相关情况。

第十八条　委托人拒绝提供或者不如实提供执行评估业务所需的权属证明、财务会计信息和其他资料的，评估机构有权依法拒绝其履行合同的要求。

第十九条　委托人要求出具虚假评估报告或者有其他非法干预评估结果情形的，评估机构有权解除合同。

第二十条　评估机构不得有下列行为：

（一）利用开展业务之便，谋取不正当利益；

（二）允许其他机构以本机构名义开展业务，或者冒用其他机构名义开展业务；

（三）以恶性压价、支付回扣、虚假宣传，或者贬损、诋毁其他评估机构等不正当手段招揽业务；

（四）受理与自身有利害关系的业务；

（五）分别接受利益冲突双方的委托，对同一评估对象进行评估；

（六）出具虚假评估报告或者有重大遗漏的评估报告；

（七）聘用或者指定不符合本法规定的人员从事评估业务；

（八）违反法律、行政法规的其他行为。

第二十一条　评估机构根据业务需要建立职业风险基金，或者自愿办理职业责任保险，完善风险防范机制。

第四章　评估程序

第二十二条　委托人有权自主选择符合本法规定的评估机构，任何组织或者个人不得非法限制或者干预。

评估事项涉及两个以上当事人的，由全体当事人协商委托评估机构。

委托开展法定评估业务，应当依法选择评估机构。

第二十三条　委托人应当与评估机构订立委托合同，约定双方的权利和义务。

委托人应当按照合同约定向评估机构支付费用，不得索要、收受或者变相索要、收受回扣。

委托人应当对其提供的权属证明、财务会计信息和其他资料的真实性、完整性和合法性负责。

第二十四条　对受理的评估业务，评估机构应当指定至少两名评估专业人员承办。

委托人有权要求与相关当事人及评估对象有利害关系的评估专业人员回避。

第二十五条　评估专业人员应当根据评估业务具体情况，对评估对象进行现场调查，收集权属证明、财务会计信息和其他资料并进行核查验证、分析整理，作为评估的依据。

第二十六条　评估专业人员应当恰当选择评估方法，除依据评估执业准则只能选择一种评估方法的外，应当选择两种以上评估方法，经综合分析，形成评估结论，编制评估报告。

评估机构应当对评估报告进行内部审核。

第二十七条　评估报告应当由至少两名承办该项业务的评估专业人员签名并加盖评估机构印章。

评估机构及其评估专业人员对其出具的评估报告依法承担责任。

委托人不得串通、唆使评估机构或者评估专业人员出具虚假评估报告。

第二十八条　评估机构开展法定评估业务，应当指定至少两名相应专业类别的评估师承办，评估报告应当由至少两名承办该项业务的评估师签名并加盖评估机构印章。

第二十九条　评估档案的保存期限不少于十五年，属于法定评估业务的，保存期限不少于三十年。

第三十条　委托人对评估报告有异议的，可以要求评估机构解释。

第三十一条　委托人认为评估机构或者评估专业人员违法开展业务的，可以向有关评估行政管理部门或者行业协会投诉、举报，有关评估行政管理部门或者行业协会应当及时调查处理，并答复委托人。

第三十二条　委托人或者评估报告使用人应当按照法律规定和评估报告载明的使用范围使用评估报告。

委托人或者评估报告使用人违反前款规定使用评估报告的，评估机构和评估专业人员不承担责任。

第五章　行业协会

第三十三条　评估行业协会是评估机构和评估专业人员的自律性组织，依照法律、行政法规和章程实行自律管理。

评估行业按照专业领域设立全国性评估行业协会，根据需要设立地方性评估行业协会。

第三十四条　评估行业协会的章程由会员代表大会制定，报登记管理机关核准，并报有关评估行政管理部门备案。

第三十五条　评估机构、评估专业人员加入有关评估行业协会，平等享有章程规定的权利，履行章程规定的义务。有关评估行业协会公布加入本协会的评估机构、评估专业人员名单。

第三十六条　评估行业协会履行下列职责：

（一）制定会员自律管理办法，对会员实行自律管理；

（二）依据评估基本准则制定评估执业准则和职业道德准则；

（三）组织开展会员继续教育；

（四）建立会员信用档案，将会员遵守法律、行政法规和评估准则的情况记入信用档案，并向社会公开；

（五）检查会员建立风险防范机制的情况；

（六）受理对会员的投诉、举报，受理会员的申诉，调解会员执业纠纷；

（七）规范会员从业行为，定期对会员出具的评估报告进行检查，按照章程规定对会员给予奖惩，并将奖惩情况及时报告有关评估行政管理部门；

（八）保障会员依法开展业务，维护会员合法权益；

（九）法律、行政法规和章程规定的其他职责。

第三十七条　有关评估行业协会应当建立沟通协作和信息共享机制，根据需要制定共同的行为规范，促进评估行业健康有序发展。

第三十八条　评估行业协会收取会员会费的标准，由会员代表大会通过，并向社会公开。不得以会员交纳会费数额作为其在行业协会中担任职务的条件。

会费的收取、使用接受会员代表大会和有关部门的监督，任何组织或者个人不得侵占、私分和挪用。

第六章　监督管理

第三十九条　国务院有关评估行政管理部门组织制定评估基本准则和评估行业监督管理办法。

第四十条　设区的市级以上人民政府有关评估行政管理部门依据各自职责，负责监督管理评估行业，对评估机构和评估专业人员的违法行为依法实施行政处罚，将处罚情况及时通报有关评估行业协会，并依法向社会公开。

第四十一条　评估行政管理部门对有关评估行业协会实施监督检查，对检查发现的问题和针对协会的投诉、举报，应当及时调查处理。

第四十二条　评估行政管理部门不得违反本法规定，对评估机构依法开展业务进行限制。

第四十三条　评估行政管理部门不得与评估行业协会、评估机构存在人员或者资金关联，不得利用职权为评估机构招揽业务。

第七章　法律责任

第四十四条　评估专业人员违反本法规定，有下列情形之一的，由有关评估行政管理部门予以警告，可以责令停止从业六个月以上一年以下；有违法所得的，没收违法所得；情节严重的，责令停止从业一年以上五年以下；构成犯罪的，依法追究刑事责任：

（一）私自接受委托从事业务、收取费用的；

（二）同时在两个以上评估机构从事业务的；

（三）采用欺骗、利诱、胁迫，或者贬损、诋毁其他评估专业人员等不正当手段招揽业务的；

（四）允许他人以本人名义从事业务，或者冒用他人名义从事业务的；

（五）签署本人未承办业务的评估报告或者有重大遗漏的评估报告的；

（六）索要、收受或者变相索要、收受合同约定以外的酬金、财物，或者谋取其他不正当利益的。

第四十五条　评估专业人员违反本法规定，签署虚假评估报告的，由有关评估行政管理部门责令停止从业两年以上五年以下；有违法所得的，没收违法所得；情节严重的，责令停止从业五年以上十年以下；构成犯罪的，依法追究刑事责任，终身不得从事评估业务。

第四十六条　违反本法规定，未经工商登记以评估机构名义从事评估业务的，由工商行政管理部门责令停止违法活动；有违法所得的，没收违法所得，并处违法所得一倍以上五倍以下罚款。

第四十七条　评估机构违反本法规定，有下列情形之一的，由有关评估行政管理部门予以警告，可以责令停业一个月以上六个月以下；有违法所得的，没收违法所得，并处违法所得一倍以上五倍以下罚款；情节严重的，由工商行政管理部门吊销营业执照；构成犯罪的，依法追究刑事责任：

（一）利用开展业务之便，谋取不正当利益的；

（二）允许其他机构以本机构名义开展业务，或者冒用其他机构名义开展业务的；

（三）以恶性压价、支付回扣、虚假宣传，或者贬损、诋毁其他评估机构等不正当手段招揽业务的；

（四）受理与自身有利害关系的业务的；

（五）分别接受利益冲突双方的委托，对同一评估对象进行评估的；

（六）出具有重大遗漏的评估报告的；

（七）未按本法规定的期限保存评估档案的；

（八）聘用或者指定不符合本法规定的人员从事评估业务的；

（九）对本机构的评估专业人员疏于管理，造成不良后果的。

评估机构未按本法规定备案或者不符合本法第十五条规定的条件的，由有关评估行政管理部门责令改正；拒不改正的，责令停业，可以并处一万元以上五万元以下罚款。

第四十八条　评估机构违反本法规定，出具虚假评估报告的，由有关评估行政管理部门责令停业六个月以上一年以下；有违法所得的，没收违法所得，并处违法所得一倍以上五倍以下罚款；情节严重的，由工商行政管理部门吊销营业执照；构成犯罪的，依法追究刑事责任。

第四十九条　评估机构、评估专业人员在一年内累计三次因违反本法规定受到责令停业、责令停止从业以外处罚的，有关评估行政管理部门可以责令其停业或者停止从业一年以上五年以下。

第五十条　评估专业人员违反本法规定，给委托人或者其他相关当事人造成损失的，由其所在的评估机构依法承担赔偿责任。评估机构履行赔偿责任后，可以向有故意或者重大过失行为的评估专业人员追偿。

第五十一条　违反本法规定，应当委托评估机构进行法定评估而未委托的，由有关部门责令改正；拒不改正的，处十万元以上五十万元以下罚款；情节严重的，对直接负责的主管人员和其他直接责任人员依法给予处分；造成损失的，依法承担赔偿责任；构成犯罪的，依法追究刑事责任。

第五十二条　违反本法规定，委托人在法定评估中有下列情形之一的，由有关评估行政管理部门会同有关部门责令改正；拒不改正的，处十万元以上五十万元以下罚款；有违法所得的，没收违法所得；情节严重的，对直接负责的主管人员和其他直接责任人员依法给予处分；造成损失的，依法承担赔偿责任；构成犯罪的，依法追究刑事责任：

（一）未依法选择评估机构的；

（二）索要、收受或者变相索要、收受回扣的；

（三）串通、唆使评估机构或者评估师出具虚假评估报告的；

（四）不如实向评估机构提供权属证明、财务会计信息和其他资料的；

（五）未按照法律规定和评估报告载明的使用范围使用评估报告的。

前款规定以外的委托人违反本法规定，给他人造成损失的，依法承担赔偿责任。

第五十三条　评估行业协会违反本法规定的，由有关评估行政管理部门给予警告，责令改正；拒不改正的，可以通报登记管理机关，由其依法给予处罚。

第五十四条　有关行政管理部门、评估行业协会工作人员违反本法规定，滥用职权、玩忽职守或者徇私舞弊的，依法给予处分；构成犯罪的，依法追究刑事责任。

第八章　附　　则

第五十五条　本法自 2016 年 12 月 1 日起施行。

主要参考文献

［1］中国资产评估协会．资产评估基础［M］．北京：中国财政经济出版社，2021.

［2］中国资产评估协会．资产评估实务（一）［M］．北京：中国财政经济出版社，2021.

［3］中国资产评估协会．资产评估实务（二）［M］．北京：中国财政经济出版社，2021.

［4］乔志敏，王小荣等．资产评估学教程（第七版）［M］．北京：中国人民大学出版社，2021.

［5］俞明轩，王逸玮．财务报表分析与股票估值［M］．北京：机械工业出版社，2017.

［6］唐振达，李保婵．资产评估理论与实践［M］．大连：东北财经大学出版社，2021.

［7］陈昌龙．资产评估学（第3版）［M］．北京：北京交通大学出版社，2021.

［8］姚维保，金焱．资产评估典型案例分析（第一辑）［M］．北京：经济科学出版社，2021.

［9］朱萍．资产评估学教程［M］．上海：上海财经大学出版社，2020.

［10］彭建娟．资产评估学教程［M］．北京：清华大学出版社，2021.

［11］李姚矿，刘军航等．新编资产评估学［M］．北京：科学出版社，2021.

［12］刘玉平，马海涛，李小荣．资产评估原理（第二版）［M］．北京：中国人民大学出版社，2020.

［13］宋清，金桂荣等．资产评估学（微课版/第二版）［M］．北京：人民邮电出版社，2021.

［14］朱柯等．资产评估（第六版）［M］．大连：东北财经大学出版社，2021.

［15］刘辰翔，王卓，胡永强．数字经济时代的资产评估［J］．中国资产评估，2020（8）：33－39.

敬 告 读 者

为了帮助广大师生和其他学习者更好地使用、理解、巩固教材的内容，本教材配课件，读者可关注微信公众号“会计与财税”浏览课件。

如有任何疑问，请与我们联系。

QQ：16678722

邮箱：esp_bj@163.com

教师服务 QQ 群：606331294

读者交流 QQ 群：391238470

经济科学出版社
2022 年 6 月

会计与财税

教师服务 QQ 群

读者交流 QQ 群

经科在线学堂